DIREITO DOS PORTOS

Daniel Bento Duarte

DIREITO DOS PORTOS

2025

EDITORA JusPODIVM
www.editorajuspodivm.com.br

EDITORA *Jus*PODIVM
www.editorajuspodivm.com.br

Rua Canuto Saraiva, 131 – Mooca – CEP: 03113-010 – São Paulo – São Paulo
Tel: (11) 3582.5757
• Contato: https://www.editorajuspodivm.com.br/central-de-relacionamento

Diagramação: Equipe *Jus*PODIVM

Capa: Ana Caquetti

D812d Duarte, Daniel Bento
Direito dos Portos / Daniel Bento Duarte. - São Paulo: Editora JusPodivm, 2025.

304 p.

ISBN: 978-85-442-5432-5

1. Direito Portuário. I. Duarte, Daniel Bento. II. Título.

CDD 341.3511

BIBLIOTECÁRIA RESPONSÁVEL

Ana Carolina Ribeiro Mois – CRB7 – RJ 007348/0

1.ª ed., *2.ª tir.:* nov./2024; *3.ª tir.:* jan./2025; *4.ª tir.:* mar./2025.

Aos meus pais, é claro.

Navegar é preciso, viver não é preciso.

Fernando Pessoa

A cada generación de juristas le es consentido y requerido producir, en sus propias disciplinas, la progresión que es posible en el contexto social e institucional en el que vive.

Giampaolo Rossi[1]

1. ROSSI, Giampaolo. *Método jurídico y Derecho Administrativo: la investigación de conceptos jurídicos elementales*. Cuadernos de Derecho Público. Madrid: *Instituto Nacional de Administración Pública – INAP*, ano 21, 2004, p. 21.

AGRADECIMENTOS

Certos animais bem trilham suas vidas em solidão, à mingua até de penumbra alguma nas profundezas dos mais ermos mares. O homem não. Somos por essência coletivos e, por essa razão, não nos bastamos. Isso vale seja para suprir necessidades coletivas – e daí inclusive a ideia de serviços públicos que comentaremos nesta obra –, seja para satisfazer nossos mais íntimos desejos, seja para elaborar produções acadêmicas. Com relação à dissertação de mestrado em Direito Público pela UERJ que originou este livro nem poderia ter sido diferente.

Isso não significa que não tenha sido um caminho solitário. E foi. Só quem se vê entre si e o papel sabe o quanto ele de nós exige e dos demais afasta. Até mais relevante então agradecer àqueles que ainda assim de alguma maneira nos apoiaram generosamente nesta trajetória, tantas vezes sem o merecido reconhecimento e retribuição.

De início, agradeço aos meus lusos avós que tão inocentes cruzaram um oceano até estas páginas. Sem a coragem deles sequer aqui estaríamos.

Aos meus pais sou grato por terem pavimentado a construção do homem que me orgulho de ser hoje. E não foi fácil dizer isso.

À minha irmã agradeço a certeza de que sempre estará lá. Ao Bruno, por estar ao lado dela, e a ambos por me terem apresentado Maria Flor e Rafael, os meus amores.

Sou grato ao meu orientador, Prof. José Vicente Santos de Mendonça, por todas as conversas e revisões essenciais para que fosse possível moldar este trabalho. Além das oportunidades acadêmicas proporcionadas, também acabou se revelando um bom amigo.

Agradeço ao Prof. Egon Bockmann Moreira pelas contribuições sobre os regimes de portos na disciplina Regulação da Infraestrutura, cursada em 2021 ainda como integrante do Grupo de Pesquisa Direito Administrativo da Infraestrutura, da USP. Algumas das ideias aqui desenvolvidas emanam de reflexões lá originadas.

Sou grato também à Profa. Patrícia Baptista, por todo o incentivo ao longo dos vários semestres em que foi minha professora no mestrado. Sua dedicação é mesmo instigante.

Não poderia deixar de agradecer, ainda, aos colegas Gustavo, Rodrigo, Victor e Vivian, inclusive pelo sempre presente companheirismo. Sem o suporte de vocês teria sido muito mais difícil.

Por fim, sou grato ao meu estimado professor Alexandre Aragão, não só pelo amigo e ser humano admirável que é, mas também pelo exemplo de excelência acadêmica que sempre me motivou, pelo encorajamento e confiança que acompanham a minha trajetória, pela alvissareira parceria profissional de mais de uma década e por todas as oportunidades propiciadas. Muito obrigado!

PREFÁCIO

Um espectro ronda o Direito Administrativo – o espectro da Natureza Jurídica. Muito do que se fala a respeito dos institutos com que se opera nossa disciplina tem a ver com seu encaixe em caixinhas semânticas. Esse acordo entre duas partes capazes é o quê? R.: (x) Um contrato, de ( ) direito privado (x) direito público, ( ) sem (x) com certas características peculiares. Em alguns casos, desenvolve-se obsessão pelas Naturezas Jurídicas, de modo que certos bacamartes contemporâneos esquecem o propósito do Direito Administrativo – construir e reconstruir o mundo – e hipostasiam a Palavra pela Coisa.

Desse mal não sofre Daniel Bento, aluno brilhantíssimo. Sua investigação possui rigor metodológico, mas ele não reverencia o enquadramento canônico dos institutos para além do que isso possa ter de útil. A ideia de eleger uma categoria doutrinária ela própria fluida – a *escala de publicatio* – para revisitar institutos do Direito Administrativo a partir do campo privilegiado das experiências portuárias é criatividade útil em grau máximo. O trabalho, que tive a alegria de orientar, indaga se mudanças normativas no setor poderiam repercutir na compreensão geral da disciplina. A tensão entre tradição e inovação no Direito Administrativo jamais encontrou resposta tão instigante. É ler para crer.

Mas, para além de propósitos científicos, há muita informação preciosa e reflexão prática nas páginas a seguir. Há história e direito comparado – percorreremos a França, os EUA, a Alemanha (sem falar na União Europeia); há debates dogmáticos a respeito da compreensão dos diferentes títulos habilitantes à exploração das instalações portuárias, de suas possibilidades e, sobretudo, de seus limites; há discussão, por exemplo, a respeito da indelegabilidade do poder de polícia; há reflexões sobre criações legislativas recentes, sendo que uma delas – o arrendamento de direito privado criado pela Lei 14.074/2020 – ganhou tratamento de destaque.

O livro é, assim, instigante para o intelectual interessado em reflexões criativas e útil para o operador do direito preocupado com soluções práticas.

Sua leitura só não é recomendável a parnasianos imóveis. É que uma ciência e uma prática que não possam ser reiventadas dia após dia não são dignas do tempo do Daniel – o nosso tempo.

Rio de Janeiro, 12 de agosto de 2024.

José Vicente Santos de Mendonça

Professor Associado da Faculdade de Direito da UERJ.

APRESENTAÇÃO

Foi com grande honra e satisfação que recebi o convite para apresentar a obra de Daniel Bento Duarte sobre a regulação dos portos, tema cada vez mais relevante para o desenvolvimento do nosso País, mas ainda pouco explorado doutrinariamente.

Conheci o autor ainda como estagiário, quando já demonstrava grande interesse pelo Direito Administrativo e constante aprofundamento na área. Acompanhei também os seus profícuos estudos na Faculdade de Direito da Universidade de Coimbra, onde teve a oportunidade de estudar com mestres do Direito Administrativo como José Carlos Vieira de Andrade.

Mais tarde, entrou no disputado mestrado acadêmico da Faculdade de Direito da Universidade do Estado do Rio de Janeiro – UERJ, na área de concentração de Direito Público, já com foco no Direito dos Portos.

Aliando desde muito cedo grande criatividade com apuradíssima técnica, o desfecho não poderia ser outro: Daniel Bento tornou-se Professor da Pós-Graduação *lato sensu* da UERJ, Mestre e advogado brilhante, desempenhando papel crucial no crescimento e na consolidação do Alexandre Aragão Advogados, escritório do qual hoje é merecidamente sócio.

Foi o contínuo aprofundamento teórico em todos os temas em que atuava que tornou inevitável o seu retorno à academia e o seu ingresso no magistério.

A presente obra resulta dessa confluência de atividades e corresponde à versão editorial da dissertação de mestrado aprovada com grau máximo por qualificadíssima banca, composta por José Vicente Santos de Mendonça (UERJ), Patrícia Ferreira Baptista (UERJ) e Egon Bockmann Moreira (UFPR), cujos nomes falam por si próprios.

O autor inicia a sua obra trazendo importante reflexão sobre a permanente tensão entre tradição e inovação no Direito Administrativo brasileiro, destacando a importância de refrescos teóricos em um setor em que noções, conceitos e classificações outrora tradicionais já não se mostram mais totalmente operacionalizáveis na prática e, em certa medida, já foram até mesmo ultrapassados pelo legislador. Ao fazê-lo, todavia, Daniel Bento não olvida que toda evolução científica é sempre calcada nos marcos anteriormente vigentes, nem que seja para, posteriormente, evoluir bastante em relação a eles.

Por essa razão, o autor parte em seguida a um aprofundado estudo de direito comparado acerca das diferentes noções e modelos de ordenação de atividades econômicas *lato sensu* de interesse coletivo. Para tanto, não se resume a introduzir as concepções estrangeiras pertinentes ao tema sem maiores filtros.

O Professor Daniel passa então a examinar de forma tão densa quanto didática o degradê existente entre os diferentes tipos de regulação, bem como os diversos graus de *publicatio* que podem incidir, em maior ou menor medida, sobre as atividades econômicas de alguma maneira sujeitas à ordenação estatal.

Essa assimetria regulatória, por meio da qual distinguem-se as atividades de um mesmo setor, aplicando-se-lhes uma maior ou menor dose de concorrência e consequente liberdade, de acordo com as peculiaridades de cada uma delas, representa a pedra de toque de toda regulação contemporânea e é examinada pelo autor como poucas vezes se viu na literatura brasileira em capítulo que, por si só, já poderia consubstanciar obra autônoma.

Nesse contexto, analisa detidamente cada uma das diversas modalidades de prestação do serviço portuário, seja dentro ou fora do Porto Organizado; diretamente por ente público ou por ente privado; a título próprio ou mediante delegação; enquanto concessionário ou arrendatário, de forma mais ou menos precária etc.

A obra de Daniel Bento já nasce, assim, como literatura indispensável não só para aqueles que se interessam pelo Direito dos Portos, como também para os que se interessam pelo Direito Regulatório em geral. Afinal, ao aprofundar em minúcias esse setor específico, o autor apresenta lições fundamentais a todos os demais setores e para uma teoria geral do Direito Administrativo Econômico.

Rio de Janeiro, 13 de agosto de 2024.

Alexandre Santos de Aragão

Professor Titular de Direito Administrativo da UERJ.

Doutor em Direito do Estado pela USP.

LISTA DE ABREVIATURAS E SIGLAS

AC – Apelação Cível

ADI – Ação Direta de Inconstitucionalidade

ADPF – Ação de Descumprimento de Preceito Fundamental

Anac – Agência Nacional de Aviação Civil

Aneel – Agência Nacional de Energia Elétrica

Antaq – Agência Nacional de Transportes Aquaviários

ANP – Agência Nacional de Petróleo, Gás Natural e Biocombustíveis

ANTT – Agência Nacional de Transportes Terrestres

ATF – Agente Transportador Ferroviário

BHTRANS – Empresa de Transporte e Trânsito de Belo Horizonte

CCEE – Câmara de Comercialização de Energia Elétrica

CDC – Companhia Docas do Ceará

CODEBA – Companhia Docas do Estado da Bahia

CODERN – Companhia Docas do Rio Grande do Norte

CODESA – Companhia Docas do Espírito Santo

CODESP – Companhia Docas do Estado de São Paulo

CODOMAR – Companhia Docas do Maranhão

CDP – Companhia Docas do Pará

CDRJ – Companhia Docas do Rio de Janeiro

CRFB/88 – Constituição da República Federativa do Brasil de 1988

CSN – Companhia Siderúrgica Nacional

CVRD – Companhia Vale do Rio Doce

MS – Mandado de Segurança
OAB – Ordem dos Advogados do Brasil
RE – Recurso Extraordinário
REsp – Recurso Especial
RFFSA – Rede Ferroviária Federal
STJ – Superior Tribunal de Justiça
STF – Supremo Tribunal Federal
TJMG – Tribunal de Justiça de Minas Gerais
TJPR – Tribunal de Justiça do Paraná
TJSP – Tribunal de Justiça de São Paulo

LISTA DE ILUSTRAÇÕES E TABELAS

Figura 1 – Poligonal do Porto Organizado do Rio de Janeiro em 2019 164

Figura 2 – Zoneamento do Porto do Rio de Janeiro 208

Tabela 1 – Comparação entre as cláusulas necessárias do contrato de concessão e as do de arrendamento 211

Tabela 2 – Comparação entre o art. 5º-A da Lei de Portos e o § 2º do art. 25 da Lei de Concessões 237

Tabela 3 – Comparação entre as diferentes formas de exploração de infraestrutura portuária 272

SUMÁRIO

LISTA DE ABREVIATURAS E SIGLAS **17**

LISTA DE ILUSTRAÇÕES E TABELAS **19**

Capítulo I

INTRODUÇÃO **25**

I.1. Tradição e inovação no direito administrativo e o valor da impermanência doutrinária 30

I.1.1. Novidades na parte especial (setorial) do direito administrativo podem influenciar a parte geral 34

I.2. Panorama da atual regulação dos portos à luz da CRFB/88 38

I.3. Hipótese: a ordenação dos portos desafia concepções tradicionais do direito administrativo geral, inclusive a dicotomia entre serviços públicos e privados 41

I.4. Roteiro e plano de exposição 43

Capítulo II

SERVIÇO PÚBLICO NO DIREITO COMPARADO E INFLUÊNCIAS NO HISTÓRICO DO REGIME DOS PORTOS BRASILEIRO **47**

II.1. Objeto de comparação: modelos de ordenação de atividades econômicas *lato sensu* de relevante interesse coletivo 49

II.1.1. A origem francesa do serviço público 50

II.1.2. Concepção norte-americana de *public utilities* 55

II.1.3. Noção alemã de *Daseinsvorsorge* 58

II.1.4. Serviços de interesse econômico geral na União Europeia 63

II.2. Relativização das diferenças entre os modelos comparados 68

II.3. Pendulares influências externas no Brasil em distintas épocas.. 75

II.3.1. Histórico da ordenação nacional dos portos sob as confluências dos modelos comparados ... 82

II.4. Conclusões parciais: balanço das concepções cotejadas ... 90

Capítulo III

ESCALA DE *PUBLICATIO* COMO FERRAMENTA PARA INVESTIGAÇÃO DOS REGIMES JURÍDICOS DA EXPLORAÇÃO DE PORTOS ... 95

III.1. Introdução à escala de *publicatio* ... 96

III.1.1. Serviços públicos e suas principais características na doutrina contemporânea ... 105

III.1.1.1. Serviços públicos na doutrina francesa recente 105

III.1.1.2. Serviços públicos na doutrina brasileira atual... 109

III.1.2. Atividades privadas de relevante interesse coletivo reguladas ... 116

III.1.3. Serviços privados ... 123

III.1.4. Zonas de fronteira: o exemplo das atividades privadas sujeitas a obrigações de serviço público ... 126

III.2. "Serviços de interesse econômico geral" do art. 21, XI e XII da CRFB/88 ... 130

III.3. Conclusões parciais: escala de *publicatio* como manifestação do direito privado administrativo ... 150

Capítulo IV

A ESCALA DE *PUBLICATIO* NO SETOR PORTUÁRIO BRASILEIRO ... 155

IV.1. Poligonal do Porto Organizado: critério geográfico para definição do regime público ou privado, inclusive a obrigatoriedade ou não do Operador Portuário e do Trabalhador Portuário ... 160

IV.2. Exploração direta do Porto Organizado por entidades públicas 167

IV.2.1. Convênios de delegação a Estados e Municípios ... 174

IV.3. Concessão do Porto Organizado ... 176

IV.3.1. Aspectos gerais ... 176

IV.3.2. Peculiaridades das concessões de serviço público portuário ... 186

IV.3.2.1. Atividades portuárias como instrumento de promoção de direitos fundamentais? 187
IV.3.2.2. Delegação de poder de polícia ao concessionário do Porto Organizado? 192
IV.3.2.2.1. Exercício de poder de polícia por particulares? 193
IV.3.2.2.2. Evolução do pensamento doutrinário 193
IV.3.2.2.3. Desenvolvimento do atual entendimento jurisprudencial 196
IV.3.2.2.4. Desempenho de poder de polícia por concessionárias de serviços públicos 198
IV.3.2.2.5. Poder de polícia na concessão do Porto Organizado? 199
IV.4. Arrendamento de parcela do Porto Organizado em regime público 207
IV.4.1. Aspectos gerais 207
IV.4.2. Peculiaridades do arrendamento portuário de direito público 215
IV.4.2.1. Exclusão de licitação na hipótese do art. 5º-B da Lei dos Portos 215
IV.4.2.2. Liberdade de Preços 218
IV.4.2.3. Ausência de cláusula essencial sobre bens reversíveis 219
IV.4.2.4. Subsistência do arrendamento portuário como instrumento de delegação de serviço público?.. 220
IV.5. Arrendamento de parte do Porto Organizado em regime privado 228
IV.5.1. Aspectos gerais 228
IV.5.2. Peculiaridades do arrendamento portuário de direito privado 234
IV.5.2.1. Desafio às noções convencionais de subconcessão e de subcontratação nas concessões de serviços públicos 235
IV.5.2.2. Exploração de serviço público via subcontrato privado? 240

IV.6. Autorização para exploração de terminal de uso privado 245
IV.6.1. Aspectos gerais 245
IV.6.2. Peculiaridades da autorização portuária 250
IV.6.2.1. Seleção pública para a escolha do autorizatário 250
IV.6.2.2. Sujeição ao planejamento setorial 253
IV.6.2.3. Autorização por contrato de adesão de caráter privado ou administrativo? 254
IV.6.2.4. Prazo em princípio determinado 256
IV.6.2.5. Imposição de obrigações de serviços públicos.. 258
IV.6.2.6. Subsistência da autorização portuária como instrumento de regulação de atividades privadas? 261
IV.6.2.7. Limites à regulação estatal dos terminais privados 264
IV.7. Conclusões parciais: atual assimetria regulatória no setor portuário 271

V
CONCLUSÕES **277**

VI
BIBLIOGRAFIA **283**

I - INTRODUÇÃO

Navegar é mesmo preciso. Certo é que o tempo passa e a história inevitavelmente avança enquanto subsistem certos gargalos de infraestrutura que ainda ancoram o desenvolvimento brasileiro, inclusive no setor portuário. É igualmente necessário admitir, porém, que viver não é preciso. Naturais mutações políticas, econômicas, sociais (e até climáticas) influenciam o pendular[1] posicionamento do Estado com relação à economia, também no que se refere às fórmulas de ordenação de setores de infraestrutura como o dos portos, todas elas em cada momento compreendidas como aptas à promoção da prosperidade.

É o nosso propósito esquadrinhar a regulação atual do setor, em todos os seus degradês e nuances, avaliando as distintas modelagens jurídicas estruturadas para fins de exploração de instalações portuárias. Pretende-se perquirir em que medida as peculiaridades setoriais dos regimes jurídicos[2] dos portos no Brasil desafiam concepções tradicionais do direito administrativo geral, em especial no que se refere aos instrumentos de delegação de serviços públicos e de regulação de atividades privadas. A ordenação portuária confronta inclusive a convencional dicotomia entre serviços públicos e privados, que estudaremos sob a perspectiva da "escala de *publicatio*",[3] a qual admite uma série de figuras híbridas, sujeitas a graduadas intensidades de regulação estatal. As dicotomias e generalizações no direito, realmente, estão mesmo em crise.[4]

---

1. Trata-se do que Caio Tácito identificou como a "dança do pêndulo entre extremos em busca do equilíbrio estável da perfeição" (TÁCITO, Caio. O retorno do pêndulo: serviço público e empresa privada. O exemplo brasileiro. *Revista Forense*, ano 92, v. 334, abr.-jun. 1996, p. 18).
2. A coexistência de variados regimes jurídicos de exploração portuária é externalizada inclusive no título da seguinte obra coletiva: MOREIRA, Egon Bockmann. (Coord.). *Portos e seus regimes jurídicos*: a Lei nº 12.81512013 e seus desafios. Belo Horizonte: Fórum, 2014.
3. MORENILLA, José María Souvirón. *La actividad de la Administración y el servicio público*. Granada: Colmares, 1998. p. 499 e ss.
4. É o que salientam Carlos Ari Sundfeld e Jacintho Arruda Câmara ao afirmarem que não é a noção de serviço público que está em crise, mas sim as dicotomias no direito em geral, como aquela entre atividades públicas e privadas: SUNDFELD, Carlos Ari; CÂMARA, Jacintho Arruda. O Poder Normativo das Agências em Matéria Tarifária e a Legalidade: o Caso da Assinatura do Serviço Telefônico. *In*: ARAGÃO, Alexandre Santos de (coord.). *O poder normativo das agências reguladoras*. Rio de Janeiro: Forense, 2006, p. 606).

Naveguemos, portanto.

A própria história da humanidade em muito pressupõe o histórico das navegações, que contribuíram para a integração mundial e, por conseguinte, para o desenvolvimento dos portos em sítios estratégicos, via de regra mediante maior ou menor participação do modelo de organização social em cada local e época existentes.[5] A "maior ou menor participação" geralmente se identifica com o grau de intervenção do Estado na economia sob cada circunstância. Qualquer porto, afinal, tende a ser o resultado de uma combinação de fatores não só geográficos como também sociais, econômicos e políticos.[6]

Na história brasileira, inclusive pelos elementos acima mencionados, a intervenção estatal na disciplina dos portos sempre esteve presente, em variadas intensidades. Não surpreende que um ato regulatório atinente ao setor portuário tenha consubstanciado aspecto essencial para a transição do Brasil da condição de colônia para Estado-nação.[7]

Em 28 de janeiro de 1808, uma quinta-feira, foi editado o Decreto de Abertura dos Portos às Nações Amigas do Reino Unido de Portugal, Brasil e Algarves. A Carta Régia foi assinada pelo príncipe-regente Dom João ainda em Salvador, antes mesmo da chegada ao destino final da família real:[8] o Rio de Janeiro. A pressa, note-se, não foi casual, uma vez que a própria escolta da coroa portuguesa pela marinha britânica foi condicionada à abertura dos portos brasileiros àquela nação.

A medida foi mesmo alvissareira. Teve importância histórica para todo o comércio internacional, já que configurou, naquele contexto colonialista, a primeira experiência de quebra do Pacto Colonial, pelo qual todas as mercadorias das colônias deveriam transitar pelas aduanas das metrópoles. Tratou-se, assim, de ato relevante na esfera mundial, por assinalar o início dos estertores da colonização europeia, assim como no plano nacional, pelo seu caráter liberalizante em prol da promoção da economia do novel país, em ânsias de emancipação.[9]

Desde então, como veremos detidamente (Tópico II.3.1), variados foram os modelos de gestão dos portos adotados no Brasil, marcados por

---

5. MAMIGONIAN, Armen. *Navegação e Portos no Brasil e no mundo*. Florianópolis: Instituto Ignacio Rangel: GCN, CFH, UFSC, 2017, p. 30 e ss.
6. GALVÃO, Cassia Bömer. *Os portos marítimos na mundialização do capital*. Dissertação (Mestrado em Economia Política. PUC-SP, 2009, p. 26.
7. MARQUES NETO, Floriano de Azevedo. Delimitação da poligonal dos portos organizados e o regime jurídico dos bens públicos. In: *Direito portuário brasileiro*. 3ª ed. Belo Horizonte: Fórum, 2019, p. 336.
8. Agradeço, é claro, à Ana Elisa Bekenn pelas generosas contribuições sobre este ponto.
9. MOREIRA NETO, Diogo de Figueiredo; FREITAS, Rafael Véras de. *A nova regulação portuária*. Belo Horizonte: Fórum, 2015, p. 13.

distintos graus de intervenção estatal (ex.: empresas estatais, concessões, arrendamentos, autorizações etc.). As modelagens foram se desenvolvendo à medida que também o direito administrativo brasileiro foi se consolidando e evoluindo, inclusive a partir das particularidades nacionais,[10] não podendo, naturalmente, ignorar a realidade e as exigências sociais e econômicas de cada momento político.

Independentemente de se tratar de um fenômeno nacional, regional ou internacional, de caráter geral ou exclusivamente setorial,[11] fato é que, nas últimas décadas, observou-se a intensificação de tendências liberalizantes[12] em alguns setores de infraestrutura brasileiros, a exemplo do portuário. Interessa-nos não somente o retorno do pêndulo, mas, sobretudo, a posição em que ele volta, isto é, a forma como a atuação do Estado em relação à economia manifestar-se-á em um novo ciclo.[13]

É tarefa complexa, porém, ao menos a partir das noções tradicionais do direito administrativo, explicar os arranjos atualmente estruturados pelo Estado brasileiro para disciplinar as variadas formas de exploração de portos.

Nos últimos anos, tivemos a oportunidade de lecionar o módulo de Regulação dos Portos na Pós-Graduação *Lato Sensu* do CEPED-UERJ, em Direito Regulatório. Após delinear os contornos gerais de figuras tradicionais do direito administrativo como serviços públicos e privados, concessões, autorizações etc., foi sempre um certo desafio esclarecer que, no setor portuário, atividades idênticas (exploração de terminais portuários) são reguladas de formas diversas a depender certos fatores (ex.: localização dentro o fora da poligonal do Porto Organizado), bem como que, no âmbito dos portos, muitas daquelas noções convencionais se manifestam de maneira bastante customizada.

O presente trabalho talvez procure na verdade desmistificar aquelas aparentes contradições e elucidar que, se cada setor possui suas peculiari-

---

10. Sobre a construção do direito administrativo brasileiro a partir da disciplina francesa, porém considerando as peculiaridades nacionais, vide: GUANDALINI JUNIOR, Walter. Espécie Invasora – história da recepção do conceito de direito administrativo pela doutrina jurídica brasileira no século XIX. *Revista de Direito Administrativo – RDA*, Rio de Janeiro, v. 268, p. 213-247, jan./abr. 2015.

11. MOREIRA, Egon Bockmann. Passado, presente e futuro da regulação econômica no Brasil. *Revista de Direito Público da Economia*. Belo Horizonte: Fórum, ano 11, n. 44, out.-dez. 2013, p. 110.

12. Sobre o tema, César David Ciriano Vela afirma que "a liberalização supõe a existência de uma menor intervenção administrativa (...). Pelo menos pode-se afirmar que é assim nas técnicas de intervenção onde essa liberalização ocorre: a intervenção direta, substituída pela liberdade de prestação, submetida a autorizações e a uma regulação posterior (inspeções, sanções, etc.), a conversão das concessões em autorizações (em âmbitos que antes eram considerados completamente como serviço público e que hoje se liberalizaram)" (VELA, César David Ciriano. *Administración Económica y Discricionalidad (un análisis normativo y jurisprudencial)*. Valladolid: Lex Nova, 2000, p. 332)

13. ARAGÃO, Alexandre Santos de. *Empresas Estatais – O Regime Jurídico das Empresas Públicas e Sociedades de Economia Mista*. 2ª ed. Rio de Janeiro, Forense, 2018, p. 47.

dades históricas, econômicas e, sobretudo, técnicas, nada mais natural que também em cada um deles os institutos tradicionais do direito administrativo de modo adaptado se manifestem e evoluam, até por intento do legislador. Trocaríamos assim um suposto dilema por uma constatação singela, da tão inafastável quanto mutável realidade.[14]

Afinal, como assevera Juan Carlos Cassagne, "nasceram novas instituições e ressurgiram outras que se acreditavam extintas, mas no Direito Público, e no Direito Administrativo em especial, com exceção dos princípios gerais do Direito, nada permanece incólume e todo o conjunto de suas técnicas se recria e se transforma constantemente segundo as mudanças geradas pelo advento de realidades políticas e econômicas distintas. Todo o processo de transformação é influenciado pelas tendências interiores que o impulsionam e pelas quais é gerido durante a evolução paulatina das instituições".[15]

À dinâmica acima descrita não escapa, como nem poderia deixar de ser, a noção de serviço público e os instrumentos de regulação de atividades privadas. Como afirma o autor, em outro trabalho, "poucas instituições suportaram tanto o peso das mudanças operadas no campo da economia como o serviço público. Sua adaptação aos diferentes sistemas pôde ser levada a cabo graças a uma extraordinária versatilidade instrumental que caracteriza as instituições do Direito Administrativo, cuja velocidade de mutação acompanha o crescimento das necessidades sociais e das inovações tecnológicas."[16]

E arremata o autor, em passagem de outro texto que, adiantamos, bem sintetiza parte do escopo do presente trabalho, ao afirmar que as fórmulas tradicionais de colaboração dos particulares na gestão dos serviços públicos "não são, todavia, imutáveis, mas sim esquemas abertos à recepção das modificações que devem ser introduzidas nas instituições clássicas do Direito Administrativo para adequá-las às mudanças tecnológicas e econômicas que se renovam sem parar."[17]

14. Saliente-se, a bem da verdade, que essa confusão aparente não é exclusividade do setor portuário. No primeiro semestre de 2023 tivemos a oportunidade de oferecer uma eletiva na Graduação da Universidade do Estado do Rio de Janeiro – UERJ, por nós denominada Regulação da Infraestrutura, na qual foram lecionados os contornos gerais de diversos setores regulados. Observou-se que, assim como no setor portuário, em alguns outros há uma pluralidade de instrumentos para ordenar as atividades neles inseridas (concessão, permissão, autorização, credenciamento, registro etc.), sujeitas a graduadas intensidades de controle estatal. É o que ocorre, por exemplo, nos setores de ferrovias, de telecomunicações e de energia elétrica.

15. CASSAGNE, Juan Carlos. Estudio Preliminar à obra de ORTIZ, Gaspar Ariño. La regulación Económica: teoría y práctica de la regulación para la competencia, Editorial Ábaco de Rodolfo Depalma, Buenos Aires, 1996, pp. 15-16 (tradução livre).

16. CASSAGNE, Juan Carlos. El resurgimiento del servicio publico y su adaptación en los sistemas de economía de mercado (hacia una nueva concepción). Madrid: Revista de Administración Pública. Num. 140, mayo-agosto 1996, p. 95 (tradução livre).

17. CASSAGNE, Juan Carlos. Prólogo à obra *Los Servicios Públicos* [org. Marta González de Aguirre], Ed. Depalma, Buenos Aires, 1994, p. VIII.

É nesse contexto que se objetiva perquirir se os regimes jurídicos de exploração dos portos brasileiros se enquadram nos modelos tradicionais de gestão de atividades de interesse coletivo do direito administrativo, como a sua divisão dualística entre serviços públicos ou privados. Do contrário, investigaremos se poderiam aqueles em alguma medida caracterizar uma novidade desse ordenamento setorial, com o potencial de influenciar a parte geral da disciplina e seus dogmas, em um cenário geral de relativização dos instrumentos de delegação de serviços públicos e de regulação de atividades privadas de interesse coletivo. Seria assim a ordenação dos portos algo de ordinário ou talvez um cisne negro a ser reconhecido? [18]

Exploraremos o tema no contexto dos novos paradigmas do direito administrativo[19] e das transformações[20] que tem naturalmente[21] vivenciado, também tendo em vista o seu movimento de constitucionalização.[22]

Para introduzir e contextualizar a investigação, apresentando na sequência a hipótese a ser então inquirida ao longo do trabalho, percorreremos o seguinte percurso preliminar.

Abordaremos introdutoriamente os constantes diálogos entre visões tradicionais e perspectivas mais inovadoras com relação ao direito administrativo, interações estas que podem vir a influenciar a mutação de concepções atinentes a figuras clássicas desse ramo do direito, inclusive no que se refere aos serviços públicos (Item I.1).

Nesse cenário analisaremos o entendimento doutrinário segundo o qual haveria uma parte especial e uma parte geral no direito administrativo, bem como em que medida a criação de novas soluções em ordenamentos setoriais específicos – como o portuário – poderia repercutir na compreensão

---

18. A alegoria do cisne negro foi criada por Nassim Taleb e, para o que aqui é pertinente, identifica eventos que instintivamente procura-se enquadrar de forma inadequada em compreensões tradicionais, embora sejam eles extraordinários, um ponto fora da curva. No exemplo do autor, até a descoberta da Austrália era senso comum serem todos os cisnes brancos. O reconhecimento do primeiro cisne negro estava fora das expectativas regulares, e fez mudar os paradigmas sobre o tema. Agradeço ao Professor José Vicente Mendonça pela reflexão (TALEB, Nassim Nicholas. *A lógica do cisne negro*: o impacto do altamente improvável. Tradução Renato Marques de Oliveira. Rio de Janeiro: Objetiva, 2021).
19. ARAGÃO, Alexandre Santos de; MARQUES NETO, Floriano de Azevedo (Coord.). *Direito administrativo e seus novos paradigmas.* 2. ed. Belo Horizonte: Fórum, 2017.
20. BAPTISTA, Patrícia. *Transformações do Direito Administrativo.* 2a. ed. Rio de Janeiro: Lumen Juris, 2016. v. 1.
21. Como bem anota Carlos Ari Sundfeld, "o mundo mudou, e a Administração não poderia continuar a mesma; nem, claro, o direito administrativo" (SUNDFELD, Carlos Ari. *Direito administrativo para céticos*. 2ª ed. 2ª tiragem. São Paulo: Malheiros, 2017, p. 68).
22. BARROSO, Luís Roberto. A constitucionalização do direito e suas repercussões no âmbito administrativo. *In:* ARAGÃO, Alexandre Santos de; MARQUES NETO, Floriano de Azevedo (Coord.). *Op. Cit.*, p. 47.

de figuras tradicionais do direito administrativo geral (Item I.1.1). Já no Item I.2 será esboçado breve panorama da regulação atual dos portos.

Após a necessária contextualização apresentaremos as hipóteses deste trabalho (Item 1.3), voltado a perquirir se a modelagem de regulação dos portos seria capaz de evidenciar e/ou promover alguma inovação no direito administrativo brasileiro, a partir daquele ordenamento setorial. Será a partir das hipóteses a serem anunciadas que em seguida relataremos o roteiro geral do nosso plano de exposição (Item 1.4).

I.1. TRADIÇÃO E INOVAÇÃO NO DIREITO ADMINISTRATIVO E O VALOR DA IMPERMANÊNCIA[23] DOUTRINÁRIA

Nem sempre é fácil renunciar a um hábito antigo. Formas convencionais e consolidadas de agir, de se comportar, de pensar e, para o que aqui é pertinente, de compreender certos temas, podem tender a produzir reações pouco favoráveis a mudanças. Não raros embates entre o avanço e a estagnação instrumentalizam o próprio progresso e a alteração de paradigmas, dinâmicas estas que, típicas da vida e das ciências em geral, tampouco são alheias ao direito e, como nem poderia deixar de ser, muito menos ao direito administrativo. O estudo do paradigma, termo propagado acerca da evolução das ciências em geral nas lições de Thomas Kuhn, "é o que prepara basicamente o estudante para ser membro de uma comunidade científica na qual atuará mais tarde".[24]

Usualmente não se observa, na evolução das ciências, uma indiferente ruptura entre os paradigmas e concepções tradicionais e os inovadores, mas por vezes um concurso dialético por meio do qual as tensões e contraposições entre o novo e o antigo não só propiciam como também impulsionam o avanço. Seria a partir da compreensão convencional, e com base nos ensinamentos dela provenientes, que a visão nova encontraria os alicerces para o desenvolvimento de ideias e categorias inéditas, ou ao menos atualizadas. Daí resultaria o que se tem denominado inovação, descrita por José Vicente

23. A noção de impermanência se identifica com o natural estado de mutabilidade inerente à vida: "A impermanência, a ideia de que tudo flui constantemente e de que cada coisa tem seu tempo nessa vida, permeia a filosofia moral e religiosa de diferentes povos ao longo da história. 'Ninguém se banha duas vezes nas águas do mesmo rio', teria dito Heráclito de Éfeso, alguns séculos antes da Era Comum" (BARROSO, Luís Roberto. Os descaminhos do Estado brasileiro, o sucesso acadêmico e a impermanência. Prefácio. In: BINENBOJM, Gustavo. *Poder de polícia, ordenação, regulação*: transformações político-jurídicas, econômicas e institucionais do direito administrativo ordenador. Belo Horizonte: Fórum, 2016, p. 11-14, p. 14).

24. KUHN, Thomas. *A estrutura das revoluções científicas*; tradução Beatriz Vianna Boeira e Nelson Boeira. 12. ed. São Paulo: Perspectiva, 2013, p. 54. Disponível em: https://ppec.ufms.br/files/2020/10/A-estrutura-das-revolu%C3%A7%C3%B5es-cient%C3%ADficas-Kuhn.pdf. Acesso em: 17 jul. 2023.

Santos de Mendonça como a "invenção de possibilidades no mundo a partir de argumentos jurídicos"[25].

É a partir dessa linha de ideias que Floriano de Azevedo Marques Neto extrai estar a força de um ramo científico no "convívio e permanente tensão entre inovação e tradição. A inovação não existe isolada, sem referenciar e prestar deferência à tradição, em que ela busca a base e os desafios que promoverão a inovação".[26] E realmente, a inovação não emana do vácuo.

À dinâmica em referência não escapa a ciência do direito e, em especial para o presente texto, o direito administrativo. Afinal, se o mundo mudou e a Administração Pública, naturalmente, não poderia continuar a mesma, tampouco poderia quedar-se indiferente o direito administrativo.[27]

Nele se observa certa tendência, sobretudo nas últimas décadas, de revisitação e atualização – ou para alguns a superação – de determinadas categorias tradicionais, sob um viés menos autoritário e mais voltado à proteção de direitos fundamentais, o que é manifestado tanto por meio da modificação de entendimentos doutrinários e/ou jurisprudenciais quanto mediante alterações normativas, ou por vezes das duas formas. Busca-se conciliar o direito administrativo com a realidade política, econômica e social[28] contemporânea[29] – inclusive sob a ótica constitucional –, sem perder de vista os ensinamos doutrinários e jurisprudenciais acumulados ao longo da sua (relativamente recente)[30] existência.

Aduz José Vicente Santos de Mendonça que, quando se fala "em inovação no direito administrativo brasileiro, está-se tratando de invenções de

25. MENDONÇA, José Vicente Santos de. Direito administrativo e inovação: limites e possibilidades. *A&C – R. de Dir. Adm. Const.* Belo Horizonte, ano 17, n. 69, p. 169-189, jul./set. 2017, p. 183.

26. MARQUES NETO. Floriano de Azevedo. A superação do ato administrativo autista. *In:* MEDAUAR, Odete; Schirato, Vitor Rhein (coord.). *Os caminhos do ato administrativo*. São Paulo: Editora Revista dos Tribunais, 2012, p. 92.

27. SUNDFELD, Carlos Ari. *Direito administrativo para céticos*. 2ª ed. 2ª tiragem. São Paulo: Malheiros, 2017, p. 68.

28. GORDILLO, Agustín. *Tratado de Derecho Administrativo*. 5ª ed. Buenos Aires: Fundación de Derecho Administrativo, 1998, t. I, p. II-11.

29. Conforme leciona Patrícia Baptista, "o desajuste do direito administrativo ao perfil da Administração Pública contemporânea parecer ser, de fato, uma opinião difundida entre os administrativistas. Estruturado inicialmente para operar no Estado liberal clássico, com o fim de conter o exercício da autoridade da Administração, o direito administrativo voltou-se, antes de tudo, à proteção dos administrados diante da ação administrativa. Desse modo, constituiu-se na disciplina jurídica 'que mais agudamente expõe o conflito permanente entre a autoridade e a liberdade'" (BAPTISTA, Patrícia. *Transformações do direito administrativo*. 2ª ed. Rio de Janeiro: Lumen Juris, 2018, p. 15-16).

30. WEIL. Prosper. *O Direito Administrativo*. Trad. Maria da Glória Ferreira Pinto. Coimbra: Almedina, 1977, p. 9.

possibilidades a respeito de assuntos que, por tradição, encontram-se afetos a tal seara (*v.g.*, contratações públicas, desapropriação, poder de polícia)".[31]

Diversos são os fatores[32] que, a partir da segunda metade do século XX, propiciaram alterações em concepções clássicas do direito administrativo e ensejaram a inserção de novos temas na disciplina,[33] inclusive a partir da mudança de enfoques doutrinários, da legislação e da própria prática administrativa. Dessa forma:

> "(...) figuras tradicionais, como o interesse público, o poder discricionário, o contrato administrativo, o ato administrativo, passaram a ser revisitadas. Novos temas emergiram na esteira de um contexto político-institucional diferente daquele cenário da clássica elaboração do direito administrativo".[34]

Nesse contexto geral, também especialmente no âmbito do direito administrativo econômico, as formas de atuação do Estado com relação à economia foram sofrendo alterações e atualizações, em movimentos em princípio pendulares com relação à intensidade de intervenção na economia em cada momento histórico, a partir do cenário político, econômico e social posto.[35] Por exemplo, em dados contextos observa-se uma tendência de intervenção direta do Estado na economia por meio de empresas estatais. Já sob outras circunstâncias constata-se maior propensão pela delegação de serviços públicos à iniciativa privada e a regulação destes e de atividades privadas.

Paralelamente, em cada contexto também são identificadas mudanças - muitas vezes a partir de alterações legislativas - atinentes a concepções tradicionais dos mecanismos de intervenção do Estado no domínio econô-

---

31. MENDONÇA, José Vicente Santos de. Direito administrativo e inovação: limites e possibilidades. *A&C - R. de Dir. Adm. Const.* Belo Horizonte, ano 17, n. 69, p. 169-189, jul./set. 2017, p. 172.

32. São exemplos dos fatores em referência: reivindicação de democracia administrativa, pleitos de maior participação da sociedade na tomada de decisão administrativa, maior consensualidade na atuação da Administração, maior preocupação com efetividade dos direitos assegurados pela Constituição etc. Os referidos fatores são mencionados e aprofundados em: MEDAUAR, Odete. *O direito administrativo em evolução.* 3ª ed. São Paulo: Ed. Gazeta Jurídica, 2016.

33. Não é o objetivo deste trabalho adentrar a análise específica dos fatores que influenciaram mudanças em concepções clássicas do direito administrativo, tampouco esmiuçar as suas categoriais gerais que têm sido objeto de revisitação por parte da doutrina, como por exemplo as noções de supremacia do interesse público sobre o privado, atributos do ato administrativo, poder discricionário etc. Buscamos, por outro lado, ilustrar, a partir de exemplos, que também no âmbito do direito administrativo podemos observar avanços com relação à compreensão de categorias tradicionais.

34. MEDAUAR, Odete. Administração Pública: do ato ao processo. *In*: ARAGÃO, Alexandre Santos de; MARQUES NETO, Floriano de Azevedo (Coord.). *Direito administrativo e seus novos paradigmas.* 2. ed. Belo Horizonte: Fórum, 2017, p. 388.

35. TÁCITO, Caio. O retorno do pêndulo: serviço público e empresa privada. O exemplo brasileiro. *Revista Forense*, ano 92, v. 334, abr.-jun. 1996.

mico, também no que se refere aos instrumentos de delegação de serviços públicos e de regulação de atividades privadas.

O estudo do desenvolvimento de concepções doutrinárias não configura capricho ou preciosismo. Afinal, nas palavras de Eros Grau,[36] "os conceitos jurídicos, como adverte Alf Ross, não são ideias, reflexões sobre a essência das coisas, mas ferramentas que forjamos para descrever a realidade". São os conceitos usados para "permitir e viabilizar a aplicação de normas jurídicas. Esse, o seu destino e sua vocação". A investigação de classificações jurídicas, seu avanço e abrangência, é assim relevante operacionalmente, na medida em que muitas vezes é a aplicação concreta, pelo gestor público e/ou judiciário, de conceitos (inventados)[37] de direito administrativo que atrai a incidência de todo um regime jurídico.

Ilustrativamente, ao classificar determinada atividade como serviço público em sua visão tradicional,[38] significa dizer, por exemplo, que (i) está sob a responsabilidade do Estado e só pode ser prestada por particulares caso tenham eles vínculo jurídico com o poder concedente titular, sendo selecionados em regra após licitação; (ii) sua exploração será feita por prazo determinado e em regime de direito público, o que pressupõe prerrogativas especiais em favor da administração pública e, em contrapartida, o direito do particular ao equilíbrio econômico-financeiro; (iii) será ele submetido a obrigações típicas dos serviços públicos que envolvem deveres de continuidade, universalização, atualidade, generalidade, modicidade tarifária etc.

O que se propõe investigar na presente exposição é se os regimes jurídicos dos variados títulos habilitantes para a exploração de portos no Brasil se enquadram necessariamente em concepções tradicionais do direito administrativo (ex.: serviços públicos ou privados) ou se poderiam em alguma medida configurar modelos novos e singulares, e até híbridos, em especial quanto às formas clássicas de delegação de serviços públicos e de regulação de atividades privadas. Parecendo se tratar da segunda – hipótese, pretende-se assim perquirir se teria a constatação da inovação o potencial de irradiar consequências, a partir daquele ordenamento setorial, para o direito público (econômico) em geral. É o que abaixo explica-se.

36. GRAU, Eros Roberto. Os conceitos jurídicos e a doutrina real do direito. Revista Da Faculdade De Direito, Universidade De São Paulo, 77, p. 232 e 233.

37. Sobre o caráter instrumental do direito administrativo e a invenção de seus respectivos conceitos, vide: MENDONÇA, José Vicente Santos de. Conceitos inventados de direito administrativo. *Revista brasileira de direito público – RBDP*, v. 14, n. 53, p. 9-18, abr./jun., 2016.

38. O ponto será aprofundado no Capítulo III.1.1.

I.1.1. Novidades na parte especial (setorial) do direito administrativo podem influenciar a parte geral

Fixada a pertinência do estudo ferramental da inovação de concepções do direito administrativo, convém expor de que maneira por vezes uma inovação na parte especial da disciplina é capaz de influir em categorias tradicionais da parte geral daquela. À tarefa nos dedicaremos porque talvez seja este o caso da regulação setorial dos portos.

A especialização das áreas do conhecimento, não se pode negar, é um atributo do nosso tempo ao qual o direito administrativo não poderia ser alheio, sobretudo considerando a ampliação das atividades administrativas somada à particularização técnica de diversos campos de atuação do Estado, também no que se refere à regulação de atividades econômicas. Partindo dessa premissa, parte da doutrina[39] identifica a existência de uma parte geral e, para certas matérias, partes especiais dentro da própria disciplina do direito administrativo.[40]

Dentro desse panorama, nas palavras de Alexandre Santos de Aragão:

> "O Direito Administrativo geral abrange os institutos e conceitos basilares que são aplicados a todas as atividades e situações da Administração Pública (princípios, fontes, atos administrativos, organização administrativa etc.). Fora deles há uma série de conjuntos normativos e principiológicos do Direito Administrativo que se aplicam apenas a determinados aspectos da atividade administrativa (ex.: Direito Administrativo Processual) ou à proteção de certos interesses públicos específicos (ex.: Direito da Concorrência). (...) Outras áreas tendem a permanecer no Direito Administrativo, mas como setores específicos, isto é, como Direitos Administrativos

39. Diferentemente dos autores mencionados neste tópico, que identificam por exemplo o direito econômico como um ramo especial do próprio direito administrativo, outros autores defendem a autonomia dogmática da disciplina com relação àquele. Sobre os debates doutrinários acerca do tema, vide, na literatura lusitana, Lourenço Vilhena de Freitas: "Independentemente da problemática relativa à qualificação de todo o Direito da Economia como Direito Administrativo especial como fazia Marcello Caetano, posição para que nos inclinamos, ou do reconhecimento de autonomia dogmática ao Direito da Economia, na esteira das posições de António de Sousa Franco, António Menezes Cordeiro ou J. Simões Patrício, para dar alguns exemplos, a verdade é que a maioria dos aspectos do Direito da Economia relevam em termos jusdogmáticos do Direito Administrativo e quanto a esses, inequivocamente, se pode falar de Direito Administrativo especial" (FREITAS, Lourenço Vilhena de. Direito administrativo das privatizações. *In:* OTERO, Paulo; GONÇALVES, Pedro. *Tratado de direito administrativo especial*. Vol. VII. Coimbra: Almedina, 2017, p. 269-270).

40. Aqui não abordaremos disciplinas que, para parte da doutrina, teriam adquirido autonomia dogmática, emancipando-se em alguma medida do direito administrativo, como se afirma a respeito do direito ambiental.

Especiais (ex.: Direito Administrativo Sancionador, Direito Econômico ou Regulatório, Direito da Concorrência, Direito Sanitário etc.)".[41]

Reconhece-se a multiplicação, nas últimas décadas, de "disciplinas especiais relativamente ao direito administrativo comum - e que, portanto, nesse ramo encontram as suas normas mais gerais".[42] Especificamente, no "rol dos direitos especiais ao direito administrativo vale destacar, ainda, o imenso desenvolvimento do chamado direito administrativo econômico",[43] que traduz a manifestação do Estado contemporâneo na qualidade de regulador e fomentador da economia.

Apoiado na noção de parte geral e parte especial do direito administrativo, também na doutrina alemã,[44] Schmidt-Assmann descreve a crescente relevância do legislador para a transformação do direito administrativo geral e especial, sobretudo a partir da alteração de muitas leis que mudaram significativamente o panorama de diversos setores especiais daquela disciplina, como o urbanismo, o meio ambiente, as prestações sociais e as telecomunicações.[45]

Afirma o autor que uma visão desatenta poderia concluir que as leis setoriais deixariam incólume a parte geral da disciplina. Porém, defende que essa falsa perspectiva olvidaria as recíprocas, contínuas e intensas interrelações entre a parte geral e a parte especial do direito administrativo, de modo que entre ambas se produz um constante intercâmbio. Dessa forma, conclui: "*Na*

41. ARAGÃO, Alexandre dos Santos de. *Curso de Direito Administrativo*. 2ª ed. Rio de Janeiro, Forense, 2013, p. 22.

42. BAPTISTA, Patrícia. *Transformações do direito administrativo*. 2ª ed. Rio de Janeiro: Lumen Juris, 2018, p. 20-21.

43. BAPTISTA, Patrícia. *Transformações do direito administrativo*. 2ª ed. Rio de Janeiro: Lumen Juris, 2018, p. 20-21.

44. Sobre o tema, expõe Otto Bachof (et. al.):"Na tradição jurídica alemã, é típica a classificação do direito administrativo como direito administrativo em geral e como direito administrativo em especial (...). Essa classificação corresponde também, em larga medida, ao entendimento jurídico de outros Estados europeus (...). Fazem parte do direito administrativo em geral as normas e os princípios que são válidos para todas as áreas do direito administrativo e para toda a actuação da Administração. A parte geral estrutura o direito administrativo, com base em conceitos gerais ou, frequentemente, normativos, em institutos e padrões de actuação e organização, com carácter genérico (...). Pelo contrário, o direito administrativo em especial ocupa-se da ordenação de ramos concretos do direito administrativo ou de determinados domínios parciais da influência administrativa. Na maioria dos casos, o direito administrativo especial encontra-se regulado em leis especiais e está sujeito a determinadas sectorizações (*Ressorts*). O direito administrativo em especial complementa e modifica o direito administrativo em geral" (WOLFF, Hans J.; BACHOF, Otto; STOBER, Rolf. *Direito Administrativo*, vol. 1. Trad. António F. de Sousa. Lisboa: Fundação Calouste Gulbenkian, 1999, p. 251-256).

45. SCHMIDT-ASSMANN, Eberhard. *Cuestiones fundamentales sobre la reforma de la teoría general del derecho administrativo: necesidad de la innovación y presupuestos metodológicos*. Trad. Javier Barnes, Silvia Sastre e Luciano Parejo. In: BARNES, Javier. *Innovación y reforma em el derecho administrativo*. 2ª ed. Sevilla: Global Law Press S.L, 2012, p. 29-30 (tradução livre).

realidade, é um facto evidente que as reformas jurídicas ocorridas nos sectores mais avançados do Direito Administrativo especial irradiaram numerosos efeitos e consequências sobre teorias e categorias gerais".[46]

Em suma, certas transformações legislativas em setores especiais - incluindo os regulados -, atinentes à "parte especial" do direito administrativo, podem ter o potencial de irradiar consequências e influenciar concepções tradicionais da teoria geral do direito administrativo.

O entendimento se aplica, para o que é pertinente ao presente estudo, à mutação de aspectos específicos de setores regulados, inclusive mediante alteração legislativa no respectivo ordenamento setorial[47] que venha a impactar a compreensão de categoriais mais gerais do direito administrativo, mormente no que tange aos mecanismos de delegação de serviços públicos e de controle de atividades privadas.

No Brasil, por exemplo, podemos observar as transformações pelas quais, nas últimas décadas, passou o conceito de autorização administrativa, em certos casos em um contexto de conversão legislativa, em setores regulados, de determinados serviços públicos em atividades privadas reguladas, cuja exploração depende de prévio consentimento estatal.

Inclusive a partir dessas mutações setoriais, a noção de autorização no direito administrativo não mais se identifica apenas com os clássicos atos de consentimento de polícia de caráter discricionário.[48] Passou a englobar tam-

---

46. SCHMIDT-ASSMANN, Eberhard. *Cuestiones fundamentales sobre la reforma de la teoría general del derecho administrativo: necesidad de la innovación y presupuestos metodológicos*. Trad. Javier Barnes, Silvia Sastre e Luciano Parejo. In: BARNES, Javier. *Innovación y reforma em el derecho administrativo*. 2ª ed. Sevilla: Global Law Press S.L, 2012, p. 29-30 (tradução livre).

47. Nas palavras de Floriano de Azevedo Marques Neto, "a construção dos distintos arcabouços regulatórios, ao estatuir para cada setor da vida econômica e social, um determinado equilíbrio, um código interno e um aparato normativo próprio, acaba por criar subsistemas normativos (os tais ordenamentos setoriais de que nos falava Massimo Severo Giannini), que convivem de maneira nem sempre harmônica com a unicidade e centralidade do ordenamento jurídico estatal, construído sob o prisma do monismo jurídico" (MARQUES NETO, Floriano de Azevedo. Regulação estatal e autorregulação na economia contemporânea. *R. de Dir. Público da Economia – RDPE*, Belo Horizonte, ano 9, n. 33, p. 73-88, jan./mar. 2011, p. 75).

48. Sobre o tema, vide: CASSESE, Sabino. *De la vieja a la nueva disciplina em los servicios públicos*. Actualidad em el Derecho Público, Buenos Aires, Ad Hoc, nº. 8, p. 19-24, set.-dez. 1998; e FREITAS, Juarez. Direito fundamental à boa administração e o reexame dos institutos da autorização de serviço público, da convalidação e do poder de polícia administrativo. In: ARAGÃO, Alexandre Santos de; MARQUES NETO, Floriano de Azevedo (Coord.). *Direito administrativo e seus novos paradigmas*. 2. ed. Belo Horizonte: Fórum, 2017, p. 311.

bém autorizações em elevado grau[49] vinculadas[50] e contratualizadas mediante "contrato de adesão" para o exercício, por prazo em princípio indeterminado,[51] de atividades privadas de relevante interesse coletivo e, portanto, fortemente reguladas. Já estão presentes não só no setor portuário como também, por exemplo, nos setores de telecomunicações,[52] energia elétrica e no ferroviário.

Parecem configurar, assim, modificações na disciplina da parte especial do direito administrativo, com base em alterações legislativas em ordenamentos setoriais, que influenciaram e acabaram ampliando a própria concepção tradicional de autorização do direito administrativo geral. Ela passou a abarcar, assim, tanto os consentimentos de polícia em princípio discricionários como também as autorizações contratualizadas para a exploração de certas atividades de grande interesse coletivo.

A partir desse raciocínio, apresentaremos adiante breve panorama da atual regulação do setor portuário à luz da Constituição da República de 1988. Busca-se contextualizar os regimes jurídicos de exploração de portos, com o objetivo de, na sequência, indicar em que medida as suas peculiaridades podem não só ilustrar como também influenciar mudanças em categorias gerais do direito administrativo, como serviço público e privado, autorização, concessão, subconcessão e subcontratação.

---

49. A respeito dos graus de vinculação dos atos administrativos, vide: BINENBOJM, Gustavo. Um novo Direito Administrativo para o século XXI. In: *Revista de Direito da Câmara Municipal do Rio de Janeiro*, v. 1, n. 1, p. 58, 1997; e KRELL, Andreas J. Discricionariedade administrativa, conceitos jurídicos indeterminados e controle judicial. *In: Revista ESMAFE – Escola de Magistratura Federal da 5ª Região*, v. 08, 2004, p. 184.

50. CÂMARA, Jacintho Arruda. Autorizações administrativas vinculadas: o exemplo do setor de telecomunicações. *In:* ARAGÃO, Alexandre Santos de; MARQUES NETO, Floriano de Azevedo (Coord.). *Direito administrativo e seus novos paradigmas*. 2. ed. Belo Horizonte: Fórum, 2017, p. 587-597.

51. No setor dos portos, ilustrativamente, desde que cumpridos certos requisitos, como por exemplo o atendimento de obrigações de investimentos em infraestrutura, a autorização será prorrogada sucessivamente por iguais períodos de 25 anos (art. 8º, § 2º, Lei nº. 12.815/2012).

52. José Vicente Santos de Mendonça comenta o impacto ao conceito doutrinário tradicional de autorização por parte da inovação introduzida pelo ordenamento setorial das telecomunicações: "De acordo com tradicional entendimento doutrinário, autorização administrativa é ato de natureza discricionária. Ou seja: há margem de escolha para que o Poder Público permita ou não que o particular desempenhe atividade. Ao lado da autorização, há a licença que, segundo lição clássica, é ato administrativo vinculado: se o particular preencher os requisitos legais para sua obtenção, o Poder Público deverá licenciar a atividade. O legislador da Lei Geral de Telecomunicações não pensou assim, e criou, no art. 131, §1º, autorização vinculada. Alguns entenderam que a figura era imprópria, ou, no limite, inconstitucional. Ora: embora seja desejável, por razões pragmáticas, que novos institutos criados por lei guardem alguma referibilidade com o passado, isso não é razão para invalidar normas que não respeitem a sugestão. De igual modo, não seria inconstitucional a criação de licenças discricionárias. Opinião de autor não tem força de Constituição" (MENDONÇA, José Vicente Santos de. Direito administrativo e inovação: limites e possibilidades. *A&C – R. de Dir. Adm. Const.* Belo Horizonte, ano 17, n. 69, p. 169-189, jul./set. 2017, p. 179).

I.2. PANORAMA DA ATUAL REGULAÇÃO DOS PORTOS À LUZ DA CRFB/88

A dicção aberta da Constituição de 1988, no art. 21, XI e XII,[53] c/c art. 22, prevendo distintos vínculos para a exploração indireta de algumas atividades (concessão, permissão ou autorização), conferiu certa margem de apreciação ao legislador[54] para, observado o princípio da proporcionalidade, definir o grau de intensidade da regulação estatal necessária à ordenação da atividade em cada uma das suas expressões.[55] Franqueou-se, assim, enquadrá-las como serviços públicos,[56] atividades privadas reguladas[57] ou até eventualmente algum mistos entre elas. É o que vem sendo realizado, ainda que não uniformemente, em cada setor.

No setor dos portos, a partir da edição da Lei nº. 12.815/2013, resultado da conversão da MP nº. 595/2012, o parâmetro diferenciador do regime jurídico aplicável à exploração de instalações portuárias tornou-se[58] a localização da instalação dentro ou fora da poligonal do porto organizado, delimitada por ato do Poder Executivo:[59]

---

53. Constituição Federal de 1988: "Art. 21. Compete à União: (...) XI – explorar, diretamente ou mediante autorização, concessão ou permissão, os serviços de telecomunicações, nos termos da lei, que disporá sobre a organização dos serviços, a criação de um órgão regulador e outros aspectos institucionais: XII – explorar, diretamente ou mediante autorização, concessão ou permissão: a) os serviços de radiodifusão sonora, e de sons e imagens; b) os serviços e instalações de energia elétrica e o aproveitamento energético dos cursos de água, em articulação com os Estados onde se situam os potenciais hidroenergéticos; c) a navegação aérea, aeroespacial e a infraestrutura aeroportuária; d) os serviços de transporte ferroviário e aquaviário entre portos brasileiros e fronteiras nacionais, ou que transponham os limites de Estado ou Território; e) os serviços de transporte rodoviário interestadual e internacional de passageiros; f) os portos marítimos, fluviais e lacustres".

54. PEREZ, Marcos Augusto; GOULART, João Henrique de Moraes; SAVIOLI, Anna Beatriz. O modelo conhecido como "private landlord port" e a concessão de portos no direito brasileiro. *In*: TOJAL, Sebastião Botto de Barros; SOUZA, Jorge Henrique de Oliveira (Coord.). *Direito e infraestrutura:* portos e transporte aquaviário – 20 anos da Lei nº. 10.233/2001. Belo Horizonte: Fórum, 2021, v. 1, p. 297. No mesmo sentido: MARQUES NETO, Floriano de A. Delimitação da poligonal dos portos organizados e o regime jurídico dos bens públicos. *In*: PEREIRA, Cesar; SCHWIND, Rafael W. (Coord.). *Direito portuário brasileiro*. 3. ed. Belo Horizonte: Fórum, 2020. p. 338.

55. BINENBOJM, Gustavo. Assimetria regulatória no setor de transporte coletivo de passageiros: a constitucionalidade do art. 3º da Lei nº 12.996/2014. *Revista de Direito da Cidade*, v. 09, nº. 2, 2017, p. 1270.

56. Alguns autores já afirmaram, contudo, que as atividades previstas no art. 21 da CF/88 necessariamente configurariam serviços públicos em seu sentido tradicional, razão pela qual seriam inconstitucionais as leis que os teriam transferido à iniciativa privada. Vide, por exemplo: MELLO, Celso Antônio Bandeira de. *Curso de Direito Administrativo*. São Paulo: Malheiros, 2010, pp. 690/691; DI PIETRO, Maria Sylvia Zanella. *Parcerias na Administração Pública*. 8ª edição. São Paulo: Atlas, 2011, p. 138. O instigante tema abordaremos no Capítulo III.2.

57. O conceito se aproxima da noção da *public utility* anglo-saxônica (MEDAUAR, Odete. *Serviços públicos e serviços de interesse geral*. Uma avaliação das tendências contemporâneas do direito administrativo – anais do seminário de direito administrativo Brasil-Espanha. Rio de Janeiro: Renovar, 2003, p. 118).

58. No Capítulo II.3.2 abordaremos o histórico da regulação dos portos no Brasil, tratando do regime jurídico da exploração portuária até a edição da Lei nº. 12.815/2013.

59. Art. 2º, II, Lei nº. 12.815/2013.

(i) o porto como um todo poderia ser explorado diretamente pela União ou objeto de concessão;

(ii) os terminais situados em parcela do porto organizado seriam explorados mediante contratos de arrendamento firmados entre o poder concedente e o arrendatário, em regime público e precedidos de licitação, para a prestação de serviço público, considerados instrumentos análogos aos contratos de concessão[60]; e

(iii) a exploração de terminais posicionados fora da área do porto organizado seria permitida por meio de autorização, instrumentalizada por contrato de adesão, para o exercício de atividade privada de relevante interesse coletivo.[61]

Os terminais arrendados e autorizados atuam em concorrência direta entre si, embora sujeitos a regimes jurídicos distintos. Trata-se de assimetria regulatória[62] presente no setor, caracterizada pelo exercício de atividades materialmente idênticas mediante títulos habilitantes objeto de intensidade de regulação distinta por parte do Poder Público (concessão e arrendamento, em regime público; e autorização, em regime privado).

Recentemente, a regulação do setor portuário foi alvo de nova reforma. A Lei nº. 14.047/2020 também adveio de uma Medida Provisória, a MP nº. 945/2020, que embora tenha na origem se voltado a providências temporárias para enfrentamento da Pandemia Covid-19, acabou por impingir uma profunda reforma no setor portuário.[63]

---

60. Afirma Odete Medauar que, "na atualidade, no contexto de reforma de Estado e de privatização, outras figuras vêm sendo utilizadas para transferir ao particular a prestação de serviços. Uma delas é o arrendamento, pelo qual o poder público transfere a gestão operacional de um serviço público a particular (arrendatário), para que este explore por sua conta e risco, colocando à sua disposição um imóvel público ou um complexo de bens públicos, vinculados ao serviço" (MEDAUAR, Odete. *Direito Administrativo Moderno*, Ed. RT, São Paulo, 5ª edição, 2001, p. 384).

61. Para a doutrina majoritária, quando a lei prevê o exercício de atividades mencionadas no art. 21, X a XII, da CF, por meio de autorização, está em princípio se referindo a atividades privadas reguladas ou regulamentadas, e não a serviços públicos. Sobre o tema, vide: ARAGÃO, Alexandre Santos de. Direito dos serviços públicos, 4ª ed., Belo Horizonte: Fórum, 2017, Capítulo 5. Registramos que, para alguns autores, como Alexandre Wagner Nester, mesmo quando exploradas mediante autorização, as atividades previstas no art. 21 da CF/88 em regra configurariam serviços públicos, ainda que autorizados. Confira-se: NESTER, Alexandre Wagner. *Autorizações de Serviços Públicos*; orientador Prof. Dr. Sebastião Botto Barros Tojal, Tese (Doutorado em Direito do Estado) – Programa de Pós-Graduação em Direito do Estado, Faculdade de Direito, Universidade de São Paulo, 2019. Sobre o tema nos debruçaremos no Capítulo III.2.

62. Por exemplo: GARCIA, Flávio Amaral; FREITAS, Rafael Véras de. Portos brasileiros e a nova assimetria regulatória – Os títulos habilitantes para a exploração da infraestrutura portuária. *R. de Dir. Público da Economia – RDPE*. Belo Horizonte, ano 12, n. 47, jul./set. 2014, p. 85-124.

63. Curioso notar que, mais uma vez, o marco regulatório de um setor estrutural para o desenvolvimento do país foi modificado por medida provisória, em certa medida frustrando a oportunidade de refletido debate nas instâncias apropriadas, em potencial infração ao direito constitucional difuso a um "devido procedimento na elaboração normativa", expressão cunhada por Ana Paula de

Imbuída do escopo de desenvolvimento da infraestrutura portuária que já tinha motivado a MP nº. 595/2012, parece ter procurado a Lei nº. 14.047/2020 oportunizar a concessão de portos, prevendo expressamente que os contratos firmados entre o concessionário e terceiros para a exploração de instalações portuárias serão regidos pelo direito *ipsis litteris* privado (art. 5º-A).[64] Também flexibilizou as cláusulas essenciais dos contratos de arrendamento de direito público (art. 5º-C), aproximando-os dos contratos de adesão para exploração de terminais privados autorizados, ao excluir a cláusula essencial de reversibilidade de bens, assim como positivar a liberdade de preços, por exemplo.

Por um lado, foi reduzida a assimetria regulatória entre terminais arrendados em regime público dentro do porto organizado e aqueles autorizados fora dele. Por outro lado, uma nova assimetria regulatória foi criada, já que mesmo na área do porto organizado foi admitida a exploração de instalações portuárias mediante instrumentos privados a serem celebrados entre o concessionário e terceiros, em potencial concorrência tanto com os arrendamentos em regime público quanto com os terminais autorizados.

Tratou-se, assim, de nova reforma liberalizante no setor.[65] Por meio de contratos de direito privado celebrados com o concessionário franqueou-se a particulares explorar instalações portuárias dentro do porto organizado que convencionalmente deveriam ser outorgadas mediante contrato administrativo de arrendamento firmado com o poder concedente, em regime de direito público, após prévia licitação.

O referido movimento legal liberalizante não foi exclusividade da regulação dos portos. Também foi manifestado, por exemplo, no setor de telecomunicações e de ferrovias, por intermédio da alteração dos respectivos marcos regulatórios, por meio da Lei nº. 14.273/2021 e da Lei nº. 13.879/2019. À luz das necessidades e especificidades de cada subsistema setorial, foram implementadas as citadas reformas legislativas, pelas quais serviços públicos

---

Barcellos (BARCELLOS, Ana Paula. *Direitos fundamentais e direito à justificativa: devido procedimento na elaboração normativa*. 2ª ed. Belo Horizonte: Fórum, 2017).

64. Repise-se o teor do dispositivo: *"Art. 5º-A. Os contratos celebrados entre a concessionária e terceiros, inclusive os que tenham por objeto a exploração das instalações portuárias, serão regidos pelas normas de direito privado, não se estabelecendo qualquer relação jurídica entre os terceiros e o poder concedente, sem prejuízo das atividades regulatória e fiscalizatória da Antaq (Incluído pela Lei nº 14.047, de 2020)".*

65. Registre-se que, até o momento (jan./2024), foi concretizada a concessão apenas do Porto Organizado de Vitória e Barra do Riacho, no Espírito Santo, seguindo o modelo da Lei nº. 14.273/2021. Encontrava-se em curso o projeto de desestatização do Porto de Santos, porém, diferentemente do governo anterior, o atual manifestou desinteresse na delegação de todo o Porto Organizado, especialmente do papel de Autoridade Portuária a particulares, em linha inclusive com o seu perfil político e ideológico. Trata-se realmente de movimento que bem ilustra a natural dança do pêndulo a qual se referia Caio Tácito. Do ponto de vista estritamente jurídico, o exercício do papel de Autoridade Portuária pelo concessionário,

ferroviários e de telecomunicações então delegados por contratos de concessão foram convertidos em atividades passíveis de autorização por parte da Administração Pública.

O movimento no setor portuário, contudo, foi peculiar com relação aos demais supracitados. No seio da própria concessão, foi permitido ao concessionário celebrar contratos derivados de direito privado com terceiros, para explorar o próprio núcleo do serviço público delegado, "*não se estabelecendo qualquer relação jurídica entre os terceiros e o poder concedente*", a teor do referido art. 5º-A. Os terceiros contratados devem desempenhar as mesmas atividades tipicamente operacionalizadas por contratos de arrendamento de direito público, firmados com o poder concedente e considerados instrumento de delegação de serviço público. Os arrendamentos de direito público vigentes podem, ainda, ser transferidos ao concessionário, passando a ser regidos pelo direito privado.

Configuram os modelos acima mencionados regimes jurídicos distintos de exploração de portos cuja investigação é pertinente, inclusive quanto ao diálogo entre o atual arcabouço regulatório setorial e categoriais gerais do direito administrativo, a exemplo do serviço público, atividade privada, autorização, delegação, subcontratação e subconcessão.

I.3. HIPÓTESE: A ORDENAÇÃO DOS PORTOS DESAFIA CONCEPÇÕES TRADICIONAIS DO DIREITO ADMINISTRATIVO GERAL, INCLUSIVE A DICOTOMIA ENTRE SERVIÇOS PÚBLICOS E PRIVADOS

Pelas linhas que antecedem procurou-se demonstrar de que maneira, sob certas circunstâncias, transformações no direito administrativo geral originam-se na parte especial da disciplina, como por exemplo em ordenamentos setoriais regulados, como é o caso do de portos.

Muitas dessas mutações, a propósito, não são percebidas de imediato, inclusive porque com frequência os novos ou atualizados institutos são apresentados com a roupagem de figuras tradicionais, o que é até não só natural como também mais confortável ao espectador. As (r)evoluções científicas, repise-se, não raro resultam da constante interação entre a tradição e a inovação.

No setor portuário, como acima exposto, variados são os títulos habilitantes para a exploração de instalações portuárias, cada qual disciplinado por regime jurídico diverso, sujeito a intensidades de regulação díspares.

A estrutura regulatória, oriunda do ordenamento setorial especial dos portos, pode ter o condão de mudar, atualizar ou ampliar as concepções doutrinárias tradicionais a respeito das figuras típicas de delegações de serviços públicos e de gestão de atividades de interesse coletivo.

Nesse contexto, o presente trabalho procura responder à seguinte questão: *a tradicional dicotomia entre serviços públicos e atividades econômicas privadas é suficiente para explicar os variados degradês dos modelos de ordenação de setores de infraestrutura como o dos portos?*

Procura-se, investigar, assim, se seria a figura da "escala de *publicatio*" uma ferramenta adequada para elucidar os variados graus de intensidade de controle estatal a que podem ser submetidas atividades econômicas de interesse coletivo, sejam elas consideradas públicas ou privadas, a partir do exemplo dos portos, no qual se observam variadas categorias, inclusive algumas aparentemente híbridas, como veremos (ex.: concessão, arrendamento público, arrendamento privado e autorização).

Para além do rótulo dos instrumentos em referência,[66] ainda mais relevante é examinarmos seu regime jurídico. Dessa forma, iremos perquirir as peculiaridades de cada um dos principais títulos habilitantes para a exploração de portos no Brasil, comparando-as com os modelos tradicionais do direito administrativo para o controle de atividades de relevante interesse coletivo. Pretende-se verificar se estamos diante de "mais do mesmo" ou de fato de uma singular ordenação setorial em face de figuras tradicionais do direito administrativo.

Investigaremos, por exemplo, com relação às concessões portuárias, de que maneira poderiam ou não ser consideradas instrumento de promoção de direitos fundamentais da população, como em geral se qualificam os serviços públicos, tendo em vista serem grandes empresas com frequência os usuários dos portos, e não pessoas físicas (Capítulo IV.3.2.1). Avaliaremos, ainda, se o exercício da função de Autoridade Portuária pelo concessionário poderia em alguma medida confrontar o dogma tradicional do direito administrativo da indelegabilidade de poder de polícia (Capítulo IV.3.2.2).

No que se refere ao contrato de arrendamento portuário de direito público, analisaremos, por exemplo (Capítulo IV.4), se afetaria a natureza jurídica das operações por aquele desenvolvidas a criação de hipótese de dispensa de licitação para a escolha do arrendatário (art. 5º-B, parágrafo único, Lei nº. 12.815/2013), bem como a flexibilização das cláusulas essenciais daquele, na forma do art. 5º-C da Lei nº. 12.815/2013 (ex.: positivação da liberdade de preços, exclusão da cláusula de reversão de bens).

---

66. Para autores como Maria João Estorninho, estariam até ultrapassadas as diferenças entre contratos de direito público e de direito privado, sendo mais relevante avaliar-se o regime jurídico de cada instrumento, independentemente de rótulos: ESTORNINHO, Maria João. *Requiem pelo contrato administrativo*. Coimbra: Almedina, 1990, p. 14.

Já quanto ao arrendamento de direito privado, iremos avaliar qual a natureza e o regime jurídico do contrato previsto no art. 5º-A da Lei nº. 12.815/2013, inclusive comparando-o aos instrumentos derivados convencionais no âmbito de concessões de serviços públicos, em especial a subconcessão e a subcontratação. Nosso objetivo é avaliar quais os potenciais efeitos do regime jurídico do arrendamento privado para a qualificação das operações por ele instrumentalizadas como serviços públicos, atividades privadas ou até algum misto entre elas (Capítulo IV.5). A mesma indagação endereçaremos no que se refere à autorização para a exploração de terminais de uso privado, formalizada por contrato de adesão, sujeita à seleção pública, ao planejamento setorial e a certas obrigações típicas de serviços públicos (Capítulo IV.6).

Todas as perguntas aqui colocadas derivam de uma grande questão geral: *o que significa o degradê regulatório do setor dos portos para o direito administrativo em geral, inclusive no que se refere à atualização de conceitos doutrinários como serviços públicos, atividades privadas, concessão, autorização e arrendamento portuário*?

Configuram, todos eles, temas intrigantes e dignos de atenção, a respeito dos quais nos debruçaremos nos Capítulos a seguir, conforme a rota abaixo anunciada.

I.4. ROTEIRO E PLANO DE EXPOSIÇÃO

Sendo pertinente à investigação analisar os regimes jurídicos de exploração de setores de infraestrutura como o de portos no Brasil, ela será inaugurada apreciando, nas origens do direito comparado, distintos modelos de ordenação de atividades econômicas *lato sensu* de relevante interesse coletivo, em especial as noções de (i) serviço público francesa; (ii) *public utility* norte-americana; (iii) *Daseinsvorsorge* alemã; e (iv) serviços de interesse econômico geral da União Europeia. Nosso objetivo é avaliar em que medida, em diferentes momentos históricos, aludidos modelos influenciaram o direito administrativo brasileiro, em especial no que se refere à disciplina jurídica dos portos, na qual hoje identifica-se, em simultâneo, títulos habilitantes assimetricamente regulados dotados de certas características típicas de algumas das categorias comparadas acima referidas (Capítulo II).

Na sequência (Capítulo III), propõe-se introduzir a figura da "escala de *publicatio*", desenvolvida pelo autor espanhol José Maria Souvirón Morenilla, segundo a qual admitem-se diversos graus de controle estatal sobre atividades econômicas, concebendo-se inclusive zonas híbridas entre as concepções de serviço público, atividade privada de interesse coletivo e atividade "puramente" privada. Verificaremos também de que maneira a escala em referência dialoga com alguns dos modelos comparados no Capítulo II. O propósito é apresentar a escala de *publicatio* como ferramenta útil ao estudo do regime jurídico dos variados títulos habilitantes para a exploração de instalações portuárias no Brasil, que igualmente diferem em intensidade de ingerência estatal. Procurar-se-á demonstrar que, ao invés de serem amoldados a fórceps em figuras dicotômicas como serviços públicos ou privado, os cadenciados regimes jurídicos portuários revelam em que medida o legislador, à luz do princípio da proporcionalidade, buscou fixar modelos distintos de exploração de infraestrutura, tendo em vista as peculiaridades e as e as exigências setoriais.

Nesse cenário, analisaremos a margem de apreciação conferida pelo constituinte ao legislador para, dentro dos contornos constitucionais, disciplinar o regime jurídico das atividades previstas no art. 21, XI, e XII da CRFB/88, dentre elas a exploração de portos, em cada caso definindo a forma e o nível de interferência pública com relação a elas (Capítulo III.2).

A partir dessas premissas será, na sequência, analisada a escala de *publicatio* especificamente do setor portuário, no que se refere aos principais títulos habilitantes para a exploração de instalações portuárias, a saber: (i) exploração direta do porto organizado por empresa estatal (companhias docas), inclusive na hipótese de convênio de delegação entre a União e Estados ou Municípios, na forma da Lei nº. 9.277/1996 (Capítulos IV.2 e IV.2.1); (ii) concessão do porto organizado (Capítulo IV.3); (iii) arrendamento de parcela do porto organizado em regime público (Capítulo IV.4); (iv) arrendamento de parte do porto organizado em regime privado (Capítulo IV.5); e (v) autorização para a exploração de terminal de uso privado (Capítulo IV.6).

Exposto os díspares regimes jurídicos de exploração de portos, procuraremos analisar, também no Capítulo IV, de que maneira as suas peculiaridades em alguns casos apenas aparentemente divergem de concepções tradicionais do direito administrativo, assim como, em outras situações, podem a vir a ilustrar e influenciar transformações da disciplina, ao apresentar novas e customizadas soluções, haja vista as particularidades do desenvolvimento técnico e econômico do setor.

Iremos examinar, nesse cenário, por exemplo: (i) de que forma as concessões portuárias configuram ou não instrumentos de promoção de direitos fundamentais, característica típica dos serviços públicos (Capítulo IV.3.2.1), bem como se o desempenho do papel de autoridade portuária pelo concessionário poderia ou não confrontar o dogma tradicional da indelegabilidade do poder de polícia a particulares (Capítulo IV.3.2.2); (ii) se as atuais características do arrendamento portuário de direito público podem ou não impactar a tradicionalmente reconhecida natureza jurídica de serviço público das atividades por ele operacionalizadas, haja vista a exclusão de licitação em certas hipóteses, a liberdade de preços, ausência de cláusulas essenciais sobre bens reversíveis etc. (Capítulo IV.4); (iii) se o arrendamento de direito privado desafia ou não as noções convencionais de subconcessão e de subcontratação da teoria geral das concessões, na medida em que operacionaliza a exploração de parte do núcleo do serviço público delegado mediante subcontrato privado regulado coligado à concessão, firmado entre o delegatário e terceiro, que não terá vínculo com o poder concedente (Capítulo IV.5); (iv) a própria natureza jurídica aparentemente híbrida das atividades desempenhadas mediante o arrendamento privado merece investigação (Capítulo IV.5.2); e (v) se a autorização portuária configura instrumento de regulação de atividade privada, de delegação de serviço público, ou até uma figura híbrida, considerando as suas particularidades gerais, como por exemplo a precedência de convocação/seleção pública, seu caráter contratualizado, a sujeição ao planejamento setorial e a imposição de obrigações de serviços públicos (Capítulo IV.6). Investigaremos, ainda, os limites da regulação dos terminais privados (Capítulo IV.6.2.7).

Traçado o percurso acima proposto, pretende-se ter investigado de que maneira os regimes jurídicos dos portos não estão adstritos a dicotomias inflexíveis como aquela entre serviços públicos ou atividades privadas, sendo antes manifestação do direito privado administrativo, permeável a elementos tanto do direito público quanto do direito privado, que devem ser, à luz do princípio da proporcionalidade, finalisticamente dirigidos ao objetivo constitucional de promoção do desenvolvimento do setor.

SERVIÇO PÚBLICO NO DIREITO COMPARADO E INFLUÊNCIAS NO HISTÓRICO DO REGIME DOS PORTOS BRASILEIRO

Propõe-se neste Capítulo empreender uma investigação comparatística a respeito da noção[1] tradicional de serviço público, de matriz francesa, face a algumas de suas (em maior ou menor grau) congêneres no direito comparado, perquirindo as influências externas nacionalmente recepcionadas em distintos momentos históricos, em especial com relação ao setor portuário.

Para a tarefa, procurando nos ater à sistematicidade e ao método comparativo,[2] buscaremos percorrer as seguintes etapas.

Iniciaremos pela apresentação dos objetos a serem comparados, *in casu* a noção de serviço público e institutos correlatos em certos ordenamentos

---

1. Afirma Eros Grau que "o conceito é atemporal. Pode-se estudar como os conceitos se engendram uns aos outros no interior de categorias determinadas. Mas nem o tempo, nem, por consequência, a História podem ser objeto de um conceito. Aí há uma contradição nos termos. Desde que se introduz a temporalidade, deve considerar-se que no interior do desenvolvimento temporal o conceito se modifica. A noção, pelo contrário, pode-se definir como o esforço sintético para produzir uma ideia que se desenvolve a si mesma por contradições e superações sucessivas e que é, pois, homogênea ao desenvolvimento das coisas" (GRAU, Eros Roberto. Constituição e serviço público. In: GUERRA FILHO, Willis Santiago. *Direito constitucional: estudos em homenagem a Paulo Bonavides*. São Paulo: Malheiros, 2003, pp. 264-265. Disponível em: https://edisciplinas.usp.br/pluginfile.php/5549084/mod_resource/content/1/Eros%20Roberto%20Grau%20-%20CONSTITUIC%CC%A7A%CC%83O%20E%20SERVIC%CC%A7O%20PU%CC%81BLICO%20%281%29.pdf. Acesso em: 02 fev. 2023).
2. Na doutrina brasileira, nem sempre a comparatística é adequadamente utilizada. Sob a guisa de "direito comparado", alguns autores, por vezes até buscando denotar certa erudição, adornam seus textos com citações estrangeiras, algumas até despiciendas, de forma meramente decorativa, desacompanhadas de qualquer metodologia de comparação. Ignoram que "a mera citação de direito estrangeiro sem a devida análise comparativa não exerce uma função realmente construtiva, pois não contribui para o aperfeiçoamento dos objetos confrontados, restringindo-se muitas vezes a um recurso ilustrativo, estilístico ou a um mero 'costume' entre alguns juristas. A citação pura e simples, ao contrário da comparatística, não é um recurso realmente científico" (MARRARA, Thiago. Método comparativo e direito administrativo. In: MOURA, Emerson Affonso da Costa; BAPTISTA, Patrícia Ferreira; MATOS, Thiago Marrara de (org.). *Estudos de direito administrativo comparado*.: Lumen Juris, 2020, p. 1-15. p. 5.). A etapas comparativas a serem percorridas no presente trabalho foram inspiradas naquelas abordadas por Thiago Marrara no artigo acima referido.

jurídicos (Capítulo II.1). Teremos como paradigmas (i) a noção francesa de serviço público (Capítulo II.1.1); (ii) a concepção norte-americana de *public utilities* (Capítulo II.1.2); (iii) a noção alemã de *Daseinsvorsorge* (Capítulo II.1.3);[3] (iv) assim como a ideia de serviços de interesse econômico geral da União Europeia (Capítulo II.1.4).

Eleitos os objetos de comparação, na sequência apresentaremos as características de cada um, bem como o contexto extrajurídico no qual estão inseridos, para fins de identificação dos seus pontos de aproximação e de diferenciação, que devem, então, ser examinados.

Procuraremos, assim, analisar os pontos de contato e de distinção entre as diferentes concepções e regimes jurídicos desenvolvidos em cada sistema jurídico para tratar de atividades de interesse coletivo cuja execução é em maior ou menor intensidade ordenada (em sentido amplo)[4] pelo Estado, sejam aquelas por ele titularizadas ou não.

Na etapa seguinte, a partir das nossas conclusões comparativas, buscaremos perquirir em que medida pode-se observar certa tendência de relativização das diferenças entre a noção francesa de serviço público e as concepções anglo-saxã de *public utilities* e alemã de *Daseinsvorsorge*, inclusive tendo em vista os influxos da figura da União Europeia dos serviços de interesse econômico geral (Capítulo II.2).

Nosso objetivo com esse trajeto é investigar de que maneira, em distintos momentos históricos, de forma pendular,[5] a ordenação de certas

---

3. Embora a noção alemã de *Daseinsvorsorge* apresente certas especificidades com relação aos demais, e seja menos frequentemente estudada pela doutrina administrativista brasileira, entendemos pertinente a trazer à baila não só pelas peculiaridades que a tornam interessante, mas também para demonstrar de que maneira o conceito europeu de serviços de interesse econômico geral procurou englobar todos os modelos nacionais adotados pelos países membros, inclusive aquele cunhado na Alemanha.
4. Nos aproximamos aqui de uma concepção abrangente de atividade de ordenação, englobando qualquer instrumento empregado pelo Estado para conformar e interferir em atividades econômicas de interesse coletivo, desde a disciplina normativa instituída pelo Legislador, com base na Constituição Federal. Conforme afirma Gustavo Binenbojm, "a atividade de ordenação da vida econômica e social não é daquelas que se perfazem pela prática de medidas isoladas, senão que envolve uma sucessão logicamente encadeada de atos, na forma prescrita no ato normativo de regência, para a consecução de fins específicos. (...) O ponto de partida da atividade ordenadora costuma ser a disciplina normativa – legal, regulamentar ou mesmo privada, em casos de regulação por entes não estatais – que conforma as liberdades e a propriedade, mediante imposição de limites (obrigações de não fazer), encargos ou ônus (obrigações de fazer) e sujeições (obrigações de suportar). A disciplina legal, abrangida que é numa concepção ampla de poder de polícia, torna-se apenas um antecedente lógico, mas nem sempre necessário, da concepção estrita de polícia administrativa (poder de polícia no sentido estrito) ou administração ordenadora. Em qualquer caso, o desenho da ordenação deverá sempre reverência às exigências e aos parâmetros estabelecidos na Constituição". (BINENBOJN, Gustavo. *Poder de polícia, ordenação e regulação*: transformações político-jurídicas, econômicas e institucionais do direito administrativo ordenador. 3. ed. Belo Horizonte: Fórum, 2020, p. 84).
5. TÁCITO, Caio. O retorno do pêndulo: Serviço público e empresa privada. O exemplo brasileiro. *Revista de Direito Administrativo*, Rio de Janeiro, v. 202, pp. 1–10, 1995, p. 10.

atividades econômicas (*lato sensu*)[6] de relevante interesse coletivo no Brasil foi influenciada por modelos observados nos ordenamentos jurídicos objeto de nossa comparação (Capítulo II.3). É nesse contexto que delinearemos o histórico da ordenação nacional dos portos sob as confluências dos modelos comparados acima referidos.

Examinaremos como atualmente no país, por vezes de forma simultânea, observa-se no mesmo setor regulado a disciplina de certos segmentos com inspiração na noção francesa de serviço público, e de outros com base no modelo de *public utilities* da *common law*, e/ou até aproximando-se da *Daseinsvorsorge* alemã e dos serviços de interesse econômico geral da União Europeia. Faremos a análise com base na regulação do setor portuário no Brasil, no qual é possível identificar traços de todos os referidos modelos do direito comparado (Capítulo II.3.1). Concluiremos o Capítulo com um balanço das concepções estrangeiras cotejadas e as suas respectivas repercussões no setor portuário (Capítulo II.4).

II.1. OBJETO DE COMPARAÇÃO: MODELOS DE ORDENAÇÃO DE ATIVIDADES ECONÔMICAS *LATO SENSU* DE RELEVANTE INTERESSE COLETIVO

Constitui o nosso objeto de comparação, já dissemos, os modelos jurídicos utilizados em certos países para disciplinar a exploração de atividades econômicas consideradas de relevante interesse da coletividade, assim como os reflexos daqueles no ordenamento jurídico brasileiro ao longo do tempo, com foco no setor portuário.

Optamos por nos referir não a "serviços públicos", como para alguns poderia ser intuitivo, mas em geral a "atividades econômicas de relevante interesse coletivo" – sejam elas tidas como públicas ou privadas – porque

6. Aqui entendemos "atividade econômica *lato sensu*" como gênero que inclui as espécies serviço público e atividade econômica *stricto sensu*, inclusive porque nem todos os modelos comparados necessariamente classificam como estatais/públicas as atividades econômicas de relevante interesse para a sociedade. Tampouco no Brasil são todas as atividades dessa natureza qualificadas como serviços públicos. Conforme as lições de Eros Grau: "Ao afirmar que serviço público é tipo de atividade econômica, a ela atribuí a significação de gênero no qual se inclui a espécie, serviço público. 'Ao afirmar que o serviço público está para o setor público assim como a atividade econômica está para o setor privado, a ela atribuí a significação de espécie'. Daí a verificação de que o gênero – atividade econômica – compreende duas espécies: o serviço público e a atividade econômica. Estamos em condições, assim, de superar a ambiguidade que assume, no seio da linguagem jurídica e no bojo do texto constitucional, esta última expressão. Para que, no entanto, se a supere, impõe-se qualificarmos a expressão, de modo que desde logo possamos identificar de uma banda as hipóteses nas quais ela conota gênero, de outra as hipóteses nas quais ela conota espécie do gênero. A seguinte convenção, então, proponho: atividade econômica em sentido amplo conota gênero; atividade econômica em sentido estrito, a espécie" (GRAU, Eros Roberto. *A ordem econômica na Constituição de 1988*: intepretação e crítica. 14. ed. rev. e atual. São Paulo: Malheiros Editores, 2010, p. 101-102).

não necessariamente há em todos os ordenamentos jurídicos ora comparados uma figura *in totum* equivalente à noção de serviços públicos usada no Brasil. Além disso, nem todas as atividades consideradas de grande interesse geral são no nosso país sujeitadas ao regime jurídico dos serviços públicos, como veremos.

É natural que nem sempre o instituto jurídico escolhido tenha um correspondente exato em outro ordenamento, independentemente das peculiaridades locais: pode ser que funções semelhantes sejam desempenhadas por instituto distinto ou, ainda, que ele exista, mas não com idêntica abrangência e significado. Nessas hipóteses convém ao comparatista a utilização dos denominados "metaconceitos",[7] agregando as características dos objetos de comparação em conceitos artificiais que agrupem diferentes tipos de institutos com funções jurídicas aproximadas em ordenamentos diversos, a despeito de eventual variação de regime jurídico e da nomenclatura local.

Eis então o metaconceito que utilizaremos para congregar os institutos jurídicos ora comparados: "*modelos de ordenação de atividades econômicas* (lato sensu) *de relevante interesse coletivo*".

Adiante examinaremos sucessivamente – em linhas gerais e de forma suscinta, como sequer poderia deixar de ser – as principais características dos referidos modelos na forma como foram tradicionalmente concebidos nos seguintes contextos: (i) França; (ii) Estados Unidos da América – EUA (iii) Alemanha; e (iv) União Europeia.

II.1.1. A origem francesa do serviço público

Foi na França o nascedouro não só da própria concepção do direito administrativo que traduzimos[8] nacionalmente como também da noção tra-

7. Conforme explica a doutrina: "Para solucionar essas dificuldades associadas à rotulagem ou à natureza jurídica dos objetos comparados, bem como às variações de abrangência dos institutos jurídicos em si ou às peculiaridades e aos limites da ciência do direito administrativo em cada país, é fundamental que se valorize a contextualização como ferramenta básica de identificação dos institutos comparados em toda sua complexidade real. Além disso, na presença dessas dificuldades, pode-se lançar mão de um instrumento metodológico razoavelmente simples e útil para fins de manuseio dos objetos comparados, a saber: os metaconceitos. Em vez de empregar rótulos nacionais ou regionais, o comparatista pode se valer de conceitos artificiais (inclusive criados por ele mesmo) que agrupem os diferentes tipos de institutos com a mesma função jurídica e a despeito de sua nomenclatura regional, nacional ou setorial" (MARRARA, Thiago. Método comparativo e direito administrativo. In: MOURA, Alfonso da Costa; BAPTISTA, Patrícia Ferreira; MARRARA Thiago (org.). *Estudos de direito administrativo comparado*. Rio de Janeiro: Lumen Juris, 2020, p. 1-15, p. 12-13).

8. Examina Walter Guandalini Júnior, a partir de uma perspectiva jus-histórica, as particularidades da adaptação do direito administrativo francês à realidade brasileira: "contrariando as conclusões encontradas pelas perspectivas excessivamente focadas na da dogmática jurídica, as pesquisas jus-históricas têm descoberto a originalidade da tradução realizada por nossa cultura jurídica durante o trabalho de recepção do conceito importado da Europa. Como se tem demonstrado, o esforço de adaptação do conceito exógeno às peculiaridades da realidade local no século XIX leva

dicional de serviço público no Brasil reproduzida. Abordaremos brevemente a gênese do serviço público francês e as suas principais características a partir das escolas doutrinárias[9] que preponderantemente o então conceberam no início do século XX: a "Escola do serviço público" (ou Escola de Bordeaux") e a Escola Institucionalista.

Para a primeira, fundada por León Duguit[10] e desenvolvida por Gaston Jèze,[11] o serviço público[12] seria o instituto nuclear do direito administrativo, voltado a conformar atividades essenciais à coesão social, cuja prestação geral adequada e suficiente deveria ser assegurada pela intervenção estatal diante da deficiência do mercado para naturalmente supri-la. Já para a Escola Institucionalista, da qual fez parte Maurice Hariou,[13] a noção central do direito administrativo seria a *puissance public* (poder de império), a ser

---

a doutrina brasileira à construção de uma nova concepção de direito administrativo, dotada de características peculiares e apta a desempenhar uma função distinta da que cumpria em seu ambiente de formação: obrigada a construir um conceito científico sem qualquer referência jurisprudencial, e assim a extrair a sua autonomia da caracterização de um objeto de estudo específico consistente na organização da estrutura administrativa do Estado e das suas relações com particulares; atenta às circunstâncias da realidade local, e por isso consciente da impossibilidade de exigir autonomia absoluta da administração em relação aos demais poderes; e obrigada a enfrentar o problema da legitimidade do governo imperial no contexto de ruptura com a ordem política tradicional após a independência, a doutrina brasileira produz um conceito de direito administrativo voltado ao cumprimento de uma função constituinte, atuando como elemento de fundação do Estado brasileiro, e contribuindo com o direito constitucional no trabalho de fortalecimento da autoridade central como alicerce legítimo para a edificação e a conservação do Estado nacional" (GUANDALINI JUNIOR, Walter; Teixeira, Lívia Solana Pfuetzenreiter de Lima. Um direito administrativo de transição: o conceito de direito administrativo na cultura jurídica da primeira república brasileira. *Revista Direito, Estado e Sociedade – DES, Pontifícia Universidade Católica*, Rio de Janeiro, n. 58, 2021, p. 423).

9. Não desconsideramos o papel da jurisprudência na construção da noção francesa de serviço público, porém, como o objetivo deste trabalho é apresentar em linhas gerais as principais características dela, em sua origem, concentraremos os nossos esforços na análise de elaborações doutrinárias tradicionais na matéria.

10. Confira-se a definição de serviço público de Duguit: "toda atividade cujo cumprimento deve ser regulado, assegurado e fiscalizado pelos governantes, por ser indispensável à realização e a desenvolvimento da interdependência social, e de tal natureza que só seja assegurado plenamente pela intervenção da força governante" (DUGUIT, Léon. *Las transformaciones generales del derecho.* Tradução Adolfo G. Posada e Ramón Jaén. Buenos Aires: Heliasta, 2001. p. 37).

11. Apesar da importância histórica e doutrinária da Escola de Serviço Público, Vitor Rhein Schirato ressalva que "a concepção de que determinadas atividades deveriam ser garantidas por uma ação estatal é consideravelmente anterior. Como informam Gilles J. Guglielmi e Geneviève Koubi, os fundamentos da noção de serviço público antecedem a obra de Léon Duguit. Constam das diversas declarações de direitos dos homens e dos cidadãos elaboradas após 1789, eis que, em diversos casos, essas continham a noção de utilidades comuns a serem garantidas pelo Estado, sobre as quais se funda a noção de serviço público" (SCHIRATO, Vitor Rhein. *Livre Iniciativa nos Serviços Públicos.* Belo Horizonte: Fórum, 2012, p. 37).

12. A formulação apresentada por Duguit para definir os serviços públicos possuiria um objetivo prático: "delimitar o perímetro de intervenção do Estado, e, bem assim, determinar o campo de incidência da jurisprudência do Conselho de Estado e do direito administrativo", de modo que tencionava "manter a noção de liberalismo e conformá-la às demandas sociais amparadas pelas declarações de direito" (SCHIRATO, Vitor Rhein. *Livre Iniciativa nos Serviços Públicos.* Belo Horizonte: Fórum, 2012, p. 38).

13. Maurice Hauriou define serviço público como "uma organização pública de poderes, de competências e de costumes com a função de prestar ao público, de maneira regular e contínua, um serviço

autolimitado e instrumentalizado para a prestação de serviços públicos. Vê-se que, apesar das relativas[14] diferenças, ambas as escolas reconheceram a importância tanto do poder de império do Estado quanto da necessidade de ele assegurar a prestação de serviços públicos.

Ressalvadas as particularidades de cada corrente de pensamento da época, sintetiza Vital Moreira que, classicamente, "na tradição francesa designam-se por serviços públicos em sentido estrito[15] aquelas prestações organizadas e proporcionadas pelo poder público aos particulares, destinadas a satisfazer necessidades colectivas essenciais susceptíveis de fruição individual. Entre elas contam-se serviços tão básicos como o abastecimento de água, a energia, o saneamento básico, os transportes colectivos, os correios e as telecomunicações".[16]

A noção francesa tradicional de serviço público, em linhas gerais, engloba as abaixo sintetizadas principais características:

(i) Titularidade[17] estatal dos serviços: trata-se de atividades pelo ordenamento jurídico excluídas da iniciativa privada e inseridas na órbita pública, que não podem ser exploradas pelos particulares por direito próprio, mas apenas pelo Poder Público diretamente (por entidades da Administração, como empresas estatais) ou via delegação a particulares por algum instrumento, como um contrato de concessão;

---

determinado sob a perspectiva de polícia, no sentido elevado do termo" (HAURIOU, Maurice. *Précis de Droit Administratif et de Droit Public*, Sirey, Paris, 1933, p. 64).

14. O próprio León Duguit observa que "por caminhos e expressões diferentes um eminente publicista, M. Hauriou, chega exatamente às mesmas conclusões a que chegamos" (DUGUIT, Léon. *Las transformaciones generales del derecho*. Tradução Adolfo G. Posada e Ramón Jaén. Buenos Aires: Heliasta, 2001, p. 47).

15. Registramos que a concepção inicial de serviços públicos de Duguit era amplíssima – a ponto de englobar atividades tão heterogêneas que perdia a utilidade –, abrangendo toda e qualquer função estatal, inclusive as legislativas, jurisdicionais etc. Sobre o tema, vide: ARAGÃO, Alexandre Santos de. *Direito dos Serviços Públicos*. 4ª ed. Belo Horizonte: Fórum, 2017, p. 78.

16. MOREIRA, Vital. Os serviços públicos tradicionais sob o impacto da União Europeia. *Revista de Direito Público da Economia – RDPE*, Belo Horizonte, ano 1, n. 1, jan./mar. 2003, p. 1.

17. Ressalvamos as atividades não reservadas ao Estado, como por exemplo os serviços denominados sociais de educação e saúde, que além de serem prestados pelo Estado, hipótese em que configuram serviços públicos, também podem ser explorados pelos particulares por direito próprio, independentemente de delegação estatal, situação em que podem ser qualificados como atividades privadas de relevante interesse coletivo e reguladas (DUGUIT, Léon. *Traité de droit constitutionnel*. Paris: Ancienne Librairie Fontemoing & Cie., t. II, 1923. p. 67).

(ii) Regime jurídico de direito público:[18] exorbitante do regime privado,[19] caracterizado pela existência de prerrogativas especiais em favor do Estado com a finalidade de assegurar o adequado funcionamento do serviço em prol da satisfação dos interesses coletivos a ele inerentes, inclusive mediante a mutabilidade das regras incidentes sobre a atividade;

(iii) Prestação geralmente[20] em regime de exclusividade: garantia da prestação sem concorrência[21] pelo próprio Estado diretamente ou por parte do seu delegatário, especialmente com relação a atividades que envolvam estruturas caracterizáveis como monopólios naturais;[22] e

(iv) Incidência dos princípios dos serviços públicos: Louis Rolland, também integrante da acima citada Escola de Serviço Público, foi o responsável por ter sistematizado "os postulados que até hoje são considerados pela maioria da doutrina como sendo os mais importantes princípios dos serviços públicos, quais sejam, a continuidade, a igualdade e a mutabilidade ou constante adaptação às evoluções, sobretudo de ordem tecnológica, que, em seu conjunto formam o que classicamente são chamadas de 'Leis de Rolland'",[23] que passaram a englobar ainda outros postulados no

18. Destacamos que, originalmente, a teoria de Duguit não distinguia se os serviços públicos seriam prestados em um regime público especial (ARAGÃO, Alexandre Santos de. *Direito dos Serviços Públicos*. 4ª ed. Belo Horizonte: Fórum, 2017, p. 78).

19. "Verifica-se, então, que o elemento formal dos serviços públicos (*i.e.*, seu regime jurídico de direito público) é um dos mais relevantes para sua configuração. Embora se detectem algumas discussões entre a maior relevância dos critérios orgânico ou material, o critério formal está presente em todas as definições (SCHIRATO, Vitor Rhein. *Livre Iniciativa nos Serviços Públicos*. Belo Horizonte: Fórum, 2012, p. 58)

20. Reiteramos que há serviços que, mesmo para a concepção tradicional de serviço público francesa, podem ser livremente explorados por particulares, sem exclusividade, como por exemplo atividades que envolvam educação e saúde.

21. Registramos mais uma vez ser essa a concepção tradicional francesa de serviço público, ressalvando que no Brasil é atualmente admitida a concorrência nos serviços públicos, sendo a exclusividade a exceção, como prevê o art. 16 da Lei nº. 8.987/95: *"Art. 16. A outorga de concessão ou permissão não terá caráter de exclusividade, salvo no caso de inviabilidade técnica ou econômica justificada no ato a que se refere o art. 5º desta Lei"*.

22. Os monopólios naturais "são infraestruturas cuja duplicação pode não ser viável, seja por razões de caráter econômico, seja por razões de caráter técnico (nas quais inserimos as razões ambientais, urbanísticas e relacionadas ao uso de bens públicos, como exporemos). Ou seja, nos casos em que a exploração de uma determinada atividade demandar um monopólio natural, haverá, com relação à propriedade e à operação de tal monopólio, uma exclusividade necessária do agente econômico" (SCHIRATO, Vitor Rhein. *Livre Iniciativa nos Serviços Públicos*. 2ª ed. Belo Horizonte: Fórum, 2022, p. 205-206).

23. ARAGÃO, Alexandre Santos de. *Direito dos Serviços Públicos*. 4ª ed. Belo Horizonte: Fórum, 2017, p. 82.

contexto de cada ordenamento jurídico, como no caso brasileiro os da universalidade, regularidade, modicidade etc.

A partir do desenvolvimento doutrinário e da jurisprudência administrativa francesa, embora não seja a sua formulação unívoca, Vital Moreira destaca os seguintes principais princípios clássicos do serviço público:

> "- garantia de provisão, ou seja, garantia de que não deixará de haver oferta do serviço;
>
> - continuidade, ou seja, garantia de fornecimento sem interrupções (salvo em caso de força maior), o que justificou quer a proibição da greve nos serviços públicos, quer ao menos a sua limitação;
>
> - universalidade, ou seja, direito de acesso de todos os potenciais utentes, independentemente do seu lugar de residência;
>
> - igualdade de tratamento dos utentes;
>
> - retribuição uniforme, independentemente dos custos de fornecimento diferenciados de cada utente, e estabilidade das tarifas, sem responderem às variações da procura ou variações conjunturais nos custos;
>
> - tarifas sociais abaixo do custo de produção, para certas categorias de utentes (pessoas de baixos rendimentos, reformados, deficientes, etc.) ou mesmo para toda a gente);
>
> - adaptabilidade, ou seja, permanente ajustamento do serviço público às necessidades sociais".[24]

Percebe-se, assim, que muitos dos elementos constantes da noção francesa tradicional de serviços públicos são ainda hoje em grande medida adotados no Brasil com relação ao regime jurídico dos serviços públicos, sobretudo no que se refere à titularidade estatal, ao regime jurídico de direito público e à incidência dos princípios acima mencionados para assegurar a sua adequada prestação. Sobre o conceito atual de serviços públicos no direito positivo brasileiro nos debruçaremos no Capítulo III.1.1.

Delineados os contornos gerais da noção tradicional de serviço público concebida na França, passaremos a examinar a modelagem jurídica origi-

24. MOREIRA, Vital. Os serviços públicos tradicionais sob o impacto da União Europeia. *Revista de Direito Público da Economia - RDPE*, Belo Horizonte, ano 1, n. 1, jan./mar. 2003, p. 2.

nada na *common law* para disciplinar atividades econômicas de relevante interesse coletivo.

II.1.2. Concepção norte-americana de *public utilities*

Inexiste no direito norte-americano figura que equivalha precisamente à noção tradicional francesa de serviço público de titularidade estatal, prestado com exclusividade em um "regime jurídico de direito público" como o entendemos. Vale lembrar que classicamente pressupõe a *common law* a igualdade de regimes jurídicos, o que em princípio já parece inconciliável com a existência de normas e prerrogativas específicas para a atuação estatal, a ponto de ter Dicey[25] em 1885 na Inglaterra afirmado – o que é relativizado por parte da doutrina[26] – ser o direito administrativo incompatível com a *common law*.

Isso não significa que tenha a cultura jurídica da *common law* deixado de desenvolver instrumentos para ordenar e garantir a prestação adequada de atividades essenciais à satisfação de relevantes interesses da sociedade.

As atividades econômicas nos EUA sempre foram tradicionalmente consideradas em regra da esfera da iniciativa privada, sendo infensas à intervenção estatal, salvo pela incidência de normas gerais de polícia, para resguardar aspectos basilares como a segurança, a ordem, a saúde e a salubridade.

Ocorre que, a partir do início do século XX, o avanço econômico e tecnológico permitiu o desenvolvimento de atividades preexistentes e inéditas que passaram a ser consideradas essenciais à vida das pessoas a (ex.: ferroviais, energia elétrica, telecomunicações etc.), porém, cuja exploração adequada para satisfação das necessidades coletivas não era assegurada suficientemente pela mera imposição de regras de polícia, por exemplo. Trata-se de atividades que geralmente envolvem estruturas de rede (ex.: estradas de ferro, sistema de telecomunicações e eletricidade) caracterizáveis como monopólios naturais,[27] cuja replicação por terceiros seria *a priori* inviável técnica e/ou economicamente.

---

25. A afirmação foi feita pelo autor na primeira edição da seguinte obra: DICEY, Albert Venn. Introduction to the study of the law of the Constitution. Indianapolis: Liberty Fund, 1982. p. 214. Reimpressão da 8. ed., de 1915. Disponível em: https://files.libertyfund.org/files/1714/0125_Bk.pdf. Acesso em: 20 ago. 2023.
26. ROHR, John A. Dicey's Ghost and administrative law. Administration & Society, Vol. 34 No. 1, March 2002 8-31.
27. William Novak defende ter identificado certa tendência de redução da abrangência das atividades econômicas englobadas no conceito de *public utilities*, se restringindo a indústrias que envolvam sistemas de rede e monopólios naturais (ex.: serviços de água, gás, eletricidade), ao passo que, originalmente, no início do século XX, englobava diversas outras atividades que deixaram de ser assim qualificadas, muitas vezes pelo desenvolvimento econômico e tecnológico que fez perder a relevância coletiva ou permitiu maior concorrência em alguns setores, como por exemplo transporte

Essas atividades foram então denominadas de *public utilities* ("utilidades públicas"), que passaram a ser objeto de regulação pelo Estado, muitas vezes por agências reguladoras, para controlar aspectos[28] como: (i) o ingresso de empresas no mercado, garantindo que tenham capacidade de atender às necessidades coletivas, por exemplo; (ii) a qualidade dos serviços ofertado ao público; (iii) os preços praticados, para que sejam razoáveis e permitam a fruição dos serviços pela coletividade; e (iv) a concorrência entre eventuais prestadores, quando possível, e em qualquer hipótese coibindo práticas anticompetitivas e abusivas perante os usuários, especialmente quando a *public utility* se relacione a monopólios naturais.[29]

Como leciona Gustavo Binenbojm, com relação aos serviços qualificados como *public utilities*, "caracterizados, via de regra, como monopólios naturais, cabe ao Estado regular os elementos principais da atividade de produção do bem ou de prestação do serviço".[30]

---

urbano, telecomunicações, rádio, oleodutos, bancos, seguros, leite e combustíveis (NOVAK, William J. The Public Utility Idea and the Origins of Modern Business Regulation. In: LAMOREUX, Naomi R. L.; NOVAK, William J. *Corporations and American democracy*. Cambridge: Harvard University Press, 2017, p. 175).

28. Sobre o tema, afirma Odete Medauar que "as *public utilities* apresentam-se como atividades que se encontram (*are affected with*) com o interesse público e por isso sujeitam-se a um controle de preços (para que se tenha um preço *reasonable*), ao controle da qualidade dos serviços e outros controles, realizados, de regra, por agências reguladoras independentes. Busca-se na regulação dos monopólios privados fazer face às falhas do mercado e garantir a concorrência" (MEDAUAR, Odete. *Serviços públicos e serviços de interesse geral: uma avaliação das tendências contemporâneas do direito administrativo* – anais do Seminário de Direito Administrativo Brasil-Espanha. Rio de Janeiro: Renovar, 2003. p. 118).

29. Segundo observa Wallace Lovejoy, a ordenação estatal "tem sido utilizado na regulação de *public utilities*, na qual, na maioria dos casos, envolve controle de todos os aspectos de um empreendimento, e tem sido usado na regulamentação de aspectos específicos de várias atividades de mercado, por exemplo: preços, relações de trabalho, padrões de produtos, etc." (LOVEJOY, Wallace. The need for a concept of public utility. *South Texas Law Journal*, v. 3, p. 293-315, 1958. p. 294. Tradução livre). Ao avaliar a conexão entre *public utilities* e poder de polícia, William Novak analisa que "não foi por acaso que a ideia de poder de polícia se desenvolveu contemporaneamente na era das *public utilities*", pois "o aumento de poder de regular dos negócios, a corporação e a economia por meio da *public utilities* foi parte essencial de um longo processo pelo qual o poder de polícia se moveu além do direito comum antigo e das limitações constitucionais – além de tradicionais preocupações de segurança, ordem e moral – para abraçar missão mais ambiciosa e prospectiva de garantir o 'bem-estar público' e fazer 'política pública interna'. (...) Esse fundamental alargamento do poder de polícia é um dos sinais marcantes da era da *public utility*" (NOVAK, William. The Public Utility Idea and the Origins of Modern Business Regulation. In: LAMOREUX, Naomi R.; NOVAK, William J (Eds.). *The Corporation and American Democracy*. Cambridge: Harvard University Press, 2017, p. 156, tradução livre).

30. BINENBOJM, Gustavo. *Poder de Polícia, Ordenação, Regulação: transformações político-jurídicas, econômicas e institucionais do direito administrativo ordenador*. 3ª ed. Belo Horizonte: Fórum, 2020, p. 195-196. Conforme analisa o autor, "outra técnica regulatória importante de gestão de monopólios naturais consiste na utilização de estruturas econômico-financeiras de subsídio cruzado, aptas a viabilizar, sobretudo, o acesso universal a utilidades essenciais (*public utilities*). O subsídio cruzado consiste em uma estratégia econômica destinada a estruturar o funcionamento integral e equilibrado de determinada atividade, a qual se operacionaliza mediante uma estruturação financeira que inclui, necessariamente, nichos deficitários e superavitários de consumo" (BINENBOJM, Gustavo. *Poder de*

As aludidas utilidades, diferentemente do serviço público francês, não são consideradas públicas, de titularidade estatal,[31] a serem exercidas por particulares apenas mediante delegação e em nome do poder público.[32] Trata-se, ao revés, de atividades consideradas privadas e, portanto, relativamente livres a serem exploradas pela iniciativa privada por direito próprio, porém, dado o relevante interesse coletivo envolvido em sua fruição, são intensamente reguladas pelo Estado.[33] Diferentemente dos serviços públicos, cuja regulação é endógena, por se tratar de atividade pública estatal, a regulação das *public utilities* é exógena, voltada a atividades da órbita privada.[34]

Também diferentemente da noção tradicional francesa de serviço público (o que vem sendo relativizado, veremos, cf. Capítulo II.2), as *public utilities* em princípio são exploradas em regime concorrencial pelos particu-

---

Polícia, Ordenação, Regulação: transformações político-jurídicas, econômicas e institucionais do direito administrativo ordenador. 3ª ed. Belo Horizonte: Fórum, 2020, p. 216).

31. "Gaspar Ariño Ortiz cita dois acórdãos (*Smyth v. Ames* e *Southwestern-Bell Telephone C. v. Missouri Public Service Commission*) minoritários, em que foi afirmada a titularidade estatal sobre as *public utilities*, concluindo em seguida que, 'mesmo em um modelo teórico (a doutrina das *public utilities*) que se diz mais afinado com as teses privatizadoras e liberais das atividades econômicas, a tese da titularidade estatal dessas atividades essenciais chegou a ser igualmente formulada' (*Principios de Derecho Público Económico*, Ed. Comares e Fundación de Estudios de Regulación, Granada, 1999, pp. 515-516). No primeiro dos julgamentos, a Suprema Corte preceituou que 'uma ferrovia é uma via pública e não deixa de sê-lo pelo fato de ser gerida por uma empresa privada; esta foi criada para fins públicos e está levando a cabo uma função do Estado', e, no segundo, que 'o investidor, ao aportar os seus capitais em uma empresa de serviço público, aceita que as tarifas ao público sejam razoáveis. Sua Companhia está substituindo o Estado na execução de uma função pública e se converte, assim, em um agente do Estado (*public servant*)'. Entendemos, todavia, que, malgrado a eventual formulação episódica da titularidade estatal em um ou outro acórdão, as diferenças básicas entre a sistemática anglo-saxônica e a latina não são ilididas" (ARAGÃO, Alexandre Santos de. *Direito dos Serviços Públicos*. 4ª, ed. Belo Horizonte: Fórum, 2017, p. 91).

32. Conforme a Tony Prosser, "há uma diferença conceitual: enquanto a concessão é concebida como uma delegação do Estado de poderes a ele reservados, a licença é mais uma intervenção regulatória sobre poderes essencialmente privados" (PROSSER, Tony. *Law and regulators*. Oxford: Clarendon Press, 1997. p. 290). Alexandre Aragão adverte que "essa diferença é, no entanto, um pouco relativa na prática, principalmente em nossos dias, quando os países do sistema dos serviços públicos, mesmo em relação aos que permaneceram sendo de titularidade estatal, os disciplinam com vistas a assegurar o maior número possível de mecanismos de mercado, tornando excepcional a exclusividade das concessões, aplicando a legislação consumerista e diminuindo o número e a intensidade das normas coercitivas incidentes sobre os prestadores (desregulação)" (ARAGÃO, Alexandre Santos de. *Direito dos Serviços Públicos*. 4ª ed. Belo Horizonte: Fórum, 2017, p. 93).

33. Segundo William E. Mosher e Finla G. Crawford, "o interesse público sobre determinado empreendimento pode ser tão penetrante e abrangente que exija constante e detalhada supervisão e um alto grau de regulação. Onde isto ocorre, é comum se falar do empreendimento como sendo 'público', embora de propriedade particular. São a estes empreendimentos que a designação 'utilidade pública (*public utility*)' é normalmente aplicada; eles também são tratados como atividades 'imbuídas da realização do interesse público (*affected with a public interest*)'" (MOSHER, William E.; CRAWFORD, Finla G. *Public utility regulation*. New York: Harper & Brothers Publishers, 1933. p. 3).

34. Em princípio, a regulação dos serviços públicos tende a ser mais intensa do que a de *public utilities* (atividades privadas reguladas), uma vez que, por não configurarem atividade estatal, há maiores barreiras à intervenção do Poder Público, que em tese não poderia, por exemplo, obrigar o particular a prestá-la com pretensão de universalidade.

lares, sem exclusividade, salvo nas hipóteses em que a competição não seja possível, geralmente quando envolvem monopólios naturais relacionados a estruturas em rede.[35]

Feitas essas considerações, analisaremos adiante a concepção alemã de *Daseinsvorsorge*, não só pelas suas interessantes peculiaridades, mas também para na sequência demonstrar de que maneira o metaconceito da União Europeia de serviços de interesse econômico geral congregou as figuras tradicionais dos países membros, inclusive a alemã.

II.1.3. Noção alemã de *Daseinsvorsorge*

"Não existe, na Alemanha, uma teoria ou, mais ainda, uma prática de serviço público que, aplicada a atividades específicas denominadas 'fornecimento/suprimento'[36], estabeleça um regime de exceção enquadrado no direito público".[37] Com essa frase, o professor Johan-Christian Pielow inaugura o texto com o eloquente título: "'Serviço Público' na França e '*Daseinsvorsorge*' na Alemanha: convergência de objetivos, diversidade de meios" (tradução livre).

Embora inexista no direito administrativo alemão "um conceito jurídico (formal) de serviço público", há "uma noção material, a *Daseinsvorsorge*, que está vinculada aos direitos fundamentais e à Constituição".[38] Como explica Lorenzo Martín-Retortillo Baquer:

> "a *Daseinsvorsorge* não é um conceito formal, facilmente enquadrável, mas requer referências e dados materiais para poder ser determinada: novamente podemos lembrar aqui o parágrafo de Forsthoff transcrito acima, no qual se refere àqueles princípios jurídicos fundamentais de natureza material. Não é que o *Daseinsvorsorge* seja um princípio fundamental no

35. Registramos que também o conceito de *public utilities* e sua respectiva funcionalidade já foi alvo de críticas doutrinárias. Ainda em 1940, Horace M. Gray, publicou artigo intitulado "*The Passing of the Public Utility Concept*", afirmando haver certa "decadência institucional" do conceito de *public utilities*, pois a concepção teria sido desvirtuada de seu propósito original. Segundo o autor, a ideia de *public utilities* se originou como um sistema de contenção social concebido principalmente com o intuito de proteger os consumidores de ações monopolistas, porém, teria sido distorcida "para proteger a propriedade, ou seja, a expectativa capitalizada desses monopolistas em detrimento de justas demandas da sociedade" (GRAY, Horace M. The passing of the public utility concept. *Journal of Land and Public Utilities Economics*, v. 16, n. 1, p. 8-20, fev. 1940, tradução livre).

36. A palavra em espanhol utilizada no original foi "suministro".

37. PIELOW, Johan-Christian. "Servicio Público" en Francia y "Daseinsvorsorge" en Alemania: convergencia de los objetivos, diversidad de los medios. *Revista de Derecho Administrativo Económico*, nº 12, p. 17-31, 2004, p. 1. Tradução livre.

38. JUSTEN, Monica Spezia. A evolução da noção de serviços públicos: da França à União Europeia. 2002. 336 f. Dissertação (Mestrado) – Curso de Direito, Setor de Ciências Jurídicas, Universidade Federal do Paraná, Curitiba, 2002. Cap. 5, p. 195.

> sentido estrito que tal expressão tem no ordenamento jurídico alemão, mas que ela está indireta e parcialmente contida, com aquele sentido abrangente que vimos, em muitas normas de direito fundamental. Sua importância reside, portanto, em ser um conceito material. Na qualidade de conceito material, globalmente confiado à Administração Pública, não se limita aos rigores nem ao confinamento de uma estrutura formal concreta. Está acima dela".[39]

O conceito de *Daseinsvorsorge*, desenvolvido por Ernest Forsthoff a partir dos anos 1930,[40] corresponde à figura alemã criada para agrupar as atividades consideradas de relevante interesse da coletividade naquele país. Trata-se, em sua concepção tradicional, de categoria que pretende ser o eixo unificador do direito administrativo, procurando descrever as atividades consideradas de "assistência vital" para a sociedade.[41] A palavra alemã não possui tradução que invoque a eloquência de sua imagem, razão pela qual a doutrina prefere desmembrá-la em partículas para delas então extrair o seu mais preciso significado. Ao examinar a estrutura da palavra *Daseinsvorsorge*, Lorenzo Martín-Retortillo Baquer explica:

> "Dito termo é um conglomerado de três raízes distintas: a palavra *Sorge*, que significa cuidado, atenção, dedicação; o termo *Vor* é uma preposição que encerra a ideia de precedência, anterioridade, seja no tempo ou no espaço: anteposta aqui, antes do termo *Sorge*, vem expressar conjuntamente o significado de preocupação, aquisição, cuidado preventivo, prevenção etc.; a palavra *Dasein*, por fim, serve para denominar a própria existência humana. O conjunto das três raízes nos confere, pois, como tradução da palavra *Daseinsvorsorge*, a ideia de preocupação pela existência humana, de preocupação pelos pressupostos vitais, ou melhor ainda, superando a tradução estritamente literal para referir seu conteúdo ideológico, a

---

39. BAQUER, Lorenzo Martín-Retortillo. La administración pública y el concepto de Daseinsvorsorge. *Revista de Administración Pública*, Centro de Estudios Políticos y Constitucionales, Madrid, nº. 38, maio-agosto, 1962, pp. 37-38 (tradução livre).

40. O primeiro trabalho de Ernest Forsthoff que começa a estruturar a ideia de *Daseinsvorsorge* é o seu clássico artigo intitulado *"Die Verwaltung als Leistungsträger"* (*"A administração como prestadora de serviços"*), publicado em 1938. Já na obra *"Questões jurídicas da administração prestadora"*, publicada em 1959, o autor buscou sedimentar a relação entre *Daseinsvorsorge* e o papel da Administração Pública em torno desse conceito (GAMBOA, Jaime Orlando Santofimio. *Compendio de derecho administrativo*. Bogotá: Universidad Externado de Colombia. 2017, capítulo 1, C, versão *e-book*).

41. JUSTEN, Monica Spezia. A evolução da noção de serviços públicos: da França à União Europeia. 2002. 336 f. Dissertação (Mestrado) – Curso de Direito, Setor de Ciências Jurídicas, Universidade Federal do Paraná, Curitiba, 2002. Cap. 5, p. 171.

ideia de assistência vital ou de prestações vitais. Quando se fala, pois, de *Daseinsvorsorge* se quer expressar, portanto, uma atividade relacionada com a existência ou com a vida humana em seu mais pleno sentido"[42].

O fornecimento de bens e serviços considerados de assistência vital procura atender a necessidades coletivas que apenas seriam plenamente satisfeitas mediante alguma forma de intervenção estatal em maior ou menor grau,[43] isto é, que não seriam adequadamente supridas pelo livre mercado, o que inclusive se aproxima da concepção original de serviço público à francesa desenvolvida por León Duguit (cf. Capítulo II.1.1). Da mesma forma, o espaço vital coletivo de Ernest Forsthoff é justamente integrado por toda a prestação de bens e serviços necessários para a subsistência coletiva dos indivíduos,[44] como por exemplo os sistemas de transportes e telecomunicações, os serviços de água, eletricidade,[45] gás, dentre outros[46].

Apesar de os institutos *service public* e *Daseinsvorsorge* apresentarem finalidades e sentido material semelhantes, diferenciam-se na medida em que a figura alemã possui raiz sociológica empírica e conceito jurídico pouco delimitado[47], enquanto a concepção francesa tradicional traduz conceito jurídico formal que designa o estrito regime de direito público ao qual são submetidas

---

42. BAQUER, Lorenzo Martín-Retortillo. La administración pública y el concepto de Daseinsvorsorge. *Revista de Administración Pública*, Centro de Estudios Políticos y Constitucionales, Madrid, nº. 38, maio-agosto, 1962, p. 37-38. Tradução livre.

43. GAMBOA, Jaime Orlando Santofimio. *Compendio de derecho administrativo*. Bogotá: Universidad Externado de Colombia. 2017, capítulo 1, C, versão *e-book*. Tradução Livre.

44. FORSTHOFF, Ernest. The Administration as provider of services. *In:* JACOBSON, Arthur; SCHLINK, Bernhard (Ed.). *Weimar: A Jurisprudence of Crisis*. Berkeley: University of California Press, 2001, pp. 326-327.

45. Ilustrativamente, em caso notório o Tribunal Constitucional Alemão estabeleceu que "o fornecimento de energia elétrica é uma atividade pública do mais alto significado, porque o fornecimento de energia elétrica pertence ao campo das atividades essenciais (*Daseinsvorsorge*) e é uma prestação que se destina a cobrir as necessidades essenciais para assegurar uma existência humana digna aos cidadãos" (*Bundesverfassungsgericht* – BVerfGE 66,248, tradução conforme: SCHIRATO, Vitor Rhein. A noção de serviço público em regime de competição. 2011. 323 f. Tese (Doutorado) – Curso de Direito, Faculdade de Direito, Universidade de São Paulo, São Paulo, 2011. Cap. III.1.2).

46. Ernest Forsthoff se refere especificamente ao "abastecimento de água, gás, eletricidade e fornecimento de meios de transporte de qualquer tipo, correio, telefone e telégrafo, assegurar higiene, a previdência na velhice, invalidez, doença e muitas outras coisas mais" (GEGNER, Martin. "Daseinsvorsorge" e "Service Public" no contexto da integração Europeia. *Análise Europeia – Revista da Associação Portuguesa de Estudos Europeus*, Vol. 1, n.º 1, Lisboa, 2016, p. 29-49).

47. Nas palavras de Johan-Christian Pielow, "o fato de os dois países terem passado de um estado liberal – um Estado do poder público – para um Estado social ou um Estado benfeitor (*Leistungstaat*), de forma alguma se baseia em origens comuns, tanto na França como na Alemanha. Sem embargo, o princípio francês de *service public*, um princípio de caráter jurídico, resulta realmente diferente da figura sociológica puramente empírica de *offentliche Daseinsvorsorge* na Alemanha" (PIELOW, Johan-Christian. "Servicio Público" en Francia y "Daseinsvorsorge" en Alemania: convergencia de los objetivos, diversidad de los medios. *Revista de Derecho Administrativo Económico*, nº 12, p. 17-31, 2004, p. 31. Tradução livre).

certas atividades. O termo *Daseinsvorsorge*, por outro lado, traduz mais uma categoria sociológica do que normativa,[48] relacionada de forma abrangente e fluida aos "deveres estatais de prover os bens e prestações necessárias para uma existência humana razoável e adequada"[49], vinculando-se à promoção de direitos fundamentais[50].

Ademais, diferentemente da noção francesa tradicional de serviço público (cf. Tópico II.1), as atividades tuteladas pela *Daseinsvorsorge* em princípio, salvo raras exceções,[51] não são de titularidade estatal e tampouco submetidas a regime jurídico "de direito público" marcado por prerrogativas exorbitantes do Estado. Confira-se a explicação de Johan-Christian Pielow sobre o tema, autor que aborda ser indiferente ao conceito de *Daseinsvorsorge* a qualidade do titular da função":

> "O direito administrativo alemão, em seu componente econômico, não tem por vocação intrínseca legitimar, através do serviço público, as intervenções do Estado no âmbito econômico. Dessa forma, em nome do princípio da separação do que concerne ao Estado (*Staat*) e do que concerne à sociedade

48. Martin Gegner, ao analisar autores alemães [Roman Herzog (1963), Karl Bayer (1965), Rupert Scholz (1967), Ernst Rudolf Huber (1975) e Dieter Grimm (1993)] que utilizam o termo *Daseinsvorsorge*, afirma que "um grande consenso é o de que o conceito não classifica uma área de atuação restrita, nem fixa uma implementação concreta. O termo é muito mais uma categoria sociológica do que normativa" (GEGNER, Martin. "Daseinsvorsorge" e "Service Public" no contexto da integração Europeia. Análise Europeia – Revista da Associação Portuguesa de Estudos Europeus, Vol. 1, n.º 1, Lisboa, 2016, p. 27).

49. MAGALDI, Nuria. El concepto de procura existencial (daseinsvorsorge) en Ernst Forsthoff y las transformaciones de la administración pública. *Revista de Derecho Público: Teoría y Método*. Vol. 1, 2020, p. 161 *apud* MAURER, Hartmut. *Allgemeines Verwaltungsrecht*. 17.ª ed. Verlag C. H. Beck: Munich, 2009, p. 7. Tradução livre.

50. Segundo Martin Bullinger, "o conceito da assistência vital se usa em algumas leis como conceito geral pouco preciso que compreende todas as prestações tradicionais dos entes públicos, como *v.g.* os municípios, e serve na jurisprudência para deslindar, sem uma diferenciação muito clara, a atuação econômica do Estado daqueles serviços públicos que servem fins públicos e que, apesar de serem geridos de acordo com as formas do direito privado, estão sujeitos aos princípios gerais de direito administrativo e controle patrimonial, sem que o poder público possa se opor aos direitos fundamentais" (BULLINGER, Martin. El service public francés y la daseinsvorsorge en Alemania. *Revista de Administración Pública*, núm. 166, Madrid, 2005, p. 42-43. Tradução livre).

51. "É certo que no direito alemão o fenômeno do monopólio de exercício das funções – acompanhado e definido por uma publicização (*publicatio*) do serviço em questão – não é algo completamente desconhecido. A esse respeito, existem exemplos no direito constitucional, há muito apoiados no antigo artigo 87 (1) da Lei Fundamental, a saber, os correios federais e as estradas de ferro federais, antes de serem levadas a cabo as reformas adotadas durante os anos 90. Ademais, leis federais dispõem sempre que em alguns setores, como a distribuição de água ou o tratamento do lixo doméstico e dos resíduos, as coletividades territoriais (sobretudo as grandes cidades e os distritos, Kreise) receberam uma exclusividade de competência, mas são só exceções. Por isso, diferentemente do direito francês, que dá uma preferência à 'publicização' e com frequência a combina com um regime de concessão enquadrado pelo direito público, o direito alemão combate tal nacionalização das funções" (PIELOW, Johan-Christian. "Servicio Público" en Francia y "Daseinsvorsorge" en Alemania: convergencia de los objetivos, diversidad de los medios. *Revista de Derecho Administrativo Económico*, nº 12, p. 17-31, 2004, p. 22 (tradução livre)

> (*Gesellschaft*), as atividades de aprovisionamento são, em primeiro lugar e sobretudo, 'atividades de empresa': o direito comum se aplica de maneira preponderante, inclusive em seu componente constitucional: liberdade de empresa e direito de propriedade garantidos na Lei fundamental. Nessas atividades, o poder público pode, em nome de um interesse geral justificado sociologicamente, através do conceito de 'prestação dos bens e serviços necessários para a existência' (*Daseinsvorsorge*), atenuar por distintas normas legislativas e regulamentares, a aplicação pura e simples do direito comum".[52]

Trata-se, assim, de atividades preponderantemente regidas pelo direito privado, ainda que com influxos de direito público para que atendam aos relevantes interesses coletivos a elas inerentes, ao menos nesse aspecto se aproximando da noção norte-americana de *public utilities* (cf. Capítulo II.1.2). Em regra, o direito de um particular exercer a atividade classificada como *Daseinsvorsorge* "é somente objeto de uma autorização de explorar pura e simples ou de uma autorização sujeita a comprovações prévias em matéria concorrencial".[53]

As atividades abrangidas pela categoria *Daseinsvorsorge*, portanto, não "se traduzem necessária e especificamente na existência de um monopólio do exercício de funções detidas pelo Estado como no caso dos serviços públicos",[54] passíveis de concessão. As atividades englobadas pela *Daseinsvorsorge*, via de regra, são exploradas por empresas estatais ou privadas, em regime de concorrência,[55] observadas as normas editadas para disciplinar o seu exercício, dado o relevante interesse coletivo a elas ínsito.

Na doutrina brasileira, sintetizando alguns dos aspectos da figura da *Daseinsvorsorge* acima referidos, afirma Cesar Pereira:

---

52. PIELOW, Johan-Christian. "Servicio Público" en Francia y "Daseinsvorsorge" en Alemania: convergencia de los objetivos, diversidad de los medios. *Revista de Derecho Administrativo Económico*, nº 12, p. 17-31, 2004, p. 1 (tradução livre).

53. PIELOW, Johan-Christian. "Servicio Público" en Francia y "Daseinsvorsorge" en Alemania: convergencia de los objetivos, diversidad de los medios. *Revista de Derecho Administrativo Económico*, nº 12, p. 17-31, 2004, p. 22 (tradução livre).

54. PIELOW, Johan-Christian. "Servicio Público" en Francia y "Daseinsvorsorge" en Alemania: convergencia de los objetivos, diversidad de los medios. *Revista de Derecho Administrativo Económico*, nº 12, p. 17-31, 2004, p. 22 (tradução livre).

55. "A função de Daseinsvorsorge, em si, é por essência indiferente à qualidade daquele que exerce a missão", de modo que tais atividades "são realizadas por empresas públicas e por empresas privadas ou de economia mista que operam em regime de concorrência, sem necessidade de regime de concessão" (PIELOW, Johan-Christian. "Servicio Público" em França e "Daseinsvorsorge" em Alemania: convergência de los objetivos, diversidad de los médios. *Revista de Derecho Administrativo Económico*, nº 12, p. 17-31, 2004, p. 31. Tradução livre).

> "A atuação do Estado nesse campo se dá por meio de missões de prestações públicas de serviços. Não há titularidade pública do serviço, mas a assunção pública de tais missões. A jurisprudência constitucional assegura ao Estado ampla possibilidade de atuação econômica, exceto se essa atuação implicar restrição desproporcional das liberdades fundamentais dos particulares. Admitem-se os regimes público ou privado para a realização das missões ligadas à *Daseinsvorsorge*, desde que haja sua prestação efetiva. Mesmo as iniciativas de privatização ocorrem com a reserva de que não prejudicam a realização dos deveres do Estado Social"[56].

Fixadas essas premissas, veremos adiante os diálogos recíprocos entre a figura da União Europeia dos serviços de interesse econômico geral e os institutos francês, da *common law* e alemão acima examinados.

II.1.4. Serviços de interesse econômico geral na União Europeia

Elemento comum das três categorias examinadas nos tópicos anteriores (serviço público, *public utilities* e *Daseinsvorsorge)* é o seu fim de instrumentalizar a intervenção estatal em atividades de interesse coletivo, com maior ou menor intensidade e por vezes restringindo a concorrência, para atender às necessidades da sociedade, pressupondo que o livre mercado *per se* seria insuficiente para supri-las. Trata-se assim de atividades elementares face às quais o Estado não pode ser omisso.

No âmbito da União Europeia cada Estado membro, dadas as suas peculiaridades nacionais, tradicionalmente adotou certa modelagem para ordenar atividades de interesse coletivo a partir de inspirações, por exemplo, das figuras do serviço público francês, das *public utilities* da *common law*, da *Daseinsvorsorge* alemã ou, ainda, dos "serviços sociais", como são denominados nos países nórdicos.[57] Buscaremos examinar, nesse contexto, de que

56. PEREIRA, Cesar Augusto Guimarães. *A posição jurídica dos usuários e os aspectos econômicos dos serviços públicos*. 2005. 389 f. Tese (Doutorado) – Curso de Direito, Faculdade de Direito, Pontifícia Universidade Católica de São Paulo, São Paulo, 2005, p. 167.

57. Segundo explica Hellmut Wollmann: "na Inglaterra e no contexto britânico, esses serviços são referidos como *public utilities;* na França, eles são serviços denominados *services publics industriels et commerciaux;* na Itália, *servizi pubblici* ou *servizi di pubblica utilità;* e na Alemanha, *Daseinsvorsorge* ('provisões necessárias à existência')" (WOLLMANN, Hellmut; KOPRIC, Ivan; MARCOU, Gérard. *Public and social services in Europe: from public and municipal to private sector provision*. London: Palgrave Macmillan, 2016, p. 2). Segundo Gérard Marćou, "na Dinamarca e Suécia, o Estado não é menor e as garantias sociais não são menos abrangentes do que nos países citados acima, muito pelo contrário; no entanto, não há reconhecimento legal formal de funções de serviço público, provavelmente porque não são distintas das responsabilidades do governo local, embora sejam monitorados pelo governo nacional" (WOLLMANN, Hellmut; KOPRIC, Ivan; MARCOU, Gérard. *Public and social services*

maneira foram compatibilizados os modelos nacionais de intervenção estatal em certas atividades e a finalidade de integração econômica e concorrencial no âmbito da comunidade europeia.

O mercado único e comum "pressupunha a liberdade de circulação dos 'factores' económicos dentro do espaço comunitário, bem como a liberdade de estabelecimento em qualquer dos Estados membros, em pé de igualdade com os nacionais (proibição de discriminação por motivo de nacionalidade)",[58] o que vai contra a criação de benefícios e exclusividades em prol de certas empresas,[59] como é comum no modelo tradicional de serviço público.[60] Conforme observa Murilo Melo Vale, "os limites geográficos inerentes à noção do serviço público, como um 'braço' das 'funções soberanas' de determinado Estado-membro, seria um vigoroso empecilho ao consumo comunitário e à necessária coesão social e econômica imprescindíveis ao bom funcionamento da União Europeia"[61].

Procurando solucionar esse aparente impasse, foi criado, no âmbito da União Europeia, o "metaconceito" (cf. Capítulo II.1) de "serviços de interesse econômico geral", para agrupar as atividades significativas para a coletividade que, em cada país, são objeto de alguma forma de ingerência estatal, em maior ou menor grau.[62] A categoria configura em alguma medida uma síntese entre os modelos tradicionais de serviço público e de *public utilities*,

---

in Europe: from public and municipal to private sector provision. London: Palgrave Macmillan, 2016, p. 16).

58. MOREIRA, Vital. Os serviços públicos tradicionais sob o impacto da União Europeia. *Revista de Direito Público da Economia – RDPE*, Belo Horizonte, ano 1, n. 1, jan./mar. 2003, versão digital, p. 5.

59. Nas lições de Carlo Amirante, "a exigência de respeito indiscriminado às regras da concorrência é motivada pela convicção de que ela é a mais idônea para evitar discriminações entre as empresas dos diversos países membros, possibilitando a superação de normas e tratamentos privilegiados, concernentes sobretudo a empresas públicas" (AMIRANTE, Carlo. I Servizi pubblici fra ordinamento comunitario e ordinamento interno: regole di mercato e funzione sociale. In: AMIRANTE, Carlo. *Unioni sovranazionali e riorganizzazione costituzionale dello Stato*. Torino: G. Giappichelli, 2001. p. 40).

60. Luis Martín Rebollo leciona que "o serviço público, em sua acepção tradicional, pressupunha uma atividade que havia sido 'retida' pelo Estado, excluída do mercado, assumida a sua titularidade pelo Estado, ainda que a sua gestão pudesse ser concedida. Esse era o conceito comumente admitido entre nós de serviço público: um conceito orgânico e subjetivo (...). A liberalização pressupõe a ruptura de monopólios, a abertura ao mercado de atividades antes 'retidas' pelo Estado, e é imposta em numerosas ocasiões, não mais, pelo menos no nosso caso, por razões ideológicas, mas sim por força de normas do Direito Comunitário Europeu" (REBOLLO, Luis Martín. *Servicios públicos y servicios de interés general*: la nueva concepción y operatividad del servicio público en el Derecho Administrativo Español. Uma avaliação das tendências contemporâneas do direito administrativo: anais do Seminário de Direito Administrativo Brasil-Espanha. Rio de Janeiro: Renovar, 2003. p. 102-103).

61. VALE, Murilo Melo. *Obrigações de serviços públicos no setor privado*: fundamentos jurídicos para a imposição regulatória de encargos do regime jurídico "típico" da prestação do serviço público à iniciativa privada no Direito brasileiro. Belo Horizonte: Fórum, 2022, p. 155.

62. Segundo a doutrina "a noção de serviço de interesse econômico geral surgiu no Tratado de Roma de 1957 como um "supraconceito" a abarcar todas as tradições e realidades jurídicas existentes entre os diferentes Estados-membros, de modo a buscar a consolidação de um mercado comum concorrencial" (VALE, Murilo Melo. *Obrigações de serviços públicos no setor privado*: fundamentos

também com traços da *Daseinsvorsorge*, por envolver a ordenação estatal de atividades de interesse coletivo consideradas essenciais, independentemente da titularidade pública ou não. O objetivo principal dos serviços de interesse econômico geral é restringir exclusividades e sempre que razoavelmente possível sujeitar as atividades à concorrência, em prol das finalidades da União Europeia. Sobre o tema, aduz a doutrina:

> "A limitação à predisposição exclusivista da noção tradicional do serviço público, para dar espaço aos serviços de interesse econômico geral, em um mercado aberto à livre iniciativa, seria a solução necessária para se criar uma estrutura de rede, de modo a favorecer os usuários, na nova Comunidade Europeia que se estava estruturando"[63].

Os serviços de interesse econômico geral foram originalmente previstos no art. 86 do Tratado de Roma, de 1957, *in verbis*:

> "Artigo 86º 1. No que respeita às empresas públicas e às empresas a que concedam direitos **especiais ou exclusivos**, os Estados-Membros não tomarão nem manterão qualquer medida contrária ao disposto no presente Tratado, designadamente ao disposto nos artigos 12º e 81 º a 89º, inclusive.
>
> 2. As empresas encarregadas da gestão de **serviços de interesse económico geral** ou que tenham a natureza de monopólio fiscal ficam submetidas ao disposto no presente Tratado, designadamente às regras de **concorrência**, na medida em que a aplicação destas regras **não <u>constitua obstáculo ao cumprimento, de direito ou de facto, da missão particular que lhes foi confiada</u>**. O desenvolvimento das trocas comerciais não deve ser afectado de maneira que contrarie os interesses da Comunidade.
>
> 3. A Comissão velará pela aplicação do disposto no presente artigo e dirigirá aos Estados-Membros, quando necessário, as directivas ou decisões adequadas" (grifamos).

Depreende-se do dispositivo que não é – ao menos expressamente – restringida a titularidade estatal das atividades de interesse geral, mas apenas

---

jurídicos para a imposição regulatória de encargos do regime jurídico "típico" da prestação do serviço público à iniciativa privada no Direito brasileiro. Belo Horizonte: Fórum, 2022, p. 256).

63. VALE, Murilo Melo. *Obrigações de serviços públicos no setor privado*: fundamentos jurídicos para a imposição regulatória de encargos do regime jurídico "típico" da prestação do serviço público à iniciativa privada no Direito brasileiro. Belo Horizonte: Fórum, 2022, p. 155.

a exclusividade da sua prestação,[64] que via de regra deveria ser submetida à concorrência, ressalvadas aquelas hipóteses em que a competição "constitua obstáculo ao cumprimento, de direito ou de facto, da missão particular que lhes foi confiada". Em outras palavras, quando a concorrência for inconciliável com a natureza e os fins coletivos inerentes ao serviço. A exceção engloba situações nas quais presentes monopólios naturais e/ou estruturas de rede (cf. Capítulo II.1.1), cuja exploração competitiva seria inviável, assim como atividades com pretensão de universalização,[65] que devem ser prestadas a todas as camadas da população e áreas geográficas, inclusive sob circunstâncias economicamente não atrativas. Nesses casos, a atividade poderia ser caracterizada como um "serviço universal", eventualmente excepcionando as regras europeias de concorrência[66].

Em aludido cenário, as hipóteses nas quais as regras europeias de concorrência poderiam ou não ser excepcionadas devem ser aferidas caso a caso, à luz do princípio da proporcionalidade, para que sejam impostas apenas as restrições à competição razoavelmente adequadas e necessárias a depender da situação. É a George Vlachos[67] creditada a sistematização dos seguintes requisitos da jurisprudência europeia para fins de mitigação da concorrência com relação aos serviços de interesse econômico geral, conforme a síntese de Alexandre Aragão:

> "1) a empresa deve estar encarregada da prestação da atividade em razão de um ato do poder público, como uma concessão ou outorga, não sendo suficiente uma simples autorização para exercício de uma atividade privada;
>
> 2) a atividade deve satisfazer necessidades importantes para a coletividade, o que normalmente é associado à existência de obrigações de serviço público ou universal; e

---

64. Como explica Alexandre Aragão, "a preocupação, portanto, da legislação europeia, não é a prestação estatal, mas sim a exclusividade, seja ela de uma empresa estatal ou de um concessionário privado. Não possui normas contra a atuação direta do Estado, desde que ela não impeça a concomitante prestação por outros agentes econômicos" (ARAGÃO, Alexandre Santos de. *Direito dos Serviços Públicos.* 4ª ed. Belo Horizonte: Fórum, 2017, p. 96-97).

65. Nas palavras de Vitor Rhein Schirato, trata-se da "obrigação de seu prestador (seja o Estado diretamente, seja o particular que age em sua delegação) de levar o serviço prestado para a maior quantidade de pessoas possível dentro de um determinado território em plenas condições de fruição" (SCHIRATO, Vitor Rhein. *Livre Iniciativa nos Serviços Públicos.* 2ª ed. Belo Horizonte: Fórum, 2022, pp. 244-245).

66. MOREIRA, Vital. Os serviços públicos tradicionais sob o impacto da União Europeia. *Revista de Direito Público da Economia - RDPE*, Belo Horizonte, ano 1, n. 1, jan./mar. 2003, versão digital, p. 9.

67. VLACHOS, Georges, *Droit public économique français et europeen.* 2. Ed. Paris: Arman Colin, 2001, p. 217-222.

> 3) que o cumprimento das regras de concorrência comprometa a realização da sua missão"[68].

Tem-se, assim, que é a concorrência a regra no âmbito dos serviços de interesse econômico geral na União Europeia, podendo ser excepcionada se necessário, em cada Estado-Membro, em geral quando inviável, inclusive mediante a qualificação da atividade como serviço público. Dessa forma, "o que urgiu dessas concepções comunitárias é um pleito geral para que os Estados-membros utilizassem o instrumento do 'serviço público', como exclusivismo estatal na execução de algumas atividades, apenas como última *ratio*"[69], de modo a prestigiar a concorrência sempre que possível, em prol da integração econômica europeia.

Nesse ponto, observamos que a concepção de serviços de interesse econômico geral mais se aproxima das noções de *public utilities* e de *Daseinsvorsorge*, na medida em que não pressupõe a titularidade estatal da atividade. Além disso, assim como ocorre com as *public utilities*, os serviços de interesse econômico geral privilegiam a concorrência, excepcionada nos casos com ela incompatíveis. Nesse caso de inviabilidade competitiva, o serviço de interesse econômico geral poderia ser disciplinado conforme a tradição de cada país, inclusive por meio do instituto do serviço público, típico do exemplo francês.[70]

Adiante, avançamos em nosso percurso para investigar em que medida, inclusive por influência da União Europeia, se tem observado certa aproximação entre os institutos objeto de comparação neste Capítulo.

---

68. ARAGÃO, Alexandre Santos de. *Direito dos Serviços Públicos*. 4ª ed. Rio de Janeiro: Forense, 2017, p. 97.

69. VALE, Murilo Melo. *Obrigações de serviços públicos no setor privado*: fundamentos jurídicos para a imposição regulatória de encargos do regime jurídico "típico" da prestação do serviço público à iniciativa privada no Direito brasileiro. Belo Horizonte: Fórum, 2022, p. 197.

70. Vital Moreira sistematiza em fases a reação dos países membros da União Europeia com relação à internalização da figura dos serviços de interesse econômico geral e abertura dos serviços públicos à concorrência: (i) fase da indiferença quanto à incorporação da noção de serviços de interesse econômico geral e manutenção do *status quo* (1957-1986); (ii) fase da ofensiva contra os serviços públicos, mediante a liberalização de alguns setores pela introdução da concorrência (1986-1994); e (iii) fase do compromisso, por meio da tentativa de compatibilização entre a concorrência e a necessidade de maior ingerência estatal em certas atividades sensíveis, como as que tenham pretensão de universalização (1994 em diante) (MOREIRA, Vital. Os serviços públicos tradicionais sob o impacto da União Europeia. *Revista de Direito Público da Economia – RDPE*, Belo Horizonte, ano 1, n. 1, jan./mar. 2003, versão digital, p. 7).

II.2. RELATIVIZAÇÃO DAS DIFERENÇAS ENTRE OS MODELOS COMPARADOS

Sobretudo nas últimas décadas, inclusive como decorrência da globalização e do natural desenvolvimento dos institutos jurídicos, observa-se alguma mitigação dos traços distintivos que tradicionalmente identificaram os modelos acima objeto de comparação, voltados à ordenação de atividades econômicas (*lato sensu*) de relevante interesse da coletividade (serviço público, *public utility, Daseinsvorsorge* e serviços de interesse econômico geral).

Em especial, assiste-se a um esfumaçamento das fronteiras entre os serviços públicos e as *public utilities* (atividades privadas reguladas) ou mesmo, diriam alguns, a uma convergência entre os dois institutos. Embora oriundos de construções dogmáticas e jurisprudenciais diversas, em grande medida têm se aproximado a disciplina dos serviços públicos e das *public utilities* nos distintos ordenamentos jurídicos.

Na doutrina brasileira, merece destaque a ponderação de Carlos Ari Sundfeld e Jacintho Arruda Câmara:

> "O que parece estar em crise é a concepção, que sempre se associou à dualidade serviço público x atividade econômica, de que a diferença entre um e outra estaria necessariamente no grau de regulação pública a que se sujeitam. De fato foi assim no passado: a organização dos serviços públicos era sempre determinada com rigidez pelo Estado, excluindo a ideia de mercado; com as demais atividades, era o contrário. Mas as coisas se baralharam nos últimos tempos: alguns serviços públicos se liberalizaram, enquanto atividades privadas foram sendo enquadradas pelo Estado em esquemas organizatórios bastante rígidos. Essa observação alerta contra o risco das generalizações em matéria de direito público econômico, ainda que calcadas em ideias muito conhecidas. O tratamento adequado de qualquer um de seus tópicos exige um fino exame de peculiaridades, problemas e normas. **As generalizações estão em crise**"[71].

A propósito, em linha com a orientação doutrinária acima, também com relação aos títulos habilitantes para a exploração de portos objeto deste trabalho, convém investigar as suas peculiaridades antes de generalizada-

71. SUNDFELD, Carlos Ari; CÂMARA, Jacintho Arruda. O Poder Normativo das Agências em Matéria Tarifária e a Legalidade: o Caso da Assinatura do Serviço Telefônico. *In*: ARAGÃO, Alexandre Santos de (coord.). *O poder normativo das agências reguladoras*. Rio de Janeiro: Forense, 2006, p. 606, grifamos.

mente os enquadrar em conceitos dicotômicos como os de serviço público ou privado (cf. Capítulo IV).

É nesse contexto que alguns elementos que convencionalmente caracterizavam os serviços públicos à francesa foram sendo flexibilizados, como a própria premissa de que seriam eles prestados em regime de exclusividade. O desenvolvimento econômico e tecnológico permitiu a inserção da concorrência em setores que classicamente envolviam estruturas caracterizadas como monopólios naturais (ex.: telecomunicações, energia elétrica e portos), inclusive mediante a criação de regras de compartilhamento e infraestruturas.[72]

Em alguns casos, almeja-se a competição não só entre delegatários de serviços da mesma natureza como também entre eles e empresas que exerçam outras atividades, públicas ou privadas, quando cabível (ex.: competição entre o transporte ferroviário, portuário e rodoviário).[73] No Brasil, por exemplo, a Lei de Concessões (Lei nº. 8.987/1995) prevê ser a concorrência a regra na delegação de serviços públicos, e a exclusividade a exceção, admitida apenas em caso de justificada inviabilidade técnica ou econômica da competição (art. 16),[74] até em linha com a dinâmica europeia acima examinada.

Adicionalmente, e de forma ainda mais liberalizante, em muitos países como o Brasil certos serviços públicos foram legalmente convolados em atividades privadas reguladas (ou, ainda, atividades privadas regulamentadas[75] ou de interesse coletivo). Paralelamente, a regulação estatal sobre as referidas atividades tem se intensificado para fins de satisfação dos interesses coletivos a elas atrelados – tanto que eram antes qualificadas como serviços públicos –, o que acentua a incidência de regras de direito público sobre serviços privados, aproximando as duas categorias[76].

---

72. Segundo explica Carlos Ari Sundfeld, "essa prática, que se convencionou denominar compartilhamento de infra-estrutura, não é nova. É comum que a estrutura construída e concebida para um determinado serviço público venha a ser utilizada como suporte de um outro. Assim ocorreu, por exemplo, com as estradas de ferro, cuja estrutura serviu de apoio para implantação das primeiras redes de telecomunicações, utilizadas para o telégrafo; com as rodovias, que emprestavam espaço para implantação de postes de transmissão de energia elétrica, de gasodutos, etc. Enfim, existem várias situações, facilmente encontráveis no cotidiano, que podem ser lembradas para confirmar quão comum é o uso compartilhado de infraestrutura entre prestadoras de serviços públicos" (SUNDFELD, Carlos Ari. O compartilhamento de infraestrutura entre prestadoras de serviço público. Fórum Administrativo – FA, ano 1, n. 8, out. 2001, p. 1).

73. DAYCHOUM, Mariam Tchepurnaya. A concorrência intermodal no transporte terrestre de cargas no brasil: uma análise histórica sob a perspectiva da oferta ferroviária. *In:* ARAGÃO, Alexandre Santos de; PEREIRA, Anna Carolina Migueis; LISBOA, Letícia Lobato Anicet. *Regulação e Infraestrutura*. Belo Horizonte: Fórum, 2018, p. 522.

74. Lei nº. 8.987/1995: "*Art. 16. A outorga de concessão ou permissão não terá caráter de exclusividade, salvo no caso de inviabilidade técnica ou econômica justificada no ato a que se refere o art. 5º desta Lei*".

75. É a nomenclatura utilizada por Alexandre Aragão em: *Direito dos serviços públicos*. 4. ed. rev. e atual. Belo Horizonte: Fórum, 2017, Capítulo 5.

76. GROTTI, Dinorá Adelaide Musetti. *O Serviço Público e a Constituição Brasileira de 1988*. São Paulo: Ed. Malheiros, 2003. p. 141. Em sentido semelhante: "também se verifica uma aproximação conceitual

Nesse contexto, ao lado da regulação econômica estatal endógena de atividades titularizadas pelo Estado (os serviços públicos), cresce a regulação exógena sobre atividades privadas reguladas, que se aproximam das *public utilities* da tradição da *common law* (cf. Capítulo II.1.2). Em geral, trata-se de serviços públicos que foram "despublicizados", no todo ou em parte[77], mas que, devido à sua relevância social, são objeto de regulação setorial específica. Em geral, essa competência regulatória é preferencialmente exercida por agências reguladoras independentes, que editam normas, fiscalizam o seu comprimento, aplicam sanções etc.[78] Conforme aduz a doutrina:

> "Ampliam-se os campos para atuação regulatória do Estado, inclusive de forma quantitativa, em vista do acréscimo da produção de normas para regular situações que antes não eram submetidas a essa forma de intervenção estatal. Intensificam-se também os instrumentos de atuação estatal sobre as relações econômicas, através do Direito do Consumidor e do Direito da Concorrência"[79].

Há atividades econômicas que, a despeito de serem exercidas pelo particular em nome próprio, quanto a seu regime jurídico são de tal forma reguladas que em grande medida se aproximam dos serviços públicos, o que

---

com as *public utilities* pela via da passagem à iniciativa privada de atividades integrantes de setores que eram integralmente de titularidade estatal, fenômeno que ocorreu com especial força no setor das telecomunicações. Nesses casos, o Estado, ao invés de manter a titularidade estatal com mecanismos de mercado em relação aos delegatários, foi além, destitularizando a atividade, que passou a ser uma atividade privada regulada (mas não titularizada) pelo Estado, ou, se quisermos adotar uma outra nomenclatura, passou a ser uma *public utility*" (ARAGÃO, Alexandre Santos de. *Direito dos serviços públicos*. 4. ed. rev. e atual. Belo Horizonte: Fórum, 2017. p. 93).

77. De acordo com a doutrina, "a explicação para este fenômeno é simples. Aumenta a necessidade regulatória porque, deixando o Estado de ser ele próprio provedor do bem ou serviço de relevância social, tem ele que passar a exercer algum tipo de controle sobre esta atividade, sob pena de estar descurando de controlar a produção de uma utilidade dotada de essencialidade e relevância. A transferência ao setor privado de ativos estatais ou mesmo de serviços públicos não significa, portanto, desregulação" (MARQUES NETO, Floriano de Azevedo. A Nova Regulação Estatal e as Agências Independentes. *In*: SUNDFELD, Carlos Ari (coord.). *Direito Administrativo Econômico*. São Paulo: Malheiros Editores, 2000, p. 75). Em sentido semelhante, Odete Medauar pontua que "a quebra de monopólios e exclusividades, a transferência de atividades do setor estatal para o setor privado, a flexibilização de normas incidentes sobre atividades econômicas não acarretam necessariamente a ausência do Estado nessas atividades. Tratando-se de serviços públicos, que passam a ser desempenhados por particulares, o Estado não se desliga. No caso de atividades econômicas, o Estado há de ter ascendência, sobretudo nos setores sensíveis, que trazem impacto mais imediato e profundo na vida da sociedade" (MEDAUAR, Odete. *O direito administrativo em evolução*. 3. ed. Brasília, DF: Gazeta Jurídica, 2017. p. 330).

78. MEDAUAR, Odete. *O direito administrativo em evolução*. 3. ed. Brasília, DF: Gazeta Jurídica, 2017. p. 334.

79. NESTER, Alexandre Wagner. A inserção do regime concorrencial nos serviços públicos. *In*: ARAGÃO, Alexandre Santos de; MARQUES NETO, Floriano de Azevedo (Coord.). *Direito administrativo e seus novos paradigmas*. 2. ed. Belo Horizonte: Fórum, 2017, p. 431.

atenua a atualidade dos critérios tradicionais empregados para distinguir dicotomicamente uma figura da outra.[80]

Outro fator que tem contribuído para a referida relativização das diferenças entre as duas noções aqui tratadas é a influência do direito comunitário europeu, no qual assume papel central a ideia de *serviços de interesse econômico geral*, como exposto no Capítulo anterior, conceito este mais amplo que o de serviços públicos, mas que também não coincide com o de *public utilities*, sendo, na verdade, espécie de amálgama entre os dois. Na realidade, "trata-se de um conceito que, por sua própria natureza, abarca a totalidade dos serviços públicos econômicos, de tradição francesa, bem como a noção das *public utilities*, como estratégia de definição de um conceito jurídico novo e neutralizado em vista das diferentes tradições jurídicas incorporadas pelos Estados-membros que compõem o bloco"[81].

Evidencia-se, assim, que o modelo europeu não só sintetiza como também influencia e aproxima as próprias noções de serviço público e de *public utilities*, inclusive pelo seu objetivo de promoção da concorrência com relação às atividades disciplinadas pelos referidos modelos. O mesmo movimento afeta as demais modelagens de ordenação de atividades de interesse coletivo adotadas nos países-membros da União Europeia. Exemplo é a *Daseinsvorsorge*, da qual a noção francesa de serviço público passa a se aproximar na medida em que impactadas pelo metaconceito de serviços de interesse econômico geral, que passa a exigir a competição sempre que possível e deixa de pressupor a titularidade estatal sobre as atividades materialmente consideradas de interesse coletivo.

A ênfase dada nesse novo cenário internacional à promoção da concorrência diverge da concepção de serviço público francesa, ao menos em sua versão tradicional, na qual a exclusividade era a regra[82]. Na análise de Vital Moreira, "a dupla identidade em que se assentava a concepção clássica

---

80. Teríamos, por exemplo, a atividade bancária, que apesar de ser privada é intensamente regulada. Há ainda serviços prestados em regime de autorização (e não concessão), como a exploração de terminais portuários privados, sujeitos a certas obrigações típicas de serviços públicos (cf. Capítulos III.1.4 e V.4).

81. VALE, Murilo Melo. *Obrigações de serviços públicos no setor privado*: fundamentos jurídicos para a imposição regulatória de encargos do regime jurídico "típico" da prestação do serviço público à iniciativa privada no Direito brasileiro. Belo Horizonte: Fórum, 2022. p. 157.

82. Comentando a transformação da figura clássica do serviço público, Odete Medauar narra que "um novo momento da noção de serviço público se delineia no transcurso da década de 90 do século XX em virtude de vários fatores: onda de privatizações, quebra de monopólios estatais, dinâmica de novas conquistas tecnológicas; e, com grande força, documentos oriundos da União Europeia. Tais documentos buscaram dar um tratamento econômico a atividades que sempre foram consideradas serviços públicos, sobretudo mediante a inserção da concorrência nestas atividades. Na visão dos órgãos dirigentes da União Europeia o serviço público associado a monopólio estatal significa obstáculo à livre circulação e ao livre mercado na Europa" (MEDAUAR, Odete. *O direito administrativo em evolução*. 3. ed. Brasília, DF: Gazeta Jurídica, 2017. p. 273).

do serviço público (serviço público - empresa pública - monopólio) era claramente afastada pela ordem econômica comunitária"[83]. Ainda segundo o autor, o que o direito comunitário fez foi "transportar o serviço público - que na tradição francesa estava fora do mercado, não era uma mercadoria - para o âmbito do mercado e da concorrência, tendo o respectivo regime de ser justificado à luz dos limites consentidos à concorrência"[84].

Simultaneamente ao incentivo da concorrência nos serviços públicos, para o modelo europeu seria admissível a exigência das denominadas "obrigações de serviços públicos" (universalidade, continuidade, modicidade, atualidade etc.) com relação a atividades econômicas privadas de interesse coletivo, o que contraria a visão tradicional francesa de que aqueles encargos só poderiam ser impostos a serviços públicos, como decorrência da titularidade estatal e do regime jurídico de direito público (cf. Capítulo III.1.4)".[85]

Tem-se, assim, paralelamente à flexibilização do regime jurídico dos serviços públicos a intensificação da regulação estatal sobre atividades privadas de interesse coletivo (*public utilities*).

Todos esses fatores - a inserção de concorrência em alguns serviços públicos e a convolação de outros em atividades privadas, a influência do modelo europeu e a acentuação da regulação sobre *public utilities* - levaram diversos autores a especularem que o tradicional conceito de serviço público teria chegado ao ápice de suas crises[86]. Alguns chegaram a profetizar a morte do serviço público como um todo[87]. Embora não ignoremos que os serviços públicos tenham sofrido significativas alterações em sua disciplina

83. MOREIRA, Vital. Serviço público e concorrência: a regulação do sector elétrico. *In*: NUNES, António José Avelães *et al*. *Os caminhos da privatização da administração pública*. Coimbra: Coimbra Editora, 2001. p. 234.

84. MOREIRA, Vital. Regulação econômica, concorrência e serviços de interesse geral. *In*: MOREIRA, Vital (org.). *Estudos de regulação pública*. v. 1. Coimbra: Coimbra Editora, 2004. p. 551.

85. VALE, Murilo Melo. *Obrigações de serviços públicos no setor privado*: fundamentos jurídicos para a imposição regulatória de encargos do regime jurídico "típico" da prestação do serviço público à iniciativa privada no Direito brasileiro. Belo Horizonte: Fórum, 2022. p. 159.

86. Nesse sentido, Áurea Roldán Martin opina que "a segunda crise do serviço público é aparentemente mais grave do que a primeira, já que, à diferença das controvérsias envolvidas nesta (centradas doutrinariamente sobre a 'noção' ou categoria dogmática do serviço público), agora o debate também se instala na própria razão de ser da 'instituição' do serviço público, como justificadora e informadora da atividade pública. Não apenas se está diante de uma fuga da Administração para fora do Direito Público, como diante de um autêntico recuo da sua atividade prestacional" (MARTÍN, Áurea Roldán. Los Nuevos Contornos del Servicio Público. *In*: *Cuadernos de derecho judicial*, vol. XII - *Derecho Administrativo Económico*, 2000, p. 24.).

87. Gaspar Ariño Ortiz, para quem o serviço público teria dado lugar ao serviço universal, afirma que "o serviço público foi um instrumento de progresso e também de socialização, especialmente nos Estados pobres, aos quais permitiu melhorar a situação de todos. Mas seu ciclo terminou. Cumpriu sua missão e hoje - como diz José Luis Villar - merece um enterro digno" (ORTIZ, Gaspar Ariño. *Significado actual de la noción del servicio público. El nuevo servicio público*. Madrid: Civitas, 1999. p. 18).

jurídica, tal fenômeno não é peculiaridade sua, mas atinge muitos institutos do direito administrativo.

Com efeito, até mesmo como condição de sua própria sobrevivência, os conceitos jurídicos não são estáticos, mas se encontram em constante evolução, acompanhando as transformações do Estado e da sociedade (cf. Capítulo I.1). Sob essa ótica, a "crise" deve ser entendida como uma oportunidade de revisão e readequação de velhos conceitos, conforme medita Odete Medauar:

> "O termo *crise*, de uso frequente para o direito em geral, para o Estado, para determinadas figuras jurídicas, referido ao direito administrativo expressa a situação de passagem para um novo momento de sua elaboração. Adquirido o *status* de ciência autônoma, edificada sua estrutura sistemática fundamenta, seu nível de maturidade permite que evolua, sem riscos de diluição das suas características científicas. Parece habitual a atitude de qualificar como crise a situação de renovação de antigas regras e equilíbrios. Também frequente se torna a afirmação de que as crises constituem oportunidades de mudança dos sistemas humanos; é na medida em que há crises dos modos de raciocínio assentados que surgem possibilidades de mudança. Este é o significado da crise atribuída ao direito administrativo: a passagem para um momento de modificação de antigas concepções"[88].

Assim, sem descrédito aos autores que perfilham a tese, acreditamos ser necessário tomar as proclamações de superação do instituto do serviço público com uma boa dose de cautela, pois, afinal, "o serviço público já teve a sua 'sentença de morte' anunciada várias vezes, tendo chegado aos nossos dias mudado, mas ainda bem presente"[89].

---

88. MEDAUAR, Odete. *O direito administrativo em evolução*. 3. ed. Brasília, DF: Gazeta Jurídica, 2017. p. 386. Ainda sobre o tema, ver também: TÁCITO, Caio. Transformações do direito administrativo. *Revista de Direito Administrativo – RDA*, Rio de Janeiro, v. 242, p. 151-158, out./dez. 2005.

89. ARAGÃO, Alexandre Santos de. *Direito dos serviços públicos*. 4. ed. Belo Horizonte: Fórum, 2017, p. 204. Vale ainda transcrever, do mesmo autor, a sua advertência de que "as propostas de superação da figura dos serviços públicos pode levar a um paradoxo quanto à possibilidade de maior ou menor intervenção do Estado na economia: de um lado, ao se sustentar a extinção ou a diminuição da importância do serviço público no Direito Público contemporâneo, realmente se está propugnando por uma liberalização à iniciativa privada de uma série de atividades econômicas titularizadas ou, no caso dos serviços públicos sociais, pelo menos exercidas pelo Estado; por outro, ao se menosprezar a figura do serviço público, muitos olvidam o papel histórico que o serviço público tem em conter a expansão da regulação estatal sobre a iniciativa privada, já que é o serviço público que na economia demarca a fronteira entre a esfera pública e a esfera privada. Em outras palavras, ao se diluir o marco do que seja ou não serviço público, a atividade privada pode acabar sendo funcionalizada além do

Por um lado, é bem verdade que a maior fluidez e permeabilidade que se verifica entre o direito público e o privado nos dias atuais pode, à primeira vista, tornar espinhosa a tarefa de distinguir os modernos conceitos de serviço público, imbuído de ideais liberalizantes, e de atividades privadas de interesse coletivo reguladas (*public utilities*), injetado de influxos publicísticos. Por outro lado, porém, esse emaranhado é desfeito se visto pela ótica da *escala da publicatio*, desenvolvida pelo espanhol José Maria Souvirón Morenilla, a qual dedicaremos o Capítulo III.1.

Hoje, portanto, a visão doutrinária tradicional, pela qual serviço público e *public utility* seriam categorias marcadamente distintas e incomunicáveis, não mais se sustenta à luz dos variados modelos híbridos resultantes do processo de liberalização da economia, verificável em âmbito mundial: na verdade, tem havido um intercâmbio de influências recíprocas entre os modelos oriundos dos sistemas romano-germânico e anglo-saxão, respectivamente, o que tem, em ampla medida, mitigado as diferenças tradicionalmente existentes.

Não se quer com isso dizer que esses conceitos jurídicos estejam obsoletos – sobretudo no caso brasileiro, uma vez que nossa Constituição agasalha expressamente o serviço público (art. 175) –, mas sim alertar que não é necessariamente o enquadramento como um ou outro que vai definir o grau de publicização de dada atividade. Não basta saber o rótulo: devido à amplitude do campo de atuação do Estado-regulador, o nível de ingerência estatal e respectivo regime jurídico de cada atividade há de ser examinado casuisticamente, tendo em conta as especificidades de cada setor.

É a partir dessas premissas que examinaremos adiante as influências dos modelos anteriormente examinados em distintos momentos da história brasileira. Buscaremos assim empreender, sob ótica vertical e horizontal,[90] a tarefa de comparar territorial e temporalmente não só institutos de orde-

---

admissível para realizar finalidades de interesse público (ARAGÃO, Alexandre Santos de. *Direito dos serviços públicos*. 4. ed. rev. e atual. Belo Horizonte: Fórum, 2017. p. 196).

90. "Em perspectiva territorial e temporal, é possível diferenciar a técnica comparatística vertical da horizontal. De modo simplificado, a modalidade vertical valoriza a pesquisa histórica, na medida em que os objetos confrontados geralmente pertencem a um mesmo ordenamento nacional, mas em diferentes momentos. A verticalidade implica comparação de objetos semelhantes em épocas distintas, não interessando, portanto, a variabilidade do ordenamento jurídico em si. De modo diverso, na comparatística horizontal – método mais utilizado atualmente –, os objetos comparados são contemporâneos, mas pertencentes a ordenamentos jurídicos distintos. O aspecto temporal permanece estático, mas o territorial é dinâmico. Contudo, a variabilidade dos ordenamentos não pressupõe que os ordenamentos se insiram em dois ou mais Estados soberanos. É plenamente viável que se conduza uma comparação horizontal entre ordenamentos jurídicos internos de um Estado federado. A pesquisa, por exemplo, das leis de processo administrativo dos Estados brasileiros consistiria em modalidade de comparação horizontal interna" (MARRARA, Thiago. Método comparativo e direito administrativo. In: MOURA, Alfonso da Costa; BAPTISTA, Patrícia Ferreira; MARRARA Thiago (org.). *Estudos de direito administrativo comparado*. Rio de Janeiro: Lumen Juris, 2020, p. 8-9).

namentos jurídicos distintos como também como foram eles recepcionados pela cultura jurídica brasileira em diferentes épocas.[91]

II.3. PENDULARES INFLUÊNCIAS EXTERNAS NO BRASIL EM DISTINTAS ÉPOCAS

Não raro nos fazem intuir alguns manuais ter o direito administrativo brasileiro tradicionalmente encampado apenas o modelo de serviço público francês para ordenar certas atividades econômicas relevantes para a coletividade. Essa percepção decorre inclusive do fato de o próprio direito administrativo nacional, sobretudo em seus albores, ter em muito se inspirado na construção francesa. Na realidade, porém, observa-se no histórico nacional significativa aproximação também das figuras da *public utility* norte-americana, do serviço de interesse econômico geral europeu e até da *Daseinsvorsorge* alemã, ao menos no que toca à noção material segundo a qual em relação a algumas atividades caras à coletividade não deve o Estado ser omisso, independentemente de serem aquelas de titularidade dele ou não.

As influências estrangeiras, porém, não se circunscrevem a específico momento histórico. Diversamente, no geral se manifestaram de modo pendular na memória nacional, acompanhando a oscilação dos movimentos de intervenção do Estado na economia, no compasso da "dança do pêndulo".[92]

Passemos ao seu breve exame.

Em uma primeira fase da relação entre o Estado e a economia no Brasil, traço patrimonialista presente sobretudo nos períodos colonial e imperial brasileiros é a pouca clareza das diferenças entre os domínios público e privado.

Já até havia a noção de que algumas atividades econômicas, embora exercidas por particulares, eram dotadas de um interesse coletivo relevante não totalmente satisfeito pelo mercado, geralmente por envolverem monopólios naturais, recomendando alguma maneira de interferência estatal.

---

91. O estudo em referência também é tarefa de direito comparado, uma vez que "a comparatística como método não necessariamente pressupõe a escolha de objetos pertencentes a dois ou mais ordenamentos jurídicos. É possível que se comparem objetos de um mesmo ordenamento, mas em períodos históricos diferentes (e.g. as licitações antes e depois da Lei n. 8.666/1993); objetos contemporâneos de um mesmo ordenamento jurídico, mas regidos por diferentes áreas jurídicas (e.g. a *reformatio in pejus* no processo administrativo e no processo penal) ou objetos que, dentro de um mesmo Estado, são regidos por normas diversas em diferentes níveis políticos (e.g. as infrações disciplinares dos agentes públicos no âmbito da União e de cada Estado da federação brasileira). O método comparativo, portanto, não exige que se passe pelo direito estrangeiro. Há comparações internas, horizontais ou verticais, e comparações horizontais abrangendo ordenamentos jurídicos de dois ou mais Estados soberanos" (MARRARA, Thiago. Método comparativo e direito administrativo. *In*: MOURA, Alfonso da Costa; BAPTISTA, Patrícia Ferreira; MARRARA Thiago (org.). *Estudos de direito administrativo comparado*. Rio de Janeiro: Lumen Juris, 2020, p. 1-15, p. 4-5).

92. TÁCITO, Caio. O retorno do pêndulo: serviço público e empresa privada. O exemplo brasileiro. *Revista Forense*, ano 92, v. 334, abr.-jun. 1996, p. 18.

Manifestava-se por alguma forma de "delegação" feita ao particular para o desempenho de um privilégio da coroa decorrente de monopólios régios. Destaca-se, todavia, que "muito mais do que uma aproximação da concepção francesa de serviço público, havia uma aproximação à noção ibérica de privilégios régios".[93]

Com a Proclamação da República e a Constituição de 1891, não mais seria a titularidade estatal ou o privilégio régio que legitimaria o controle estatal mais intenso sobre certas atividades econômicas, mas sim o interesse coletivo a elas inerente, ainda que exploradas pela inciativa privada, isto é, em razão da sua "utilidade pública". Infere-se desse modelo uma maior aproximação da construção norte-americana das *public utilities* do que da concepção francesa de serviço público, também em vias de construção, ainda que, já à época, o direito administrativo brasileiro em grande parte traduzisse a disciplina da matéria na França. Também é possível vislumbrar uma – embora até cronologicamente não intencional – proximidade entre essa estrutura e a noção material de *Daseinsvorsorge*, atrelada à necessidade de o Poder Público garantir a prestação de atividades consideradas vitais, sejam elas públicas ou não (cf. Capítulo II.1.3).

A aparente contradição entre o direito administrativo brasileiro de matriz francesa e a adoção do modelo norte-americano de *public utilities* foi debatida por comissão de juristas constituída nos anos 1930, no contexto da época de acentuação da ingerência pública na economia e, por conseguinte, de intensificação do controle sobre os serviços de utilidade pública, inclusive tomando-os à esfera estatal.

Liderada por Odilon Braga, a comissão de juristas fora constituída para elaborar uma lei geral de fiscalização e controle dos serviços públicos concedidos,[94] em observância do art. 147 da Constituição Federal de 1937. Suas conclusões identificaram um alinhamento entre o controle das atividades de utilidade pública e a disciplina norte-americana das *public utilities*, o que para a comissão seria inconciliável com o direito administrativo de origem francesa entre nós perfilhado. Por essa razão, seria então recomendável a transição para o modelo também francês de serviço público, transformando as atividades de utilidade pública em serviços de titularidade do Estado, passíveis de exploração apenas por ele ou delegatários seus, o que era também consentâneo com o viés intervencionista da época. É o que detalha a doutrina:

> "Dentre as conclusões de referida comissão consolidadas em trabalho clássico da obra de Odilon Braga, foi identificada a

93. SCHIRATO, Vitor Rhein. *Livre Iniciativa nos Serviços Públicos*. 2ª ed. Belo Horizonte: Fórum, 2022, p. 41.

94. O projeto acabou não sendo aprovado.

> aproximação do direito brasileiro ao direito norte-americano na disciplina da prestação dos serviços de utilidade pública concedidos após a proclamação da República, o que, segundo a comissão, não seria conveniente. (...) No âmbito das conclusões da comissão aludida encontra-se a migração do direito pátrio de uma influência norte-americana para uma influência maior do direito continental europeu, sobretudo o francês. Por essa razão, concluiu a comissão pela necessidade de substituição da expressão serviço de utilidade pública pela expressão serviço público concedido, instituindo o início da expressão serviço público com sentido que agora se conhece no direito brasileiro. Não se deu mera troca de nomes. Ao contrário. Atividades consideradas privadas e sujeitas a um acompanhamento público passaram a ser vistas como atividades públicas, pertencentes ao Estado e só exploradas por agentes não estatais em circunstâncias específicas".[95]

Eloquentes são também as considerações do próprio Odilon Braga sobre o tema, destacando a titularidade estatal do modelo de serviço público de inspiração francesa que se procurava implementar:

> "Bem se vê, pois, que a noção de serviço público explorado por concessão resultante dos trabalhos da Comissão Geral e das votações da Comissão Coordenadora, é a que emerge das realidades tradicionais do nosso direito administrativo, inspiradas pelo direito equivalente da Europa continental.
>
> *Por efeito dela, o serviço denomina-se 'público', não porque seja de utilização do 'público' ou de 'um público', mas porque pertence ao sistema das atividades do poder público (arts. 1º, 8º e 10º).*
>
> Por conseguinte, o que este concede não é o serviço, mas tão somente sua execução lucrativa, mediante o uso e o gozo dos bens e direitos destinados a assegurar a sua organização e seu funcionamento".[96]

Comentando a afirmação de Odilon Braga, analisa Vitor Schirato:

> "Conforme a ideia desenvolvida pelo autor, as atividades que até então eram reguladas por serem de *utilidade pública* (*i.e.*,

95. SCHIRATO, Vitor Rhein. *Livre iniciativa nos serviços públicos.* Belo Horizonte: Fórum, 2022, p. 44.
96. BRAGA, Odilon. Serviços públicos concedidos. *Revista de Direito Administrativo – Seleção Histórica.* Rio de Janeiro, p. 93, 1995.

de interesse coletivo) passam a ser incorporadas às funções públicas por constituir *serviços públicos*. Assim, o critério subjetivo de serviço público (aquele segundo o qual a presença do Estado na atividade é necessária para sua caracterização), antes inexistente, passa a existir. A ação estatal transfere-se da regulação (controle) destinada ao alcance de finalidades para a própria assunção da atividade".[97]

Foi também nesse contexto desenvolvida no Brasil, por influência de autores como Themístocles Brandão Cavalcanti,[98] a figura da concessão de serviço público de titularidade estatal, de inspiração francesa, dotada de um regime jurídico especial marcado por prerrogativas exorbitantes em favor do Estado e, em contrapartida, da correspondente garantia do equilíbrio econômico-financeiro em prol do concessionário. É o que leciona a doutrina ao fazer uma retrospectiva histórica da matéria:

> "Assim, considerando também que a práxis administrativa foi sempre a de celebração de contratos, prevaleceu o entendimento de que a concessão teria natureza contratual, mas não seria um contrato nos moldes defendidos por Conselheiro Lafayette, por Rui Barbosa e por J. X. Carvalho De Mendonça, mas um contrato no qual a posição do Poder Concedente não seria idêntica à do privado, um contrato no qual o Poder Concedente poderia modificar as regras de execução, inclusive prevendo a expansão e melhoramento dos serviços, desde que garantido 'um direito de reajustamento das condições financeiras da concessão'. Surge dessa elaboração doutrinária a noção de *ius variandi* na doutrina brasileira e a correspectiva garantia de preservação do equilíbrio econômico-financeiro".[99]

Foi então uma decisão institucional a difusão da modelagem francesa do serviço público no Brasil. Ao narrado movimento se seguiu o contexto de ascensão do modelo de Estado Intervencionista ou Empresário, a partir dos anos 1930 e 1940,[100] e intensificado a partir da década de 1960 até os

97. SCHIRATO, Vitor Rhein. *Livre iniciativa nos serviços públicos*. Belo Horizonte: Fórum, 2022, p. 45.

98. CAVALCANTI, Themístocles Brandão. *Instituições de Direito Administrativo Brasileiro*, 1ª Ed. Rio de Janeiro: Freitas Bastos, 1936.

99. GAMELL, Denis Austin. *Arrendamento portuário como atividade econômica em sentido estrito*: evolução do direito positivo e perda da capacidade explicativa da noção de serviço público. Dissertação (Mestrado em Direito Constitucional). Instituto Brasileiro de Ensino, Desenvolvimento e Pesquisa, Escola de Direito e Administração Pública, 2021, p. 48.

100. "No Brasil, a primeira experiência empresarial do Estado se deu com a constituição do Banco do Brasil, em outubro de 1808, sob a forma de sociedade economia mista controlada pela Coroa Portuguesa.

anos 1980.[101] Foi marcado pela intervenção estatal direta na economia para a prestação de serviços públicos e o exercício de atividades econômicas *stricto sensu*, por meio de empresas estatais como a Companhia Siderúrgica Nacional – CSN, a Companhia Vale do Rio Doce – CVRD, a Petrobras, a Eletrobrás, a Sidebrás, a Nuclebrás, a Telebrás, a Rede Ferroviária Federal – RFFSA e, para o que é mais pertinentes a este trabalho, a Portobrás (detalharemos no Capítulo II.3.1)

A partir dos anos 1990, por sua vez, com as reformas implementadas pelo Governo Fernando Henrique Cardoso, observa-se a migração para o modelo de Estado Gerencial ou Regulador.[102] É dotado de características como a desestatização[103] ou extinção de algumas empresas

---

Tratou-se, contudo, de um episódio isolado, não tendo se transformado em uma tendência nos anos que se seguiram à sua criação. Até década de 1930, o Estado brasileiro raramente intervinha na economia de forma direta, limitando-se a exercer o seu poder fiscal. Foi apenas a partir do final da década de 1930 e início da década de 1940 que a atividade empresarial do Estado se acentuou. A Constituição da República dos Estados Unidos do Brasil de 1934 foi a primeira a dispor sobre a nacionalização de empresas, tendo estabelecido, em seu art. 117, que "a lei promoverá o fomento da economia popular, o desenvolvimento do crédito e a nacionalização progressiva dos bancos de depósito. Igualmente providenciará sobre a nacionalização das empresas de seguros em todas as suas modalidades, devendo constituir-se em sociedades brasileiras as estrangeiras que atualmente operam no país. A partir daí foram criados o Instituto de Resseguros do Brasil (Decreto-lei nº. 1.186/1939), a Companhia Siderúrgica Nacional – CSN (Decreto-lei nº. 3.002/1941); a Companhia Vale do Rio Doce – CVRD (Decreto-lei nº. 4.352/1942), a Companhia Hidroelétrica do São Francisco – CHESF (Decreto-lei nº. 8.031/1945), todos sob a forma de sociedades de economia mista" (FIDALGO, Carolina Barros. *O Estado empresário*: das sociedades estatais às sociedades privadas com participação minoritária do Estado. São Paulo: Almedina, 2017, p. 178).

101. "No Brasil praticamos os dois: concessão de serviços públicos a empresas privadas estrangeiras e uma ampla intervenção do Estado no domínio econômico, que se intensificou durante e após a Segunda Guerra Mundial, com a criação de uma série de empresas, como a Fábrica Nacional de Motores, a Cia. Siderúrgica Nacional, isso ainda na década de 40. Entramos na década de 50 com o discurso da intervenção do Estado, altamente ideologizado, que é o período Vargas, em que se cria o Banco Nacional de Desenvolvimento Econômico – BNDE e a própria Petrobrás, criada em 1954. Muito embora (...) curiosissimamente o grande período de estatização, o grande período de intervenção talvez distorcida do Estado na economia brasileira, não se deu durante os períodos anteriores a 1964, mas se deu precisamente após o golpe militar em 1964, quando criaram-se mais de trezentas empresas estatais, dentre elas, a Eletrobrás, a Sidebrás, Nuclegrás, Portobrás, Telebrás" (BARROSO, Luis Roberto. *Intervenção do Estado no Domínio Econômico*. Doutrina, Pareceres e Atualidades. São Paulo: Nova Dimensão Jurídica, ano XII, nº. 4, abr./1996, p. 191).

102. "Com isto, ao transferir a prestação de algumas atividades identificadas como serviço público à execução por particulares, por meio do processo de desestatização, e ao autorizar o exercício de determinadas atividades econômicas de titularidade privada, o Estado brasileiro não deixou de possuir profunda influência sobre essas atividades econômicas. Sua tradicional participação direta (como Estado-empresário) foi substituída por uma intervenção primordialmente de regulação" (GUERRA, Sérgio. *Agências Reguladoras*: da Organização Administrativa Piramidal à Governança em Rede. Belo Horizonte: Fórum, 2023, p. 151 e 154).

103. Conforme o art. 2º, § 1º, da Lei nº. 9.491/1997, o termo desestatização pode ser considerado *lato sensu* como gênero ou em sentido estrito como a delegação de serviços públicos. Já a privatização seria a transferência para a iniciativa privada de atividades que deixaram de ser serviço público. (BANDEIRA DE MELLO, Celso Antônio. Privatização e serviços públicos. *Revista Trimestral de Direito Privado*, v. 22, p. 172-180, 1998). Não raro, contudo, o uso das expressões como sinônimos.

estatais,[104] acompanhada da concessão à iniciativa privada dos serviços públicos outrora por aquelas prestados e da criação de entidades qualificadas como agências reguladoras, de inspiração norte-americana, com competência para regular aquelas atividades. Foi o que ocorreu em setores como o de telecomunicações, ferrovias e portos, por exemplo.

Dessa forma, muitas atividades que se mantiveram como serviços públicos deixaram de ser exploradas em regime de exclusividade por empresas estatais para serem exercidas em concorrência por múltiplos concessionários.

Em certos setores, observamos uma postura ainda mais liberalizante do que a desestatização de empresas estatais e a concessão da atividade (ainda pública) a particulares: alguns serviços públicos foram legalmente convertidos em atividades privadas reguladas sujeitas à "mera" autorização, no que mais uma vez nos aproximamos do modelo de *public utilities* norte-americano (cf. Capítulo II.1.2). Exemplo emblemático é o setor de telecomunicações, no qual certas atividades outrora qualificadas como serviço público passaram a ser exploradas em regime privado, ainda que sujeitas à regulação instrumentalizada por autorizações operacionais, na forma da Lei nº. 9.472/1997.

O movimento de convolação legal de alguns serviços públicos então objeto de concessão em atividades privadas reguladas sujeitas à autorização se acentuou nos últimos anos em setores como o de portos (Lei nº. 12.815/2013),[105] telecomunicações (13.879/2019)[106] e ferrovias (Lei nº. 14.273/2021).[107]

Todas as referidas atividades são previstas no art. 21, XI e XII, da Constituição da República de 1988, como de competência material da União, passíveis de exploração direta ou mediante autorização, concessão ou permissão. O art. 22, CRFB, por sua vez, atribui à União a competência legislativa sobre aqueles setores, conferindo ao legislador certa margem de apreciação para, em cada contexto histórico, econômico, político e social, definir a intensidade da regulação a ser sobre aquelas atividades imposta, inclusive

104. Nas palavras de Carolina Barros Fidalgo, "o programa de privatizações só ganhou força a partir da década de 1990, com a aprovação do Programa Nacional de Desestatização – PND, objeto da Lei federal nº. 8.031. Nessa década, foram privatizadas 130 empresas no âmbito federal e estadual, o que culminou na arrecadação de mais de 100 bilhões de dólares pelos cofres públicos brasileiros. Não obstante isso, o Estado brasileiro ainda participa de forma importante na economia" (FIDALGO, Carolina Barros. *O Estado empresário*: das sociedades estatais às sociedades privadas com participação minoritária do Estado. São Paulo: Almedina, 2017, p. 183).

105. Expressão inclusive do incentivo à concorrência entre terminais públicos arrendados e terminais privados autorizados, que não mais precisariam movimentar carga preponderantemente própria, podendo prestar indistintamente serviços a terceiros.

106. Com a possibilidade de exploração por autorização, em regime privado, do Serviço de Telefonia Fixa Comutada – STFC, então objeto de concessão. Foi instituída ainda a viabilidade de migração do regime de concessão para o de autorização.

107. Instituição da autorização para a exploração de ferrovias em regime privado, então apenas passíveis de concessão em regime público.

para fins de sua caracterização como serviço público sujeito à concessão ou como atividade privada dependente de "mera" autorização (cf. detalharemos no Capítulo III.2). Foi o que fizeram as leis citadas no parágrafo anterior, transformando o que poderíamos denominar serviços públicos à francesa em *public utilities* de matriz norte-americana.

Para além da influência da *common law*, observamos que a inserção da concorrência em serviços públicos e a relativização da titularidade estatal sobre as atividades relevantes para a coletividade é característica do modelo europeu dos serviços de interesse econômico geral. Para ele, independentemente de a atividade ser pública ou privada, o que importa é que sempre que viável atenda-se às regras de concorrência da União Europeia. Desde que observadas essas exigências, é admitido que cada país internamente discipline o regime jurídico das atividades econômicas de interesse coletivo, eventualmente as qualificando como serviço público, *public utility* etc.

Seguindo o mesmo raciocínio, no Brasil, a partir dos limites constitucionais, em cada setor do art. 21, XI, e XII, CRFB, compete ao legislador definir a intensidade da regulação das atividades de interesse coletivo nele inseridas ou, se desejarmos utilizar outra nomenclatura, dos respectivos "serviços de interesse econômico geral", isto é, as atividades consideradas materialmente essenciais (*Daseinsvorsorge*). Pode assim qualificá-los como serviços públicos, atividades privadas reguladas passíveis de autorização ou até algum misto entre essas figuras, num contexto geral de relativização das diferenças entre os serviços públicos e as *public utilities* (cf. Capítulo II.2).

A inserção de concorrência em alguns serviços públicos passíveis de concessão e a convolação de outros em atividades autorizadas também traduz em certa medida influência europeia. Ilustrativamente, o art. 16 da Lei nº. 8.987/95, ao prever ser a concorrência (e não a exclusividade) a regra nas delegações de serviços públicos, só excepcionada em caso de inviabilidade técnica ou econômica, em muito transmite a *ratio* do supracitado art. 86 do Tratado de Roma (cf. Capítulo II.1.4).

Note-se que, atualmente, em alguns setores nacionais como os de portos, ferrovias e telecomunicações, observa-se concomitantemente a regulação de algumas atividades a partir do modelo de serviço público de inspiração francesa, e outras à luz da figura das *public utilities* da *common law*. Também se verificam categorias híbridas, dentro de uma escala de *publicatio*, como as atividades autorizadas em regime privado sujeitas a determinadas obrigações típicas de serviços públicos (cf. Capítulo III.1.4).

Detalhemos, enfim, como as influências externas ora examinada se manifestaram historicamente no setor de portos brasileiro, seguindo a cadência pendular dos movimentos de atuação do Estado em relação à economia.

II.3.1. Histórico da ordenação nacional dos portos sob as confluências dos modelos comparados

A exemplo dos demais setores de infraestrutura, não escapou o dos portos ao movimento pendular que pautou em geral a atuação do Estado brasileiro com relação à economia ao longo de sua história, ainda que, em dados momentos, tenha aquele recebido disciplina específica, inclusive dadas as suas peculiaridades. Embora seja o foco do nosso trabalho o estudo da ordenação atual dos portos no Brasil, acreditamos ser essa breve - e sem pretensão exaustiva - digressão sobre alguns aspectos do histórico portuário relevante, na medida em que, por vezes, "conhecer o passado é mergulhar nas raízes do presente."[108]

Mergulhemos, pois.

No Brasil imperial, os portos nacionais já podiam ser objeto de alguma forma de concessão a particulares, embora ainda não nos contornos tradicionais das delegações de serviços públicos,[109] até porque a teoria dos serviços públicos foi desenvolvida na França apenas no início do século XX, como exposto no Capítulo II.1.1. Ilustrativamente, o Decreto nº. 1746, de 1869, já dispunha sobre a "concessão" de infraestrutura portuária,[110] pelo prazo de até 90 anos, findo o qual reverteriam ao "governo" os respectivos bens.[111]

---

108. BINENBOJM, Gustavo. *Poder de polícia, ordenação, regulação*: transformações político-jurídicas, econômicas e institucionais do direito administrativo ordenador. 3ª ed. Belo Horizonte: Fórum, 2020, p. 25.

109. Conforme a excelente pesquisa histórica de Denis Gamell: "Portanto, no Brasil imperial, embora existente na legislação brasileira concessão de obra pública e, como foi visto, um modelo de concessão portuária inspirada no modelo Inglês, estes institutos ainda não haviam sido tocados pela noção de serviço público na concepção que viria a surgir anos mais tarde" (GAMELL, Denis Austin. *Arrendamento portuário como atividade econômica em sentido estrito*: evolução do direito positivo e perda da capacidade explicativa da noção de serviço público. Dissertação (Mestrado em Direito Constitucional). Instituto Brasileiro de Ensino, Desenvolvimento e Pesquisa, Escola de Direito e Administração Pública, 2021, p. 44).

110. É o que relata Frederico Favacho: "Em 1869 é promulgada a Lei de Concessões de Portos, Decreto nº 1.746/1869. A ênfase desta lei é a concessão das atividades portuárias aos particulares interessados em desenvolver os portos para distribuição de suas próprias mercadorias ou para o recebimento daquelas que iria comercializar internamente. (...) De toda forma, ainda não havia nenhuma sistematização da legislação portuária e, na tentativa de provê-la, dentro das características do primeiro Governo Vargas e Pós-Revolução Constitucionalista, deu-se a edição de quatro decretos aplicáveis aos portos (FAVACHO, Frederico. A dicotomia terminal público e terminal privado na Nova Lei dos Portos: uma revisão de como chegamos ao modelo atual e quais os seus desafios. In: PEREIRA, Cesar; SCHWIND, Rafael Wallbach (Coord.). *Direito Portuário Brasileiro*. 3. ed. Belo Horizonte: Fórum, 2020. p. 187-198, p. 189).

111. O Decreto nº. 1746, de 1869: "Art. 1º Fica o Governo autorisado para contractar a construcção, nos differentes portos do Imperio, de dócas e armazens para carga, descarga, guarda e conservação das mercadorias de importação e exportação, sob as seguintes bases: § 1º Os emprezarios deveráõ sujeitar á approvação do Governo Imperial as plantas e os projectos das obras que pretenderem executar. § 2º Fixaráõ o capital da empreza, e não poderão argumental-o ou diminuil-o sem autorisação do Governo. § 3º O prazo da concessão será fixado conforme as difficuldades da empreza, não podendo ser em caso nenhum maior de 90 annos. Findo o prazo ficaráõ pertencendo ao governo todas as obras

Com o advento da Proclamação da República, como exposto no item anterior, a ordenação de atividades de interesse coletivo em geral no Brasil mais se aproximou do modelo das *public utilities* do que dos serviços públicos de matriz francesa. Especificamente quanto à exploração de portos, contudo, inclusive dado ao seu caráter estratégico em termos de soberania e desenvolvimento nacional, aparentemente já era considerada "serviço público" sob a responsabilidade do Estado, passível de concessão à iniciativa privada, ainda que em sistemática bem diversa da atual. Difere, assim, dos serviços de eletricidade e telefonia, por exemplo, que eram qualificados como "serviços privados de utilidade pública".

É o que explica Odilon Braga ao tratar dos trabalhos da comissão de juristas voltada a elaborar uma lei sobre os serviços públicos nos anos 30 (cf. Capítulo II.3), ao afirmar que os serviços de portos sempre foram pacificamente caracterizados como serviços públicos propriamente ditos, objeto de concessão:

> "Se a Constituição não tivesse usado a expressão técnica – 'serviço público explorado por concessão' (art. 147) e 'serviço público concedido' (art. 32, parág. único) e sim outra equivalente, que por igual se adaptasse ao conceito jurídico do 'serviço privado de utilidade pública', explorado mediante outorga de certas concessões; e se a Comissão Geral não tivesse aceito, desde logo, como base de estudos, o anteprojeto no qual o ilustre colega Miranda Carvalho reuniu, para fins de regulamentação, **os serviços de portos**, estradas de ferro e carris-urbanos (**sempre e pacificamente considerados 'serviços públicos;' propriamente ditos e, como tais, objeto de uma concessão única**), aos serviços de eletricidade e telefones, que, entre nós, vinham sendo 'regulados' como 'serviços privados de utilidade pública', poderíamos ter instituído dois regimes legais diversos: um, aplicável às emprêsas de portos, navegação, barcas, estradas de ferro, carris-urbanos, águas e saneamento, gás, pompas fúnebres, e outro às de eletricidade e telefones. Para isso, bastaria que, embora violentando os seus dispositivos básicos, déssemos ao Código de Águas a inteligência preferida

---

e o material fixo e rodante da empreza. § 4º A empreza deverá formar um fundo de amortização por meio de quotas deduzidas de seus lucros liquidos, e calculadas de modo a reproduzir o capital no fim do prazo da concessão. A formação desse fundo de amortização principiará ao mais tardar, 10 annos depois de concluidas as obras, 5º Os emprezarios poderão perceber, pelos serviços prestados em seus estabelecimentos, taxas reguladas por uma tarifa proposta pelos emprezarios e approvada pelo governo imperial. Será revista esta tarifa pelo governo imperial de cinco em cinco annos; mas a reducção geral das taxas só poderá ter lugar quando os lucros liquidos da empreza excederem a 12%".

> pela Divisão de Águas do Ministério da Agricultura. Tal não aconteceu, contudo. Desde logo ficou tàcitamente entendido que os serviços de eletricidade e telefones deveriam sujeitar-se ao mesmo regime legal dos **serviços de portos e estradas de ferro, tornando-se, *ipso facto*, impraticável a transformação dos últimos (por tradição, sempre considerados 'serviços públicos' propriamente ditos) em 'serviços privados de utilidade pública' a fim de que fôssem explorados como indústria privada**, se bem que sob contrôle oficial de maior penetração e energia".[112]

Ilustrativamente, o Porto de Santos foi explorado pela família Guinle durante 90 anos, a partir de 1890, em uma modelagem já ao menos formalmente denominada "concessão", instrumentalizada pelo "Termo de Concessão" assinado em 7 de novembro de 1890 e do qual decorreu a criação da Companhia Docas de Santos pelos particulares concessionários.[113]

A Constituição Federal de 1934 já previa a competência privativa da União para legislar sobre o "*regime de portos e navegação de cabotagem, assegurada a exclusividade desta, quanto a mercadorias, aos navios nacionais*" (art. 5º, XIX, "e"). No Governo Vargas, em linha com o perfil estatal intervencionista e centralizador da época, foram editados alguns atos normativos dirigidos à disciplina do setor portuário.

O Decreto federal nº. 24.447/1934, por exemplo, estabeleceu as atribuições conferidas a diferentes Ministérios com relação às instalações portuárias, positivando os conceitos de "portos organizados" e de "administração do porto", prevendo que poderia ser esta realizada pelo Governo Federal ou a quem tenha sido contratualmente delegada a função, qualificado como concessionário ou arrendatário:

> "Art. 1º Os serviços referentes aos portos organizados ficam distribuídos pelos diversos ministérios e repartições que lhes são subordinadas, pela forma e nas condições estabelecidas neste decreto.
>
> Art. 2º São 'portos organizados' os que tenham sido melhorados, ou aparelhados, atendendo-se às necessidades da navegação e da movimentação e guarda de mercadorias e cujo tráfego se realize sob a direção de uma 'administração do pôrto', a quem

112. BRAGA, Odilon. Serviços públicos concedidos. *Revista de Direito Administrativo* – Seleção Histórica. Rio de Janeiro, 1995, p. 27, grifamos.

113. Disponível em: https://www.portodesantos.com.br/conheca-o-porto/historia-2/. Acesso em: 27 maio 2023.

> caiba a execução dos 'serviços portuários' e a conservação das "instalações portuárias".
>
> Parágrafo único. A 'administração do pôrto' pode ser: dependência direta do Govêrno Federal, ou de concessionário, ou arrendatário, a quem, por contrato, tenha sido delegada a execução daqueles serviços".

À época também foram editadas muitas outras normas a respeito do regime jurídico dos portos, como por exemplo: (i) Decreto nº. 24.508/1934, que define "os serviços prestados pelas administrações dos portos organizados, uniformiza as taxas portuarias, quanto à sua espécie, incidencia e denominação"; (ii) Decreto nº. 24.511/1934, que "regula a utilização das installações portuarias", instituindo o extinto monopólio dos *hinterlands*, impondo que as mercadorias de cada região deveriam em regra transitar por determinado porto; (iii) Decreto 23.607/1932, que ensejou a criação do Departamento Nacional de Portos e Navegação (DNPN); e (iv) Decreto nº. 6.166/1943, que dispõe "sobre a reorganização do Departamento Nacional de Portos e Navegação (DNPN), que passa a denominar-se Departamento Nacional de Portos, Rios e Canais (DNPRC)".

A Constituição Federal de 1946, em linha com sua antecessora, também previu a competência da União para legislar sobre o "*regime de portos*" (art. 5º, XV, "i"). Ilustrativamente, sob a sua égide, já durante a ditadura militar, foi editado o Decreto-Lei nº. 5/1966, que estabeleceu "normas para a recuperação econômica das atividades da Marinha-Mercante, dos Portos Nacionais e da Rede Ferroviária Federal S.A.". Com relação ao regime de portos, permitiu expressamente que particulares construíssem e explorassem suas próprias instalações portuárias, independentemente da movimentação anual de mercadorias, desde que observadas as exigências normativas aplicáveis:

> "Art. 26. É permitido a embarcadores ou a terceiros, satisfeitas as exigências da legislação em vigor, construir ou explorar instalações portuárias, a que se refere o Decreto-lei número 6.460, de 2 de maio de 1944, independentemente da movimentação anual de mercadorias, desde que a construção seja realizada sem ônus para o Poder Público ou prejuízo para a segurança nacional, a exploração se faça para uso próprio.
>
> § 1º Em qualquer caso, fica assegurada à administração do pôrto a cujo hinterland (Decreto nº 24.511, de 29 de junho de 1934, art. 2º Parágrafo único) se destinarem ou do qual provierem as mercadorias movimentadas nas instalações, a que se refere êste artigo, a percepção das taxas previstas na tabela N da tarifa do pôrto, as quais serão fixadas atendidas as condições de economicidade do empreendimento.

> § 2º Além da percepção das taxas previstas no parágrafo anterior, fica, ainda, assegurada à administração do pôrto a percepção das taxas previstas na tabela A da tarifa do pôrto sôbre as mercadorias movimentadas nas instalações a que se refere êste artigo, quando estas se situarem na área sujeita à administração do pôrto e delimitada pelo Ministério da Viação e Obras Públicas.
>
> § 3º O disposto nos parágrafos anteriores se aplica às instalações já existentes".

Depreende do dispositivo a viabilidade de implantação de terminais privados submetidos à normatização, controle e consentimento estatal, ainda que se trate de atividade inserida na órbita particular, e não pública. Aproxima-se, assim, em certa medida, da figura da *public utility*, por se tratar de serviço privado controlado pelo Poder Público. Porém, como se infere da parte final do supracitado art. 26, *caput*, a exploração dessas instalações portuárias deve estar limitada "*para uso próprio*", ou seja, não envolvem a prestação indistinta de serviços a terceiros, ao público em geral, voltando-se antes ao atendimento de interesses particulares e não da coletividade. Essa característica de autosserviço, portanto, afasta de certa forma esses terminais da figura das *public utilities*, em regra envolvendo a prestação de serviços de interesse coletivo à população (cf. Capítulo II.1.2).

A Constituição de 1967 igualmente previu a competência legislativa da União sobre o "regime dos portos e da navegação de cabotagem, fluvial e lacustre" (art. 8º, XVII, "m"). Sob a sua égide, nos anos 70, não escapou o setor portuário à tendência nacional de intervenção direta do Estado em setores de infraestrutura, mediante empresas estatais.

Foi então autorizada a criação da Empresa Brasileira de Portos – PORTOBRÁS, pela Lei nº. 6.222/1975, espécie de *holding* que congregava as companhias docas estatais que administravam os portos brasileiros, com a "finalidade de realizar atividades relacionadas com a construção, administração e exploração dos portos e das vias navegáveis interiores, exercendo a supervisão, orientação, coordenação, controle e fiscalização sobre tais atividades" (art. 3º, Lei nº. 6.222/1975). Tratava-se, então, de típica hipótese de exploração direta de serviço público pelo próprio Estado, com grande intensidade de intervenção pública e, portanto, em elevado grau na escala de *publicatio* que abordaremos no Capítulo III.[114]

---

114. Para Denis Gamell, porém, embora à época (anos 70) o regime jurídico da exploração do Porto Organizado em si por autoridades federais fosse o de serviço público, a exploração de parcelas daquele mediante locação ou arrendamento portuário seria atividade privada, para o autor pela ausência de licitação e da lógica de bens reversíveis: "De fato, diversos contratos de locação e arrendamento

A partir dos anos 90, como exposto no Capítulo anterior, experimentamos a adoção de um modelo de Estado Gerencial ou Regulador no Brasil, o que resultou na desestatização ou extinção de muitas empresas estatais, dentre elas a PORTOBRÁS, já à luz da Constituição de 1988.

Prevê o art. 21, XII, "f", da CRFB/88, a competência material da União para "*explorar, diretamente ou mediante autorização, concessão ou permissão*", os "*portos marítimos, fluviais e lacustres*". O art. 22, X, por sua vez, estipula a competência privativa da União para legislar sobre o "*regime dos portos, navegação lacustre, fluvial, marítima, aérea e aeroespacial*". Cabe assim ao legislador densificar o regime jurídico dos meios funcionalizáveis pela União para controlar a exploração de portos.

Após a promulgação da Constituição de 1988, a Lei nº. 8.630/1993 já previa uma dualidade de regimes para a exploração de instalações portuárias, além da própria exploração direta da atividade por empresa estatal (companhias docas):

(i) a concessão para a delegação de toda a área do porto organizado ou o arrendamento para a exploração de parcela da área daquele, prestando serviços ao público em geral, ambas as hipóteses em regime público; e

(ii) a autorização, formalizada por contrato de adesão, em regime privado, para a exploração de terminal de uso em princípio privativo, para o manuseio de carga exclusiva ou preponderantemente[115] própria (autosserviço).[116]

---

portuários da época, muitas vezes celebrados sem licitação, operavam numa lógica completamente privada de pagamento de um aluguel por uma área na qual eventuais construções ou melhoramentos eram tratados como benfeitorias submetidas ao regime do Código Civil de 1916, à legislação locatícia ou às disposições contratuais próprias, ao invés de serem considerados numa lógica de bens reversíveis" (GAMELL, Denis Austin. *Arrendamento portuário como atividade econômica em sentido estrito*: evolução do direito positivo e perda da capacidade explicativa da noção de serviço público. Dissertação (Mestrado em Direito Constitucional). Instituto Brasileiro de Ensino, Desenvolvimento e Pesquisa, Escola de Direito e Administração Pública, 2021, p. 57).

115. Foi incluída previsão expressa sobre a questão no art. 35, II, do Decreto nº. 6.620/2008, que regulamentou a Lei nº. 8.630/1993, *in verbis*: "Art. 35. As instalações portuárias de uso privativo destinam-se à realização das seguintes atividades portuárias: I – movimentação de carga própria, em terminal portuário de uso exclusivo; II – movimentação preponderante de carga própria e, em caráter subsidiário e eventual, de terceiros, em terminal portuário de uso misto; e III – movimentação de passageiros, em instalação portuária de turismo".

116. Não serão objeto deste trabalho discussões doutrinárias e jurisprudenciais anteriores à Lei nº. 12.815/2013, como por exemplo a respeito da juridicidade ou não da restrição à movimentação de cargas de terceiros por terminais privados sob a égide da Lei nº. 8.630/1993. A matéria chegou a ser submetida ao Supremo Tribunal Federal – STF por meio da ADPF nº. 139/DF, considerada prejudicada pela Corte com o advento da MP nº. 595/2021, que deu origem à Lei dos Portos vigente.

Na primeira hipótese teríamos serviço público de inspiração francesa e na segunda estaríamos próximos das *public utilities* não fosse a limitação da movimentação de carga própria, em princípio não configurando a prestação em geral à população de serviços de interesse da coletividade. A regulação de ambas as atividades foi atribuída à Agência Nacional de Transportes Aquaviários - ANTAQ, criada pela Lei nº. 10.233/2001.

A partir da edição da Lei nº. 12.815/2013 (conversão da MP nº. 595/2012), os terminais autorizados (terminais de uso privado)[117] deixaram de estar obrigados a movimentar exclusiva ou preponderantemente carga própria, passando a poder prestar indistintamente serviços a terceiros, da mesma forma como os terminais arrendados. Sua finalidade e regime jurídico, portanto, mais se aproximaram das *public utilities* (cf. Capítulo II.1.2).

O parâmetro diferenciador do regime jurídico aplicável a cada título habilitante para a exploração de portos, o que aprofundaremos no Capítulo IV, passou a ser a localização da instalação dentro ou fora da poligonal do porto organizado:

(i) o porto organizado em sua integralidade pode ser (1) explorado diretamente por autoridade pública federal (geralmente empresas estatais denominadas companhias docas); (2) explorado diretamente por autoridade pública estadual ou municipal, na hipótese em que tenha a União transferido a administração do porto a Estado, Município ou consórcio público, mediante convênio de delegação, na forma da Lei nº. 9.277/1996; ou (3) ou concedido a particular pela União, Estado ou Município por contrato de concessão de serviço público;

(ii) os terminais situados em parcela da área do porto organizado poderiam ser operados mediante contratos de arrendamento celebrados entre a União e o arrendatário, em regime público e após licitação, considerados instrumentos análogos aos contratos de concessão de serviço público; e

(iii) a exploração de terminais posicionados fora da área do porto organizado seria permitida por meio de autorização, instrumentalizada por contrato de adesão firmado entre União e o autorizatário, para o exercício de atividade de relevante interesse coletivo, em regime privado.

117. Para assegurar a objetividade da pesquisa e o foco nos regimes jurídicos das principais e mais frequentes modalidades de instalações portuárias, não aprofundaremos no presente trabalho outros terminais de menor porte passíveis de autorização previstos na Lei nº. 12.815/2013, como por exemplo os terminais de turismo ou as estações de transbordo de cargas.

Dessa forma, terminais arrendados e autorizados passaram a competir frontalmente, ainda que sujeitos a regimes jurídicos distintos, instituindo o que a doutrina[118] identificou à época como uma nova assimetria regulatória no setor. Ela consistiria na viabilidade de exploração de atividades semelhantes mediante títulos habilitantes sujeitos a variada intensidade de regulação pela Administração Pública (concessão e arrendamento, em regime público; e autorização, em regime privado).

Note-se que a promoção da concorrência no setor também nos remete à lógica europeia dos serviços de interesse econômico geral, segundo a qual a mesma atividade de interesse coletivo pode ser ordenada distintamente em cada país-membro, impondo-lhe ou não a titularidade estatal e o regime jurídico de direito público, mas sempre dentro do possível procurando assegurar a competição, inclusive entre atividades reguladas de modo diverso nacionalmente. Em paralelo no setor portuário brasileiro, a mesma atividade de interesse coletivo ou, em outras palavras, o mesmo "serviço de interesse econômico geral" (exploração de instalação portuária) pode ser desenvolvido em regime de direito público ou de direito privado, estabelecendo-se a concorrência entre as duas modalidades.

Mais recentemente foi editada a Lei nº. 14.047/2020, que teve como um de seus objetivos promover a concessão de portos, positivando na lei o arrendamento privado, ao prever expressamente que os contratos firmados entre o concessionário e terceiros para a exploração de instalações portuárias serão regidos pelo direito privado, submetidos à regulação da ANTAQ (art. 5º-A):

> "Art. 5º-A. Os contratos celebrados entre a concessionária e terceiros, inclusive os que tenham por objeto a exploração das instalações portuárias, serão regidos pelas normas de direito privado, não se estabelecendo qualquer relação jurídica entre os terceiros e o poder concedente, sem prejuízo das atividades regulatória e fiscalizatória da Antaq (Incluído pela Lei nº 14.047, de 2020)".

Por meio de contratos de direito privado celebrados entre o concessionário e terceiros podem então ser exploradas instalações portuárias dentro do porto organizado, que tradicionalmente seriam outorgadas mediante contrato administrativo de arrendamento firmado após licitação com o Poder Concedente, em regime de direito público.

---

118. Por exemplo: GARCIA, Flávio Amaral; FREITAS, Rafael Véras de. Portos brasileiros e a nova assimetria regulatória – Os títulos habilitantes para a exploração da infraestrutura portuária. *R. de Dir. Público da Economia – RDPE*. Belo Horizonte, ano 12, n. 47, jul./set. 2014, p. 85-124.

A partir do cenário narrado, poderíamos assim sintetizar os títulos habilitantes para a exploração de instalações portuárias, sujeitos a distintos graus de regulação dentro da escala de *publicatio* (cf. Capítulo III), e alinhados a diferentes inspirações de modelos estrangeiros para a ordenação de "atividades econômicas *lato sensu* de relevante interesse coletivo", sejam elas públicas ou privadas, vejamos: (i) administração do porto organizado por autoridade pública federal - ou estadual/municipal em caso de convênio -, geralmente empresas estatais nomeadas companhias docas (modelo serviço público); (ii) concessão do porto organizado (modelo serviço público); (iii) arrendamento de parcela do porto público em regime de direito público (modelo serviço público); (iv) autorização para explorar terminal privado fora do porto organizado (modelo *public utility*); e (v) arrendamento de parcela do porto público concedido em regime de direito privado, cuja natureza jurídica ainda será investigada.

II.4. CONCLUSÕES PARCIAIS: BALANÇO DAS CONCEPÇÕES COTEJADAS

Teve o presente Capítulo o propósito de perquirir as principais características, pontos de convergência e divergência entre os modelos tradicionais francês, norte-americano, alemão e da União Europeia para a ordenação de atividades econômicas de relevante interesse coletivo, assim denominados em cada contexto, respectivamente: (i) serviço público; (ii) *public utilities*; (iii) *Daseinsvorsorge;* e (iv) serviços de interesse econômico geral.

Em linhas gerais, algumas das principais particularidades de cada modelo, ao menos na forma como tradicionalmente concebido, seriam as seguintes:

(i) o serviço público convencional francês pressupõe a titularidade estatal da atividade (Capítulo II.1.1), podendo ser delegado a particulares para exploração em regra com exclusividade em regime jurídico de direito público, marcado pelos poderes exorbitantes do Estado e com dever de observância de obrigações de serviços públicos (ex.: universalidade, continuidade, igualdade, atualidade etc.);

(ii) a noção norte-americana de *public utilities* (Capítulo II.1.2), em suas origens, compreende atividades econômicas privadas (sem titularidade pública) exploradas por particulares sempre que possível em regime concorrencial, porém, por serem de grande interesse para a coletividade, são intensamente reguladas, comumente por agências reguladoras, em especial no que se refere ao controle de entrada no mercado, de qualidade dos serviços, dos preços praticados, da competição entre os prestadores etc.;

(iii) a *Daseinsvorsorge* é uma noção sociológica mais material do que jurídica (Capítulo II.1.3), que abrange as atividades "vitais" consideradas essenciais para o desenvolvimento da sociedade, que podem ser públicas ou privadas, exploradas em regime concorrencial ou não, mas que dependem da ingerência estatal para assegurar a adequada satisfação das necessidades coletivas a elas inerentes; e

(iv) podemos afirmar ser o serviço de interesse econômico geral (Capítulo II.1.4), por sua vez, o metaconceito cunhado na União Europeia para congregar os distintos modelos utilizados em cada país-membro para descrever e controlar as atividades consideradas de grande interesse coletivo, sejam elas qualificadas como públicas ou privadas, independentemente da titularidade estatal ou não, mas em qualquer hipótese, sempre que fática e economicamente viável, procurando promover a exploração em regime concorrencial.

Inclusive como influência do modelo europeu, investigamos (Capítulo II.2), ainda, a relativização das diferenças entre as distintas figuras acima examinadas, em razão de fatores como por exemplo (i) a inserção de concorrência em muitos serviços públicos outrora prestados em regime de exclusividade, ainda que sejam mantidos na esfera pública; (ii) a convolação de alguns serviços públicos em atividades privadas de interesse coletivo reguladas, especialmente por agências reguladoras; e (iii) a intensificação da regulação de algumas das referidas *public utilities* recém-convertidas de serviços públicos, inclusive em razão dos relevantes interesses da coletividade a elas atrelados, impondo-lhes em alguns casos obrigações típicas de serviços públicos, como de continuidade e atualidade.

A partir dessas premissas, verificamos de que maneira (Capítulo II.3), em distintos contextos históricos, pendularmente fomos no Brasil influenciados pelos modelos acima estudados para fins de ordenação de atividades de interesse coletivo. Buscamos assim empreender, sob ótica vertical e horizontal, a tarefa de comparar territorial e temporalmente não só institutos de ordenamentos jurídicos distintos como também como foram eles recepcionados pela cultura jurídica brasileira em diferentes épocas.

Concluímos que ora mais nos aproximamos da inspiração das *public utilites* (ex.: República Velha), ora ficamos mais perto do serviço público à francesa (ex.: anos 1930 a anos 1990), ora utilizamos, concomitantemente, defluências das duas figuras, em semelhança ao metaconceito de serviços de interesse econômico geral que aquelas congrega (ex.: a partir dos anos 1990). Dessa forma, atualmente no Brasil, em analogia com o modelo europeu, certas atividades de relevante interesse coletivo (ou serviços de interesse econômico geral) são, com base no respectivo marco legal, em cada setor reguladas com maior ou menor intensidade dadas as suas próprias peculiaridades. Em certos casos são qualificadas como serviços públicos mais à francesa, em outros como atividades privadas reguladas (*public utilities*), ou até eventualmente mistos entre esses dois modelos, como por exemplo serviços públicos abertos à ampla concorrência ou atividades privadas sujeitas a certas obrigações típicas de serviços públicos.

Ilustrativamente, ousaríamos dizer que os setores de infraestrutura previstos no art. 21, XI e XII, da CF (ex.: telecomunicações, portos, ferrovias e aeroportos) compreenderiam "serviços de interesse econômico geral" passíveis de, dadas as particularidades de cada um, serem pelo legislador conformados como serviços públicos passíveis de concessão, atividades privadas de interesse coletivo objeto de autorização, ou até ordenados em modelos híbridos.

No setor portuário, exemplo objeto deste trabalho, é possível hoje observarmos simultaneamente a presença de influências de todos os modelos acima mencionados.

Poderíamos assim sintetizar os títulos habilitantes para a exploração de instalações portuárias, alinhados a diferentes inspirações de modelos estrangeiros para a ordenação de "atividades econômicas *lato sensu* de relevante interesse coletivo" (ou "serviços de interesse econômico geral"), sejam eles públicos ou privados, vejamos: (i) administração do porto organizado por autoridade pública federal - ou estadual/municipal em caso de convênio –, geralmente empresas estatais nomeadas companhias docas (serviço público); (ii) concessão do porto organizado (serviço público); (iii) arrendamento de parcela do porto público em regime de direito público (serviço público); (iv) autorização para explorar terminal privado fora do porto organizado (*public utility*); e (v) arrendamento de parcela do porto público concedido em regime de direito privado (?).

Com relação ao derradeiro título habilitante, por exemplo, parece ter o legislador criado uma figura híbrida que se situaria talvez na interseção entre o modelo francês de serviço público e a referência anglo-saxã da *public utility*, no contexto de relativização das diferenças entre os dois institutos que examinamos no Capítulo II.2. Seria ela o arrendamento privado previsto no art. 5º-A da Lei nº. 12.815/2013, a ser firmado entre o concessionário e terceiro para a exploração do núcleo do serviço público delegado, em regime de direito privado, porém sujeito à regulação da ANTAQ. Parece ter o legislador conferido algum grau de discricionariedade ao Poder Público para determinar a intensidade da regulação e, assim, influenciar o próprio regime jurídico da atividade. Talvez seria essa uma nova modalidade de prestação de serviços públicos de inspiração francesa por contratos privados regulados ou, por outro lado, de exploração de atividade privada regulamentada (*public utility*) submetida a obrigações de serviços públicos, ou até algum misto entre essas classificações dentro de uma escala de *publicatio*.

Na realidade, mesmo com relação a outros títulos habilitantes para a exploração de portos tradicionalmente classificados como serviços públicos (arrendamento público) ou atividades privadas reguladas (terminal de uso privado), parece o legislador não ter sido tão claro no que se refere ao preciso enquadramento do seu regime jurídico naqueles modelos convencionais, sobretudo após a edição da Lei nº. 14.047/2020.

O tema merece investigação e aprofundamento, o que pretendemos desenvolver no próximo Capítulo, valendo-nos instrumentalmente da categoria da "escala de *publicatio*" para examinar em específico a disciplina jurídica de cada um dos referidos títulos habilitantes para a exploração portuária.

ESCALA DE *PUBLICATIO* COMO FERRAMENTA PARA INVESTIGAÇÃO DOS REGIMES JURÍDICOS DA EXPLORAÇÃO DE PORTOS

A rota até aqui cursada permitiu-nos vislumbrar, ainda que de forma panorâmica, como o desenvolvimento dos regimes portuários no Brasil foi acompanhando não só da consolidação como também da evolução de noções do direito administrativo em âmbito nacional, como serviços públicos e atividades privadas reguladas (de utilidade pública). Ocorreu inclusive sob a inspiração (por vezes concomitante) de modelos estrangeiros como o *service public* francês, as *public utilities* da *common law* e os serviços de interesse econômico geral da União Europeia, por exemplo.

Nosso objetivo é analisar de que maneira são atualmente disciplinadas as mais relevantes[1] modalidades de exploração de infraestrutura portuária, tanto pelo Poder Público quanto por particulares.[2]

Para a tarefa, utilizaremos como ferramental teórico a figura da "escala de *publicatio*", na tentativa de ilustrar de que maneira a tradicional dicotomia teórica inflexível entre serviços públicos e atividades privadas pode ter perdido a capacidade explicativa[3] para descrever – e o poder de previsão para

---

1. Para manter a objetividade do presente trabalho, focando nas modalidades de terminais de maior porte, trataremos de forma apenas ancilar de outros títulos habilitantes para a exploração portuária, como as estações de transbordo de cargas e as instalações portuárias públicas de pequeno porte.
2. Para o mister, teremos como objeto de estudo as seguintes fórmulas regulatórias, que serão aprofundadas no Capítulo III.3: (i) Exploração direta do Porto Organizado por entidades públicas federais, geralmente as companhias docas, constituídas na forma de empresas estatais; (ii) Exploração direta do Porto Organizado por entidades públicas estaduais, municipais ou consórcios públicos, mediante convênios de delegação, na forma da Lei nº. 9.277/1996; (iii) Concessão do Porto Organizado a particulares; (iv) Arrendamento de parcela do Porto Organizado em regime de direito público, firmado entre a União e particular; (v) Arrendamento de fração do Porto Organizado em regime privado, celebrado entre o concessionário e terceiros; e (vi) Autorização para a exploração de terminal de uso privado, instrumentalizada por contrato de adesão.
3. Segundo o filósofo Karl Popper, é "preferível a teoria que nos diz mais – isto é, a teoria que contém mais informação empírica, ou *conteúdo*; que é logicamente mais forte; que tem maior capacidade explicatória e poder de previsão; e que, portanto, pode ser testada mais rigorosamente pela compa-

antever – as nuances dos variados *dégradés* presentes nos regimes jurídicos de exploração de infraestrutura portuária. É este o objeto do Capítulo.

III.1. INTRODUÇÃO À ESCALA DE *PUBLICATIO*

Inauguraremos o presente Capítulo introduzindo a figura da "escala de *publicatio*", sem por ora adentrar as peculiaridades dos regimes jurídicos presentes no setor portuário.

Parece mesmo ignorar a realidade atual do direito público econômico, após alguns movimentos de liberalização[4] (cf. Capítulo II.3), considerar haver uma separação dual[5] e estanque das atividades econômicas (*lato sensu*) em "serviços públicos" e "atividades econômicas privadas".

O que se observa hodiernamente é que, entre esses dois extremos, pode haver graus distintos de publicização, ou de sujeição ao direito público: isto é, o controle estatal pode incidir com mais ou menos força sobre atividades juridicamente distintas, inclusive no mesmo setor econômico[6]. Dito de outra forma, "o 'preto e branco' de outrora se desvela numa complexa escala de cinza".[7]

---

ração dos fatos previstos com observações. Em resumo, preferimos as teorias interessantes, ousadas e altamente informativas às que são triviais" (POPPER, Karl. Conjecturas e refutações (tradução de Sérgio Bath). 5ª ed. Brasília: Editora Universidade de Brasília, 2008, p. 243. Disponível em: https://edisciplinas.usp.br/pluginfile.php/5727033/mod_resource/content/1/Karl%20Popper%20-%20Conjecturas%20e%20Refuta%C3%A7%C3%B5es%20%282008%2C%20Editora%20UNB%29%20-%20libgen.lc.pdf. Acesso em: 25 jan. 2024).

4. Sobre a relativização do dualismo entre serviços públicos e privados em contextos de liberalização, vide as lições de Juan Miguel de la Cuétara Martínez: "A médio prazo e como dizia no começo, seremos impulsionados a reconsiderar a separação 'público-privado' das contribuições que os economistas estão fazendo para purificar a regulamentação setorial. Considere, por exemplo, o regime legal de bens afetados por um serviço público privatizado; logicamente, serão de propriedade da empresa vendida e deixarão de ser de domínio público, uma vez que o *despublicatio*, gerou a liberalização do setor. Mas eles não deixarão de estar vinculados à função à qual eles estavam servindo e, portanto, mesmo que sejam declarados transferíveis, sua transferibilidade será limitada a empresas do setor: serão bens, vinculados, privados, mas ao serviço do púbico (ou como se verifica em certa doutrina europeia, 'bens de clube')" (MARTÍNEZ, Juan Miguel de la Cuétara. La regulación subsiguiente a la liberalización y privatización de servicios públicos. In: NUNES, António José Avelães et al. *Os caminhos da privatização da administração pública*. Coimbra: Coimbra Editora, 2001, p. 200).

5. Para Floriano de Azevedo Marques Neto: "Malgrado seu caráter operacional e o fato de ser referência na doutrina e na jurisprudência para interpretação da ordem econômica na Constituição de 1988, parece-me questionável que a dicotomia entre serviço público e atividade econômica em sentido estrito tenha ainda hoje a mesma utilidade como chave hermenêutica. Apresenta-se ela atualmente confrontada com vários fenômenos da realidade jurídica" (MARQUES NETO, Floriano de Azevedo. *Concessões*. Belo Horizonte: Fórum, 2015, p. 124 (em nota de rodapé).

6. É o que Alexandre Santos de Aragão chama de "*dégradés*" de graus de intervenções regulatória (ARAGÃO, Alexandre Santos de. *Direito dos serviços públicos*. 4. ed. Belo Horizonte: Fórum, 2017. p. 198).

7. Para os autores, "é por isso que a doutrina vem sustentando com vigor a inutilidade da pura e simples oposição entre regime público e regime privado, de forma dicotômica, a qual se demonstra insuficiente para dar conta da realidade. Cada vez mais, regimes jurídicos intermediários, que intercalam

Para estudar o tema, nos valeremos do ferramental teórico construído pelo espanhol José Maria Souvirón Morenilla, tomando empréstimo da figura da "escala de *publicatio*".

Aduz o catedrático de Direito Administrativo da Universidade de Málaga que o atendimento das necessidades coletivas pode ser alcançado não só por meio do regime dos serviços públicos, mas também mediante diversos graus de ingerência da Administração Pública sobre a atuação econômica dos particulares. Nessa quadra, a intervenção estatal pode ter intensidade variável, o que dá origem à chamada "escala da *publicatio*":

> "Pois bem, precisamente porque o fim causal do serviço público como título de intervenção – o asseguramento da satisfação das necessidades coletivas – pode ser cumprido pela Administração incidindo de maneira mais ou menos invasiva sobre a atuação privada correspondente e/ou mediante sua própria atuação prestacional, ora concorrencialmente, ora excludente da realização pelos particulares, nos encontramos diante de um panorama que bem poderíamos qualificar de "escala da *publicatio*" de atividades, como único modo de descrever uma realidade pluriforme e que é característica também de outros âmbitos jusadministrativos (escala da dominialidade, escala da personalidade etc.)"[8].

Explica o autor que a "escala da '*publicatio*' descreve a existência de uma gradação de variantes institucionais diversas dentro de um campo no qual se situam dois extremos: os serviços públicos de titularidade administrativa explorados com exclusividade e os serviços privados desenvolvidos por particulares, sem modalização administrativa especial, em virtude de sua iniciativa exclusivamente privada"[9].

Parece o autor em alguma medida atualizar a visão tradicional de que a *publicatio*[10] seria a titularidade estatal estrita sobre o serviço inserido na

---

elementos do regime público e do regime privado, imbricam-se na realidade" (MÂNICA, Fernando Borges; MENEGAT, Fernando. *Teoria jurídica da privatização*: fundamentos, limites e técnicas de interação público-privada no direito brasileiro. Rio de Janeiro: Lumen Juris, 2017, p. 26-27).

8. MORENILLA, José Maria Souvirón. *La actividad de la Administración y el servicio público*. Granada: Colmares, 1998. p. 499.

9. MORENILLA, José Maria Souvirón. *La actividad de la Administración y el servicio público*. Granada: Colmares, 1998, p. 504-505.

10. Alexandre Aragão identifica a origem da noção de *publicatio* na "assunção por parte do Estado da titularidade de inúmeras atividades, *pari passu* com os avanços tecnológicos que inovaram profundamente a indústria e modernizaram a vida social da humanidade. Surgem nessa época novas necessidades, até então inimagináveis, tornando-se necessária uma forte regulação econômica para controlar as possíveis iniquidades. As ferrovias, as rodovias, a eletricidade, o gás, o telefone,

órbita pública, para compreendê-la como a maior ou menor acentuação da ingerência estatal com relação às atividades econômicas em geral, sejam elas públicas ou privadas. Quanto maior intervenção estatal, mais *publicatio*.

E realmente, na quadra atual, inclusive no Brasil, nem sempre é tarefa fácil concluir, a partir do regime jurídico legal e regulatoriamente desenhado para cada atividade econômica, se o Estado possui ou não a sua titularidade, ao menos no sentido de estar aquele de fato inserido na esfera pública.[11]

Em muitos casos, as leis setoriais não elucidam se as atividades por elas regidas são ou não "serviços públicos", por vezes sequer mencionando a expressão (ex.: Lei nº. 9.472/1997, a Lei Geral de Telecomunicações). E mesmo quando se valem de instrumentos como a autorização – e não a concessão –, em vários casos são aquelas operacionalizadas por contratos muitos próximos aos de delegação de serviços públicos, tornando complexo decifrar a natureza da atividade. Daí a pertinência e a utilidade da teoria de Morenilla, cuja escala de *publicatio*, a nosso ver, ajuda a desembaraçar o emaranhado de regimes jurídicos que a realidade regulatória nacional apresenta, sobretudo em setores de infraestrutura como o portuário.

Teríamos, em um extremo de maior intervenção pública da escala de *publicatio*, os serviços públicos de titularidade estatal prestados em regime de exclusividade diretamente pela própria Administração, por exemplo uma empresa estatal.[12] Também como explica a doutrina francesa contemporânea, ainda que sem aludir à lógica da escala de *publicatio*, de fato a prestação direta de serviços públicos por entidades públicas é expressão máxima da aplicação do direito administrativo na gestão daquelas atividades. Conforme as lições de Jean-François Lachaume, Hélène Pauliat, Clotilde Deffigier e Aurélie Virot-Landais, em recente edição de obra com o eloquente título "*Droit des services publics*":

---

etc., requereram novos campos de ação para cuja eficaz realização não bastava a ação policial, caracterizada como aquela atividade puramente jurídica de regulamentação das atividades privadas fazendo-se mister a retirada dessas atividades do âmbito da liberdade econômica, ou seja, do mercado, declarando-se, por interesse público, a titularidade do Estado sobre tais atividades, que antes eram geridas em regime de livre iniciativa privada, o que posteriormente a doutrina veio a chamar de *publicatio*" (ARAGÃO, Alexandre Santos de. *Direito dos serviços públicos*. 4. ed. Belo Horizonte: Fórum, 2017, p. 43).

11. Veremos no Capítulo III.2 que, ao menos com relação às atividades do art. 21, XI e XII, da CRFB/88, a titularidade estatal com relação a elas parece estar mais próxima de uma ideia de competência e responsabilidade da União para prestá-las diretamente ou assegurar que os particulares o façam quando assim for adequado, ainda se for o caso as ordenando sob o regime privado de autorização. Sobre uma visão atualizada da noção de titularidade estatal sobre certas atividades econômicas, vide: MÂNICA, Fernando Borges; MENEGAT, Fernando. *Teoria jurídica da privatização*: fundamentos, limites e técnicas de interação público-privada no direito brasileiro. Rio de Janeiro: Lumen Juris, 2017, p. 12.

12. Seria o caso do papel já desempenhado por empresas estatais em alguns setores regulados, como foi o caso da Telebras há algumas décadas no setor de telecomunicações.

> "**107. – Uma aplicação máxima do direito público: o SPA** [Serviço Público Administrativo] **gerido por uma entidade pública.** A influência do direito administrativo, e, portanto, do regime jurídico que exorbita do direito privado a ele vinculado, atinge seu máximo no caso dos serviços públicos administrativos geridos por entidades públicas. A combinação da entidade pública com a natureza administrativa do serviço público por ela gerido resulta numa aplicação muito ampla do direito administrativo para regular a organização e o funcionamento do serviço público e a uma competência concomitante da jurisdição administrativa em caso de litígio. O direito privado aparece aqui apenas nos contratos celebrados com terceiros (...) ou quando um texto legal o exige (funcionamento do serviço público civil e do serviço público judiciário, lei de 31 de dezembro de 1957 sobre indenização dos danos causados por veículos; lei de 5 de abril de 1937 sobre danos causados ou sofridos por alunos do ensino público devido à falta de supervisão)". [13]

No extremo oposto de menores restrições estatais no âmbito da escala de *publicatio*, encontraríamos as atividades econômicas puramente privadas, não sujeitas a alguma modalidade de regulação pública setorial especial, mas apenas às restrições regulares típicas do poder de polícia para a garantia da ordem, da salubridade e da segurança, por exemplo.

Entre os referidos dois extremos (serviços públicos prestados diretamente e atividades "puramente" privadas) estariam, ilustrativamente, os serviços públicos delegados à iniciativa privada sem exclusividade, para serem explorados em regime de concorrência.[14] Em um grau de mais acentuada liberalização, estariam as atividades privadas reguladas submetidas à normatização setorial específica (*public utilities)*, por vezes tão intensa a ponto de impor aos prestadores obrigações aproximadas às dos serviços públicos (continuidade, atualidade etc.). Encontraríamos, ainda, potenciais mistos entre as figuras aqui descritas, como manifestação de distintos níveis de intervenção estatal em certas atividades.[15]

---

13. LACHAUME, Jean-François; PAULIAT, Hélène; DEFFIGIER, Clotilde; VIROT-LANDAIS, Aurélie. *Droit des services publics*. 4. ed. Paris: LexisNexis, 2021, p. 62-63.
14. Foi o caso da delegação dos serviços de telefonia fixa comutada concedida pela União a empresas privadas sem exclusividade nos anos 90.
15. Nas palavras de Felipe Estefan, "pode haver graus de publicização da atividade, donde adviriam serviços públicos titularizados pelo Estado; serviços sociais, em que a iniciativa privada também pode atuar; os serviços privados de interesse público, condicionados a autorizações operativas; e os serviços privados, sujeitos apenas às regras gerais de polícia administrativa que regem todas as

A intensificação do controle estatal sobre atividades que, embora de grande interesse coletivo, não chegam a ser enquadradas como serviços públicos, é abordada por Juan Carlos Cassagne ao tratar da posição doutrinária segundo a qual seriam aquelas denominadas serviços públicos impróprios, virtuais ou objetivos. Para o autor, o aparecimento deste fenômeno acarreta a necessidade de adaptação das ideias em que se assentava a noção tradicional de serviço público, e mesmo quando o seu conceito material não é perturbado, é evidente que essa dinâmica conduz à "descoberta de novas nuances e caracteres distintivos no que diz respeito a atividades dirigidas por particulares que, embora sejam de indiscutível interesse geral, não constituem verdadeiros serviços públicos".[16]

Os graus da escala da *publicatio* "são tangentes e não necessariamente estanques, podendo o ordenamento percorrê-la tanto em sentido ascendente como descendente", publicizando atividades privadas ou, então, liberalizando serviços públicos.[17]

Como consequência, dá-se origem a zonas de fronteira ou figuras híbridas. É o caso, por exemplo, dos serviços privados sujeitas a certas obrigações típicas de serviço público (cf. Capítulo III.1.4). Assim, "o *publicatio*, ou seja, a subjetivação pública de uma atividade prestacional, é aqui entendido como o grau mais elevado de intervencionismo estatal para a publicização de atividades privadas. A imposição de obrigações positivas, através da regulação administrativa, que faz assemelhar, em alguns aspectos, o regime da atividade privada regulada ao regime jurídico de prestação de um serviço público, é, assim, um grau de publicização menor do que seria a própria subjetivação pública".[18]

---

atividades econômicas, sendo possível, ainda, um sem-número de figuras híbridas entre essas categorias principais" (ESTEFAM, Felipe Faiwichow. O constitucionalismo social brasileiro e a dimensão jurídica dos serviços públicos e das atividades econômicas. *Fórum Administrativo – FA*, Belo Horizonte, ano 11, n. 120, p. 9-18, fev. 2011, p. 16).

16. CASSAGNE, Juan Carlos. *Derecho Administrativo*. t. 2. 7. ed. Buenos Aires: Abeledo Perrot, 2002, p. 294-295, grifamos. Segundo o autor, "a categoria de serviço público impróprio permite, excepcionalmente, que o regime jurídico da referida instituição seja alargado a determinadas atividades prestadas por particulares que constituem um serviço virtual ou objetivo. O curioso é que o serviço público impróprio não aparece como uma exceção ao princípio da titularidade privada da atividade relevante, mas como uma mera extensão do regime jurídico do serviço público próprio, cuja força expansiva não produz, no entanto, uma verdadeira *publicatio*. Por isso, o serviço público impróprio existe apenas por extensão, pois carece de uma de suas notas centrais, situação que leva à dispensa do regime de concessão ou permissão como pré-requisito para a outorga do direito de exercê-lo, para substituí-lo por autorização (CASSAGNE, Juan Carlos. *Derecho Administrativo*. t. 2. 7. ed. Buenos Aires: Abeledo Perrot, 2002, p. 296, grifamos)

17. MORENILLA, José Maria Souvirón. *La actividad de la Administración y el servicio público*. Granada: Colmares, 1998. p. 505.

18. VALE, Murilo Melo. *Obrigações de serviços públicos no setor privado*: fundamentos jurídicos para a imposição regulatória de encargos do regime jurídico "típico" da prestação do serviço público à iniciativa privada no Direito brasileiro. Belo Horizonte: Fórum, 2022, p. 170-171, grifamos.

Rememoremos que, no direito brasileiro, inclusive por influência europeia,[19] muitas atividades classicamente ordenadas segundo o modelo francês de serviço público passível de concessão foram (em princípio) transpassadas à órbita privada (despublicização),[20] sujeitando-se à autorização estatal, como instrumento de intensa regulação dado o relevante interesse coletivo a elas inerente (*public utilities*).[21] O desenho institucional do serviço público, portanto, não é – e nem nunca foi, cf. Capítulo II.3 – a única fórmula de ordenação de atividades econômicas de relevante interesse coletivo pelo Estado brasileiro, ou, se quisermos utilizar outra nomenclatura, de serviços de interesse econômico geral, modelo europeu que também admite variadas intensidades de controle daquelas atividades (cf. Capítulo II.1.4).

Também entre nós, Floriano de Azevedo Marques Neto afirma que "diante de diferentes graus de interesse público envolvidos em cada uma das atividades econômicas, haverá diferentes regimes de intervenção estatal, em intensidades igualmente díspares". Observa ainda que entre os serviços

---

19. "Ainda é possível diagnosticar, através de uma investigação jurídico-exploratória, que o Brasil, influenciado por experiências de outros países da Comunidade Europeia, bem como daqueles regidos pelo sistema da Common Law, possui previsões de imposições regulatórias setoriais que representam a pretensão do Estado em garantir que os mesmos princípios fundamentais do serviço público, em diferentes graus de intensidade, sejam observados pelo setor privado na condução de algumas atividades de interesse coletivo abertas à livre iniciativa" (VALE, Murilo Melo. *Obrigações de serviços públicos no setor privado*: fundamentos jurídicos para a imposição regulatória de encargos do regime jurídico "típico" da prestação do serviço público à iniciativa privada no Direito brasileiro. Belo Horizonte: Fórum, 2022, p. 28).

20. "De outro giro, deve-se atentar para o fato de que a desregulação não se confunde com a desestatização e a despublicização. Primeiro porque, ainda que a despublicização e a desestatização, enquanto técnicas de privatização, possam vir acompanhadas de desregulação, cada uma delas possui características e aplicabilidade próprias. Segundo porque, considerando que em muitos casos as atividades despublicizadas, e sempre as atividades desestatizadas, continuam a apresentar relevância pública em sua prestação, é usual que processos de desestatização e despublicização sejam acompanhados de reforço e intensificação de normas regulatórias a incidir sobre a prestação privada. Isso significa que as desestatizações e despublicizações costumam demandar, ao contrário da desregulação, uma nova regulação (ou re-regulação), que dê conta de normatizar a exploração da atividade dantes resguardada à gestão estatal – e, por isso, não regulada de forma intensa" (MÂNICA, Fernando Borges; MENEGAT, Fernando. *Teoria jurídica da privatização*: fundamentos, limites e técnicas de interação público-privada no direito brasileiro. Rio de Janeiro: Lumen Juris, 2017, p. 166-167).

21. "De qualquer sorte, importa consignar que a liberalização não está atrelada à *desregulação* da atividade econômica trespassada ao setor privado; justo ao contrário: não raro a liberalização é acompanhada de um processo de intensificação da regulação estatal sobre a atividade em questão. E isso por uma razão bastante lógica: o fato de a atividade liberalizada ter pertencido à esfera de titularidade estatal (ou seja, ter sido submetida à *publicatio*) denota a existência de elevado interesse estatal em sua exploração. Nesse sentido, a opção pela liberalização em diversos casos significa muito mais o reconhecimento, pelo Estado, da necessidade de contar com a iniciativa privada autônoma na prestação de tais atividades do que uma perda superveniente de interesse estatal na sua exploração. É dizer: a liberalização e consequente *despublicatio* sobre dada atividade econômica, significa o reconhecimento estatal de que a atividade em questão pode ser explorada de modo satisfatório pela iniciativa privada, ainda que regulada intensamente" (MÂNICA, Fernando Borges; MENEGAT, Fernando. *Teoria jurídica da privatização*: fundamentos, limites e técnicas de interação público-privada no direito brasileiro. Rio de Janeiro: Lumen Juris, 2017, p. 112-113, grifamos).

públicos e a atividades privadas em livre concorrência, "há atividades também prestadas pela iniciativa privada, mas que se sujeitam a algum nível mais forte de regulação estatal em função da utilidade pública envolvida ou do interesse social que a atividade encerra"[22].

Foi assim relativizada a capacidade de a dicotomia entre serviços públicos e privados explicar a realidade contemporânea da ordenação de diversos setores, especialmente os que passaram por processos de liberalização, seguidos de intensa regulação de atividades privadas outrora consideradas serviços públicos".[23]

Parece-nos que a distinção generalizada entre serviços públicos e atividades privadas poderia desconsiderar relevantes sutilezas atinentes ao grau de ordenação estatal incidente sobre certas atividades, considerando as peculiaridades, inclusive de ordem técnica, de cada uma delas. Também influem na ingerência estatal sobre as atividades econômicas elementos como a personalidade jurídica (pública ou privada) de quem as executa e a natureza da atividade e dos bens envolvidos. É o que também se depreende das lições de Fernando Borges Mânica e Fernando Menegat:

> "Isso porque as sujeições e as prerrogativas que qualificam um regime como público incidem com maior ou menor intensidade conforme uma série de fatores existentes em cada caso concreto. Tais fatores referem-se:
>
> a) à natureza jurídica e à personalidade jurídica de quem executa a atividade;
>
> b) à titularidade e natureza dos bens envolvidos na prestação, e
>
> c) à titularidade e natureza da própria atividade em si".[24]

Para os autores, "essa complexa conjunção de fatores faz com que o regime de direito público incida de modo puro apenas nas hipóteses de execução de *tarefas públicas por entidades estatais de direito público que utilizam bens públicos*. De modo análogo, faz com que o regime de direito

22. MARQUES NETO, Floriano de Azevedo. Regulação e poder de polícia no setor de gás. *Migalhas*, 14 dez. 2004. Disponível em: https://www.migalhas.com.br/depeso/8868/regulacao-e-poder-de-policia-no-setor-de-gas. Acesso em: 21 mar. 2023.

23. SUNDFELD, Carlos Ari; CÂMARA, Jacintho Arruda. O poder normativo das agências em matéria tarifária e a legalidade: o caso da assinatura do serviço telefônico. *In*: ARAGÃO, Alexandre Santos de (coord.). *O poder normativo das agências reguladoras*. Rio de Janeiro: Forense, 2006, p. 606.

24. MÂNICA, Fernando Borges; MENEGAT, Fernando. *Teoria jurídica da privatização*: fundamentos, limites e técnicas de interação público-privada no direito brasileiro. Rio de Janeiro: Lumen Juris, 2017, p. 24.

privado incida de modo puro apenas nos casos de execução de *atividades de titularidade privada por entidades privadas com uso de bens privados*".[25]

Entre os dois cenários acima, como exposto, cada vez mais em diversos setores regulados observam-se variados regimes jurídicos intermediários, com influxos tanto do regime jurídico de direito público quanto de direito privado, organizados em intensidades de regulação estatal também graduada. Daí a insuficiência da mera oposição dicotómica entre as concepções doutrinárias de serviços públicos ou privados para descrever a realidade.

Afirmar que um setor é mais ou menos intensamente regulado do que outro diz respeito à existência de maior ou menor intervenção do Poder Público com relação a ele, no que se refere à presença de prerrogativas estatais para a restrição do exercício das atividades econômicas naquele inseridas. Por exemplo, pelo regime de reversibilidade dos bens envolvidos na operação, por meio de controle de entrada no mercado, de preços, de qualidade, imposição de obrigações de universalidade, continuidade, atualidade, modicidade tarifária, assim como no que se refere ao potencial de mutabilidade unilateral dos deveres do prestador pelo Estado etc. São todos esses elementos capazes de influir no enquadramento das atividades econômicas nos distintos e por vezes híbridos *dégradés* de publicização da escala de *publicatio*.

A partir das premissas teóricas acima fixadas, poderíamos assim organizar sinteticamente alguns exemplos de graus da escala de *publicatio*, em ordem decrescente de intensidade de intervenção estatal sobre as atividades econômicas, sem prejuízo de eventuais outras figuras mistas e hipóteses intermediárias a depender da disciplina de cada serviço em cada ordenamento jurídico:

(i) Serviços públicos diretamente prestados pelo Estado em regime de monopólio;[26]

(ii) Serviços públicos diretamente prestados pelo Estado em concorrência com a iniciativa privada;[27]

(iii) Serviços públicos indiretamente prestados mediante concessão à iniciativa privada em caráter de exclusividade;[28]

---

25. MÂNICA, Fernando Borges; MENEGAT, Fernando. *Teoria jurídica da privatização*: fundamentos, limites e técnicas de interação público-privada no direito brasileiro. Rio de Janeiro: Lumen Juris, 2017, p. 24.

26. É o exemplo das empresas estatais de telecomunicações e de ferrovias no Brasil antes das reformas dos anos 90, assim como a situação da Empresa Brasileira de Correios e Telégrafos – ETC com relação aos serviços postais.

27. É de certa forma o caso dos Portos Organizados brasileiros administrados por empresas estatais denominadas companhias docas, que concorram com Portos Organizados geridos por concessionárias e com terminais de uso privado na mesma área de influência.

28. Seria a hipótese de concessões para a exploração de serviços públicos de distribuição de gás canalizado em certos Estados brasileiros.

(iv) Serviços públicos indiretamente prestados mediante concessão à iniciativa privada em regime concorrencial;[29]

(v) Atividades econômicas privadas de relevante interesse coletivo reguladas, exploradas por empresas estatais e sujeitas a certas obrigações típicas de serviços públicos;[30]

(vi) Atividades econômicas privadas de relevante interesse coletivo reguladas e exploradas por empresas estatais;[31]

(vii) Atividades econômicas privadas de relevante interesse coletivo reguladas, exploradas por empresas privadas e sujeitas a certas obrigações típicas de serviços públicos;[32]

(viii) Atividades econômicas privadas de relevante interesse coletivo reguladas e exploradas por empresas privadas; e[33]

(ix) Atividades econômicas privadas não sujeitas à regulação setorial específica, mas apenas às limitações gerais do poder de polícia transversalmente incidentes sobre todas as atividades em geral.

Embora muitas sejam as nuances de cada um dos graus de ingerência estatal acima enumerados, buscando tornar o trabalho mais objetivo e condensando as principais categorias, abaixo abordaremos os diferentes degraus da escala de *publicatio* a partir da divisão feita por Morenilla, a saber: (i) os serviços públicos com titularidade estatal exclusiva ou não; (ii) os serviços privados de interesse público (ou atividades privadas reguladas); (iii) os

---

29. Trata-se da regra geral em termos de concessão de serviços públicos, sempre que técnica e economicamente viável, os termos do art. 16 da Lei nº. 8.987/1995, *in verbis:* "Art. 16. A outorga de concessão ou permissão não terá caráter de exclusividade, salvo no caso de inviabilidade técnica ou econômica justificada no ato a que se refere o art. 5º desta Lei". É o caso das concessões de serviços de telecomunicações, que não têm caráter de exclusividade, nos termos do art. 84 da Lei nº. 9.472/1997: "Art. 84. As concessões não terão caráter de exclusividade, devendo obedecer ao plano geral de outorgas, com definição quanto à divisão do País em áreas, ao número de prestadoras para cada uma delas, seus prazos de vigência e os prazos para admissão de novas prestadoras. § 1° As áreas de exploração, o número de prestadoras, os prazos de vigência das concessões e os prazos para admissão de novas prestadoras serão definidos considerando-se o ambiente de competição, observados o princípio do maior benefício ao usuário e o interesse social e econômico do País, de modo a propiciar a justa remuneração da prestadora do serviço no regime público. § 2° A oportunidade e o prazo das outorgas serão determinados de modo a evitar o vencimento concomitante das concessões de uma mesma área".

30. Seria a hipótese por exemplo de uma empresa estatal que obtenha autorização para explorar um terminal portuário privado.

31. Era a hipótese, por exemplo, da Petrobras Distribuidora S.A. (BR) até ser desestatizada, que atuava como distribuidora de combustíveis, atividade econômica autorizada e regulada pela Agência Nacional de Petróleo, Gás Natural e Biocombustíveis – ANP.

32. Poderíamos exemplificar com a situação dos terminais portuários de uso privado explorados por empresas privadas, sujeitos ao regime de autorização, instrumentalizada por contrato de adesão (cf. Capítulo IV.6).

33. É o caso das empresas privadas que atuam no setor de distribuição de combustíveis e biocombustíveis, sujeitas à regulação setorial específica emitida pela ANP.

serviços privados; e (iv) as zonas híbridas de fronteira, como por exemplo as atividades privadas submetidas a obrigações típicas de serviços públicos.

III.1.1. Serviços públicos e suas principais características na doutrina contemporânea

Inauguraremos os degraus da escala de *publicatio*, naturalmente, pela figura do serviço público, já abordada no Capítulo II.1.1, no qual examinamos as principais características do instituto no contexto da sua gênese francesa (titularidade estatal, regime jurídico de direito público, em regra exclusividade, incidência dos princípios dos serviços públicos etc.). Como exposto também no Capítulo II.2, com o desenvolvimento da categoria, inclusive por influência do direito europeu, alguns de seus traços foram modificados, como por exemplo com relação à exclusividade, que deixou de ser a regra.

Partindo dessas premissas, pretendemos explorar neste Capítulo de que maneira a doutrina francesa contemporânea encara a matéria, sobretudo com relação aos elementos que restaram como "núcleo duro" do serviço público depois das mudanças que lhe foram até naturalmente impostas pela realidade, inclusive social, econômica e tecnológica. Na sequência, investigaremos, mediante a análise da posição de alguns autores, o tratamento que a literatura administrativista brasileira tem conferido ao tema, em especial no que se refere aos principais atributos dos serviços públicos à luz do ordenamento jurídico brasileiro atual.

Vejamos, portanto.

III.1.1.1. Serviços públicos na doutrina francesa recente

No ponto mais alto da escala de *publicatio*, onde há maior controle sobre a atividade, situam-se os serviços públicos de titularidade exclusiva do Estado, o qual poderá prestá-los diretamente ou delegar a sua execução a particulares, em regime de concorrência ou não. Todavia, excetuada essa hipótese, o desenvolvimento da atividade é vedado ao particular, que não poderá exercê-la em nome próprio, desprovido do devido título habilitante.

Logo abaixo na escala, segundo Morenilla, estão os serviços públicos prestados pelo Estado sem titularidade exclusiva, ou seja, que podem em paralelo ser explorados por atores privados, por direito próprio, isto é, independentemente de delegação estatal, ainda que a atividade se submeta à regulação pelo interesse coletivo a ela inerente.[34] No caso brasileiro, cor-

34. Quando explorado pelo particular trata-se de serviço de interesse público ou atividade privada regulada, cf. Capítulo III.1.2. Paulo Modesto afirma que "algumas atividades são exercidas sob o regime próprio do serviço público apenas quando 'prestadas pelo Estado' (exemplo: saúde, educação,

respondem àquilo que parte da doutrina denomina "serviços sociais", tais como saúde (CF, art. 199), educação (art. 209), assistência social (art. 204, I e II) e previdência social (art. 202), dentre outros.

Na França, aduz a doutrina administrativista contemporânea ser o elemento orgânico, caracterizado pela titularidade estatal, uma das características ainda úteis do conceito de serviço público, o que significa ter sido a atividade, em última instância, constitucional ou legalmente colocada sob a responsabilidade de um ente público, ainda que, se for o caso, possa ser ela executada indiretamente por um agente privado.[35]

De certa forma até admitindo a existência de graus de publicização de atividades econômicas, reconhece a doutrina francesa contemporânea que a gestão dos serviços públicos não se submete exclusivamente ao direito administrativo, sobretudo quando explorados por particulares, hipótese em que recebe muitos influxos do direito privado. Confira-se a respeito os ensinamentos de Jean-François Lachaume, Hélène Pauliat, Clotilde Deffigier e Aurélie Virot-Landais:

> "**104. – O impacto do direito privado.** No início do século XX, o caráter de exorbitância do direito privado desse regime jurídico era notável, pois a escola do serviço público e, em menor medida, a jurisprudência, fizeram coincidir o direito administrativo e o direito dos serviços públicos, tendo como consequência, em virtude da regra segundo a qual a competência

---

pesquisa científica, defesa do patrimônio ambiental). Exercidas por particulares, com ou sem fins lucrativos, não se sujeitam ao regime do serviço público, mas ao regime típico das pessoas privadas, o que muitas vezes lhes confere maior agilidade ou presteza no atendimento dos seus objetivos sociais" (MODESTO, Paulo. Reforma administrativa e marco legal das organizações sociais no Brasil: as dúvidas dos juristas sobre o modelo das organizações sociais, *Revista de Informação Legislativa*, Brasília, v. 34, n. 136, p. 315-331, out./dez. 1997. p. 325. Disponível em: http://www2.senado.leg.br/bdsf/handle/id/314. Acesso em: 22 mar. 2023).

35. É o que se extrai das lições de Jean-François Lachaume, Hélène Pauliat, Clotilde Deffigier e Aurélie Virot-Landais: "**111. – Um elemento orgânico ainda útil.** Enquanto o interesse geral caracteriza o elemento material da definição de serviço público, a atribuição da missão de serviço público a uma entidade pública caracteriza o elemento orgânico da definição: 'qualquer serviço público, direta ou indiretamente, é, em última instância, de responsabilidade de uma autoridade pública'. Essa última afirmação pode ser surpreendente se pensarmos no desenvolvimento contemporâneo do fenômeno de gestão, por organizações de direito privado, de missões de serviço público, que constitui um dos elementos marcantes do que se tem chamado de crise do serviço público. De fato, não há mais nenhuma coincidência sistemática, supondo que ela tenha existido um dia, entre o serviço público no seu sentido material (atividades de interesse geral caracterizado) e o serviço público no sentido orgânico (gestão por uma entidade pública). No entanto, o liame entre entidade pública e serviço público resistiu em grande parte ao precitado fenômeno e, ainda hoje, juntamente com o objetivo de interesse geral, faz parte do denominador comum de todos os serviços públicos, independentemente do modo de gestão utilizado. É verdade que, dependendo do modo de gestão escolhido, para além de sua permanência, a intensidade do liame varia muito". (LACHAUME, Jean-François; PAULIAT, Hélène; DEFFIGIER, Clotilde; VIROT-LANDAIS, Aurélie. *Droit des services publics*. 4. ed. Paris: LexisNexis, 2021, p. 65).

> segue a matéria, a intervenção do juiz administrativo em caso de litígio. Supondo que essa total coincidência entre regime jurídico do serviço público e aplicação do direito administrativo tenha realmente existido um dia, deve-se reconhecer que hoje ela já desapareceu. Sob a influência de diversos fatores que serão examinados mais adiante, como a penetração do direito privado nos serviços públicos administrativos gerenciados por entidades públicas, o emprego do direito privado na gestão de serviços públicos industriais e comerciais e a gestão de serviços públicos por entidades privadas levando a uma ampla utilização do direito privado, a missão do serviço público, qualquer que seja a sua natureza e o seu modo de gestão, não é mais caracterizada por uma submissão integral ao direito administrativo. Apesar disso, **existe um regime jurídico que exorbita do direito privado, comum a todos os serviços públicos e caracterizado por dois elementos**".[36]

Não obstante, para os autores, como por eles ressalvado na parte final do parágrafo acima, para que a atividade seja caracterizada como serviço público deve existir um regime jurídico exorbitante do direito privado comum, caracterizado por dois principais elementos, que para eles se identificam com o "núcleo duro" do serviço público. São eles (i) a incidência das "Leis de Rolland", isto é, dos princípios dos serviços públicos que introduzimos no Capítulo II.1.1; e (ii) a aplicação especial do direito administrativo.

Detalharemos adiante estes dois elementos.

Com relação às "Leis de Rolland", expõem os autores franceses compreenderem especialmente os seguintes princípios: (i) continuidade; (ii) adaptabilidade do serviço, inclusive em razão das atualizações tecnológicas e das exigências de interesse coletivo; e (iii) igualdade no funcionamento do serviço. A presença desses elementos, segundo aqueles ensinamentos doutrinários, configura indício não negligenciável da caracterização da atividade como serviço público. Pela sua clareza, pedimos vênia para transcrever as lições a respeito:

> "**105. – As 'leis de Rolland'.** O primeiro elemento, núcleo duro do regime jurídico específico para serviços públicos, consiste nas exigências de interesse geral que os serviços públicos devem satisfazer. Esse núcleo é composto de pelo menos três princípios fundamentais que regem todo serviço público: a continuidade,

36. LACHAUME, Jean-François; PAULIAT, Hélène; DEFFIGIER, Clotilde; VIROT-LANDAIS, Aurélie. *Droit des services publics*. 4. ed. Paris: LexisNexis, 2021, p. 61-62, grifamos (tradução livre).

> a adaptação constante e a igualdade que regem a operação do serviço (v. *infra*, Parte 2, Livro 2). Esses princípios comuns aos diferentes serviços públicos dão origem, no que diz respeito à autoridade pública e ao gestor do serviço, quando os dois não se confundem, a um conjunto de direitos e obrigações que configuram, em parte, o regime jurídico específico do serviço e sua exorbitância em relação ao direito privado. Quando o juiz administrativo se depara com a dificuldade de saber se a atividade de uma pessoa privada, não desprovida de ligação com o interesse geral, constitui ou não uma missão de serviço público, se detectar em seu regime jurídico elementos relacionados aos princípios comuns aos diferentes serviços públicos, verá neles um indício não desprezível da natureza de serviço público da atividade em questão".[37]

Além da presença dos citados princípios das "Leis de Rolland", como exposto, para Jean-François Lachaume, Hélène Pauliat, Clotilde Deffigier e Aurélie Virot-Landais, a qualificação de uma atividade como serviço público pressupõe a incidência especial do direito administrativo, ainda que possa ele se manifestar em graus variados também a depender das especificidades de cada serviço. Aludida aplicação do direito administrativo se exprime, em geral, pela existência de prerrogativas em favor do Poder Público, sujeitando a atuação dos particulares. É o que abaixo explica-se:

> "**106 – Aplicação do direito administrativo.** Além desse mínimo garantido de um regime específico encontrado em todo serviço público, há uma influência diferenciada do direito público sobre os diferentes serviços públicos. Isso significa que o direito público penetra nos diversos serviços públicos de forma desigual (v. *infra*, Livro 2), mas que, estando presente um interesse geral, sempre será possível identificar, em graus variados, uma aplicação do direito administrativo e essa aplicação, pelas prerrogativas que confere ao gestor do serviço público ou pelas sujeições que lhe impõe, pode constituir, em caso de dúvida, um fator de identificação da missão do serviço público".[38]

37. LACHAUME, Jean-François; PAULIAT, Hélène; DEFFIGIER, Clotilde; VIROT-LANDAIS, Aurélie. *Droit des services publics*. 4. ed. Paris: LexisNexis, 2021, p. 62.

38. LACHAUME, Jean-François; PAULIAT, Hélène; DEFFIGIER, Clotilde; VIROT-LANDAIS, Aurélie. *Droit des services publics*. 4. ed. Paris: LexisNexis, 2021, p. 62.

Pelo que se extrai dos aportes doutrinários, portanto, para aqueles administrativistas franceses contemporâneos o "núcleo duro" da noção de serviço público corresponderia à titularidade estatal sobre a atividade, que seria explorada mediante uma incidência especial do direito administrativo, que pressupõe prerrogativas estatais, bem como a imposição das "Leis de Rolland", que compreendem os princípios ou obrigações de serviços públicos, como especialmente os da continuidade, adaptabilidade e igualdade no tratamento dos seus destinatários.

III.1.1.2. Serviços públicos na doutrina brasileira atual

No cenário brasileiro, desde a promulgação da Constituição de 1988 é que a doutrina se esforça em encontrar um conceito de "serviço público" adequado à nossa realidade. Não foram poucos os administrativistas que se debruçaram sobre o tema, buscando descortinar as características distintivas desse instituto jurídico. Citemos, de forma ilustrativa, algumas das principais posições encontradas na literatura especializada.

Odete Medauar, com esteio em Santi Romano, afirma: "serviço público é, por essência, prestações (...) É serviço prestado ao público".[39] Segundo a autora, dois seriam os elementos comuns às atividades qualificadas como serviço público: (i) vínculo orgânico com a Administração;[40] e (ii) regime jurídico total ou parcial de direito administrativo.[41]

Em trabalho fundamental sobre o tema, Alexandre Santos de Aragão, após percorrer as várias possíveis acepções de serviço público, chega ao seguinte conceito: "*serviços públicos são as atividades de prestação de utilidades econômicas a indivíduos determinados, colocadas pela Constituição ou pela*

---

39. MEDAUAR, Odete. Serviço público. *Revista de Direito Administrativo*, Rio de Janeiro, v. 189, p. 100-113, jul./set. 1992, p. 109.

40. Em relação ao vínculo orgânico com a Administração, afirma-se que este "não desapareceu, mas pode ser entendido de modo diferente do original. Hoje serviço público não significa necessariamente atividade prestada por órgão público". Assim, para a autora, esse elemento significa, em primeiro lugar, "*presunção de serviço público*" ("quando a atividade é exercida pelo poder público, presume-se que o serviço é público. Se exercida por ente privado, a presunção é de atividade privada") e, também, "*relação de dependência entre a atividade e a Administração*" ("a Administração exerce controle permanente sobre o gestor de serviço público; sua intervenção é maior do que a aplicação de medidas de polícia, porque a Administração é a responsável, em última instância, pela atividade. A Administração tem, assim, parte preponderante na organização da atividade"). (MEDAUAR, Odete. Serviço público. *Revista de Direito Administrativo*, Rio de Janeiro, v. 189, p. 100-113, jul./set. 1992, p. 110).

41. Quanto ao regime jurídico, aduz a administrativista que "mesmo que sujeita a regras do direito privado, se a atividade for qualificada como serviço público, tem notas de diferenciação; não há serviços públicos submetidos exclusivamente ao direito privado". (MEDAUAR, Odete. Serviço público. *Revista de Direito Administrativo*, Rio de Janeiro, v. 189, p. 100-113, jul./set. 1992, p. 110-111). A autora faz referência à sua posição na citada obra em: MEDAUAR, Odete. *O direito administrativo em evolução*. 3. ed. Brasília, DF: Gazeta Jurídica, 2017, p. 274.

Lei a cargo do Estado, com ou sem reserva de titularidade, e por ele desempenhadas diretamente ou por seus delegatários, gratuita ou remuneradamente, com vistas ao bem-estar da coletividade".[42]

Esse conceito, que o autor identifica como o sentido "restrito", seria, a seu ver, o mais operacional, "por contemplar um conjunto de atividades (serviços públicos econômicos e serviços públicos sociais) que, apesar de não terem regimes jurídicos idênticos (uns só podem ser prestados pela iniciativa privada mediante delegação do Poder Público, outros quando muito necessitam apenas de autorizações administrativas de polícia; uns são via de regra cobrados dos usuários, outros geralmente são gratuitos; etc.), possuem um mínimo satisfatório de pontos em comum ('unidade de sentido') capaz de justificar a sua inclusão no mesmo conceito (ambos são em maior ou em menor escala sujeitos à legislação consumerista; são específicos e divisíveis; geram direitos subjetivos individuais; etc.)".[43]

Do conceito acima, é possível extrair os seguintes elementos constitutivos do serviço público brasileiro para aquele autor: (i) titularidade estatal exclusiva ou não, por atribuição constitucional ou legal; (ii) natureza prestacional; (iii) conteúdo econômico; (iv) beneficiários determinados; e (v) finalidade de interesse coletivo.

Concepção também muito propagada é a de Celso Antônio Bandeira de Mello. O professor conceitua serviço público como "toda atividade de oferecimento de utilidade ou comodidade material destinada à satisfação da coletividade em geral, mas fruível singularmente pelos administrados, que o Estado assume como pertinente a seus deveres e presta por si mesmo ou por quem lhe faça as vezes, sob um regime de Direito Público – portanto, consagrador de prerrogativas de supremacia e de restrições especiais –, instituído em favor dos interesses definidos como públicos no sistema normativo".[44] A principal nota distintiva, como se percebe, é a referência no próprio conceito a um "regime de direito público" marcado por prerrogativas e restrições estatais, que englobam o poder de mutabilidade unilateral do contrato como também a sujeição a obrigações tradicionalmente atreladas aos princípios dos serviços públicos, por exemplo, de continuidade, universalidade, atualidade, isonomia, modicidade tarifária etc.[45]

---

42. ARAGÃO, Alexandre Santos de. *Direito dos serviços públicos*. 4. ed. Belo Horizonte: Fórum, 2017, p. 130.

43. ARAGÃO, Alexandre Santos de. *Direito dos serviços públicos*. 4. ed. Belo Horizonte: Fórum, 2017, p. 130.

44. MELLO, Celso Antonio Bandeira de. *Curso de direito administrativo*. 32. ed. São Paulo: Malheiros Editores, 2015, p. 695.

45. Para Celso Antônio Bandeira de Mello, o regime jurídico de direito público é integrados pelos seguintes principais elementos: (1) dever inexcusável do Estado de promover-lhe a prestação; (2) princípio da supremacia do interesse público; (3) princípio da adaptabilidade; (4) princípio da universalidade;

Ainda de acordo com Bandeira de Mello, "a noção de serviço público há de se compor necessariamente de dois elementos: (a) um deles, que é seu *substrato material*, consistente na prestação de utilidade ou comodidade fruível singularmente pelos administrados; o outro, (b) *traço formal* indispensável, que lhe dá justamente caráter de noção jurídica, consistente em um *específico regime de Direito Público*, isto é, numa 'unidade normativa'".[46]

Para o autor, por exemplo, na hipótese em que o serviço público é delegado a particular a sua exploração deve ser instrumentalizada por contrato em regime de direito público, prevendo obrigações típicas de serviços públicos, assim como cláusulas exorbitantes em favor do Poder Público e, em contrapartida, o direito do contratado ao equilíbrio econômico-financeiro.

Para Marçal Justen Filho, serviço público é "*uma atividade pública administrativa, executada sob regime de direito público, tendo por objeto a utilização de recursos econômicos para a satisfação concreta de necessidades individuais ou transindividuais, materiais ou imateriais, vinculadas diretamente*

---

(5) princípio da impessoalidade; (6) princípio da continuidade; 97) princípio da transparência; (8) princípio da motivação; (9) princípio da modicidade das tarifas; e (10) princípio do controle (interno e externo) sobre as condições de sua prestação (MELLO, Celso Antonio Bandeira de. *Curso de direito administrativo*. 32. ed. São Paulo: Malheiros Editores, 2015, p. 702-703).

46. MELLO, Celso Antonio Bandeira de. *Curso de direito administrativo*. 32. ed. São Paulo: Malheiros Editores, 2015, p. 695. Com relação ao regime jurídico de direito público, Aragão critica não ser tão útil para diferenciar os serviços públicos, na medida em que corresponderiam a princípios aplicáveis à atuação estatal em geral, podendo também incidir parcialmente e de forma adaptada sobre atividades privadas de interesse coletivo. Vide as suas considerações sobre o tema: "é muito comum na doutrina dizer-se que os serviços públicos se caracterizam pelo regime jurídico especial de Direito Público, mas poucos chegam a realmente dizer o que isso significa. O máximo a que a doutrina parece ter chegado é, como faz Jèze, a enunciação de indícios, ou à necessidade de atendimento de alguns princípios, como a universalidade, continuidade, etc., princípios também, por si próprios, bastante fluidos e também aplicáveis, ainda que parcialmente, a atividades privadas (ex., os planos de saúde não podem ser interrompidos abruptamente), mormente em razão da publicização dos contratos privados; da eficácia horizontal dos direitos fundamentais, que também incidem sobre as relações privadas, podendo até chegar a impor a celebração de contratos interprivados (p. ex., quando a empresa é a monopolista de fato no mercado, quando a empresa discrimina seus clientes por critérios ilegítimos, etc.); e das imposições de ordem pública da legislação consumerista. Além de haver casos em que esses princípios (universalidade, continuidade, igualdade...) podem ser aplicados a atividades privadas, a sua aplicação na Administração Pública é comum a todas as atividades estatais e administrativas, e não apenas aos serviços públicos, pelo menos em um conceito que não seja tão amplo deles. Portanto, a colocação desses princípios como os princípios peculiares reitores dos serviços públicos só faz sentido se equipararmos os serviços públicos a todas as atividades estatais. Celso Antônio Bandeira de Mello, por exemplo, após enumerar os princípios que para ele caracterizariam o 'regime especial' dos serviços públicos (supremacia do interesse público, universalidade, continuidade, impessoalidade, motivação, modicidade das tarifas, etc.), acaba reconhecendo que 'este arrolamento, obviamente não representa senão o realce dado a alguns princípios dentre os que compõem o regime jurídico administrativo, tendo em vista a sua ressonância evidente nos serviços públicos, ou por constituírem especificações deles perante tal temática'. Em outras palavras, os tais princípios dos serviços públicos são, na verdade, os princípios da Administração Pública" (ARAGÃO, Alexandre Santos de. *Direito dos serviços públicos*. 4. ed. Belo Horizonte: Fórum, 2017, p. 122-123).

a um direito fundamental, insuscetíveis de atendimento adequado mediante os mecanismos da livre-iniciativa privada".[47]

Por "atividade pública", o autor alude à atribuição de titularidade estatal (elemento subjetivo) e por "satisfação concreta de necessidades", faz referência ao elemento finalístico observado por Aragão e Bandeira de Mello. A concepção preconizada por Justen Filho, no entanto, é notavelmente mais abrangente, já que inclui não só as utilidades fruíveis individualmente pelo usuário (*uti singuli*), mas também aqueles cuja fruição se faz coletivamente (*uti universi*).[48]

Além disso, dá-se relevo à vinculação direta existente entre serviço público e direitos fundamentais, a ponto de se afirmar, categoricamente, que "se esse vínculo não existir, não se configurará um serviço público".[49] Soma-se a esse requisito o da inadequação dos mecanismos da livre iniciativa privada para a satisfação das necessidades correspondentes,[50] o que parece

---

47. JUSTEN FILHO, Marçal. *Curso de direito administrativo*. 15. ed. Rio de Janeiro: Forense, 2024, p. 406.
48. Nas palavras do autor, "existem serviços públicos fruíveis individualmente e outros cuja fruição se faz coletivamente. Varrer as ruas é um serviço público que não é fruível individualmente. Já o fornecimento doméstico de energia é um serviço público que atende interesses difusos, coletivos e individuais. Aliás, há forte tradição em classificar os serviços públicos em fruíveis *uti singuli* e *uti universi*, o que influencia, inclusive, a disciplina tributária. A questão da fruição individual ou coletiva da utilidade tem relevância para a disciplina da remuneração cabível, não como pressuposto da configuração do serviço público" (JUSTEN FILHO, Marçal. *Curso de direito administrativo*. 15. ed. Rio de Janeiro: Forense, 2024, p. 406).
49. JUSTEN FILHO, Marçal. *Curso de direito administrativo*. 15. ed. Rio de Janeiro: Forense, 2024, p. 407. Aragão observa, sobre a relação entre serviços públicos e direitos fundamentais, que nem sempre é possível identificar diretamente um vínculo entre aqueles e especificamente o princípio da dignidade da pessoa humana, muitas vezes invocado pela doutrina para tratar dos serviços públicos: "É muito comum a associação entre o interesse coletivo a ser atendido pelos serviços públicos e a preservação da dignidade da pessoa humana (art. 1º., III, CF), o que, na grande maioria das vezes, realmente procede. Há, contudo, alguns serviços públicos mais ligados à infra-estrutura (ex., fornecimento de energia elétrica a grandes indústrias, transporte hidroviário de minério), cujo liame com a dignidade da pessoa humana é apenas indireto, como decorrência do desenvolvimento da sociedade como um todo. Por isso preferimos adotar, no conceito proposto, o termo mais genérico de 'bem-estar da coletividade', ao invés de 'dignidade da pessoa humana', associável diretamente apenas às pessoas físicas" (ARAGÃO, Alexandre Santos de. *Direito dos serviços públicos*. 4. ed. Belo Horizonte: Fórum, 2017, p. 134-135).
50. Do magistério de Justen Filho: "A qualificação de uma atividade como serviço público pressupõe o vínculo com os direitos fundamentais, mas esse não é um requisito suficiente. É indispensável a inadequação dos mecanismos da livre-iniciativa privada para a satisfação das necessidades correspondentes. Essa circunstância atribui cunho variável ao elenco dos serviços públicos e conduz à relatividade da disciplina nas diversas ordens jurídicas. Assim, a produção e o fornecimento de alimentos e medicamentos são atividades diretamente relacionadas à satisfação de direitos fundamentais. No entanto, não são qualificadas como serviço público por se evidenciar que a atuação econômica privada é plenamente apta a produzir a sua satisfação de modo adequado. É possível que o serviço público venha a desparecer. Se o sistema econômico privado dispuser de condições para assegurar a satisfação dos direitos fundamentais de todos os integrantes da sociedade, não será necessária a existência de serviços públicos" (JUSTEN FILHO, Marçal. *Curso de direito administrativo*. 15. ed. Rio de Janeiro: Forense, 2024, p. 408). Em edição anterior da obra, o autor afirmava ainda o seguinte: "Justamente por isso, o elenco de serviços públicos em uma sociedade economicamente desenvolvida tende a ser muito mais reduzido do que se passa em países com sistema econômico

denotar certa visão de subsidiariedade estatal na imposição do regime de *publicatio* sobre atividades econômicas.[51]

Ou seja, para o autor, quando a livre iniciativa puder dar conta da prestação adequada e suficiente da atividade econômica, não será razoável a sua disciplina (ao menos exclusivamente) segundo o regime jurídico dos serviços públicos.[52] A propósito, em muitos setores de infraestrutura brasileiros que passaram por movimentos de liberalização, em que serviços públicos então objeto de concessão foram convolados em atividades privadas reguladas por autorização, com frequência a motivação do legislador foi entender que as evoluções tecnológicas e econômicas ocorridas justificavam uma maior abertura à sua prestação pela iniciativa privada, em regime de concorrência (cf. Capítulo III.1.2).

Assim como Odete Medauar e Celso Antonio Bandeira de Mello, para Marçal Justen Filho os serviços públicos devem ser executados em regime jurídico de direito público. Para o autor, ele consiste "num conjunto de normas jurídicas que disciplinam poderes, deveres e direitos vinculados diretamente à supremacia e à indisponibilidade dos direitos fundamentais. O regime de direito público caracteriza-se pela criação de órgãos e funções na esfera pública, a quem é atribuída a titularidade de bens vinculados à realização de valores essenciais, assim como a competência para promover a satisfação de interesses indisponíveis".[53] Como instrumento para a consecução desses interesses, pontua o autor a incidência dos princípios fundamentais

deficiente. Essa ressalva conduz à possibilidade de coexistência de atividades com objeto similar desempenhadas sob regime de serviço público e de atividade econômica privada. Nesse sentido, a Constituição assegura a exploração econômica, como atividade privada, dos serviços de saúde, previdência, assistência e educação ainda que imponha a existência de serviços públicos com idêntico objeto. É um equívoco insuperável supor que toda e qualquer atividade, simplesmente porque direta e imediatamente necessária à satisfação de um direito fundamental, seja automaticamente um serviço público" (JUSTEN FILHO, Marçal. *Curso de direito administrativo*. 13. ed. rev., atual. e ampl. São Paulo: Thomson Reuters Brasil, 2018, p. 634-635).

51. Egon Bockman Moreira afirma que quando a atividade já é classificada como serviço público inexiste subsidiariedade na atuação estatal com relação a ela: "não se dá a incidência do princípio da subsidiariedade no setor dos serviços públicos, cuja definição constitucional – 'Incumbe ao Poder Público (...) a prestação de serviços públicos' (art. 175) – torna inversa a relação. O serviço público é reservado de forma primária ao Estado, podendo ser concedido o seu exercício aos particulares. Não há serviço público exercido de forma subsidiária pelo Poder Público (mas sim pelas pessoas privadas). Nem tampouco se poderia cogitar de o Estado 'intervir' num setor que lhe é próprio. Quanto aos serviços públicos, o Estado tem o dever de sempre atuar (de forma direta ou indireta), pois sua racionalidade exige a prestação pública contínua e adequada" (MOREIRA, Egon Bockmann. O direito administrativo da economia, a ponderação de interesses e o paradigma da intervenção sensata. In: CUÉLLAR, Leila; MOREIRA, Egon Bockmann. *Estudos de Direito Econômico*. Belo Horizonte: Fórum, 2004, p. 93).

52. Registramos, contudo, que a suficiência ou não da iniciativa privada para a prestação de certos serviços é questão que também envolve debates e concepções de ordem não só econômica como também política e ideológica, fatores esses que também influenciam no próprio pêndulo da atuação do Estado com relação à economia (cf. Capítulo I).

53. JUSTEN FILHO, Marçal. *Curso de direito administrativo*. 15. ed. Rio de Janeiro: Forense, 2024, p. 36.

do serviço público, conforme a construção de Louis Rolland (continuidade, igualdade e mutabilidade).[54]

Na visão de Floriano de Azevedo Marques Neto, identificam-se como serviços públicos "as atividades dotadas de conteúdo econômico, revestidas de especial relevância social, cuja exploração a Constituição ou a Lei cometem à titularidade de uma das esferas da federação como forma de assegurar o seu acesso a toda gente, permanentemente". Trata-se da "produção e oferecimento de utilidades públicas dotadas de valor econômico e, por consequência, passíveis de exploração econômica".[55] Para o autor, a noção de serviço público estaria atrelada, ainda, a pressupostos de universalização e continuidade, a serem assegurados pelo Estado, ainda que seja o serviço executado por particular delegatário, a quem deve ser resguardado "algum equilíbrio econômico e financeiro do contrato, protegendo a exploração de riscos até certo ponto naturais no regime de mercado".[56]

Para Vitor Rhein Schirato, por sua vez, em boa síntese de seu pensamento, "*os serviços públicos, por serem instrumentos de realização de determinados direitos fundamentais* ***(elemento finalístico)****, deverão ser prestados ou garantidos pelo Estado* ***(elemento orgânico)****, com um regime jurídico que poderá contemplar especificidades* ***(elemento material)*** *em relação às demais atividades econômicas desempenhadas pelos agentes*" (grifos nossos).[57]

As aludidas especificidades do regime jurídico dos serviços públicos em regra englobariam, para o autor, especialmente três deveres jurídicos a cargo do Estado e/ou seu prestador, quais sejam: universalização, continuidade e modicidade tarifária. A intensidade e extensão dessas obrigações, para Victor Schirato, seriam customizadas de forma proporcional para cada serviços a depender de suas especificidades técnicas, assim como das finalidades a serem atingidas.[58]

A partir das posições doutrinárias analisadas, é possível esboçar exemplificativamente uma lista de alguns elementos com frequência reiterados pela doutrina brasileira acima listada como traços relevantes do serviço público:

> (i) Elemento subjetivo ou orgânico: a atividade é constitucional ou legalmente colocada sob responsabilidade do Estado, o que é geralmente identificado com a sua titularidade pública, que

54. JUSTEN FILHO, Marçal. *Curso de direito administrativo*. 15. ed. Rio de Janeiro: Forense, 2024, p. 411.
55. MARQUES NETO, Floriano de Azevedo. A nova regulação dos serviços públicos. *Revista de Direito Administrativo – RDA*, Rio de Janeiro, n. 228, p. 13-29, abr./jun. 2002, p. 18.
56. MARQUES NETO, Floriano de Azevedo. A nova regulação dos serviços públicos. *Revista de Direito Administrativo – RDA*, Rio de Janeiro, n. 228, p. 13-29, abr./jun. 2002, p. 22.
57. SCHIRATO, Vitor Rhein. *Livre iniciativa nos serviços públicos*. 2. ed. Belo Horizonte: Fórum, 2022, p. 236.
58. SCHIRATO, Vitor Rhein. *Livre iniciativa nos serviços públicos*. 2. ed. Belo Horizonte: Fórum, 2022, p. 272.

seria o dever daquele as explorar ou ao menos as garantir, podendo ser prestada diretamente pelo Poder Público ou por particulares via delegação, em princípio instrumentalizada por concessão ou permissão;

(ii) Elemento finalístico: o serviço público visa ao atendimento de necessidades coletivas, geralmente identificadas com direitos fundamentais.

(iii) Elemento formal ou material: o serviço público está sempre sujeito a um determinado grau de incidência do regime jurídico de direito público, marcado por prerrogativas em favor do Estado, como por exemplo de intervenção ou encampação do serviço, bem como a potestade de alterar unilateralmente as regras sobre ele incidentes, inclusive os termos do instrumento de delegação, assim como a imposição de obrigações positivas relacionadas aos denominados princípios dos serviços públicos (continuidade, adaptabilidade, universalidade, isonomia, modicidade tarifária etc.); o regime jurídico – ou "grau de publicização" – dos serviços públicos, na esteira do exposto no presente trabalho, não é único nem uniforme, e também não significa que não possa haver influxos de direito privado, variáveis de acordo com as especificidades do setor em questão.

Verifica-se, pois, que assim como a doutrina francesa contemporânea, a literatura brasileira ainda destaca a relevância de certos elementos caracterizadores do conceito de serviço público. Ele pressupõe a responsabilidade do Estado sobre certas atividades voltadas ao atendimento de necessidades coletivas, a serem exploradas diretamente ou via delegação, em um regime jurídico de direito público, em geral caracterizado por prerrogativas estatais e a imposição de obrigações de serviços públicos (mutabilidade, continuidade, universalidade, atualidade, modicidade tarifária etc.). Em contrapartida, é assegurada ao particular o direito ao equilíbrio econômico-financeiro da avença, até para que seja ela instrumentalizada em prol de interesses coletivos.

No que se refere ao regime jurídico de direito público, a propósito, a realidade nacional, por exemplo em setores de infraestrutura, permite vislumbrarmos variadas disciplinas aos quais se submetem as diversas modelagens de concessões de serviços públicos. Em setores como o de portos, aliás, por vezes o exercício da mesma atividade econômica pode estar sujeito a plúrimos regimes jurídicos, públicos e privados, a depender de elementos fáticos e jurídicos eleitos pelo legislador e/ou o Poder Público.

A Lei nº. 12.815/2013, ilustrativamente, admite a exploração de instalações portuárias no regime público de arrendamento, em regime privado de autorização ou, ainda, em um regime aparentemente misto, por meio de arrendamento de direito privado firmado entre eventual concessionário do Porto Organizado e terceiros. O critério distintivo é a localização da área explorada, dentro ou ora da Poligonal de um Porto Organizado. Apenas as instalações externas à poligonal são operacionalizadas por autorizações, instrumentalizando o que poderíamos denominar de exercício de atividade privada de relevante interesse coletivo e, por isso, fortemente regulada. Às atividades em geral dessa natureza no âmbito da escala de *publicatio* dedicaremos o Item a seguir, ainda sem entrar no exemplo específico portuário.

III.1.2. Atividades privadas de relevante interesse coletivo reguladas

Descendo um degrau na escala de *publicatio*, deparamo-nos com as atividades privadas de relevante interesse coletivo. São atividades que, embora em princípio não integrantes da esfera pública e tampouco qualificadas como serviços públicos, envolvem a satisfação de necessidades significativas da sociedade, sendo por essa razão intensamente reguladas pelo Estado. Trata-se dos também denominados "serviços privados de interesse público", conforme a nomenclatura de Morenilla, executados pelos privados em virtude de sua livre iniciativa.

Aludidos serviços sujeitam-se a uma "intervenção administrativa característica concretizada em sua eventual regulamentação e à necessidade de obter a correspondente autorização, a qual (...) condiciona o seu conteúdo e o modo de desenvolvimento"[59]. Explica José Morenilla que via de regra as citadas atividades são de titularidade privada - excetuando por exemplo aquelas que também são serviços públicos não reservados quando exercidos pelo Estado -, porém são objeto de intenso controle estatal em razão do seu vínculo com necessidades e interesses coletivos significativos:

> "A intervenção administrativa sobre esses serviços pode encontrar fundamento, como título de intervenção, no domínio público (...), bem como 'no interesse público' e inclusive no 'serviço público' (neste caso uma declaração legal da atividade abstratamente considerada como serviço público, mas que, não obstante, descarta expressa ou implicitamente a reserva exclusiva ao setor público).[60] Em suma, essa categoria dos

59. MORENILLA, José Maria Souvirón. *La actividad de la Administración y el servicio público*. Granada: Colmares, 1998. p. 502-503.

60. Seria o caso por exemplo dos serviços sociais de saúde que quando executados pelo Estado são serviços públicos, mas quando prestados por particulares são atividades econômicas de relevante interesse coletivo.

> 'serviços privados de interesse público' agruparia serviços que, sendo de titularidade privada, satisfazem, não obstante, uma necessidade de interesse coletivo ou incidem de maneira relevante neste"[61].

Dados os interesses da coletividade inerentes a essas atividades, com frequência são regulados, por exemplo, aspectos relativos à entrada no mercado (ex.: condicionando à autorização), à qualidade dos serviços, à concorrência entre eventuais prestadores, o modo de prestação e a oferta aos destinatários, a razoabilidade dos valores cobrados etc. Os "serviços privados de interesse público" são também comumente designados pela doutrina brasileira como "atividades privadas regulamentadas",[62] figura muito próxima inclusive da concepção das *public utilities* da *common law*[63] (cf. Capítulo II.1.2).

Pela sua precisão, destacamos a síntese de Alexandre Aragão a respeito da figura por ele denominada "atividades privadas regulamentadas":

> "se encontram no meio-termo entre os serviços públicos, que são atividades desempenhadas diretamente ou indiretamente (por delegação à iniciativa privada) pelo próprio Estado em razão da impossibilidade de a iniciativa privada atender os interesses públicos pertinentes, e as atividades econômicas privadas não sujeitas a controle ou sujeitas apenas a um controle de polícia administrativa geral, que apenas verifica se a atividade não fere a ordem pública, a saúde pública, a segurança pública, etc., não a funcionalizando específica e comissivamente ao interesse público. As atividades de que estamos tratando são atividades econômicas privadas; não são desenvolvidas pelo Estado, seja diretamente, seja através de concessão ou permissão. São prestadas pelos particulares por direito próprio, mas o Estado as sujeita a um controle constante e que pode em alguns aspectos imiscuir-se em elementos contratuais da prestação da atividade,

---

61. MORENILLA, José Maria Souvirón. *La actividad de la Administración y el servicio público*. Granada: Colmares, 1998. p. 503-504.

62. Utilizaremos como sinônimos as expressões "serviços privados de interesse público", "atividades privadas de interesse coletivo", "atividades privadas reguladas", "atividades privadas regulamentadas" e eventuais mistos entre esses termos, até porque, confessadamente, percebe-se, figuras híbridas têm sido muito estimadas neste trabalho.

63. O paralelo entre as atividades privadas de interesse coletivo (ou de utilidade pública) e as *public utilities* do modelo norte-americano é abordado por Odete Medauar em: MEDAUAR, Odete. Serviços públicos e Serviços de Interesse Geral. *In*: MOREIRA NETO, Diogo de Figueiredo (coord.). *Uma Avaliação das tendências contemporâneas do Direito Administrativo – Anais do Seminário de Direito Administrativo Brasil-Espanha*. Rio de Janeiro: Renovar, 2003, p. 118.

para que ela não apenas não agrida o interesse público, mas também contribua para a sua realização"[64].

Exemplo típico no direito brasileiro é a atividade das operadoras de planos de saúde, sujeitas à intensa regulação por parte da Agência Nacional de Saúde Suplementar - ANS, inclusive para a emissão de autorização de funcionamento, dado o relevante interesse coletivo ínsito às atividades por elas desempenhadas, na forma do art. 8º da Lei nº. 9.656/1998,[65] que dispõe sobre os planos e seguros privados de assistência à saúde.

No direito brasileiro e em diversos outros países,[66] muitas das atividades privadas reguladas - ou regulamentadas - originaram-se a partir de movimentos de liberalização econômica, no âmbito dos quais certos serviços públicos então delegados por concessão foram legal e/ou regulatoriamente transformados em atividades privadas, porém submetidas à autorização administrativa para o seu desempenho.

Justamente porque essas atividades pressupõem um relevante interesse da coletividade, tanto que eram disciplinadas como serviços públicos, é natural que após a liberalização sobre elas recaia rígido controle, até para que o Estado assegure que continuem a satisfazer as necessidades que outrora legitimaram o seu enquadramento como serviço público passível de concessão.

Na doutrina portuguesa, conforme o magistério de Pedro Gonçalves, "o critério mais adequado para distinguir a concessão da autorização é o que

64. ARAGÃO, Alexandre Santos de. *Direito dos serviços públicos*. 4. ed. Belo Horizonte: Fórum, 2017. p. 156.

65. Confira-se o teor do dispositivo: "Art. 8º Para obter a autorização de funcionamento, as operadoras de planos privados de assistência à saúde devem satisfazer os seguintes requisitos, independentemente de outros que venham a ser determinados pela ANS: (Redação dada pela Medida Provisória nº 2.177-44, de 2001) I - registro nos Conselhos Regionais de Medicina e Odontologia, conforme o caso, em cumprimento ao disposto no art. 1° da Lei no 6.839, de 30 de outubro de 1980; II - descrição pormenorizada dos serviços de saúde próprios oferecidos e daqueles a serem prestados por terceiros; III - descrição de suas instalações e equipamentos destinados a prestação de serviços; IV - especificação dos recursos humanos qualificados e habilitados, com responsabilidade técnica de acordo com as leis que regem a matéria; V - demonstração da capacidade de atendimento em razão dos serviços a serem prestados; VI - demonstração da viabilidade econômico-financeira dos planos privados de assistência à saúde oferecidos, respeitadas as peculiaridades operacionais de cada uma das respectivas operadoras; VII - especificação da área geográfica coberta pelo plano privado de assistência à saúde. § 1º São dispensadas do cumprimento das condições estabelecidas nos incisos VI e VII deste artigo as entidades ou empresas que mantêm sistemas de assistência privada à saúde na modalidade de autogestão, citadas no § 2º do art. 1o. (Redação dada pela Medida Provisória nº 2.177-44, de 2001)".

66. "Foi exatamente esse o fenômeno ocorrido recentemente na Europa, (...) com a chamada *crise dos serviços públicos*. Em solo europeu houve verdadeira liberalização das atividades qualificadas como serviços públicos, que se deslocaram do setor de titularidade estatal e passaram a integrar a livre iniciativa econômica dos privados" (MÂNICA, Fernando Borges; MENEGAT, Fernando. *Teoria jurídica da privatização*: fundamentos, limites e técnicas de interação público-privada no direito brasileiro. Rio de Janeiro: Lumen Juris, 2017, p. 112-113).

se baseia na natureza jurídica da actividade implicada em cada um desses actos: a concessão atribui a um sujeito o direito de exercer uma *actividade pública*, própria da Administração; a autorização 'habilita' um sujeito a exercer uma *actividade privada*, que a lei não reservou à Administração".[67]

Ocorre que, como ressalva o próprio autor, a acima mencionada separação dual deixa de fora algumas situações intermédias que englobam atividades não públicas, porém tampouco puramente privadas. Mais uma vez vemos aqui a utilidade da figura da escala da *publicatio* para exprimir a realidade, que ao que tem parecido já não reflete teorias exclusivamente dualísticas no que se refere ao direito público econômico.

Isso porque os "serviços privados de interesse público" são atividades que "a lei deixa no sector privado, mas não exactamente na esfera de *livre disponibilidade dos cidadãos*: a Administração deve assegurar que essas actividades são efectivamente exercidas e que são exercidas com observância de *standards* por ela estabelecidos; por isso, o controlo administrativo que sobre elas incide não obedece ao esquema da fiscalização das actividades privadas puras, sendo antes um *controlo dos resultados*".[68]

Dessa forma, com relação às atividades de relevante interesse coletivo a correspondente autorização operacional assume contornos específicos que a distingue das tradicionais autorizações administrativas declaratórias de um direito particular preexistente, já que estas apenas removem um obstáculo para o exercício daquele e configuram ato em regra de caráter discricionário e precário, emitidas pela Administração Pública no exercício regular de poder de polícia.[69]

Não raro, por outro lado, os serviços privados de interesse coletivo são consentidos mediante autorizações regulatórias de caráter operacional e constitutivas do direito de o particular atuar em um setor de relevante interesse coletivo, no qual há uma barreira estatal à entrada. Por meio delas, são estipulados direitos e deveres em favor do Estado e do autorizatário, inclusive por vezes pactuando investimentos e metas a serem cumpridos em dado cronograma, como foco nos resultados da atividade. Daí ser também frequente a instrumentalização dessa autorização por contrato, inclusive

---

67. GONÇALVES, Pedro. *A concessão de serviços públicos*: (uma aplicação da técnica concessória). Coimbra: Almedina, 1999, p. 78.
68. GONÇALVES, Pedro. *A concessão de serviços públicos*: (uma aplicação da técnica concessória). Coimbra: Almedina, 1999, p. 78.
69. Nas palavras de Egon Bockmann Moreira, "já não se trata mais de autorização *nihil obstat*, com efeitos declaratórios, consumativos e instantâneos, a qual simplesmente removeria obstáculos ao exercício da liberdade de iniciativa coma finalidade de limitar o pessoal em prol do coletivo" (MOREIRA, Egon Bockmann. *Direito das concessões de serviço público*: concessões, parecerias, permissões e autorizações. 2. ed. Belo Horizonte: Fórum, 2022, p. 61-62).

no Brasil, em vários setores denominado "contrato de adesão" (ex.: portos e ferrovias").

Observa Egon Bockmann Moreira que a "autorização ora tratada é muito mais densa do que aquela de outrora; instala complexo de prestações e deveres para ambas as partes - de execução por parte do autorizado e de supervisão por parte do autorizador". Explica o autor que essa "criação de nova situação jurídica (que antes não existia e que deixará de existir quando extinta a autorização) é emanada sob regime de direitos, deveres estatutários e obrigações contratuais derivadas do ato administrativo autorizador."[70]

Trata-se de mecanismo de vinculação do autorizatário às obrigações então assumidas por ocasião do recebimento do consentimento administrativo, voltado à promoção dos resultados visados pelo ordenamento jurídico, cuja consecução justificaram a própria regulação mais intensa da atividade, à luz do princípio da proporcionalidade, dado o relevante interesse coletivo a ela atrelados. Dessa forma, a importância do serviço para a sociedade legitima a criação de instrumentos "para assegurar a realização dos resultados pretendidos; esses instrumentos podem consistir na introdução de cláusulas acessórias de modo no conteúdo dos actos autorizatórios (*licenças com encargos* ou *licenças modais*) - determinando por exemplo a exploração da actividade segundo as exigências do *serviço universal* -, na associação entre o acto de autorização e um *contrato de vinculação* do particular, na imposição de *obrigações de serviço público* e na sujeição da actividade a *regimes especiais de controlo*".[71]

É por isso que não mais possuem as autorizações administrativas apenas um singular e unívoco sentido no ordenamento jurídico brasileiro contemporâneo. Do contrário, devem antes as autorizações ser reputadas "enquanto *gênero*, a abrigar modalidades autorizatórias absolutamente diversas, tanto em suas previsões normativas quanto em suas características e em seus regimes jurídicos. Daí ser absolutamente incorreto reconduzir toda e qualquer modalidade autorizatória à definição clássica das autorizações de polícia enquanto atos unilaterais, discricionários, precários e declaratórios: há diversas espécies de autorização, sendo as autorizações regulatórias e as *autorizações de polícia* apenas duas delas".[72]

---

70. MOREIRA, Egon Bockmann. *Direito das concessões de serviço público*: (concessões, parecerias, permissões e autorizações). 2. ed. Belo Horizonte: Fórum, 2022, p. 61-62.

71. GONÇALVES, Pedro. *A concessão de serviços públicos*: (uma aplicação da técnica concessória). Coimbra: Almedina, 1999, p. 82.

72. MÂNICA, Fernando Borges; MENEGAT, Fernando. *Teoria jurídica da privatização*: fundamentos, limites e técnicas de interação público-privada no direito brasileiro. Rio de Janeiro: Lumen Juris, 2017, p. 219.

Em alguns setores de infraestrutura brasileiros previstos no art. 21, XI e XII, CRFB, como o de portos, às autorizações administrativas é conferido o referido caráter contratual, sendo instrumentalizadas por contrato de adesão cujas cláusulas não muito se distanciam daquelas convencionalmente presentes em instrumentos de delegação de serviços públicos.

A proximidade da autorização com contratos de concessão por vezes leva parte da doutrina a defender que, na realidade, aquela seria um meio de delegação de serviços públicos. E realmente, mais do que o título atribuído ao instrumento que operacionaliza a atividade, importa perquirir a qual regime jurídico de fato é ela submetida, para aí sim poder-se concluir qual a sua natureza jurídica.[73]

Pode de fato gerar dúvidas, por exemplo, se instrumentaliza o exercício de atividade realmente privada uma autorização contratualizada contendo cláusulas idênticas aos tradicionais contratos de concessão de serviços públicos, em especial no que se refere ao prazo determinado, às cláusulas exorbitantes de alteração e rescisão unilateral, ao regime de bens reversíveis, à imposição de obrigações de serviços públicos (ex.: continuidade, universalidade, atualidade, generalidade etc.), à viabilidade de intervenção, encampação e controle de preços, assim como ao direito do contratado ao equilíbrio econômico-financeiro.

Em casos como a hipótese acima aventada, poderíamos estar materialmente diante de uma concessão de serviço público, independentemente da nomenclatura de autorização utilizada pelo legislador ou pelo regulador.[74]

Debates sobre a natureza dessas atividades foram levantados pela doutrina especialmente à luz dos modelos pelos quais o legislador estruturou certas autorizações para exploração de atividades sob competência material da União, previstas no art. 21, XI e XII da Constituição Federal de

73. Como explica Maria João Estorninho, "os critérios substanciais (ou dos elementos intrínsecos) são aqueles que atendem às características do próprio contrato para, em função delas, procederem à sua qualificação. De acordo com essa lógica, são as próprias características intrínsecas do contrato que determinam a natureza jurídica (civil ou administrativa) deste" (ESTORNINHO, Maria João. *Requiem pelo Contrato Administrativo*. Coimbra: Almedina, 2003, p. 74).

74. Para Alexandre Aragão, nas situações em que as autorizações tenham os mesmos traços de um instrumento de delegação de serviços públicos, pode ser que materialmente seja esta a sua natureza: "Quando leis que regulam setores de serviços públicos se referem à autorização administrativa pode haver duas circunstâncias: ou a atividade em questão integra o setor, mas não é serviço público (ex.: serviços de telefonia móvel, autogeração de energia), e a autorização será então um ato de poder de polícia; ou, caso verse realmente sobre serviço público, recebendo inclusive uma estrutura contratual em razão da titularidade estatal da atividade, estaremos materialmente diante, não de uma autorização, mas sim de uma delegação de serviço público (concessão caso haja bens reversíveis, e, caso não os haja, em princípio permissão – cf. Tópico anterior). Teremos, portanto, uma autorização em sentido apenas nominal, uma 'autorização' contratual" (ARAGÃO, Alexandre Santos de. *Direito dos serviços públicos*. 4. ed. Belo Horizonte: Fórum, 2017. p. 546-547).

1988. Aprofundaremos determinados aspectos específicos desses serviços de interesse econômico geral no direito positivo brasileiro, no Capítulo III.2.

Registramos, por fim, até para que tenha cautela o operador do direito, que inclusive em razão da complexidade técnica e econômica da realidade contemporânea, nem sempre a análise do grau de ingerência estatal sobre certa atividade é capaz de *per se* evidenciar a sua natureza jurídica. No direito brasileiro, por exemplo, há situações em que atividades privadas são mais controladas e recebem mais sujeições públicas do que serviços de titularidade estatal objeto de concessão.

Afinal, a "regulação ocorre tanto em setores de titularidade estatal quanto de titularidade privada, o que implica, muitas vezes a aproximação entre os regimes incidentes entre uma atividade de titularidade estatal e outra de titularidade privada. Inclusive, é possível verificar que existem atividades de titularidade privada que se submetem a um regime jurídico muito mais constritor do que certas atividades do setor público da economia."[75]

Como exemplo no ordenamento jurídico nacional, até recentemente poderíamos comparar a forte regulação do setor financeiro, de titularidade privada, com a muito branda regulação das concessões atinentes às companhias aéreas. Tanto é que, passando a refletir a realidade, com a edição da Lei nº. 14.368/2022, a atividade de transporte aéreo regular deixou de ser expressamente referenciada como serviço público no Código Brasileiro de Aeronáutica (Lei nº. 7.565/1986). Atualmente, o serviço aéreo é regulamentado pela Resolução ANAC nº. 659/2022, cujo Anexo o define como "a atividade econômica de interesse público submetida à regulação da autoridade de aviação civil".[76]

A nosso ver o que realmente importa para o enquadramento da atividade em um degrau mais baixo ou elevado da escala de *publicatio* é a o modo como o Estado efetivamente a disciplina, a partir da CRFB/88 e da lei. Por exemplo, observado o princípio da juridicidade, ao modelar uma concessão a Administração pode estabelecer rígidos e detalhados controles quanto ao modo de prestação de serviços, às metas a serem alcançadas, aos preços praticados ou deixar o campo mais aberto para a atuação do concessionário, desde que, considerando a natureza do serviço e o princípio da proporcionalidade, sejam ambas estratégias razoáveis para o alcance das finalidades constitucionais e legais atinentes à atividade. A forma como o Poder Público ordena certa atividade, porém, deve sempre observar os

---

75. MÂNICA, Fernando Borges; MENEGAT, Fernando. *Teoria jurídica da privatização*: fundamentos, limites e técnicas de interação público-privada no direito brasileiro. Rio de Janeiro: Lumen Juris, 2017, p. 26-27.

76. Agradeço ao Professor Alexandre Aragão pela reflexão e pelo exemplo.

limites impostos pelo ordenamento jurídico. Seria questionável, portanto, que o Concedente deixasse de incluir no instrumento contratual concessório alguma das cláusulas essenciais legalmente previstas, como por exemplo o prazo determinado, a reversão de bens ou as cláusulas exorbitantes de mutação e rescisão unilateral.

A partir dos limites constitucionais, parece-nos competir ao legislador – e ao regulador – instituir o regime jurídico das atividades, aproximando-as dos serviços públicos ou das atividades econômicas de interesse coletivo, conforme o caso. Entendemos, também, que a experiencia e as transformações da realidade, inclusive de ordem técnica e econômica, podem denotar a necessidade do reenquadramento de atividade que em certos casos não mais se justifica ser mantida como serviço público, tanto que são objeto de uma ordenação muito flexível. Foi o que ocorreu no caso dos serviços de transporte aéreo regular acima referidos, outrora públicos, hoje privados. Poderíamos até cogitar que esses serviços, na forma como disciplinados pela lei e pelo Estado, materialmente já não eram propriamente serviços públicos.

Conclui-se, assim, em muitos casos não ser tarefa simples extrair apenas do título habilitante (concessão ou autorização, por exemplo), a natureza jurídica de cada atividade econômica, sendo sempre pertinente investigar conjuntamente o seu efetivo regime jurídico, com a cautela de que, por vezes, serviços públicos objeto de concessão são sujeitos a uma ingerência estatal branda, enquanto atividades privadas reguladas recebem intensos controles públicos. Nessas situações, a depender da ordenação de cada atividade, poderíamos até estar materialmente diante de serviços públicos mesmo quando a lei prevê o regime de autorização; e de atividades privadas reguladas ainda que o ordenamento mencione ser objeto de concessão, em caso de ausência dos traços essenciais do regime dos serviços públicos.

Menos dúvidas geram os serviços puramente privados não condicionados à autorização regulatória, isto é, não sujeitos a uma ordenação setorial especifica, mas apenas àquela que incide transversalmente sobre todas as atividades econômicos. Esses serviços serão abordados no Item adiante.

III.1.3. Serviços privados

Descendo mais um degrau na escala da *publicatio*, chega-se aos serviços "puramente" privados. Como pressuposto, o regime jurídico de direito privado incide "de modo puro apenas nos casos de execução de atividades de titularidade privada por entidades privadas com uso de bens privados."[77]

77. MÂNICA, Fernando Borges; MENEGAT, Fernando. *Teoria jurídica da privatização*: fundamentos, limites e técnicas de interação público-privada no direito brasileiro. Rio de Janeiro: Lumen Juris, 2017, p. 24.

São aquelas atividades econômicas livres à iniciativa privada, cuja exploração, em regime privado, independe de autorização específica do Estado e não se sujeitam à regulação especial em razão de determinados relevantes interesses coletivos a elas inerentes. Afinal, toda atividade privada é de um modo ou de outro submetida a alguma ordenação. Assim, na hipótese em que nos referimos a atividades privadas reguladas se faz referência a uma regulação setorial específica.

Todavia, naturalmente, no decorrer do seu exercício esses serviços "puramente" privados se submetem ao regular poder de polícia administrativo, transversalmente incidente sobre todas as atividades, impondo, segundo sua visão tradicional, obrigações em sua maioria negativas (e não também necessariamente positivas como aquelas voltadas a resultados no Item acima referidas) para que a atividade não perturbe a ordem pública, a segurança, a saúde etc.

Diferentemente da regulação setorial específica, o poder de polícia se manifesta de forma geral sobre a totalidade das atividades econômicas, sejam elas relacionadas ou não a interesses coletivos, de caráter mais ou menos abrangente, desenvolvidas por entidades particulares ou públicas. Isso porque o exercício de poder de polícia recai sobre a sociedade como um todo, limitando a liberdade privada no exercício de atividades econômicas, como manifestação da livre iniciativa.[78]

Diferenciando regulação de poder de polícia, explica a doutrina ser este mais restrito do que aquela, já que a regulação incide inclusive sobre as atividades de titularidade do Estado, em princípio diferentemente do poder de polícia. Vejamos:

> "A doutrina do Direito Público Econômico faz uso do termo 'regulação' para tratar da mecânica estatal de ordenação das atividades econômicas em geral, incluindo, portanto, os serviços e monopólios públicos e as atividades econômicas privadas. Sendo assim, o Estado desempenha a regulação tanto quando disciplina externamente atividade que é de titularidade privada (ex.: a regulação sobre os bancos, os planos de saúde, a fabricação de medicamentos etc.), como quando disciplina, através predominantemente de contratos, o exercício por particulares de atividades econômicas *lato sensu* que são de titularidade estatal (ex.: serviços e monopólios públicos concedidos). Nesses

78. ANDRADE, Leticia Queiroz de. Regulação e poder de polícia: distinções conceituais juridicamente relevantes. In: PIRES, Luis Manuel Fonseca; ZOCKUN, Maurício (coord.). *Intervenções do Estado*. São Paulo: Quartier Latin, 2008, p. 56-66, p. 61.

> casos, não há poder de polícia, mas prerrogativas inerentes à titularidade estatal da atividade (poder concedente): o Estado não está limitando a liberdade privada, pois sobre a atividade não vige a liberdade de iniciativa, já que a atividade em si (circunstancialmente não o seu mero exercício) é estatal".[79] Além disso, se submetem os serviços privados às normas gerais do ordenamento jurídico incidentes sobre todas as atividades econômicas, como por exemplo aquelas oriundas do direito do consumidor, do direito da concorrência, do direito ambiental etc. Como aduz a doutrina, "sobre as atividades econômicas *stricto sensu* em geral, independentes de autorização ou licença estatal, incide mais fraca intervenção do Estado. Elas submetem-se ao princípio da livre iniciativa, com interferência estatal justificada apenas para garantir as condições saudáveis de mercado e da concorrência, inclusive mediante a aplicação da legislação de proteção da concorrência."[80]

Aludidas atividades privadas devem também observância, naturalmente, às normas locais por exemplo atinentes ao funcionamento de atividades econômicas em geral e estabelecimentos comerciais, envolvendo a obtenção do respectivo alvará, as normas de zoneamento urbano, de segurança do Corpo de Bombeiros, de vigilância sanitária etc.

Pertinente é a boa síntese de José Morenilla acerca do regime jurídico dos serviços aqui qualificados como "puramente" privados. Confira-se:

> "Fora os casos de assunção pública de atividades – com ou sem a sua reserva em favor do setor público – acima enunciados e de intervenção pública em serviços privados de interesse público, há aqueles que poderíamos qualificar de meros serviços privados ao público e de serviços privados a particulares (por exemplo, os de um clube particular). Os primeiros constituem a maioria dos serviços prestados em estabelecimentos abertos ao público. Para além das determinações derivadas do ordenamento em geral (por exemplo, as previstas na Lei Geral de Protecção e Defesa dos Consumidores e Usuários), eventual intervenção administrativa (por exemplo, exigência de licença ou autorização administrativa) não atingirá em termos con-

---

79. ARAGÃO, Alexandre Santos de. *Curso de direito administrativo*. 2. ed. Rio de Janeiro: Forense, 2013, p. 210.

80. MARQUES NETO, Floriano Peixoto de Azevedo. Regulação e Poder de Polícia no Setor de Gás. *Revista de Direito Público da Economia – RDPE*, Belo Horizonte, ano 2, n. 6, abr./jun. 2004. Disponível em: http://www.bidforum.com.br/bid/PDI0006.aspx?pdiCntd=12768. Acesso em: 26 jan. 2024.

dicionantes o regime da prestação em si, permanecendo no plano das limitações de polícia em geral".[81]

Em conclusão, são atividades puramente privadas aquelas que, além de não serem regidas por regulação setorial específica decorrente da sua relevância e sensibilidade particular, naturalmente submetem-se às normas gerais da ordem econômica em razão da existência, "em todos os setores da economia, de interesses difusos, que devem ser tutelados pelo Estado. Aí estaremos diante de valores jurídicos gerais como a proteção de hipossuficiências, da concorrência, do patrimônio arquitetônico, arqueológico ou cultural, ou do meio ambiente." [82]

Apresentadas brevemente as figuras dos serviços públicos, das atividades privadas de interesse coletivo e das atividades puramente privadas, no âmbito da escala de *publicatio*, dedicaremos o Item adiante ao exame das zonas de fronteira entre as mencionadas categorias.

III.1.4. Zonas de fronteira: o exemplo das atividades privadas sujeitas a obrigações de serviço público

Na medida em que os graus da escada de *publicatio* são, como exposto, de certa forma manejáveis, admite-se ao ordenamento jurídico - naturalmente, dentro dos contornos constitucionais e legais - percorrê-los em direção tanto ascendente quanto descendente, por exemplo transformando atividades privadas em serviços públicos ou fazendo o inverso, liberalizando estes à iniciativa privada.[83]

Nessa dinâmica, não raro dá-se origem a zonas de fronteira ou figuras híbridas entre uma e outra classificação. A própria noção de atividade privada de interesse coletivo regulada, a propósito, já configuraria uma concepção mista entre as noções de serviço público e de atividade privada. Há ainda atividades convencionalmente consideradas serviços públicos que podem vir a ser objeto de um controle mais brando por parte do Poder Público.

Seria o caso, por exemplo, do arrendamento portuário de direito público, tradicionalmente considerado um instrumento de delegação de serviço público, que por meio da Lei 14.047/2020 teve o seu regime jurídico flexibilizado, mediante a previsão expressa de liberdade de preços (art. 3º, VI),

81. MORENILLA, José Maria Souvirón. *La actividad de la Administración y el servicio público*. Granada: Colmares, 1998. p. 504.

82. MARQUES NETO, Floriano Peixoto de Azevedo. Regulação e Poder de Polícia no Setor de Gás. *Revista de Direito Público da Economia – RDPE*, Belo Horizonte, ano 2, n. 6, abr./jun. 2004. Disponível em: http://www.bidforum.com.br/bid/PDI0006.aspx?pdiCntd=12768. Acesso em: 26 jan. 2024.

83. MORENILLA, José Maria Souvirón. *La actividad de la Administración y el servicio público*. Granada: Colmares, 1998. p. 505.

a criação de hipótese de dispensa de licitação (art. 5º-B, parágrafo único) e a alteração das suas cláusulas essenciais (art. 5º-C), excluindo a previsão de reversão de bens (ao tema dedicaremos o Capítulo IV.4).

Outra hipótese cogitável de regime jurídico misto, ainda mais próxima do ápice do serviço público, seria a atividade privada de interesse coletivo regulada sujeita a obrigações de serviços públicos (universalidade, continuidade, modicidade tarifária, atualidade etc.). Nesse caso, a imposição de obrigações de serviços públicos representaria "um nível de publicização da atividade menor e anterior ao grau máximo de publicização, que é o serviço público (em sentido orgânico e restrito)".[84]

As principais diferenças entre os serviços públicos e as atividades privadas com obrigações de serviços públicos geralmente se manifestam, por exemplo, das seguintes formas: (i) viabilidade de grande número de prestadores e maior liberdade de entrada no mercado, com ausência de licitação, ainda que possam ser impostos certos parâmetros de habilitação; (ii) emprego de bens prioritariamente privados na execução da atividade; (iii) liberdade de preços; (iv) ausência de direito do prestador ao equilíbrio econômico-financeiro, assumindo todos os riscos do negócio; (v) prazo de exploração indeterminado; (vi) inviabilidade de intervenção estatal ou encampação dos serviços etc.

É possível fazer um paralelo entre os serviços privados com obrigações de serviços públicos e a figura do "serviço universal" do Direito da União Europeia, conforme examinado no Capítulo II.1.4. Naquele contexto foi criado o metaconceito de "serviços de interesse econômico geral" para agrupar os modelos de ordenação de atividades privadas de interesse coletivo praticados em cada Estado membro, sejam elas qualificadas como públicas ou privadas, dadas as peculiaridades locais. Buscou-se assim, como visto, congregar conceitos nacionais, como a fórmula do serviço público francês, da *publit utility* da *common law,* da *Daseinsvorsorge* alemã etc.

O objetivo da medida foi promover a concorrência dentro do possível com relação àquelas atividades. No que se refere aos serviços que devem ser objeto de universalização e continuidade, como costuma ser o caso daqueles presentes em setores como o de telecomunicações, por exemplo, foi permitida a imposição de obrigações de serviços públicos, mesmo que a atividade tivesse sido objeto de liberalização, passando a integrar a órbita privada. A solução foi a qualificar como "serviço universal", de caráter privado, porém

84. VALE, Murilo Melo. *Obrigações de serviços públicos no setor privado*: fundamentos jurídicos para a imposição regulatória de encargos do regime jurídico "típico" da prestação do serviço público à iniciativa privada no Direito brasileiro. Belo Horizonte: Fórum, 2022, p. 33, grifamos.

sujeito a obrigações típicas de serviços públicos, dadas as necessidades coletivas a ele atreladas.

Conforme comenta a doutrina brasileira, "independentemente da dimensão na qual os serviços de interesse econômico geral se revelam, o fato é que a sua inserção no Direito Comunitário *desmantelou* a ideia, advinda da tradição jurídica francesa, de que as obrigações de serviços públicos seriam caracterizadoras de uma atividade estatal, linha divisória entre o regime público e o regime privado. Tais encargos deixariam de ser princípios típicos de uma atividade essencialmente estatal, para se transformar em obrigações imprescindíveis de serem exigidas do setor privado, no exercício de seu direito à livre exploração de atividades econômicas, em vista do aspecto material da atividade e sua relevância pública"[85].

Na doutrina europeia,[86] pertinente assim transcrever as percucientes observações de Morenilla acerca do regime jurídico das atividades classificadas como "serviço universal", que deixaram de integrar a esfera pública para fazer parte do setor privado, ainda que, em razão dos interesses coletivos envolvidos, lhes sejam impostas obrigações frequentemente alocadas a serviços públicos:

> "Com efeito, para nós não há dúvida de que o «serviço universal» responde aos traços próprios do regime típico dos serviços públicos enquanto *técnica institucional*; isto é, como uma braçadeira de direitos e obrigações tipificados suscetível de ser aplicada em bloco a despeito de não ser a Administração não a titular do serviço. Esse, aliás, é seu desígnio mais característico, como triunfo final do conceito objetivo ou funcional de serviço público: responder à necessária satisfação das necessidades coletivas com a mesma técnica de serviço público e todos os seus componentes objetivos, só que ajustado ao fato de já não ser a Administração a responsável direta de dita atividade, que fica transferida, em caráter geral, ao setor privado. (...) Não há, pois, no serviço universal tão só uma intensificação do regime de intervenção policial sobre a atividade privada

85. VALE, Murilo Melo. *Obrigações de serviços públicos no setor privado*: fundamentos jurídicos para a imposição regulatória de encargos do regime jurídico "típico" da prestação do serviço público à iniciativa privada no Direito brasileiro. Belo Horizonte: Fórum, 2022. p. 159.

86. Conforme as explicações do espanhol Juan José Montero Pascual: "A intervenção pública se canaliza através dos atores presentes no mercado, públicos ou privados, mediante a imposição de obrigações qualificadas como de serviço público. Encontramo-nos, assim, diante de um dos mais paradigmáticos exemplos de atividade administrativa de regulação" (PASCUAL, Juan José Montero. Regulación económica: la actividad administrativa de regulación de los mercados. 5. ed. Valencia: Tirant lo Blanch, 2023, p. 166).

> que, baseada no título finalista de serviço público, seria a consequência do deslocamento do serviço público do seu tradicional âmbito administrativo para o setor privado, senão que esse «deslocamento» que, com efeito, implica o serviço universal – e isto é o realmente significativo – se produz levado consigo todas as armas e bagagens da «técnica institucional» do serviço público, que, agora objetivada – não dependendo em princípio de sua conexão à ação de uma Administração titular do serviço – poderá também em um novo cenário demonstrar igualmente sua funcionalidade"[87].

No Brasil, independentemente de eventuais controvérsias doutrinárias sobre a matéria, fato é que, por exemplo, nos setores de telecomunicações e energia elétrica,[88] obrigações típicas de serviços públicos já foram impostas a atividades em princípio privadas, objeto de autorização, considerando as peculiaridades de cada subsistema.

Nesse panorama, muito debate-se acerca da natureza jurídica dessas atividades autorizadas, sobretudo aquelas inseridas em setores de infraestrutura previstos no art. 21, XI e XII da Constituição Federal de 1988, como é o caso do portuário. No Capítulo adiante, portanto, examinaremos a questão à luz do direito positivo brasileiro.

---

87. MORENILLA, José Maria Souvirón. *La actividad de la Administración y el servicio público*. Granada: Colmares, 1998. p. 621-622.

88. Murilo Melo Vale, ao avaliar a imposição de típicas obrigações de serviço público a atividades privadas, no setor de telecomunicações, analisa que "quanto à obrigação de qualidade e padrão de desempenho mínimo, verificam-se obrigações positivas que visem à regularidade e qualidade prestacional, como, p. ex.: (i) a imposição de metas de qualidade para serviços privados de telecomunicação que, se descumpridas, ensejarão a caducidade da autorização vinculativa concedida e na assunção do serviço pela ANATEL; (ii) restrições comerciais a serviços privados de fornecimento de internet que impedem a comercialização limitada do uso de dados, nos serviços oferecidos por cabeamento; (iii) exigência para que haja atendimento ininterrupto durante 24 horas por dia e 7 dias por semana, aos usuários de serviços de telecomunicações, como mecanismo de assegurar a qualidade do serviço" (VALE, Murilo. *Obrigações de serviços públicos no setor privado*: fundamentos jurídicos para a imposição de encargos do regime jurídico "típico" da prestação do serviço público à iniciativa privada no Direito brasileiro. Belo Horizonte: Fórum, 2022, p. 310). Já no setor de energia elétrica, o autor observa que "dentre as obrigações previstas, condicionantes da autorização de exploração desse serviço privado, encontram-se diversas obrigações típicas do regime jurídico-prestacional, semelhantes a obrigações de serviço público. Por exemplo, com relação à obrigação de qualidade e padrão de desempenho mínimo, estabeleceu-se a obrigação de a central geradora privada ser implantada e operada em conformidade com as normas técnicas e legais específicas, conforme cronograma a ser aprovado pela ANEEL (art. 2º, I)" (VALE, Murilo. *Obrigações de serviços públicos no setor privado*: fundamentos jurídicos para a imposição de encargos do regime jurídico "típico" da prestação do serviço público à iniciativa privada no Direito brasileiro. Belo Horizonte: Fórum, 2022, pp. 303-304).

III.2. "SERVIÇOS DE INTERESSE ECONÔMICO GERAL" DO ART. 21, XI E XII DA CRFB/88

A partir das premissas teóricas fixadas nos Itens anteriores, e já adentrando a análise específica do setor portuário, no presente Capítulo investigaremos a natureza jurídica das atividades previstas no art. 21, XI e XII da Constituição de 1988. Procurar-se perquirir se seriam todas elas necessariamente serviços públicos ou se, ao revés, teria o constituinte, ainda que até involuntariamente, positivado a escala de *publicatio* com relação àquelas atividades econômicas, ao prever distintos títulos habilitantes para o seu exercício, sujeitos a variados regimes jurídicos, também submetidos a potenciais de publicização díspares, a serem modulados dadas as particularidades de cada setor.

Iniciaremos pela interpretação[89] do art. 21, XI e XII, da CRFB/1988, o qual prevê a competência material da União para explorar, diretamente ou mediante autorização, concessão ou permissão, uma série de atividades enumeradas nos citados incisos, inclusive os portos. Confira-se, pela sua importância ao presente trabalho, o teor integral dos citados dispositivos:

> "Art. 21. Compete à União:
>
> (...)
>
> XI – explorar, diretamente ou mediante autorização, concessão ou permissão, os serviços de telecomunicações, nos termos da lei, que disporá sobre a organização dos serviços, a criação de um órgão regulador e outros aspectos institucionais; (Redação dada pela Emenda Constitucional nº 8, de 15/08/95)
>
> XII – explorar, diretamente ou mediante autorização, concessão ou permissão:
>
> a) os serviços de radiodifusão sonora, e de sons e imagens; (Redação dada pela Emenda Constitucional nº 8, de 15/08/95)

89. De acordo as lições de Karl Larenz, "interpretar é uma atividade de mediação pela qual o intérprete compreende o sentido de um texto, que se lhe tinha deparado como problemático. Em que é que consiste esta atividade de mediação? O intérprete tem presente os diferentes significados possíveis de um termo ou de uma sequência de palavras e pergunta-se sobre qual é aqui o significado 'correto'. Para tal, interroga o contexto textual e o seu próprio conhecimento do objeto de que no texto se trata, examina a situação que deu origem ao texto ou ao seu discurso, assim como outras circunstâncias hermeneuticamente relevantes que possam ser consideradas como indícios relativamente ao significado procurado" (LARENZ, Karl. *Metodologia da Ciência do Direito*. 3. ed. Lisboa: Fundação Calouste Gulbenkian, 1997. p. 283).

b) os serviços e instalações de energia elétrica e o aproveitamento energético dos cursos de água, em articulação com os Estados onde se situam os potenciais hidroenergéticos;

c) a navegação aérea, aeroespacial e a infra-estrutura aeroportuária;

d) os serviços de transporte ferroviário e aquaviário entre portos brasileiros e fronteiras nacionais, ou que transponham os limites de Estado ou Território;

e) os serviços de transporte rodoviário interestadual e internacional de passageiros;

f) **os portos marítimos, fluviais e lacustres**".

Reitere-se que, como exposto no Capítulo anterior, no direito brasileiro e alhures, ao menos tradicionalmente, quando uma atividade econômica é objeto de autorização em princípio é privada; já se for delegável por concessão trata-se de serviço público. Pois bem, paralelamente, o art. 22 da Constituição atribui à União a competência para legislar a respeito das matérias supramencionadas, como por exemplo sobre águas, energia, telecomunicações, radiodifusão, transporte e, para o que é aqui pertinente, o regime jurídico dos portos, *in verbis*:

"Art. 22. Compete privativamente à União legislar sobre:

(...)

X – **regime dos portos**, navegação lacustre, fluvial, marítima, aérea e aeroespacial;

XI – trânsito e transporte;

XII – jazidas, minas, outros recursos minerais e metalurgia"

Pretende-se investigar, nesse cenário, se a previsão constitucional de competências da União sobre as atividades acima enumeradas significaria serem elas todas qualificadas como serviços públicos ou se, a depender do seu título habilitante e respectivo regime jurídico, teriam a natureza de atividade privada (ainda que de interesse coletivo e, por isso, fortemente regulamentada).

Para parte da doutrina, o fato de a Constituição prever a competência material da União para explorar direta ou indiretamente aquelas atividades as caracterizaria, *per se*, como serviços públicos, independentemente do seu título de exploração, seja ela operacionalizada por concessão, permissão ou autorização. Para alguns desses autores, seriam então inconstitucionais as leis que previram o regime privado para a exploração de algumas das atividades previstas no art. 21, CRFB/88, em especial quando condicionadas à autorização, como por exemplo já ocorreu nos setores de telecomunicações (Lei nº. 9.472/1997), de portos (Lei nº. 12.815/2013) e de ferrovias (Lei nº. 14.273/2021). Para aqueles, a autorização prevista no citado art. 21 só seria cabível em situações excepcionais e transitórias, ou no caso de autosserviço.

É este o entendimento, por exemplo, de Maria Sylvia Di Pietro, ao abordar ilustrativamente os serviços de telecomunicações previstos no art. 21, XI, e disciplinados pela Lei nº. 9.472/1997:

> "No entanto, a Lei nº 9.472 (seguindo tendência verificada também em outros países) quis intencionalmente excluir do conceito de serviço público uma parte dos serviços de telecomunicações. Para esse fim, classificou os serviços de telecomunicações em públicos e privados, quanto ao regime jurídico de sua prestação (art. 63). Os serviços em regime público são prestados mediante concessão ou permissão (art. 63, parágrafo único); os serviços em regime privado são prestados mediante autorização (art. 131). (...) Com isso, a Lei nº 9.472 inverteu o sentido da norma do art. 21, XI, com relação a uma parte dos serviços de telecomunicações; esse serviço, cuja titularidade foi atribuída em sua totalidade à União, que tem a possibilidade de delegar a execução ao particular, passou a ser considerado atividade privada, que a União só pode executar por motivo de segurança nacional ou interesse coletivo relevante, conforme definido em lei. (...). É evidente que a sistemática adotada na lei, nessa parte, afronta o art. 21, XI, da Constituição, que não permite essa distinção entre os dois tipos de serviço de telecomunicações. O que a lei fez foi privatizar (não a execução do serviço, como ocorre na autorização, permissão ou concessão) mas a própria atividade ou, pelo menos, uma parte dela, o que não encontra fundamento na Constituição".[90]

A referida parcela da doutrina atribuiu à utilização da palavra "autorização", no art. 21, XI e XII, da CF, uma suposta imprecisão técnica do constituinte, alegando que o conceito doutrinário clássico de autorização, de caráter discricionário, precário e para o exercício de atividades privadas, seria incompatível com os serviços necessariamente públicos, segundo essa visão, listados naqueles incisos.

90. DI PIETRO, Maria Sylvia Zanella. *Parcerias na Administração Pública. Concessão, permissão, franquia, terceirização, parceria público-privada e outras formas.* 10ª Edição, São Paulo: Atlas, 2015, p. 143-145.

Como já afirmou Celso Antônio Bandeira de Mello, por exemplo, "o texto constitucional usa as expressões 'autorização, concessão ou permissão', por uma insuficiência técnica. Deveria ter-se referido a 'concessão ou permissão', pois a autorização diz respeito a atividades privadas que supõem, para seu exercício, prévia manifestação aquiescente do Poder Público, ao passo que a permissão, quanto a isso análoga à concessão, concerne a atividades de alçada do Estado, suscetíveis, entretanto, de serem exercitadas por particulares desde que o Poder Público os invista em tal poder".[91]

O que se depreende dos trechos acima é que parte da doutrina buscou interpretar o art. 21, XI e XII, não a partir da própria Constituição e seus respectivos dispositivos, mas sim à luz de conceitos doutrinários tradicionais, como o de autorização administrativa, desconsiderando propriamente o contexto e a finalidade do constituinte originário.

Na realidade, o apego à "acepção clássica de autorização chegou a influenciar até a interpretação da Constituição de 1988, diploma normativo fundamental do ordenamento jurídico brasileiro e promulgado em contexto histórico bem diferente do que norteou a elaboração do conceito doutrinário. (...) O excerto supra é exemplo da metodologia empregada na elaboração de conceitos doutrinários em relação ao tema. Em vez de se interpretar o direito posto e, a partir dele, revelar-se o significado dos institutos, toma-se como fonte conceitual a própria doutrina, pondo-a como paradigma a ser observado pelo legislador (mesmo que seja o constituinte originário)".[92]

---

91. BANDEIRA DE MELLO, Celso Antônio. *Curso de direito administrativo*. 13ª Edição, São Paulo: Malheiros, 2001. p. 608 *apud* CÂMARA, Jacintho Arruda. Autorizações administrativas vinculadas: o exemplo do setor de telecomunicações. In: ARAGÃO, Alexandre Santos de; MARQUES NETO, Floriano de Azevedo (Coord.). *Direito Administrativo e seus novos paradigmas*. 2ª Edição, Belo Horizonte: Fórum, 2017, p. 588. Ainda conforme apontado por Jacintho Arruda Câmara, "o autor alterou seu ponto de vista em relação ao tema nas edições posteriores de seu Curso. Confira-se seu pensamento atual, um pouco mais tolerante quanto ao uso da 'autorização', mas ainda reservando-lhe um papel secundário se comparado ao que propõe para as concessões e permissões: 'Revisando ponto de vista anterior, entendemos, hoje, que a resposta se encontra no art. 175, que é aquele que cogita da normalidade da prestação de serviços públicos por sujeitos titulados pelo Estado. Já a expressão 'autorização', que aparece no art. 21, XI e XII, tem em mira duas espécies de situações: a) uma, que corresponde a hipóteses em que efetivamente há serviço de telecomunicação, como o de radioamador ou de interligação de empresas por cabos de fibras óticas, mas não propriamente serviço público, mas serviço de interesse privado delas próprias, tal como anotamos no item 4 nota de rodapé 4. Aí, então, a palavra 'autorização' foi usada no sentido corrente em Direito Administrativo para exprimir o ato de 'polícia administrativa', que libera alguma conduta privada propriamente dita, mas cujo exercício depende de manifestação administrativa aquiescente para verificação se com ela não haverá gravames ao interesse público; b) outra, a de abranger casos em que efetivamente está em pauta um serviço público, mas se trata de resolver emergencialmente uma dada situação, até a adoção dos convenientes procedimentos por força dos quais se outorga permissão ou concessão. Por isto mesmo, a palavra 'autorização' está utilizada também no art. 223 da Constituição'" (BANDEIRA DE MELLO, Celso Antônio. *Curso de direito administrativo*. 14ª Edição, São Paulo: Malheiros, 2002. p. 617).
92. CÂMARA, Jacintho Arruda. Autorizações administrativas vinculadas: o exemplo do setor de telecomunicações. In: ARAGÃO, Alexandre Santos de; MARQUES NETO, Floriano de Azevedo (Coord.). *Direito Administrativo e seus novos paradigmas*. 2ª Edição, Belo Horizonte: Fórum, 2017, p. 589-590.

O entendimento da citada parcela da doutrina, com o devido respeito, revela-se a nosso ver inadequado, inclusive por desconsiderar não só elementos de interpretação jurídica em geral, como também princípios instrumentais de interpretação constitucional. Essa compreensão ignora, por exemplo, a própria supremacia da Constituição face a textos normativos infraconstitucionais e, *a fortiori*, em relação a posições da doutrina.

Ao invés de apontar inconsistências técnicas no texto constitucional face a concepções doutrinárias tradicionais como a de autorização, recomenda-se antes buscar o sentido e alcance dos incisos XI e XII do art. 21 a partir da própria unidade constitucional, examinando-os sistemática e conjuntamente com outros dispositivos da CRFB/88 pertinentes.

Afinal, "a Constituição é o documento que dá unidade ao sistema jurídico, pela irradiação de seus princípios aos diferentes domínios infraconstitucionais. O princípio da unidade é uma especificação da interpretação sistemática, impondo ao intérprete o dever de harmonizar as tensões e contradições entre normas jurídicas. A superior hierarquia das normas constitucionais impõe-se na determinação de sentido de todas as normas do sistema".[93]

Nesta senda, uma vez que, a partir de uma leitura estritamente literal - que é sempre o ponto de partida[94] -, em momento algum se refere o art. 21 à expressão "serviço público", para investigarmos a qualificação jurídica das atividades nele previstas convém interpretá-lo sistematicamente com o dispositivo da CRFB/88 que disciplina em específico os serviços daquela natureza. Trata-se do art. 175, *verbis*:

> "Art. 175. Incumbe ao Poder Público, na forma da lei, diretamente ou sob regime de concessão ou permissão, sempre através de licitação, a prestação de serviços públicos.
>
> Parágrafo único. A lei disporá sobre:
>
> I – o regime das empresas concessionárias e permissionárias de serviços públicos, o caráter especial de seu contrato e de

93. BARROSO, Luís Roberto. *Curso de Direito Constitucional Contemporâneo*: os conceitos fundamentais e a construção do novo modelo, 9ª ed. São Paulo: Saraiva Educação, 2020, p. 291.

94. Conforme as clássicas lições de Karl Larenz, "o teor literal tem, por isso, uma dupla missão: é ponto de partida para a indagação judicial do sentido e traça, ao mesmo tempo, os limites da sua atividade interpretativa. Uma interpretação que se não situe já no âmbito do sentido literal possível, já não é interpretação, mas modificação de sentido. Por 'sentido literal possível' entendo tudo aquilo que nos termos do uso linguístico que seja de considerar como determinante em concreto – mesmo que, porventura, em circunstâncias especiais –, pode ainda ser entendido como o que com esse termo se quer dizer" (LARENZ, Karl. *Metodologia da ciência do direito*. Lisboa: Fundação Calouste Gulbenkian, 1997, p. 54, grifos nossos).

sua prorrogação, bem como as condições de caducidade, fiscalização e rescisão da concessão ou permissão;

II – os direitos dos usuários;

III – política tarifária;

IV – a obrigação de manter serviço adequado".

Na medida em que o art. 175, *caput*, estipula que a prestação indireta de serviços públicos, mediante delegação a terceiros, deve ser efetuada por meio de concessão ou permissão, *a contrario sensu,* na hipótese em que exploradas por autorização as atividades do art. 21, XI e XII, configurariam, em princípio, atividades privadas,[95] ainda que de relevante interesse coletivo e, por essa razão, intensamente reguladas.

Nesse mesmo sentido é o entendimento de Egon Bockmann Moreira, para quem a Constituição de 1988 reservou ao legislador ordinário a atribuição de, considerando as necessidades e peculiaridades de cada setor no respectivo momento,[96] estabelecer a disciplina do exercício das atividades previstas nos incisos XI e XII do art. 21, podendo, por exemplo, caracterizá-las como serviços públicos passíveis de concessão, ou como atividades privadas sujeitas a autorização:

> "Outro dado muito significativo – inclusive para interpretarmos o art. 175 da Constituição – está no fato de que o art. 21, em momento algum, se vale da expressão 'serviço público'. Quando trata de atividades cuja exploração é imputada à União, apenas preceitua que ela poderá ser direta ou por meio de concessão, permissão e autorização. Esse fato é sobremaneira importante para compreendermos a variedade de regimes jurídicos a que foi submetida a exploração de tais atividades econômicas (definidos pela legislação infraconstitucional). Por conse-

95. Para Alexandre Nester, em sentido diverso, a autorização prevista no art. 21, XI e XII, da CRFB/1988, serve para "outorgar a particulares uma atividade que o ordenamento atribui ao Poder Público e que, portanto, é em princípio qualificada como serviço público (autorização como outorga)" (NESTER, Alexandre Wagner. *Autorizações de Serviços Públicos*. Orientador Prof. Dr. Sebastião Botto de Barros Tojal. 2019. 198 f. Tese (Doutorado em Direito do Estado) – Programa de Pós-Graduação em Direito do Estado, Faculdade de Direito, Universidade de São Paulo, São Paulo, 2019, p. 169).

96. Ao comentar as competências conferidas à União no art. 22 da Constituição, Egon Bockmann Moreira afirma que "tais competências, conferidas de modo certo e estabelecidas em dispositivos diversos, tornam patente que deverá haver legislações específicas para cada um dos setores econômicos. É viável a positivação de normas gerais (como a Lei Geral de Concessões), em conjunto com norma especial-setorial, a ser minudenciada em regulamentos (p. ex., a Lei de Portos, 12.815/2013 e os Decretos nºs 8.033/2013 e 10.025/2019) (MOREIRA, Egon Bockmann. *Direito das concessões de serviços públicos. Concessões, parcerias, permissões e autorizações.* 2ª. Edição. Belo Horizonte: Fórum, 2022, p. 47-48).

guinte, não existe na Constituição o sistema bipolar fechado público-privado para a instituição dos estatutos jurídicos de exploração de tais bens e serviços, cabendo ao legislador ordinário a relevante tarefa de, caso a caso (ou em termos gerais), momento a momento, definir quem, onde, quando e como se dará a respectiva gestão. O que faz variáveis, no tempo e no espaço, os regimes jurídicos de conjugação dos verbos do art. 21 – e sua disciplina é de competência infraconstitucional. O desenvolvimento de tais atividades pode estar (ou não) ligado ao art. 175. Logo, podem vir a configurar (ou não) serviços públicos. Mas, uma coisa é certa: são áreas de ação econômica cuja iniciativa, administração e reserva são cometidas à União. Existem barreiras de entrada à iniciativa privada".[97]

Dessa forma, concordamos com a posição doutrinária segundo a qual a CRFB/88 concedeu alguma margem de apreciação ao legislador para que, em cada setor, definisse o regime jurídico de exploração das atividades previstas nos incisos XI e XII do art. 21. Em princípio, quando seu exercício é condicionado à autorização a atividade é considerada privada; e, na hipótese em que é objeto de concessão ou permissão, enquadrada como serviço público.

Sobre o tema, conforme as contribuições de Alexandre Santos de Aragão, "a Constituição Federal deu, então, certa margem de discricionariedade ao Legislador em relação às atividades enumeradas nos incisos X a XII do art. 21 para que, diante das evoluções tecnológicas propiciadoras da concorrência e do Princípio da Proporcionalidade na sua expressão de subsidiariedade, enquadre-as como serviços públicos ou como atividades privadas de interesse público sujeitas a uma regulação de natureza autorizativo-operacional".[98]

---

97. MOREIRA, Egon Bockmann. Os serviços públicos brasileiros e sua lógica jurídico-econômica: reflexões a partir do artigo 175 da Constituição. *Revista de Direito Público da Economia – RDPE*, Belo Horizonte, na 17, n. 98, p. 9-43, out./dez. 2019, p. 17.

98. ARAGÃO, Alexandre Santos de. *Direito dos Serviços Públicos*. 4ª Edição. Belo Horizonte: Fórum, 2017, p. 178. Em sentido, semelhante, Marçal Justen Filho, revendo posição anterior (o autor confessa ter outrora partilhado da visão segundo a qual essas atividades seriam obrigatoriamente prestadas sob regime de direito público pelo próprio Estado), reputa que "as atividades referidas nos diversos incisos do art. 21 da CF/1988 poderão ou não ser qualificadas como serviços públicos, de acordo com as circunstâncias. Caberá verificar se as necessidades pertinentes podem ser adequadamente atendidas mediante mecanismos de mercado. Se houver cabimento de satisfação dos direitos fundamentais por meio da atuação empresarial privada, sob regime de direito privado a manutenção do serviço público será desnecessária. Em tal caso, o regime jurídico deverá ser alterado e a atividade será configurada como uma atuação econômica em sentido restrito. A eliminação do regime de serviço público não significa, no entanto, uma vedação à submissão dessa atividade à regulação estatal. Em muitos casos, haverá uma regulação intensa, em vista da configuração de um serviço de interesse econômica geral". O autor cita o exemplo do serviço de telefonia fixa: "no passado, foi disciplinado como um serviço público. As circunstâncias tecnológicas e econômicas conduziram à despublicização da atividade, mas com a manutenção de uma regulação estatal bastante significativa" (JUSTEN FILHO, Marçal. *Curso de direito administrativo*. 15. ed. Rio de Janeiro: Forense, 2024, p. 418).

Trata-se, portanto, de uma interpretação evolutiva da Constituição plausível e adequada não só à sua própria letra – que é sempre o limite da atividade interpretativa – como também à luz dos paradigmas da hermenêutica constitucional. A dicção da CRFB/88, ao se referir à figura da autorização no art. 21, interpretado sistematicamente com o art. 175, dentro da unidade constitucional, leva-nos a concluir que certas atividades enumeradas nos incisos XI e XII daquele dispositivo podem, observado o princípio da proporcionalidade,[99] ser pelo legislador disciplinadas em regime privado, caracterizando atividades econômicas privadas de relevante interesse coletivo.

Deve o legislador, portanto, considerando as evoluções tecnológicas e de mercados que passaram a permitir a concorrência em certos setores – como o de telecomunicações e o portuário –, avaliar à luz dos elementos do princípio da proporcionalidade (adequação, necessidade e proporcionalidade em sentido estrito), a conveniência da exclusão ou não de determinada atividade da iniciativa privada, caracterizando-a como serviço público.

A matéria já foi apreciada direta ou ancilarmente pelo Supremo Tribunal Federal em oportunidades na qual interpretou o art. 21, XI e XII, da Constituição de 1988. Naquelas ocasiões, chama atenção o fato de ter a Corte reconhecido o regime jurídico de direito privado daquelas atividades quando instrumentalizadas por autorização, embora já tenha se referido a elas genericamente como "serviços públicos", conceito que em princípio é, por natureza, antitético com relação à sua prestação em regime jurídico, por *ipsis litteris,* de direito privado.

Examinemos as citadas posições do STF.

Na ADI nº. 6.482, julgada em 18.02.2021, de Relatoria do Min. Gilmar Mendes, a Corte examinou a constitucionalidade do art. 12 da Lei nº. 13.116/2015, que prevê a gratuidade do direito de passagem e uso para a instalação de infraestrutura de rede de telecomunicações.

Na ocasião, o STF analisou, *en passant*, a natureza jurídica dos serviços de telecomunicações previstos no art. 21, XI da Constituição. Afirmou que, com base no citado dispositivo, o ordenamento "passou a permitir que a União explorasse indiretamente os serviços de telecomunicações 'mediante concessão, permissão ou autorização'. A partir desse comando normativo, fica claro que, embora tenha-se admitido a delegação dessas atividades a terceiros, o fato de o Poder Constituinte de Reforma ter mantido sob a responsabilidade da União a titularidade da prestação dos serviços de telecomunicações torna

99. Para em cada caso avaliar a adequação, a necessidade e a proporcionalidade em sentido estrito da intensidade da regulação a ser imposta sobre determinada atividade econômica.

incontroverso que esses serviços apresentam natureza de serviço público".[100] Trata-se de posicionamento que parece contrastar com a posição adotada pela Corte Constitucional em julgado subsequente, como abaixo exposto.

Logo na sequência (mês seguinte), porém, no julgamento da ADI nº. 1.668, de 22.03.2021, de relatoria do Min Edson Fachin, o STF apreciou a pluralidade de regimes público e privado atribuídos aos serviços de telecomunicações, mediante a Lei nº. 9.472/1997. Concluiu a Corte, na ocasião, que as atividades previstas no art. 21, XI e XII, CRFB/88, seriam passíveis de exploração em regime privado, por meio de autorização, o que parece denotar não se tratar necessariamente de serviços públicos. Leia-se o voto do Relator:

> "Alega-se a inconstitucionalidade dos arts. 65, III, §§ 1º e 2º; 66; e 69 da Lei, **sob o argumento de que o serviço de telecomunicações é essencialmente público**, razão pela qual seria inconstitucional a previsão de sua prestação concomitantemente em regime público e privado. Ademais, a definição de serviço público só poderia ser feita por meio de lei específica e não pela Agência, como previu o art. 69. (...) De fato, na exordial sustentam os autores que, em sendo a abrangência do serviço – se restrito ou coletivo – que determina o regime – privado ou público – a ser adotado, não haveria como admitir que um serviço seja ao mesmo tempo de interesse restrito e de interesse coletivo. Ademais, alegam que admitir a coexistência de ambos é violação ao princípio constitucional da isonomia, insculpido no art. 5º da Constituição, pois o mesmo serviço, no âmbito do regime privado, sereia delegado a empresas por meio de simples autorização, enquanto que, adotado o regime público, seria imprescindível a adoção de procedimento licitatório prévio à outorga a particulares. **No entanto, a previsão constitucional do artigo 21, inciso XI, permite a exploração 'diretamente**

100. O voto do Relator chega a afirmar que "em diversos setores regulados, os contratos de autorização têm sido empregados na prestação de serviços públicos. Como exemplos podem ser citadas (i) a exploração de instalações portuárias localizadas fora da área do porto organizado (art. 1º, § 2º, da Lei 12.815/2013) e (ii) a prestação não regular de serviços de transporte terrestre coletivo de passageiros (art. 13, inciso V, da Lei 10.233/2001)" (STF, ADI 6482, Relator(a): Gilmar Mendes, Tribunal Pleno, julgado em 18.02.2021, publicado em 21.05.2021). O entendimento, contudo, parece contraditório com relação ao pronunciamento posterior em que admitiu o STF prestação de atividades previstas no art. 21 em regime *ipsis litteris* privado, na ADI nº. 1668, especificamente a respeito de serviços de telecomunicações. Talvez ao afirmar serem aqueles serviços necessariamente públicos pode ter o STF apenas reconhecido a titularidade (no sentido de competência e responsabilidade de execução e/ou ordenação) da União sobre elas, que pode admitir a prestação em regime público ou regime privado, mediante autorização. Essa nossa posição sobre o tema detalharemos adiante.

> **ou mediante autorização, concessão ou permissão, os serviços de telecomunicações, nos termos da lei'. Portanto, a despeito da previsão mais genérica do artigo 175, no caso dos serviços de telecomunicações, é o texto constitucional que permite a exploração por meio de autorização, o que significa conferir à Administração a faculdade de instituir um regime privado, submetido à livre concorrência – ainda que derrogado parcialmente pela regulação estabelecida pela ANATEL.** (...) A rigor, da leitura da petição inicial, depreende-se que os autores discordam da possibilidade de outorga do serviço de telecomunicações por meio de **autorização, regida pelo regime privado**. No entanto, essa foi justamente a intenção da privatização do Sistema Telebrás, qual seja, permitir o ingresso de atores privados na prestação desse serviço público. Se esta não era a intenção do constituinte originário de 1988, concorde-se ou não, o constituinte reformador operou a modificação de todo o sistema que rege as telecomunicações no País, possibilitando a outorga da atividade à iniciativa privada e que **a atividade fosse desempenhada pelo regime privado, por meio de simples autorização**. (...) Assim, diante da existência de parâmetros definidores na legislação, e da permissão constitucional para a prestação do serviço de telecomunicações pelo **regime privado, por meio de autorização**, não assento existir inconstitucionalidade no ponto"[101].

O acórdão acima referido se baseou inclusive no memorável precedente do STF sobre os serviços de telecomunicações de TV por assinatura (ADI nº. 4.923), em que reconheceu a Corte a viabilidade de sua prestação em regime privado, mediante autorização, na forma do art. 21, XI, CRFB/1988.

É o que se extrai de trecho do voto do Min. Relator, Luiz Fux: "Não existe qualquer óbice constitucional à outorga do serviço de TV por assinatura mediante simples autorização administrativa (e não por meio de concessão ou permissão). É que o art. 21, XI, da Constituição dispõe que compete à União 'explorar, diretamente ou mediante autorização, concessão ou permissão, os serviços de telecomunicações, nos termos da lei (...)'. Por outro lado, diz a Lei nº 9.472/97 que 'a exploração de serviço de telecomunicações no regime privado será baseada nos princípios constitucionais da atividade econômica' (art. 126), devendo observar, dentre outros cânones, 'a competição livre, ampla e justa' (art. 127, II). A outorga do serviço ocorre

101. ADI 1668, Relator(a): Edson Fachin, Tribunal Pleno, julgado em 01/03/2021, processo eletrônico dje-055, divulg 22-03-2021, public 23-03-2021, grifamos.

por autorização administrativa, disciplinada no Capítulo II do Título III da LGT, inexistindo limitação ao número de prestadores e, bem por isso, prévia licitação. Como o SeAC foi legalmente qualificado como **serviço prestado no regime privado**, nada mais natural do que a sua sujeição ao modelo de autorizações (e não de concessões ou permissões, **típicas do modelo público**). A Lei nº 12.485/11 simplesmente zelou pela harmonia do sistema normativo aplicável aos serviços de telecomunicações, dispensado à TV por assinatura tratamento jurídico compatível com a sua qualificação".102

O voto do Min. Relator chega a afirmar expressamente que configurariam atividades privadas os serviços de telecomunicações de TV por assinatura acima referidos, previstos no art. 21 da CRFB/1988: "Como em **qualquer atividade privada**, os riscos de aumento de custos, inclusive por mudanças na legislação setorial (desde que constitucionalmente válidas - reitero) correm por conta do empresário".[103]

Trata-se, assim, de julgados recentes, de 2018 e 2021, nos quais o STF reconheceu ter o art. 21 da CRFB/88 admitido a disciplina das atividades nele previstas, inclusive se for o caso de forma concomitante - como ocorre nos setores de telecomunicações e portuário -, em regime público e privado, hipótese em que será operacionalizada por autorização estatal. Como acima exposto, diversamente do mencionado pelo voto relator do Min. Gilmar Mendes na ADI nº. 6.482, nas ADIs nº. 1.668 e 4.923 a Corte Constitucional deu a entender que na hipótese em que os serviços do art. 21 fossem executados mediante autorização, em princípio não configurariam serviços públicos, eis que desempenhados em regime privado, o que parece até natural, dada a incompatibilidade *prima facie* entre o conceito de serviço público, que pressupõe o regime público (cf. Capítulo III.1.1), e o seu exercício preponderantemente em regime privado.

Em 2023, mais uma vez a Corte Constitucional se pronunciou sobre a matéria, na ocasião em que apreciou o regime jurídico do serviço de transporte rodoviário interestadual e internacional de passageiros, previsto no art. 21, XII, "e", da Constituição Federal (ADI nº. 5.549). O Ministro Luiz Fux, relator da ADI, observou que "na sistematização adotada pela Constituição, desenvolvida sob várias vertentes pela doutrina administrativista, as formas de outorga da prestação de serviços de titularidade estatal são a concessão, a permissão e a autorização". Nessa esteira, "ao prever que a União também poderia explorar um rol de serviços mediante autorização, a Constituição

102. ADI 4923, Relator(a): Luiz Fux, Tribunal Pleno, julgado em 08/11/2017, processo eletrônico dje-064 divulg 04-04-2018 public 05-04-2018.

103. ADI 4923, Relator(a): Luiz Fux, Tribunal Pleno, julgado em 08/11/2017, processo eletrônico dje-064, divulg 04-04-2018 public 05-04-2018, grifamos.

elegeu setores que, em função de sua dinâmica de funcionamento, abrigam atividades cuja oferta pode ser compartilhada entre vários *players*. Em geral, caracterizam-se por custos de entrada menores, por uma cadeia produtiva subdividida em etapas e por diferentes perfis de usuários".

O relator consignou ainda que "no tocante ao papel da regulação em face das formas de delegação da prestação de serviços públicos, o desafio consiste em encontrar o grau ótimo de intervenção estatal perante a participação de agentes privados, de acordo com suas características".

Examinando os diversos setores de infraestrutura em que a autorização prevista constitucionalmente foi de fato empregada para a habilitação de particulares (nomeadamente os setores de telecomunicações, de energia elétrica e de transportes aquático e aéreo, além do rodoviário), o magistrado conclui que "o que se observa é que a autorização de serviço público não mais se restringe à interpretação tradicionalmente conferida, qual seja, permitir contratações emergenciais e transitórias. A maior frequência com que o instituto tem sido instrumentalizado, sobretudo no setor de infraestrutura, descortina uma tendência da Administração, amparada na expressa previsão constitucional".

Embora fazendo à referência acima à "autorização de serviço público", nos debates do julgamento denomina a atividade de transporte objeto do julgamento como um "serviço de utilidade pública",[104] nomenclatura que se identifica com a ideia de *public utilities* que examinamos n Capítulo II.1.2, que pressupõe a natureza privada da atividade, ainda que intensamente regulada. A posição, assim, também parece um tanto contraditória.

Portanto, do voto do relator se extrai posição segundo a qual a autorização a que se refere o art. 21, XI e XII, poderia ser considerada uma forma de delegação de serviço público. Contudo, como essa modalidade não exige prévia licitação, deve a sua utilização ser reservada aos casos em que for possível estabelecer uma ampla concorrência na execução do serviço público, isto é, quando todas as empresas interessadas e que cumpram os requisitos estabelecidos pelo ente regulador possam competir o mais livremente possível no mercado, o que denota traços do regime jurídico de direito privado, posição que parece por natureza contraditória com a noção de serviço público.

O Ministro Nunes Marques também votou pela improcedência da ADI, porém dando a entender que a autorização do art. 21 da CRFB seria mais expressão de exercício de poder de polícia do que de delegação de serviço

---

104. O Ministro Fux sustentou que a "a autorização, tal como concebida nesse serviço de utilidade pública, passa por um processo seletivo público" (STF, ADI nº. 5.549/DF, Tribunal Pleno, Rel. Min. Luiz Fux, julg. 29 mar. 2023).

público: "embora no direito administrativo tradicionalmente se tenha formado a posição de que a autorização de serviço público é ato discricionário, a doutrina vem evoluindo. Tanto é que já se encontra, por exemplo, em Maria Sílvia Zanella di Pietro, entendimento que me parece mais condizente com a realidade atual, segundo o qual tais serviços, quando prestados pelo Estado, configuram serviços públicos próprios, mas, quando prestados por particular, passam a ser considerados serviços públicos impróprios, sendo a licença para sua prestação muito mais um ato de polícia administrativa que de delegação de serviço público. É dizer, uma vez que o particular preencha os requisitos para a obtenção da licença, terá o direito de prestar o serviço (...)".

O Ministro Luís Roberto Barroso, por sua vez, tece interessantes considerações pertinentes ao presente trabalho. Embora acompanhando o relator, que faz referência a "autorizações de serviços públicos", afirma o Presidente do STF que, a partir dos anos 90, teria no Brasil entrado em declínio a concepção tradicional francesa de serviço público, prevalecendo o modelo norte-americano das *public utilities* que, como exposto no Capítulo II.1.2, pressupõe a natureza privada da atividade, que é regulada em razão o interesse coletivo a ela inerente, inclusive mediante o instrumento da autorização.[105]

Merece destaque, ainda, o voto-vogal do Ministro Gilmar Mendes. É aduzido no referido voto de que a aparente incompatibilidade entre o art. 21 e o art. 175 é resolvida pelo critério da especialidade daquele, que admite a prestação dos citados serviços tanto diretamente quanto por concessão, permissão ou autorização.[106]

Por outro lado, na sequência ele é expresso ao afirmar que enquanto serviços públicos são outorgados por concessão ou permissão, a autorização viabiliza o desempenho de atividade de interesse preponderantemente particular: "a diferenciação, em ordem didática, pode ser assim definida: enquanto a permissão visa a outorgar o exercício ao particular da prestação de **serviço**

105. Conforme o voto do Ministro Barroso: "Historicamente, no Brasil, prevaleceu o modelo francês até pouco depois da Constituição de 1988. No Governo do Presidente Fernando Henrique, temos um conjunto de mudanças na Constituição de 1988, transformações, eu diria, do regime econômico constitucional brasileiro: flexibiliza-se o ingresso do capital estrangeiro e os monopólios estatais de telecomunicações e gás canalizado nos estados, e lança-se um amplo programa de desestatização. Como corolário, criam-se as agências reguladoras. Há uma transmigração de modelos no Brasil, do modelo tradicional francês para o modelo americano – modelo que se universalizou um pouco, prestação privada sob regime de regulação e fiscalização por parte do poder público" STF, ADI nº. 5.549/DF, Tribunal Pleno, Rel. Min. Luiz Fux, julg. 29 mar. 2023 (voto do Min. Luís Roberto Barroso).

106. Confira-se o respectivo trecho do voto: "Eventual incompatibilidade aparente entre o art. 21 e o art. 175 resolve-se pela especificidade da norma, de sorte que, inexistindo restrição quanto ao regime de escolha do repasse à iniciativa privada da prestação de serviço de transporte rodoviário interestadual e internacional de passageiros, compete à legislação infraconstitucional realizar a escolha da melhor opção possível (autorização, permissão ou concessão), desde que não sejam contrariados os princípios constitucionais" STF, ADI nº. 5.549/DF, Tribunal Pleno, Rel. Min. Luiz Fux, julg. 29 mar. 2023 (voto do Min. Gilmar Mendes).

público, a autorização intenta chancelar ato de **viés predominantemente particular**, que contenha algum interesse público em sua fiscalização ou regulação".[107]

Apesar de, como acima transcrito, mencionar que a atividade objeto de concessão é serviço público e que aquela sujeita à autorização é realizada no interesse predominantemente particular, ainda que envolvendo interesse público, o voto em outro trecho parece contraditório, ao mencionar a "prestação de serviço público de transportes interestadual e internacional de passageiro", sem mencionar que quando é exercido mediante autorização teria regime privado.

A contradição é confirmada ao observarmos o trecho doutrinário citado no voto para fundamentar a decisão, de autoria de José dos Santos Carvalho Filho, em que afirma este autor ser inadmissível a "autorização de serviço público", já que este só pode ser outorgado por concessão ou permissão, submetidas ao regime de direito público que é fundamental à própria natureza daquele serviço. Nas palavras do autor citado no voto do Min. Gilmar Mendes:

> "Cito doutrina abalizada que assim leciona: 'Há autores, todavia, que admitem a autorização de serviços públicos sob regime privado, distinguindo-os dos prestados sob regime de direito público. E o fazem, entre outros motivos, pela menção à autorização, ao lado da permissão e da concessão, feita pela Constituição. Ousamos, com a devida vênia, **dissentir** desse entendimento. Em nosso entender, ou a atividade se caracteriza efetivamente como serviço público – hipótese em que pode este ser prestado por concessão ou permissão (mas não por autorização) – **ou se tratará de atividade meramente privada e, aí sim, poderá ser outorgada a autorização**. Além disso, se o serviço é público, **somente o regime de direito público poderá regulá-lo em seu perfil fundamental** (...) (FILHO, José dos Santos Carvalho. Manual de Direito Administrativo. 15. ed. Rio de Janeiro: Lumen Juris, 2006, p. 361/362)'".[108]

Verifica-se, portanto, que o voto não é claro quanto à natureza das atividades do art. 21 da Constituição, ora dando a entender serem necessariamente serviços públicos, ora denotando serem privados quando objeto de

---

107. STF, ADI nº. 5.549/DF, Tribunal Pleno, Rel. Min. Luiz Fux, julg. 29 mar. 2023 (voto do Min. Gilmar Mendes).

108. STF, ADI nº. 5.549/DF, Tribunal Pleno, Rel. Min. Luiz Fux, julg. 29 mar. 2023 (voto do Min. Gilmar Mendes), grifamos.

autorização. Essa aparente confusão, a propósito, é observada pela interpretação conjunta dos demais julgados da Corte acima examinados. Enquanto na ADI nº. 6.482 afirmou o STF que as atividades do art. 21 seriam serviços públicos, nas ADIs nº. 1.668 e nº. 4.923 reconheceu que quando fossem operacionalizadas por autorização se sujeitariam ao regime de direito por *ipsis litteris* privado.

Acreditamos que uma alternativa adequada para procurar resolver essa contradição seria considerar que o art. 21 da CRFB atribui à União a titularidade das atividades neles previstas, não no sentido de necessariamente configurarem serviços públicos, mas sob a ótica de estarem submetidas à competência da União, estando, portanto, sob sua responsabilidade de execução ou de garantia. A depender das características de cada atividade em cada momento, inclusive tendo em vista fatores técnicos e econômicos, cabe ao Estado disciplinar a sua prestação em regime público, por concessão ou permissão; ou privado, hipótese em que dependerá de autorização.

Essa nossa posição passamos a detalhar nos parágrafos adiante.

Voltando a nossa atenção à ADI nº. 5.549, note-se que as próprias circunstâncias elencadas pelo voto anteriormente citado para justificar o regime de autorização na hipótese apreciada se identificam com situações comumente consideradas para fundamentar a disciplina de atividades econômicas em regime privado. Assim, destaca o Ministro Gilmar Mendes, no exemplo do setor de transporte interestadual e internacional de passageiros, que a ausência de exploração e infraestrutura, somada à finalidade de ampliar o acesso a mais prestadores ao mercado, em prol da concorrência, justifica na hipótese a utilização do modelo de autorização:

> "Todavia, quanto aos serviços de transporte interestadual e internacional de passageiros, desprovidos de exploração de infraestrutura (caso dos autos), a legislação ora questionada intenta, na linha do experimentalismo democrático (trilhado sob o "processo de descoberta e de aprendizagem coletivas" – Roberto Mangabeira Unger), que a prestação daqueles tenha amplitude de acesso a mais empresas interessadas na mesma linha, sem exclusividade e com o fim de eliminar a reserva de mercado, prática odiosa e que deve ser rechaçada por esta Corte. (...) Vê-se, pois, que, no intuito de corrigir distorções e problemas enfrentados, à época, nesses mercados de transportes interestadual e internacional, que 'se mostraram inadequados e de difícil operacionalização, porque suas naturezas implicam regras mais rígidas e permanentes, as quais, na prática, engessam as ações tanto do setor público, como das empresas

> operadoras', o Poder Legislativo resolveu realizar experimento de substituição do regime de permissão para autorização. **Ao meu sentir, o Parlamento tem liberdade constitucional de assim proceder**".[109]

Depreende-se da corrente vencedora da ADI nº. 5.549/DF, portanto, um posicionamento do STF em prol da juridicidade do emprego da figura da autorização para a exploração de atividades do art. 21, XI e XII, em situações em que se procura ampliar a quantidade de agentes que atuem em dado mercado em benefício da concorrência, por exemplo quando o serviço não pressupõe exclusividade ou o uso de bens públicos. Trata-se de circunstâncias que, em geral, justificam uso do regime jurídico de direito privado, ainda que o voto em questão a ele não faça referência expressa nesse contexto.

A partir das considerações acima seria possível buscar sistematizar, sem pretensões exaustivas, algumas frequentes características que justificam a exploração das atividades previstas no art. 21 da CRFB/88 por meio de autorização, em regime de direito privado. Por exemplo:

(i) finalidade de redução de barreiras à entrada no mercado e ampliação do número de prestadores;

(ii) compreensão de que a concorrência entre maior número de agentes seria um instrumento adequado à promoção da qualidade do serviço e da modicidade dos preços praticados;

(iii) necessidade de seleção pública para a escolha dos prestadores apenas se não for possível autorizar todos os interessados;

(iv) ausência de infraestrutura pública e utilização de bens (não reversíveis) predominantemente privados;

(v) viabilidade de prazo de operação em princípio indeterminado, ainda que eventualmente sujeito ao atendimento de requisitos para a manutenção da autorização;

(vi) possibilidade de assunção de todos os riscos do negócio pelo autorizatário e ausência de direito ao equilíbrio econômico-financeiro.

Registre-se, ainda, ter afirmado o voto do Min. Gilmar Mendes da ADI nº. 5.549/DF que a autorização prevista no setor de transporte de passageiros seria "realizada mediante ato administrativo, em regra, de natureza precária e discricionária, singularmente voltado para satisfação de interesse do administrado". Em alguns setores de infraestrutura também previstos no art. 21,

---

109. STF, ADI nº. 5.549/DF, Tribunal Pleno, Rel. Min. Luiz Fux, julg. 29 mar. 2023 (voto do Min. Gilmar Mendes), grifamos.

XI e XII da CRFB/1988 (ex.: portos e ferrovias), porém, os correspondentes marcos legais previram autorizações instrumentalizadas por contratos de adesão que pressupõem vultosos investimentos pelo autorizatário, tratando-se de hipótese distinta daquela em que a autorização seja meramente consubstanciada em ato administrativo precário, ainda que também operacionalizem a prestação de atividades econômicas em regime a nosso ver em princípio privado, como exposto no Capítulo III.1.2.

Lembre-se que o constituinte conferiu ao legislador federal certa margem de apreciação para, inclusive considerando o princípio da proporcionalidade, disciplinar cada um dos setores previstos no art. 22 da CRFB/1988, definindo não só a forma de exploração das respectivas atividades (direta ou por concessão, permissão ou autorização) como também estabelecendo o regime jurídico próprio de cada serviço, a partir de suas peculiaridades. Franqueou, assim, a viabilidade de fixação do regime de autorização, bem como a customização de cada instrumento tendo em vista as especificidades de cada setor, prevendo por exemplo a forma de ato administrativo ou contratual.

Conforme o paralelo que traçamos no Capítulo II.3, sobre Direito Comparado, em analogia com a figura europeia, o art. 21, XI e XII da Constituição da República teria previsto "serviços de interesse econômico geral" a cargo da União. No caso europeu, cabe a cada Estado membro disciplinar o controle estatal sobre aqueles serviços conforme o modelo de cada país (serviço público, *public utilities* etc.) No paralelo brasileiro, à União compete, a partir das singularidades de cada setor, estabelecer o regime jurídico de exploração das respectivas atividades, por exemplo enquadrando-as como serviços públicos passíveis de concessão ou atividades privadas de interesse coletivo objeto de autorização.[110]

O fato de entendermos não serem as atividades do art. 21, XI e XII da CRFB/88 necessariamente serviços públicos não significa, contudo, que não tenham elas um status diferenciado com relação às atividades "puramente" privadas, e até face às atividades de interesse coletivo em geral não previstas naqueles dispositivos, tanto que são aquelas elencadas como de competência material da União pela Constituição da República.

Como aduz Pedro Gonçalves[111] no contexto português, em lições aplicáveis à situação brasileira, em razão da competência estatal sobre aquelas atividades surge certa confusão sobre a sua inclusão ou não na esfera pú-

110. VALE, Murilo Melo. *Obrigações de serviços públicos no setor privado*: fundamentos jurídicos para a imposição regulatória de encargos do regime jurídico "típico" da prestação do serviço público à iniciativa privada no Direito brasileiro. Belo Horizonte: Fórum, 2022, p. 172.

111. GONÇALVES, Pedro. *A concessão de serviços públicos*: (uma aplicação da técnica concessória). Coimbra: Almedina, 1999, p. 79-81.

blica e, por conseguinte, acerca da sua qualificação ou não como serviço público. Essa aparente confusão observamos acima inclusive na própria jurisprudência do STF.

Isso porque "quando a Administração deve garantir a existência e o exercício em certas condições de certas actividades, ela assume, nesse contexto, uma responsabilidade-garantia. A existência de um tal compromisso parece implicar, por si só, a figura da concessão", tradicionalmente atrelada aos serviços públicos. Por esse motivo, é natural que "a doutrina oscile quanto à qualificação dos actos que atribuem títulos para o exercício deste tipo de actividades: uns consideram-nos 'autorizações especiais' (autorizações operativas, autorizações com funções de programação), outros consideram-nos verdadeiras concessões, concessões impróprias ou concessões encobertas". Para o autor, porém, "a existência destas situações intermédias não deve perturbar o critério de distinção antes proposto: a concessão diz respeito a actividades públicas e a autorização diz respeito a actividades privadas". E explica o professor lusitano que, na hipótese de concessão, o Poder Público é competente/responsável pela execução da atividade, de caráter portanto público; já a autorização, em regra ligada apenas a uma *responsabilidade administrativa de controlo*, poderá abranger *actividades privadas* em relação às quais existe uma *responsabilidade administrativa de garantia*, quc são, portanto *actividades privadas de interesse público*".[112]

No caso brasileiro, seguindo essa lógica, parece ter o constituinte conferido à União competência sobre as atividades do art. 21, competência esta que poderá se manifestar mediante a assunção da responsabilidade de sua execução (diretamente ou por concessão e permissão) ou do controle do seu exercício em regime privado de autorização, a depender de cada contexto histórico, econômico e social, a ser expressado na disciplina legal dos títulos habilitantes para o seu desempenho.

Em outras palavras, parece ter o constituinte, de fato, atribuído à União a titularidade[113] das atividades previstas no art. 21, o que não significa, contudo,

---

112. GONÇALVES, Pedro. *A concessão de serviços públicos*: (uma aplicação da técnica concessória). Coimbra: Almedina, 1999, p. 79-81.

113. Propondo uma visão mais contemporânea da concepção de titularidade estatal, vide as observações de Fernando Mânica e Fernando Menegat: "A titularidade estatal sobre uma atividade não importa, portanto, o reconhecimento de uma potestade estatal, mas sim de uma responsabilidade de agir, que pode envolver ou não o uso da força. Percebe-se, assim, a passagem histórica da noção de titularidade enquanto poder/puissance para a noção de titularidade enquanto dever/responsabilidade. (...) Competência significa um feixe de atribuições, um conjunto de atividades materiais e jurídicas conferidas a determinada pessoa para atingir determinada finalidade. Nessa medida, as competências outorgadas pela Constituição ao Estado brasileiro envolvem o dever de desempenhá-las de modo adequado e satisfatório ao alcance dos fins previstos no texto constitucional" (MÂNICA, Fernando Borges; MENEGAT, Fernando. *Teoria jurídica da privatização*: fundamentos, limites e técnicas de interação público-privada no direito brasileiro. Rio de Janeiro: Lumen Juris, 2017, p. 12)

que sejam elas necessariamente serviços públicos. Afinal, "há outra maneira de se entender a titularidade estatal: não como um direito especial de exclusão, mas como uma obrigação, um dever imposto pela ordem jurídica no sentido de oferecer ou desenvolver, direta ou indiretamente, uma atividade de interesse comum. A titularidade prevista na Constituição ou na lei sobre uma atividade para um ente estatal seria o correspondente à atribuição de uma competência que acarreta um dever de atuar, associado aos poderes (prerrogativas) necessários ao exercício daquela atividade titularizada".[114]

É este o caso dos serviços previstos no art. 21, XI e XII, da Constituição, competindo à União, na forma da lei, prestá-los diretamente ou os delegar a particulares por concessão ou permissão, hipótese em que via de regra configurariam serviços públicos. Caso admitido pelo respectivo marco legal seu exercício em regime privado, mediante autorização, em concorrência e liberdade de preços, tratar-se-ia de atividade privada de interesse coletivo, tendo a União o dever de a regular, norteando a atuação privada em prol das necessidades coletivas àquela inerentes.

Para Egon Bockmann Moreira, as autorizações, "ao serem prescritas no art. 21 como modos de transferência do exercício de atividades de titularidade pública às pessoas privadas não se submetem ao art. 170, parágrafo único, nem ao 175. Nem seria adequado denominá-las de 'autorizações de serviço público', eis que não se amoldam a esse conceito normativo-constitucional (a expressão seria falha, ao conjugar termos antitéticos: se é uma autorização, não é de serviço público - eis que este conceito subordina-se ao 175). Tampouco seria correto denominá-las de 'autorização de liberdade de iniciativa' (art. 170, parágrafo único), eis que as atividades materiais do art. 21 são de titularidade e iniciativa público-estatal (o domínio é o da União). A liberdade privada é bem-vinda, mas oriunda e submetida aos termos da lei (e prazo para o seu exercício)".[115]

Acreditamos ser assim possível compreender que *publicatio* no direito brasileiro, com relação às atividades do art. 21, XI e XI da CRFB/88, pode ser sinônimo de titularidade estatal sobre a atividade, o que não significa necessariamente que seja ela classificada como serviço público. Titularidade nesse cenário para nós se identifica com a competência da União com relação a essas atividades, o que compreende o dever de executá-la direta ou indiretamente, por concessão ou permissão, ou de garantir a sua exploração por particulares em regime privado mediante autorização, hipótese em que

---

114. MARQUES NETO, Floriano de Azevedo. *Concessões*. Belo Horizonte: Fórum, 2015, p. 126-127.

115. MOREIRA, Egon Bockmann. Os serviços públicos brasileiros e sua lógica jurídico-econômica: reflexões a partir do artigo 175 da Constituição. *Revista de Direito Público da Economia – RDPE*, Belo Horizonte, ano 17, n. 68, p. 9-43, out./dez. 2019, p. 33.

deve criar arranjos e incentivos para que a iniciativa privada o desempenhe de forma adequada e suficiente.[116]

Sob uma ótica pragmática, qual seria então a consequência prática das considerações acima? Também aqui a escala de *publicatio* nos é útil.

Na medida em que as atividades do art. 21 são de titularidade/competência estatal, quando são operacionalizadas por autorização, em regime privado, em princípio se inserem em um grau mais elevado da escala de *publicatio* comparativamente às atividades privadas de interesse coletivo em geral, especialmente as não previstas naquele dispositivo (exceto se objeto de outra previsão especial da CRFB). Isso significa que, embora não sejam serviços públicos, podem ser submetidas a um controle estatal mais intenso do que as demais atividades privadas.

A referida maior acentuação da ingerência pública naquelas atividades nos referidos setores de infraestrutura pode ser manifestada, por exemplo, observado o princípio da proporcionalidade, pela sujeição ao planejamento setorial ou mediante a imposição de certas obrigações típicas de serviços públicos a atividades do art. 21 da CRFB/88 que sejam objeto de autorização (o tema é detalhado no Capítulo IV.6).

É que o se observa, por exemplo, em setores como o de telecomunicações, energia elétrica e, para o que aqui é mais pertinente, também no portuário. Seguindo esse raciocínio, o citado art. 21 também é especial em relação ao art. 174 da CRFB/88 no que se refere àquelas atividades, razão pela qual mesmo quando exercidas mediante autorização, em regime privado, o planejamento estatal lhes pode ser determinante, dada a titularidade estatal, e não apenas indicativo, como seria para as atividades em geral do setor privado (cf. aprofundamos no Capítulo IV.6.2.2).

São estas as considerações que, naturalmente, sem pretensões exaustivas, teríamos a fazer a respeito da complexa análise dos regimes jurídicos gerais das atividades previstas no art. 21 da Constituição Federal, a partir da figura da escala de *publicatio*. Nosso propósito foi traçar um panorama geral a respeito do tema, para a apresentação das premissas teóricas que

116. Abordando a titularidade pública das atividades do art. 21 da CRFB/88, ainda que não configurem serviços públicos quando condicionadas à autorização, confira-se as lições de Fernando Mânica e Fernando Menegat: "A atividade autorizada não é qualificada como serviço público, já que o art. 175 da CF/88 desautoriza a utilização desse instrumento para delegar atividade qualificada como tal. Igualmente, não é uma atividade econômica em sentido estrito, atinente à esfera de livre iniciativa, visto que o artigo 21 da CF/88 é claro ao imputar sua titularidade à União. Trata-se de uma atividade econômica especial, um serviço de interesse econômico geral que, por ser (mesmo nessa hipótese) de titularidade pública, dependerá de um ato estatal de outorga para ter seu acesso franqueado ao particular. E tal ato de outorga, nos termos do artigo 21 da CF/88, será a autorização regulatória".

adotaremos para, no Capítulo IV, mergulharmos na ordenação específica do setor portuário.

III.3. CONCLUSÕES PARCIAIS: ESCALA DE *PUBLICATIO* COMO MANIFESTAÇÃO DO DIREITO PRIVADO ADMINISTRATIVO

Esperamos ter investigado de que forma a escala de *publicatio* parece ser um instrumento mais adequado para explicar a realidade da ordenação das atividades *lato sensu* de relevante interesse coletivo do que a dicotomia entre serviços públicos ou privados, que tem perdido capacidade explicativa num mundo cada vez mais fluido, no qual convergem atividades submetidas a díspares e graduados níveis de ingerência estatal.

Há, assim, serviços inseridos na esfera pública cuja exploração é submetida a influxos de direito privado, como a liberdade de preços e o regime concorrencial; bem como atividades privadas sujeitas a determinações de direito público, dado o relevante interesse coletivo a elas relacionado, como, por exemplo, mediante a sujeição ao planejamento setorial, à regulação e fiscalização dos seus resultados e à imposição de certas obrigações típicas de serviços públicos.

A aproximação entre esses dois modelos, marcada por diversos pontos de interseção, faz emergir - ou, antes, talvez seja reflexo de - um regime jurídico que não é nem exclusivamente administrativo nem, tampouco, privado, mas um híbrido entre os dois.[117] Essa figura, fruto da miscigenação entre o direito público e o privado, é aquilo que a doutrina já denominou "direito privado administrativo".

Para Almiro do Couto e Silva, o conceito de direito privado administrativo pode "perfeitamente ser utilizado no Brasil para designar o complexo normativo misto, integrado por normas de direito privado com tempera-

117. No que diz respeito especificamente aos serviços públicos, a permeabilização do seu regime jurídico típico de direito público por elementos oriundos do direito privado não passou despercebida pela doutrina francesa: "104. - O impacto do direito privado. No início do século XX, o caráter de exorbitância do direito privado desse regime jurídico era notável, pois a escola do serviço público e, em menor medida, a jurisprudência, fizeram coincidir o direito administrativo e o direito dos serviços públicos, tendo como consequência, em virtude da regra segundo a qual a competência segue a matéria, a intervenção do juiz administrativo em caso de litígio. Supondo que essa total coincidência entre regime jurídico do serviço público e aplicação do direito administrativo tenha realmente existido um dia, deve-se reconhecer que hoje ela já desapareceu. Sob a influência de diversos fatores que serão examinados mais adiante, como a penetração do direito privado nos serviços públicos administrativos gerenciados por entidades públicas, o emprego do direito privado na gestão de serviços públicos industriais e comerciais e a gestão de serviços públicos por entidades privadas levando a uma ampla utilização do direito privado, a missão do serviço público, qualquer que seja a sua natureza e o seu modo de gestão, não é mais caracterizada por uma submissão integral ao direito administrativo" (LACHAUME, Jean-François; PAULIAT, Hélène; DEFFIGIER, Clotilde; VIROT-LANDAIS, Aurélie. *Droit des services publics*. 4. ed. Paris: LexisNexis, 2021, p. 61-62, grifos no original (tradução livre).

mentos de direito público, que comumente disciplina a prestação de serviços públicos por particulares".[118]

A bem da verdade, a relativização das diferenças entre serviços públicos e atividades privadas reguladas é apenas um dos campos de manifestação desse fenômeno. Também são exemplos desse cruzamento entre o público e o privado a confluência entre contratos privados e contratos administrativos (em alguma medida mais flexibilizados), o regime jurídico de direito privado das empresas estatais (pessoas jurídicas de direito privado integrantes da Administração Pública, que devem observância aos seus princípios, em regra fazem licitação etc.), entre outros.

Sobre o tema, Murilo Melo Vale aduz que a publicização do regime privado é a consequência mais marcante do modelo regulador: "Criou-se campo emergente para maiores interações público-privadas cujo grau de publicização se mede não pela titularidade dos bens e serviços, mas pela importância da própria atividade. O modelo regulatório viabilizou o aprofundamento do que se chama de 'direito privado administrativo', que justifica ainda mais a normatividade crescente no exercício de atividades privadas".[119]

Portanto, se tradicionalmente o que determinava a aplicação de normas de direito público era o elemento subjetivo, ou seja, a qualificação de certa atividade como serviço público enquanto algo inserido na esfera estatal, observamos cada vez mais atualmente ser o elemento finalístico – o interesse coletivo que recai sobre determinada atividade – o vetor de influxos publicísticos.

Certos autores identificam, no regime jurídico de direito privado administrativo, uma prevalência do direito privado. Pedro Gonçalves, citando

118. SILVA, Almiro do Couto e. Privatizações no Brasil e o novo exercício de funções públicas por particulares. Serviço público "à brasileira"? Revista de Direito Administrativo, Rio de Janeiro, n. 230, out./dez 2002, p. 46, nota 2.

119. VALE, Murilo. *Obrigações de serviços públicos no setor privado*: fundamentos jurídicos para a imposição de encargos do regime jurídico "típico" da prestação do serviço público à iniciativa privada no Direito brasileiro. Belo Horizonte: Fórum, 2022, 246. Prossegue o autor dizendo que "No welfare state, diversas movimentações – usualmente denominadas como primeira crise do serviço público – desmitificaram a ideia de que processos de identificação do direito público (que ainda persiste na doutrina administrativista) estaria sempre vinculado com a natureza jurídica do empreendimento (atividade econômica versus serviço público), ou dos bens utilizados na prestação do serviço (bens públicos ou privados) ou com a personalidade jurídica de quem exerce a atividade (Estado versus particular). Tornou-se comum o Estado criar empresas, espelhadas na estruturada atividade empresarial privada, para exercício de atividades econômicas e serviços públicos, no qual sempre se reconheceu a imersão de normas de direito privado para o ente estatal. Da mesma forma, permitiu-se que entidades privadas pudessem atuarem atividades legalmente definidas como de domínio econômico, quando a estrutura empresarial se viu atingida por diversas normas até então usualmente aplicáveis às atividades estatais. Assim, pode-se dizer que a função regulatória transformou como elemento indutivo do direito público a importância coletiva da atividade, e não mais a titularidade do serviço, independentemente de quem seja o titular de sua execução" (p. 246).

Mário Aroso Carneiro,[120] pondera que "na expressão, de origem alemã, *direito privado administrativo,* não é por acaso que é dada precedência à palavra 'privado' sobre a palavra 'administrativo', no sentido de que se entende que nos encontramos num domínio de aplicação de um Direito privado permeado de elementos publicísticos".[121] O jurista português explica sua visão, segundo a qual:

> "(...) em relação a outras atividades exercidas no regime do direito privado (*v.g.*, exploração de serviços públicos, atividades que envolvam o acesso a recursos públicos ou a distribuição de vantagens públicas), é indispensável a conjugação entre o regime do direito privado com princípios e valores de direito público (*v.g.*, vinculação específica pelo regime dos direitos, liberdades e garantias; sujeição às 'leis do serviço público'). Desta conjugação surge um regime jurídico, que, na verdade, já não é de um direito privado puro, mas antes de um 'direito privado modificado'. Fala-se, a este respeito, de um *direito privado administrativo, direito privado da Administração, direito privado especial da Administração.* Todas estas fórmulas produzem a mesma ideia: o direito utilizado por organismos integrados na Administração Pública não é um direito privado puro, mas antes um regime jurídico que, com origem no direito privado, suporta a sobreposição de princípios e valores de direito público, desde logo, daqueles que se encontram inscritos na Constituição como princípios fundamentais da Administração Pública (*v.g.*, prossecução do interesse público, proporcionalidade, imparcialidade, etc.)"[122]

---

120. ALMEIDA, Mário Aroso. *Teoria geral do direito administrativo*. Coimbra: Almedina, 2018, p. 24.

121. GONÇALVES, Pedro Costa. *Manual de direito administrativo*. Coimbra: Almedina, 2020, v. 1, p. 144.

122. GONÇALVES, Pedro Costa. *Manual de direito administrativo*. Coimbra: Almedina, 2020, v. 1, p. 144-145 (grifos no original). A respeito da nomenclatura adotada, Ana Raquel Coxo tece as seguintes reflexões: "Na verdade, quer uma (Direito Administrativo Privado), quer outra (Direito Privado Administrativo), se apresentam como designações que, à primeira vista, encerram em si uma contradição nos termos, na medida em que sendo o Direito Administrativo um dos ramos do Direito Público não é Direito Privado e vice-versa. Ensaiando sentidos possíveis de uma e de outra, a denominação "Direito Administrativo Privado" parece traduzir a ideia do Direito Administrativo aplicável a entidades que, exercendo funções administrativas, pautam a sua actividade pelo Direito Privado. Esta ordenação dos termos coloca o acento tónico no Direito Administrativo, que aparece como direito conformador de um outro direito, o Direito Privado. Por seu turno, o "Direito Privado Administrativo" acaba por traduzir o mesmo propósito, mas de outra perspectiva, reportando-se ao Direito Privado que, enquanto direito regulador de uma determinada entidade que exerce funções administrativas, é conformado ou até afastado em determinadas circunstâncias, em virtude da necessária aplicação de preceitos e vinculações de Direito Administrativo. Neste caso, o acento tónico é colocado no Direito Privado, aparecendo o Direito Administrativo num segundo plano, como direito de aplicação excepcional ou extraordinária" (COXO, Ana Raquel. *O Direito Administrativo Privado – contributos*

Na doutrina pátria, certos autores já chegaram a se pronunciar sobre esse regime jurídico misto de direito privado administrativo. Fernando Mânica e Fernando Menegat observam que "o ordenamento jurídico brasileiro admite uma enorme gama de interações público-privadas para a execução de tarefas públicas, a exemplo da criação de entidades estatais de direito privado e da atuação exógena dos particulares na esfera estatal. Nessas hipóteses intermédias, há uma combinação de fatores cujo produto é um regime jurídico misto, que não é integralmente público e tampouco integralmente privado. Esse conjunto de regimes mistos, resultado da incidência parcial de regras de direito público e de direito privado, tem sido denominado *regime de direito privado administrativo*. A expressão, criada pela doutrina alemã, serve para explicar a normatividade incidente tanto sobre tarefas privadas desempenhadas por pessoas estatais quanto sobre tarefas públicas desempenhadas por pessoas jurídicas de direito privado (estatais ou não)".[123]

A própria divisão entre o direito público e o direito privado, como destaca Virgílio Afonso da Silva, se aproxima do conceito de tipos ideais, inclusive para fins de sistematização, que naturalmente comportam certos hibridismos à luz da realidade jurídica experienciada, na qual presentes relações que reúnem elementos de direito público e de direito privado, sem que isso signifique a superação daquela dicotomia.[124]

De nossa parte, acreditamos que a maior ou menor relevância da incidência do direito público ou do direito privado com relação a cada atividade econômica tende a depender da relevância do interesse coletivo a ela atrelado, assim como da capacidade ou não de a iniciativa privada por si só atendê-lo, o que pode variar considerando cada serviço em concreto diante de cada contexto histórico, econômico, tecnológico e social. Esse raciocínio entendemos ser coerente com o que temos defendido até aqui, no sentido da existência de uma escala de *publicatio* na gestão e ordenação de atividades de relevante interesse coletivo pelo Estado. Cabe ao legislador e ao regulador em cada momento a avaliação casuística desses elementos para a definição do regime jurídico de cada atividade.

Especificamente com relação às atividades do art. 21, XI e XII da Constituição de 1988, como a exploração de portos, em razão da compe-

---

para a compreensão do direito suis generis. 2013. Orientador: Prof. Dr. João Salvador Velez Pacheco de Amorim. Dissertação (Mestrado em Direito) – Faculdade de Direito, Universidade do Porto, Porto, 2013, p. 12).

123. MÂNICA, Fernando Borges; MENEGAT, Fernando. *Teoria jurídica da privatização*: fundamentos, limites e técnicas de interação público-privada no direito brasileiro. Rio de Janeiro: Lumen Juris, 2017, p. 24-25.

124. SILVA, Virgílio Afonso da. *A constitucionalização do direito*: os direitos fundamentais nas relações entre particulares. São Paulo: Malheiros, 2011, p. 172-173.

tência quanto a elas atribuída à União pelo Constituinte, qualquer que seja a opção do legislador infraconstitucional sempre estarão sujeitas a algum grau de publicização, não sendo possível de todo interditá-las do direito administrativo. Assim, "quando menos haverá regime de direito privado administrativo, derivado do rol trazido de forma expressa na Constituição. Não pode haver só regime de direito privado puro nessas atividades - pois pertencem ao hemisfério público dos meios de produção –, e muito menos ser às vezes regidas pelo direito público e às vezes pelo privado. Mais: mesmo autorizadas, o exercício de tais atividades não verga o regime de direito privado administrativo e nem instala a racionalidade de mercado 'puro-sangue'".[125]

Quando disciplinadas na forma de serviços públicos passíveis de concessão ou permissão, o regime jurídico aplicável teria, naturalmente, maior carga dos preceitos de direito público. Diferentemente, aquelas atividades cujo exercício é instrumentalizado por autorização em geral são submetidas a um regime jurídico predominantemente privado, ainda que sujeitas a algum grau de incidência do direito público.

A variabilidade dos regimes jurídicos pelos quais disciplinadas as atividades do art. 21, XI e XII, CRFB/88, com notas de direito público e de direito privado, é bem ilustrada no setor portuário, no qual presente variadas modelagens de exploração direta e indireta de instalações portuárias, por meio de diversos títulos habilitantes.

É o que veremos com mais detalhe a seguir.

125. MOREIRA, Egon Bockmann. *Direito das concessões de serviço público*. 2. ed. Belo Horizonte: Fórum, 2022, p. 57.

Capítulo IV

A ESCALA DE *PUBLICATIO* NO SETOR PORTUÁRIO BRASILEIRO

Não apenas para divagações teóricas e abstratas nos será útil a figura da escala de *publicatio*. Propõe-se agora perquirir de que maneira os degradês acima delineados se manifestam concretamente na ordenação contemporânea do setor portuário brasileiro, na qual se vislumbra uma pluralidade de regimes jurídicos concomitantes para a exploração de infraestrutura portuária, cada qual submetida a uma intensidade regulatória específica.[1]

A exploração dos portos é atividade prevista no art. 21, XII, "f", da Constituição, podendo assim ser desenvolvida por variados modelos, como exposto no Capítulo anterior. Por essa razão, analisaremos não só os títulos habilitantes elencados pela Lei dos Portos (Lei nº. 12.815/2013) para a operação de cada tipo de instalação portuária, como também de que maneira o Poder Público de fato disciplina o regime jurídico daquelas.[2]

Afinal, já foi exposta a importância da investigação do regime jurídico de cada atividade para identificar a sua natureza, independentemente do

1. Afinal, até com relação aos serviços públicos a complexidade da atual regulação "em competição e o nascimento de subsistemas jurídicos em cada setor reclamam a análise setorial de cada serviço público, inviabilizando o tratamento uniforme dos serviços públicos como sendo sujeitos a um bloco comum de regras ou de prerrogativas. Afasta-se, assim, a ideia de regime jurídico único a regrar a mesma atividade, substituindo-a pela ideia de regulação adequada e proporcional na medida necessária para o cumprimento dos objetivos constitucionais (MARQUES NETO, Floriano de Azevedo; GAROFANO, Rafael Roque. Notas sobre o conceito de serviço público e suas configurações na atualidade. *Revista de Direito Público da Economia – RDPE*, Belo Horizonte, ano 12, n. 46, p. 63-77, abr./jun. 2014, p. 75)

2. Como resumem Rodrigo Pironti de Castro e Rafael Porto Lovato, o atual regime setorial portuário estabeleceu "dois regimes jurídicos distintos: o primeiro deles associado diretamente à noção de infraestrutura pública, submetido à jurisdição da autoridade portuária e cujos contratos seriam formalizados mediante concessão e arrendamento (precedidos de licitação); já o segundo ligado à ideia de infraestrutura privada, e o seu gozo pelos particulares seria dado mediante autorização (dispensado de licitação)" (CASTRO, Rodrigo Pironti Aguirre de; LOVATO, Rafael Porto. Terminais portuários de uso privado: uma análise a partir do novo marco regulatório. In: PEREIRA, Cesar; SCHWIND, Rafael Wallbach (Coord.). *Direito Portuário Brasileiro*. 3. ed. Belo Horizonte: Fórum, p. 235-244, 2020, p. 238-239).

rótulo que lhe é atribuído. A tarefa de perquirir o regime jurídico ao qual o legislador submeteu cada atividade é relevante na medida em que, ainda que sejam admitidas figuras híbridas no âmbito da escala de *publicatio*, a sua qualificação ou não como serviço público delimita o grau de ingerência que o Poder Público pode ter com relação àquela, por exemplo, se o prazo de exploração deve ser determinado, se pode ou não haver alteração unilateral do eventual instrumento de delegação, ou, ainda, intervenção ou encampação dos serviços por razões de interesse público.

É o que aduzem, na doutrina francesa, Jean-François Lachaume, Hélène Pauliat, Clotilde Deffigier e Aurélie Virot-Landais, ao afirmarem que, *prima facie*, a definição de uma atividade como serviço público ou privado atrai o correspondente regime jurídico. Porém, ressalvam os autores que, na realidade contemporânea europeia – o que também se verifica no caso brasileiro –, nem sempre o ordenamento é expresso ao qualificar a natureza jurídica de atividades de relevante interesse coletivo, por vezes regidas por ordenamentos especiais contemplando as peculiaridades de cada setor. Importa, assim, avaliar o regime jurídico concreto definido pelas normas setoriais para cada atividade, procurando-se investigar a sua respectiva natureza, por exemplo avaliando se há ou não um regime exorbitante do direito privado. Confira-se, pela clareza, a posição dos mencionados autores sobre o tema:

> "**84. – Um regime jurídico específico.** A boa lógica jurídica dita que o regime jurídico constitui a consequência de uma definição e não um de seus elementos. Entretanto, a construção amplamente jurisprudencial do direito administrativo e as soluções de tipo existencialista por vezes adotadas pelos tribunais acabam por subverter um pouco a lógica jurídica com, é verdade, a cumplicidade dos textos normativos que, ao criar uma atividade, não necessariamente especificam sua natureza. Cabe, portanto, ao juiz, seja ele nacional ou europeu, verificar se, no regime jurídico ao qual o ordenamento submete essa atividade, estão presentes ou não os princípios e as regras geralmente encontrados no regime jurídico dos serviços públicos já identificados e reconhecidos: em caso afirmativo, a atividade será qualificada como serviço público ou serviço de interesse geral (econômico ou não econômico); ao contrário, e em princípio, ela não será qualificada como tal na ausência de um regime exorbitante do direito privado".[3]

3. LACHAUME, Jean-François; PAULIAT, Hélène; DEFFIGIER, Clotilde; VIROT-LANDAIS, Aurélie. *Droit des services publics*. 4. ed. Paris: LexisNexis, 2021, p. 51 (tradução livre).

Como acima mencionado pela doutrina francesa, de fato, também no direito brasileiro, não raro as leis que disciplinam certos setores de infraestrutura não qualificam expressamente as atividades por elas regidas como serviços públicos ou atividades econômicas privadas.

Exemplo eloquente é o setor portuário, no qual a Lei nº. 12.815/2013 sequer menciona a expressão "serviço público"[4] para se referir às atividades de exploração de instalações portuárias sobre as quais dispõe. Embora faça o diploma alusão aos títulos habilitantes para a exploração de portos por particulares (concessão, arrendamento público e privado ou autorização), o que, como exposto no Capítulo III.1.2, pode denotar a natureza da atividade, apenas o exame do regime jurídico de cada instrumento pode de fato elucidar a natureza daquelas.

É assim o setor portuário um campo fértil de investigação, por ser um típico caso de "modelo de assimetria regulatória: permite-se que, em uma mesma atividade, um agente atue por meio da delegação de serviço público, observando o regime jurídico de direito público, e outro exerça atividade econômica, de titularidade privada, sendo habilitado por meio de autorização, submetendo-se, por sua vez, ao regime privado. A intervenção direta do estado na economia - leia-se regulação estatal - terá gradações distintas".[5]

Nesse cenário, examinaremos adiante as principais[6] modalidades de exploração dos portos pelo Estado ou por particulares, previstas na Lei nº. 12.815/2013, organizando-as em ordem (em princípio) decrescente de intensidade de intervenção estatal, na escala de *publicatio*. Seguiremos assim o itinerário abaixo:

(i) Exploração direta do Porto Organizado por entidades públicas federais, geralmente as companhias docas, constituídas na forma de empresas estatais (Capítulo IV.2);

(ii) Exploração direta do Porto Organizado por entidades públicas estaduais, municipais ou consórcios públicos, mediante convênios de delegação, na forma da Lei nº. 9.277/1996 (Capítulo IV.2.1);

(iii) Concessão do Porto Organizado a particulares (Capítulo IV.3);

---

4. A Lei nº. 12.815/2013 faz referência a "serviços públicos" em apenas duas oportunidades: (i) ao fazer alusão às embarcações usadas nas "obras de serviços públicos nas vias aquáticas do País", para as quais é dispensável a intervenção de operadores portuários (art. 28, II); e (ii) para alterar a Lei nº. 5.025/1966, que dispõe sobre o comércio exterior, prevendo que "os serviços públicos necessários à importação e exportação deverão ser centralizados pela administração pública em todos os portos organizados" (art. 70).

5. JUCÁ, Paulo Renato. *Regulação do setor portuário*. São Paulo: Almedina, 2021, p. 47.

6. Para manter a objetividade do presente trabalho, focando nas modalidades de terminais de maior porte, trataremos de forma apenas ancilar de outros títulos habilitantes para a exploração portuária, como as estações de transbordo de cargas e as instalações portuárias públicas de pequeno porte.

(iv) Contrato de arrendamento de parcela do Porto Organizado em regime de direito público, firmado entre a União e particular (Capítulo IV.4);

(v) Contrato de arrendamento de fração do Porto Organizado em regime privado, celebrado entre o concessionário e terceiros (Capítulo IV.5); e

(vi) Autorização para a exploração de terminal de uso privado, instrumentalizada por contrato de adesão (Capítulo IV.6).

Examinaremos não só as principais semelhanças e traços distintivos de cada um deles, como também o efetivo grau de intensidade de controle estatal, tanto por parte do legislador quanto do Poder Executivo e da Agência Nacional de Portos de Transportes Aquaviários - ANTAQ, a partir do comando do art. 21, XII, "f", da Constituição Federal.

É nesse contexto que serão analisados sobretudo os seguintes aspectos gerais do regime jurídico de cada uma das modalidades de títulos habilitantes para a exploração de infraestrutura portuária, no que for, naturalmente, em cada caso cabível: (i) critério determinante do regime jurídico (ex.: localização geográfica); (ii) modo de escolha do prestador; (iii) eventual prazo de exploração; (iv) controle ou liberdade de preços; (v) cláusulas do instrumento de formalização, especialmente se presentes ou não cláusulas exorbitantes de alteração unilateral, intervenção, encampação e aplicação de penalidades, bem como se previsto o direito do particular ao equilíbrio econômico-financeiro; (vi) reversão de bens ou não; (vii) imposição ou não de obrigações típicas de serviços públicos (ex.: continuidade, universalização, atualidade, eficiência etc.).

No presente Capítulo, portanto, propomo-nos a examinar os aspectos gerais dos regimes jurídicos de exploração portuária como eles de fato são colocados em prática pelo Poder Público a partir da moldura legal e constitucional, para então explicitar de que forma aqueles desafiam concepções tradicionais do direito administrativo.

Como exposto na Introdução do presente trabalho, em princípio não surge a inovação do vácuo, sendo antes o resultado de constantes diálogos entre a tradição e a novidade que impulsionam a evolução das ciências em geral. Com o direito não é diferente. Não raro a inovação tem origem no desenvolvimento de noções tradicionais da disciplina jurídica, com frequência aplicadas de forma adaptada em ordenamentos especiais.

Observamos que a realidade contemporânea de setores de infraestrutura como o portuário, expressada em sua disciplina estatal, não se enquadra dicotomicamente na dualidade entre serviços públicos ou atividades econômicas privadas, sendo antes manifestação dos variados degradês da escala de *publicatio*.

Ainda assim, como veremos, as particularidades atuais da regulação dos portos, marcada pela flexibilização do regime dos terminais públicos e a intensa regulação dos privados, também dificulta o enquadramento dos modelos de exploração portuária nos degraus da referida escala em que tradicionalmente encaixados. Em outras palavras, os regimes jurídicos dos portos, à primeira vista, como detalharemos neste Capítulo, parecem confrontar as características típicas tanto da ordenação dos serviços públicos quanto da regulação das atividades privadas, em especial as de interesse coletivo. Embora tenhamos concluído que a realidade contemporânea comporta regimes jurídicos híbridos na escala de *publicatio*, a análise do enquadramento de determinada atividade como serviço público ou não é relevante para a definição dos limites à ingerência que o Estado poderia sobre aquela exercer (*cf.* Capítulo III.1.1).

É por isso que no presente Capítulo, além dos contornos gerais dos regimes jurídicos de exploração portuária, pretendemos também estudar algumas peculiaridades específicas do setor, perquirindo de que maneira parecem elas desafiar dogmas tradicionais do direito administrativo geral, com relação aos instrumentos de delegação de serviços públicos e de regulação de atividades privadas de interesse coletivo.

Iremos perquirir por exemplo: (i) se as atribuições do concessionário do Porto Organizado subvertem ou não a lógica convencional da indelegabilidade do poder de polícia a privados; (ii) se certas especificidades dos arrendamentos portuários públicos (ex.: liberdade de preços, facultatividade do regime de bens reversíveis; exclusão de licitação em certos casos) são ou não compatíveis com o regime jurídico tradicional dos serviços públicos; (iii) se os arrendamentos privados desafiam ou não as concepções típicas de subconcessão e de subcontratação; e (iv) se a disciplina das autorizações portuárias estão ou não em consonância com a visão da tradicional da autorização enquanto instrumento de regulação de atividades privadas, em especial em razão da seleção pública para a escolha do autorizatário, pela sujeição ao planejamento setorial, a formalização por contrato, o prazo em princípio determinado, a imposição de obrigações típicas de serviços públicos etc.

Nossa proposta é investigar se de fato estamos diante de especificidades do setor portuário, aptas a demonstrar a insuficiência de certas noções gerais do direito administrativo para explicar a realidade contemporânea, ou se, por outro lado, na verdade sequer novidades consubstanciam, mas meramente a expressão adaptada, no setor portuário, daqueles mesmos dogmas tradicionais.

Até para que seja possível na sequência explicar os distintos meios de exploração portuária, iniciaremos adiante abordando a figura do Porto Organizado e a relevância da fixação da área de sua poligonal.

IV.1. POLIGONAL DO PORTO ORGANIZADO: CRITÉRIO GEOGRÁFICO PARA DEFINIÇÃO DO REGIME PÚBLICO OU PRIVADO, INCLUSIVE A OBRIGATORIEDADE OU NÃO DO OPERADOR PORTUÁRIO E DO TRABALHADOR PORTUÁRIO

Para contextualizar os acima referidos regimes jurídicos da exploração de portos, convém antes esclarecermos o que compreende a figura do Porto Organizado.

Como introduzido no Capítulo I.2, até a edição da MP nº. 595/2012, que deu origem à Lei nº. 12.815/2013, o marco legal do setor era a Lei nº. 8.630/1993. Nos termos desta (art. 1º, § 1º, I),[7] o Porto Organizado como um todo poderia ser explorado diretamente pelo Poder Público ou ser delegado a particular mediante concessão, ou parcela da área daquele poderia ser explorada por particular por meio de contrato de arrendamento. Em ambas as hipóteses, a exploração seria submetida ao regime jurídico de direito público e os contratados privados prestariam serviços públicos a terceiros.

Por outro lado, já era admissível a exploração de infraestrutura portuária mediante autorização estatal, para operação dos denominados terminais de uso privativo, em regime privado, que poderiam estar situados fora ou até dentro da área do Porto Organizado, caso fosse o interessado titular do domínio útil do terreno (art. 4º, II, Lei nº. 8.630/1993).[8] Ocorre que, para a operação de terminal de uso privativo, o autorizatário em regra estaria limitado à movimentação de carga exclusiva ou preponderantemente[9] própria (terminal de uso privativo de uso exclusivo ou misto, respectivamente, cf. art.

7. Lei nº. 8.630/1993: "Art. 1° Cabe à União explorar, diretamente ou mediante concessão, o porto organizado. § 1° Para os efeitos desta lei, consideram-se: I – Porto Organizado: o construído e aparelhado para atender às necessidades da navegação, da movimentação de passageiros ou da movimentação e armazenagem de mercadorias, concedido ou explorado pela União, cujo tráfego e operações portuárias estejam sob a jurisdição de uma autoridade portuária; (Redação dada pela Lei nº 11.314 de 2006)".
8. Lei nº. 8.630/1993: "Art. 4° Fica assegurado ao interessado o direito de construir, reformar, ampliar, melhorar, arrendar e explorar instalação portuária, dependendo: (...) II – de autorização do ministério competente, quando se tratar de terminal de uso privativo, desde que fora da área do porto organizado, ou quando o interessado for titular do domínio útil do terreno, mesmo que situado dentro da área do porto organizado".
9. A carga de terceiros só poderia ser movimentada em caráter "subsidiário e eventual" nos termos do art. 35, II, do Decreto nº. 6.620/2008: "Art. 35. As instalações portuárias de uso privativo destinam-se à realização das seguintes atividades portuárias: I – movimentação de carga própria, em terminal portuário de uso exclusivo; II – movimentação preponderante de carga própria e, em caráter subsidiário e eventual, de terceiros, em terminal portuário de uso misto; e III – movimentação de passageiros, em instalação portuária de turismo".

35 do revogado Decreto nº. 6.620/2008). Em outras palavras, não poderia prestar serviços indistintamente a terceiros, o que geralmente só faz sentido para grandes empresas, industriais ou agrícolas, por exemplo, que tenham demanda para escoar a sua produção via porto. A modelagem, naturalmente, afastava eventuais interessados que pretendiam investir estritamente na operação de infraestrutura portuária. A questão ensejou calorosos debates no setor, que não serão objeto deste trabalho.

Pois bem. Na vigência do atual marco legal do setor (Lei nº. 12.815/2013), o traço determinante do regime jurídico público ou privado para a operação de infraestrutura portuária passou a ser o critério geográfico, extinguindo-se a limitação de "carga própria" no setor: (i) a exploração do Porto Organizado em si ou de instalações portuárias dentro dele é efetuada em regime público, seja diretamente pelo Poder Público seja por meio de concessão ou arrendamento, respectivamente; e (ii) a exploração de instalações portuárias situadas fora da área do Porto Organizado é operacionalizada por autorização, em regime privado, instrumentalizada por contrato de adesão. Os terminais públicos e privados, portanto, passaram a competir frontalmente, já que ambos poderiam prestar o mesmo serviço indistintamente a terceiros. É o que se depreende da dicção da Lei nº. 12.815/2013:

> "Art. 1º Esta Lei regula a exploração pela União, direta ou indiretamente, dos portos e instalações portuárias e as atividades desempenhadas pelos operadores portuários.
>
> § 1º A exploração indireta do porto organizado e das instalações portuárias nele localizadas ocorrerá mediante concessão e arrendamento de bem público.
>
> § 2º A exploração indireta das instalações portuárias localizadas fora da área do porto organizado ocorrerá mediante autorização, nos termos desta Lei".

O Porto Organizado é definido como o "bem público construído e aparelhado para atender a necessidades de navegação, de movimentação de passageiros ou de movimentação e armazenagem de mercadorias, e cujo tráfego e operações portuárias estejam sob jurisdição de autoridade portuária" (art. 2º, I). Isso não quer dizer, porém, que a partir da disposição legal todo e qualquer bem móvel ou imóvel localizado dentro da área do Porto Organizado passou a automaticamente ser um bem público.

Conforme explica a doutrina, "determinada área será (ou continuará) integrada ao porto organizado se restar demonstrada sua utilidade dentro da busca por eficiência e competitividade dessa infraestrutura pública. Se a área tiver alguma função dentro do planejamento feito para o porto organizado, para a operação atual ou eventual expansão, deverá ser abrangida nos quadrantes da poligonal. Esse entendimento prevalece mesmo nos casos em que a área de interesse do porto organizado não seja, eventualmente, de titularidade pública, isto é, seja de propriedade privada. Nesse caso, a essencialidade da função desempenhada pelo bem justificará sua incorporação ao patrimônio público (ou eventualmente ao domínio útil) pelos mecanismos legalmente previstos. *A contrario sensu*, se um terreno de titularidade pública, inserido na poligonal, mostrar-se inócuo ao interesse público por não desempenhar qualquer função dentro do planejamento feito para o porto organizado, poderá simplesmente ser alienado e excluído da poligonal".[10]

E arremata o autor: "a identificação da natureza do bem, se público ou privado, não advém da sua titularidade, mas da sua função. Cabe adotar um critério funcionalista, que se traduz na avaliação da função do bem para o alcance de determinado interesse público relevante. Se o bem se presta a uma utilidade pública, poderá ser considerado um bem público, mesmo se de titularidade de ente privado".[11]

Devem ser públicos os bens funcionalmente imprescindíveis para a consecução dos fins constitucionais e legais atinentes ao desenvolvimento do porto. Assim, a nosso ver, eventuais bens privados situados na área do Porto Organizado, inclusive imóveis, se necessários aos fins públicos àquele inerentes, podem ser desapropriados pelo Estado, mediante indenização por exemplo do domínio útil, no caso de terreno de marinha. Do contrário, pelo menos no caso dos bens imóveis, convém ao Poder Público alterar a área do Porto Organizado para assim excluir os bens que lhe sejam despiciendos.[12]

---

10. MARQUES NETO, Floriano de Azevedo. Delimitação da poligonal dos portos organizados e o regime jurídico dos bens públicos. In: PEREIRA, Cesar; SCHWIND, Rafael Wallbach (Coord.). *Direito Portuário Brasileiro*. 3. ed. Belo Horizonte: Fórum, 2020. p. 329-350, p. 346.

11. MARQUES NETO, Floriano de Azevedo. Delimitação da poligonal dos portos organizados e o regime jurídico dos bens públicos. In: PEREIRA, Cesar; SCHWIND, Rafael Wallbach (Coord.). *Direito Portuário Brasileiro*. 3. ed. Belo Horizonte: Fórum, 2020. p. 329-350, p. 346.

12. A questão ensejou calorosos debates doutrinários. Para Aline Lícia Klein, "o critério dominial, de titularidade do bem, não é suficiente para a definição da área do porto organizado" e entende ser "mais adequada a utilização de um critério funcionalista para a definição do porto organizado como bem público". Dessa forma, "áreas que não são de domínio público e que não estejam sendo utilizadas para o desenvolvimento da atividade portuária, mas que sejam relevantes para a expansão do porto organizado, de acordo com os instrumentos de planejamento portuário e as perspectivas de incremento das atividades, deverão também ser incluídas na área do porto organizado" (KLEIN, Aline Lícia. O porto organizado como bem público e a delimitação da sua área. In: PEREIRA, Cesar; SCHWIND, Rafael Wallbach (Coord.). *Direito Portuário Brasileiro*. 3. ed. Belo Horizonte: Fórum,2020. p. 401-412, p. 410). Também Maria Sylvia Zanella Di Pietro defende a adoção do critério funcionalista para definição dos bens públicos. A autora realça, no entanto, que, dentro da área do porto organizado, pode haver tanto bens públicos, exploráveis diretamente pela União ou por terceiros, quanto bens do domínio útil dos particulares, que são objeto de autorização. Quanto a estes, "a sua manutenção ou exclusão na área do porto organizado depende do interesse do Poder Público em utilizá-los ou não para atividade portuária", observados os parâmetros estabelecidos pelo art. 15 da Lei nº 12.815, além do plano de desenvolvimento e zoneamento do porto organizado e do plano

A área do Porto Organizado, naturalmente, é uma ficção jurídica.[13] É definida como a "área delimitada por ato do Poder Executivo que compreende as instalações portuárias e a infraestrutura de proteção e de acesso ao porto organizado" (art. 2º, II). Dessa forma, a área da denominada "Poligonal do Porto Organizado" é instituída e modificada por ato do Poder Executivo, mediante Decreto Presidencial, que deve se pautar pelos seguintes parâmetros previstos no art. 15 da Lei nº. 12.815/2013: (i) adequação dos acessos marítimos e terrestres; (ii) ganhos de eficiência e competitividade oriundos

---

master. Assim, "se o bem é importante para o desenvolvimento de atividades portuárias, ele deve ser mantido na área do porto organizado, independentemente do conflito. Se o litígio se referir à questão do domínio (público ou privado) e for resolvido a favor da propriedade pública, nada haverá a providenciar pelo Poder Público, que simplesmente manterá a afetação ao desenvolvimento da atividade portuária. Se o conflito se resolver a favor da propriedade privada da área, o Estado terá a alternativa de adquiri-la pelos instrumentos jurídicos adequados (compra, desapropriação etc.) ou mantê-la em mãos do particular, mediante autorização. (DI PIETRO, Maria Sylvia Zanella. Alteração da poligonal do porto organizado: requisitos materiais segundo a Lei nº 12.815/2013. In: PEREIRA, Cesar; SCHWIND, Rafael Wallbach (Coord.). *Direito Portuário Brasileiro*. 3. ed. Belo Horizonte: Fórum, 2020, p. 261-275, p. 265-568). Marçal Justen Filho, por sua vez, entende que a classificação do porto organizado como bem púbico "implica a titularidade estatal sobre o espaço físico", porém reconhece que "isso não exclui a possibilidade de que a área do porto organizado compreenda, eventualmente, bens de titularidade privada" (JUSTEN FILHO, Marçal. O regime jurídico das atividades portuárias e seus reflexos sobre a delimitação do porto organizado. In: PEREIRA, Cesar; SCHWIND, Rafael Wallbach (Coord.). *Direito Portuário Brasileiro*.3. ed. Belo Horizonte: Fórum, 2020. p. 291-310, p. 296). Para Carlos Ari Sundfeld e André Rosilho, "a lei, ao caracterizar o porto organizado como 'bem público', não teve o condão de automaticamente estatizar todos os bens abarcados pela vigente poligonal. Intepretação em sentido contrário não encontraria respaldo no ordenamento jurídico, que não admite confiscos". Na verdade, de acordo com esses autores "o art. 2º da lei, ao definir o porto organizado como 'bem público', tratou apenas da natureza global do empreendimento, classificando-a como estatal (pública), sem qualquer alteração da titularidade pública ou privada dos direitos sobre imóveis incluídos na poligonal do porto" (SUNDFELD, Carlos Ari; ROSILHO, André. A redefinição da poligonal do porto organizado como mecanismo de desenvolvimento do setor portuário. In: PEREIRA, Cesar; SCHWIND, Rafael Wallbach (Coord.). *Direito Portuário Brasileiro*. 3. ed. Belo Horizonte: Fórum, 2020. p. 311-328, p. 321 e 327). Em sentido contrário, Cesar Pereira e Rafael Wallbach Schwind rejeitam a intepretação "em sentido econômico, não jurídico" dada ao art. 2º, I, da Lei nº 12.815/2013, pelo qual "'poderia significar que o porto organizado consiste em um conjunto de elementos que realizam uma finalidade de interesse coletivo", "ainda que composto por bens do patrimônio particular". Argumentam, contrariamente, que, em seu sentido jurídico, "a qualificação legal de um bem como público implica a sua incorporação ao patrimônio estatal, ainda que mediante processo de desapropriação" e que "não existe nenhuma razão para não se compreender o art. 2º, I, da Lei nº 12.815 em seu sentido jurídico". Assim, "a qualificação de 'bem público' dada ao porto organizado pode implicar a expropriação das áreas particulares nele existentes, a fim de que sejam incorporadas ao patrimônio público e exploradas por particulares apenas mediante alguns dos atos de atribuição desse direito". Com relação aos terminais de uso privativo existentes dentro dos portos organizados, os autores afirmam que "a adaptação possível poderia ser a licitação do terminal para que seja submetido ao mesmo regime dos demais terminais arrendados dentro de cada porto organizado" (PEREIRA, Cesar; Schwind, RAFAEL Wallbach. O marco regulatório do setor portuário brasileiro. In: PEREIRA, Cesar; SCHWIND, Rafael Wallbach (Coord.). *Direito Portuário Brasileiro*. 3. ed. Belo Horizonte: Fórum, 2020. p. 31-63, p. 44-45).

13. GOMES, Carlos Afonso Rodrigues. Portos públicos: descentralização mediante concessão, no regime jurídico estabelecido pela Lei nº 10.233/2001. *Revista de Direito Público da Economia – RDPE*, ano 2011, n. 34, p. 91-132, abr. 2011. Disponível em: https://www.forumconhecimento.com.br/v2/revista/P140/E20824/32917. Acesso em: 28 fev. 2024.

da escala das operações; e (iii) as instalações portuárias já implantadas, buscando aproveitar a infraestrutura preexistente.[14]

Para ilustrar o que até então procuramos elucidar com palavras, convém, até para fins didáticos, reproduzir imagem da poligonal do Porto Organizado do Rio de Janeiro, de 2019, compreendendo toda a área administrada pela estatal Companhia Docas do Rio de Janeiro (atual PortosRio), inclusive as áreas comuns e as instalações portuárias exploradas por particulares por contrato de arrendamento, compreendendo parcelas da área da referida poligonal:

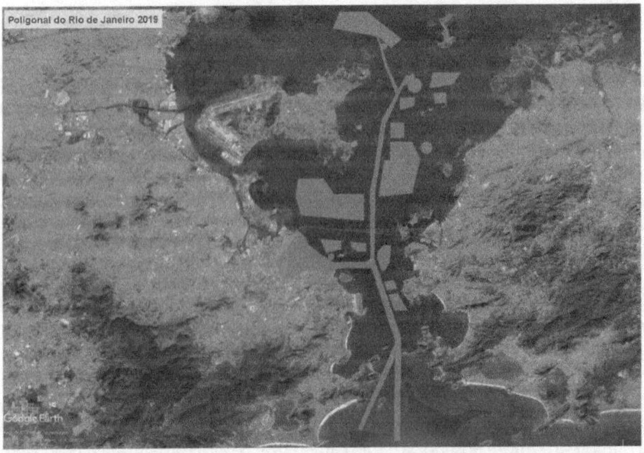

Acesse a imagem colorida neste QR Code.

Figura 1 – Poligonal do Porto Organizado do Rio de Janeiro em 2019. (Fonte: Disponível em: https://www.portosenavios.com.br/noticias/portos-e-logistica/docas-do-rio-divulga--as-novas-poligonais-dos-portos. Acesso em: 07 fev. 2024)

14. De acordo com José Vicente Santos de Mendonça, em trabalho específico sobre o tema, eventual revisão das poligonais dos portos organizados deve observar duas ordens de garantias: (i) as garantias procedimentais, que "consistem na realização de consulta e audiência públicas (informativas ou deliberativas, jamais insinceras) e na motivação clara, honesta e suficiente de todas as decisões administrativas"; e (ii) as substantivas, que, além do respeito a todos os princípios da Administração, notadamente o da proporcionalidade, impõem ainda que a alteração de poligonal seja compatível com o planejamento portuário, o que inclui o plano de desenvolvimento e zoneamento e o plano master do porto. Ainda no que diz respeito à validade da alteração das poligonais, o autor adverte que "a análise do enquadramento jurídico da revisão de poligonal vis-à-vis contratos de arrendamento depende de cada caso. Cada porto organizado e cada alteração de poligonal possuem características próprias, que desafiam análises pontuais – análises em primeiro lugar econômicas, e, só depois, jurídicas". Assim é que "a decisão da consulta e da audiência pública há de ser decisão fundada em dados confiáveis e consistentes, e não em mistificações. Uma decisão deliberada de modo sincero e voltada ao contexto concreto, sem estar presa a fundacionalismos, e capaz de conjecturar consistentemente de consequências amplas e suportadas por evidências. Uma decisão – ora pois – pragmática" (MENDONÇA, José Vicente Santos de. Esboço de guia jurídico para a revisão das poligonais de portos organizados. In: PEREIRA, Cesar; SCHWIND, Rafael Wallbach (Coord.). *Direito Portuário Brasileiro*. 3. ed. Belo Horizonte: Fórum, 2020. p. 135-144, p. 142 – 144).

Dentro do Porto Organizado, independentemente de se tratar de exploração direta por entidade pública ou indireta por concessão ou arrendamento, a atividade de operação portuária de armazenagem e movimentação de cargas e passageiros deve ser desenvolvida por pessoa jurídica pré-qualificada pela Administração do Porto, conforme as normas fixadas pelo Poder Concedente (União).[15]

Trata-se da figura do operador portuário, cuja atividade é regulada pela ANTAQ (art. 27, *caput*, Lei nº. 12.815/2013), definido como "a pessoa jurídica pré-qualificada para exercer as atividades de movimentação de passageiros ou movimentação e armazenagem de mercadorias, destinadas ou provenientes de transporte aquaviário, dentro da área do porto organizado" (art. 2º, XII, Lei nº. 12.815/2013). Eduardo Amaral Gurgel Kiss critica o conceito legal de operador portuário, observando que "a princípio, todos os que operam no porto, são, por assim dizer, 'operadores portuários' independentemente de estarem ou não no 'porto organizado'. Mas a lei os exclui do conceito e, portanto, não são legalmente operadores portuários".[16]

Por sua vez, Luiz Eduardo Diniz Araújo e Carolina Lages Echeverria chamam atenção para a responsabilidade do operador portuário pelos danos causados à administração do porto, ao proprietário ou consignatário das mercadorias e ao armador (art. 26 da Lei nº 12.815/2013), estando submetido às normas da ANTAQ, apesar de não possuir título de outorga expedido pela agência (art. 27 da mesma lei).[17]

A Administração do Porto, seja ela exercida por entidade pública ou privada, considera-se pré-qualificada como operador portuário, nos termos do art. 25, § 4º, da Lei dos Portos. Ademais, como requisito técnico para as

---

15. As atividades portuárias podem ser enquadradas, conforme a classificação de Marçal Justen Filho, nas seguintes modalidades: (i) principais, as quais "envolvem o embarque e o desembarque de pessoas e de mercadorias", compreendendo "o deslocamento físico de pessoas ou coisas de terra para bordo de uma embarcação e vice-versa"; (ii) acessórias, aquelas que, apesar de não estarem compreendidas no embarque e desembarque, são "necessárias ou úteis ao desenvolvimento das atividades portuárias propriamente ditas" (como, por exemplo, a dragagem dos canais de acesso e das bacias de evolução); e, por fim, (iii) anômalas, atividades que "não apresentam vínculo nem mesmo indireto com o embarque ou desembarque de passageiros ou mercadorias" e poderiam até ser exercitadas em outro local, mas "cujo desenvolvimento no espaço portuário implica, no entanto, a sua submissão a regras e condições gerais próprios da atividade correspondente JUSTEN FILHO, Marçal. O Regime Jurídico do Arrendamento Portuário: A Questão da Obrigatoriedade da Licitação. *Revista de Direito Administrativo Contemporâneo*, v. 16, p. 191-213, jan./fev. 2015, p. 2. O exemplo que o autor fornece de atividade portuária anômala é o de instalações de processamento de soja instaladas em área portuária, aonde a soja chega em estado natural e é submetida a um processo de transformação, para posterior embarque tanto do óleo quanto do farelo dela derivados.
16. KISS, Eduardo Amaral Gugel. Comentários ao art. 2º. In: MILLER, Thiago Testini de Mello; SILVA, Aline Bayer da; RÊNIO, Lucas (Orgs.). *Comentários à Lei 12.815/2013*: (incluídas as alterações da Lei 14.047/2013). Rio de Janeiro: Telha, 2020, p. 36.
17. ARAÚJO, Luiz Eduardo Diniz; ECHEVERRIA, Carolina Lages. O setor portuário brasileiro e a sua disciplina jurídica. *Revista da AGU*, Brasília-DF, v. 14, n. 3, p. 153-182, jul./set. 2015, p. 173.

licitações de arrendamento o edital pode estabelecer que o licitante assumo o compromisso de (i) obter sua pré-qualificação como operador portuário perante a Administração do Porto; e (ii) contratar um operador portuário pré-qualificado perante a Administração do Porto para o desempenho das operações portuárias, sem prejuízo do integral cumprimento das metas de qualidade e de outras obrigações contratuais (art. 10, parágrafo único Decreto nº. 8.033/2013).

Em resumo, dentro do Porto Organizado as operações portuárias só podem ser desenvolvidas pelos próprios delegatários (arrendatário ou concessionário) e pela Autoridade Portuária pública, ou por pessoa jurídica pré-qualificada como operador portuário que seja contratada por aqueles. Essa dinâmica parece indicar que no Porto Organizado o núcleo do objeto da delegação via concessão ou arrendamento é a gestão e exploração da infraestrutura, na medida em que os serviços portuários em si podem ser materialmente executados por terceiros (operadores portuários) contratados pelo concessionário ou arrendatário via contratos de direito privado.[18]

No setor, há ainda regras bastante detalhadas no que se refere à contratação de mão de obra por parte do operador portuário, especialmente para atividades relacionadas à movimentação e armazenagem de mercadorias. Na forma do art. 40 da Lei nº. 12.815/2013, o "trabalho portuário de capatazia, estiva, conferência de carga, conserto de carga, bloco e vigilância de embarcações, nos portos organizados, será realizado por trabalhadores portuários com vínculo empregatício por prazo indeterminado e por trabalhadores portuários avulsos".

Por essa razão é obrigação do operador portuário constituir, em cada Porto Organizado, um órgão de gestão de mão de obra do trabalho portuário, cujas atribuições envolvem, por exemplo, a administração do fornecimento de mão e obra do trabalhador portuário, a manutenção do cadastro de trabalhadores, o treinamento e habilitação profissional daqueles etc. (art. 32, Lei nº. 12.815/2013).[19]

Por outro lado, nos termos do art. 30 da Lei nº. 12.815/2013, a "operação portuária em instalações localizadas fora da área do porto organizado será disciplinada pelo titular da respectiva autorização, observadas as normas

---

18. Lógica semelhante observamos no setor ferroviário a partir da Lei nº. 14.243/2021. A gestão e exploração da infraestrutura ferroviária só pode ser desenvolvida por particulares mediante concessão ou autorização. Porém, a lei admite a prestação de serviços ferroviários dissociada da exploração da infraestrutura, por parte dos Agentes Transportadores Ferroviários (ATFs), submetidos a mero registro perante a ANTT.

19. Sobre o regime jurídico do trabalhador portuário, vide: RÊNIO, Lucas. Comentários ao art. 32. In: MILLER, Thiago Testini de Mello; SILVA, Aline Bayer da; RÊNIO, Lucas (Orgs.). *Comentários à Lei 12.815/2013*: (incluídas as alterações da Lei 14.047/2013). Rio de Janeiro: Telha, 2020, p. 204.

estabelecidas pelas autoridades marítima, aduaneira, sanitária, de saúde e de polícia marítima".

Assim, os terminais privados sujeitos à autorização, situados fora da poligonal do Porto Organizado, não estão obrigados a se qualificar ou contratar pessoas jurídicas pré-qualificadas como operadores portuários. Tampouco estão os terminais privados obrigados a contratar trabalhadores portuários no regime jurídico previsto no art. 32 e seguintes da Lei nº. 12.815/2013. Trata-se de elementos que denotam a assimetria regulatória existente no setor, sobre a qual nos debruçaremos nos Capítulos seguintes.

Feito esse necessário introito a respeito da área da poligonal do Porto Organizado e da sua importância para a definição do regime jurídico público ou privado (ou até misto, como veremos) de exploração de infraestrutura portuária, passemos, então, à apreciação de cada uma de suas principais modalidades, em ordem em princípio decrescente de intensidade de controle na escala de *publicatio*.

IV.2. EXPLORAÇÃO DIRETA DO PORTO ORGANIZADO POR ENTIDADES PÚBLICAS

No ponto mais alto da escala de *publicatio*, agora especificamente sob a ótica da ordenação portuária brasileira contemporânea, deparamo-nos com a hipótese de exploração direta de todo o Porto Organizado por entidade integrante da Administração Pública, que então desempenha a atribuição de Autoridade Portuária.

A Lei dos Portos menciona expressamente disciplinar não só a exploração indireta de portos e instalações portuárias, como também a direta, *verbis:* "Art. 1º Esta Lei regula a exploração pela União, direta ou indiretamente, dos portos e instalações portuárias e as atividades desempenhadas pelos operadores portuários".

A prestação direta de serviços públicos é aquela efetuada por entidades que integrem a Administração Pública titular do serviço, que exerce o papel de Poder Concedente caso o deseje delegar a particulares. A prestação direta pode ocorrer de modo centralizado ou descentralizado. No primeiro caso, "os entes da federação prestam os serviços públicos por seus próprios órgãos, ou seja, por sua Administração Direta, cumulando as posições de titular e de prestador do serviço. Será o próprio ente da federação titular da atividade que o prestará".[20]

20. ARAGÃO, Alexandre Santos de. *Direito dos Serviços Públicos.* 4. ed., Belo Horizonte: Fórum, 2017, p. 422.

No caso de prestação direta descentralizada, o serviço é executado por pessoa jurídica da Administração Indireta do seu titular, em geral autarquias, empresas públicas e sociedades de economia mista. Não se confunde, assim, com a concessão/delegação da atividade a terceiros. Afinal, "a descentralização não configura concessão do serviço, já que os recursos aplicados continuam a ter origem pública, o regime jurídico não se altera e não se transfere a prestação do serviço para órbita estranha à da Administração Pública".[21] Não há, portanto, "qualquer sentido falar-se em concessão de serviço público quando o Poder Público cria, ele mesmo, um seu prolongamento personalizado, uma entidade de sua administração indireta, para executar serviço de sua alçada".[22] Nessa hipótese, a operação não é instrumentalizada por contrato entre o ente titular do serviço e a entidade de sua Administração que o executará. Há, na realidade, outorga legal da atividade para execução pela pessoa jurídica daquela incumbida. A prestação é assim realizada diretamente pelo Poder Público, embora por pessoa jurídica da sua Administração Pública indireta.

No caso portuário, como exposto no Capítulo III.2, a Constituição de 1988 atribui à União a titularidade (no sentido de competência para executar e/ou ordenar) com relação aos portos (art. 21, XII, "f"). Assim, salvo no caso de "delegação" de portos via convênio a entes subnacionais - que trataremos no Capítulo seguinte -, a exploração direta descentralizada de portos deve ser efetuada por entidade integrante da Administração Pública federal, em geral empresas estatais.

Trata-se do papel no Brasil convencionalmente desempenhado por empresas estatais na origem denominadas companhias docas, como é o exemplo da Companhia Docas do Rio de Janeiro - CDRJ (atual PortosRio), empresa pública federal que administra os Portos Organizados do Rio de Janeiro, Niterói, Itaguaí e Angra dos Reis. Também é o caso da Autoridade Portuária de Santos, atual razão social da Companhia Docas do Estado de São Paulo, empresa pública federal responsável pela gestão do Porto Organizado de Santos.

A constituição de empresas estatais voltadas à administração de portos organizados configurou uma política pública nacional para o setor que remonta aos anos 1960, no contexto da acentuação da intervenção direta do Estado no domínio econômico que marcou aquele período, sobretudo por meio de empresas estatais, como vimos no Capítulo II.3. Assim, com a edição do Decreto nº. 54.046/1964, "ficou definida a estratégia de constituir

21. JUSTEN FILHO, Marçal. *Teoria Geral das Concessões de Serviço Público*. São Paulo: Dialética, 2003, p. 119.

22. DALLARI, Adilson Abreu. Empresa estatal prestadora de serviços públicos - Natureza jurídica - Repercussões tributárias. *Boletim de Direito Administrativo,* São Paulo, v. 10, n. 8, p. 453-468, ago. 1994

empresas estatais para a exploração dos Portos Organizados. Nesse contexto, foram criadas diversas Companhias Docas no âmbito federal para funcionar como Administração Portuária dos Portos Organizados na forma de sociedades de economia mista".[23]

À época, foram criadas a Companhia Docas do Ceará - CDC (1965), a Companhia Docas do Rio de Janeiro - CDRJ (1967), a Companhia Docas do Pará - CDP (1967), a Companhia Docas do Rio Grande do Norte - CODERN (1969), a Companhia Docas do Maranhão - CODOMAR (1973), a Companhia das Docas do Estado da Bahia - CODEBA (1975), a Companhia Docas do Estado de São Paulo - CODESP (1980) e a Companhia Docas do Espírito Santo - CODESA[24] (1982). [25]

Ainda que algumas delas tenham tido a sua denominação modificada – foi o caso da CDRJ e da CODESP –, fato é que no Brasil a administração de Portos Organizados em geral é exercida por empresas estatais, a despeito das tentativas legislativas de promover a concessão de portos, por exemplo mediante a Lei nº. 8.630/1993, a Lei nº. 12.815/2013 e a Lei nº. 14.047/2020. A propósito, como veremos no Capítulo sobre as concessões portuárias, a única delegação de Porto Organizado efetuada à luz da Lei nº. 12.815/2013 diz respeito à concessão do Porto de Vitória e Barra do Riacho ("Porto de Vitória"), que envolveu inclusive a desestatização da CODESA.[26]

Por vezes, observa-se certa reticência governamental com relação à concessão da gestão do Porto Organizado, o que com frequência é fundamentado na alegada importância de o papel de Autoridade Portuária ser desempenhado por entidade pública, considerando as competências legais que são atribuídas a essa figura. Não raro são elas atreladas ao exercício de poder de polícia, o que abordaremos no Capítulo IV.3.2 a partir da análise do "dogma" da indelegabilidade do desempenho de poder de polícia à luz do direito administrativo contemporâneo.

Vejamos então quais são essas atribuições.

---

23. GAMELL, Denis Austin. *Arrendamento portuário como atividade econômica em sentido estrito: evolução do direito positivo e perda da capacidade explicativa da noção de serviço público.* (Dissertação de Mestrado). Brasília: IDP, 2021, p. 55.

24. Como veremos no Capítulo sobre as concessões portuárias, a única delegação de Porto Organizado efetuada à luz da Lei nº. 12.815/2013 diz respeito à concessão do Porto de Vitória e Barra do Riacho, que envolveu inclusive a desestatização da CODESA.

25. GAMELL, Denis Austin. *Arrendamento portuário como atividade econômica em sentido estrito: evolução do direito positivo e perda da capacidade explicativa da noção de serviço público.* (Dissertação de Mestrado). Brasília: IDP, 2021, p. 55.

26. Embora estivesse em curso o projeto de concessão do Porto de Santos, reiteramos que ao menos até o momento não foi ele concretizado.

A Administração do Porto Organizado, denominada Autoridade Portuária, é realizada a partir das diretrizes do Poder Concedente (União)[27] e é submetida à regulação da Agência Nacional de Portos e Transportes Aquaviários - ANTAQ. Pode ser exercida diretamente pela União - ainda que por entidade da sua Administração Indireta -, por "delegatária" (no caso de delegação via convênio a entes subnacionais) ou por concessionária (art. 17, *caput,* Lei nº. 12.815/2013). Em qualquer das hipóteses, a Autoridade Portuária possui as seguintes atribuições, conforme o art. 17, § 1º, da Lei nº. 12.815/2013:

> (i) cumprir e fazer cumprir as leis, os regulamentos e os contratos de concessão;
>
> (ii) assegurar o gozo das vantagens decorrentes do melhoramento e aparelhamento do porto ao comércio e à navegação;
>
> (iii) pré-qualificar os operadores portuários, de acordo com as normas estabelecidas pelo poder concedente;
>
> (iv) arrecadar os valores das tarifas relativas às suas atividades;
>
> (v) fiscalizar ou executar as obras de construção, reforma, ampliação, melhoramento e conservação das instalações portuárias;
>
> (vi) fiscalizar a operação portuária, zelando pela realização das atividades com regularidade, eficiência, segurança e respeito ao meio ambiente;
>
> (vii) promover a remoção de embarcações ou cascos de embarcações que possam prejudicar o acesso ao porto;
>
> (viii) autorizar a entrada e saída, inclusive atracação e desatracação, o fundeio e o tráfego de embarcação na área do porto, ouvidas as demais autoridades do porto;
>
> (ix) autorizar a movimentação de carga das embarcações, ressalvada a competência da autoridade marítima em situações de assistência e salvamento de embarcação, ouvidas as demais autoridades do porto;
>
> (x) suspender operações portuárias que prejudiquem o funcionamento do porto, ressalvados os aspectos de interesse da

27. Nos termos do art. 1º, parágrafo único do Decreto nº. 8.033/2013, o "poder concedente será exercido pela União por intermédio do Ministério dos Transportes, Portos e Aviação Civil, ouvidas as respectivas Secretarias". À época da conclusão deste trabalho havia um específico Ministério dos Portos e Aeroportos.

autoridade marítima responsável pela segurança do tráfego aquaviário;

(xi) reportar infrações e representar perante a Antaq, visando à instauração de processo administrativo e aplicação das penalidades previstas em lei, em regulamento e nos contratos;

(xii) adotar as medidas solicitadas pelas demais autoridades no porto;

(xiii) prestar apoio técnico e administrativo ao conselho de autoridade portuária e ao órgão de gestão de mão de obra;

(xiv) estabelecer o horário de funcionamento do porto, observadas as diretrizes da Secretaria de Portos da Presidência da República, e as jornadas de trabalho no cais de uso público; e

(xv) organizar a guarda portuária, em conformidade com a regulamentação expedida pelo poder concedente.

Uma vez que a administração do Porto Organizado por estatal é realizada por outorga legal, e não via contrato precedido de licitação, não há prazo determinado para seu exercício, tampouco a previsão de clausulas exorbitantes ou o respectivo direito da empresa ao equilíbrio econômico-financeiro. Na hipótese de prestação direta, o regime de direito público se manifesta na própria exploração do serviço por entidade integrante da Administração Pública titular, sujeita aos princípios da Administração Pública e ao respectivo regime jurídico, assim como aos controles internos e externos correspondentes, inclusive para a garantia de finalidades comumente relacionadas aos denominados princípios dos serviços públicos (continuidade, atualidade, modicidade tarifária etc.).

Além disso, na forma do art. 64 da Lei nº. 12.815/2013, foi imposto às companhias docas firmar com a então Secretaria de Portos da Presidência (atual Ministério de Portos e Aeroportos) compromisso de metas e desempenho empresarial que estabeleça: (i) objetivos, metas e resultados a serem atingidos, e prazos para sua consecução; (ii) indicadores e critérios de avaliação de desempenho; (iii) retribuição adicional em virtude do seu cumprimento; (iv) critérios para a profissionalização da gestão das Docas. Verifica-se, assim, que a razão de ser do art. 64 da Lei nº. 12.815/2013 reside nos aspectos ligados ao controle administrativo a que estão sujeitas as Companhias Docas, diante de sua vinculação à pessoa federativa,[28] eis que integram a Administração Pública federal.

28. MILLER, Thiago Testini de Mello; SILVA, Aline Bayer da; SILVA, Lucas Rênio (orgs.). Comentários à Lei nº. 12.815/2013. Rio de Janeiro: Telha, 2020, p. 305 (comentário ao art. 64 por Natália Pereira Dias).

Dinorá Adelaide Grotti e Cristiana Maria Lima sintetizam algumas relevantes peculiaridades da exploração direta de portos via entidades estatais: "(i) desnecessidade de prévia licitação para exploração do serviço; (ii) ausência de contrato, sendo a outorga conferida diretamente pela lei; (iii) caráter definitivo, sem prazo determinado; (iv) irrevogáveis, sem serem modificadas administrativamente; (v) não estão sujeitas às regras da reversão e encampação; (vi) sem a possibilidade de requerer o equilíbrio econômico-financeiro".[29]

Cabe destacar, ainda, que, na medida em que as entidades estatais responsáveis pela gestão dos Portos Organizados geralmente são estruturadas na forma de empresas estatais, submetem-se ao regime jurídico da Lei nº. 13.303/2016, que institui o Estatuto Jurídico das Empresas Públicas e Sociedades de Economia Mista, na forma do comando do art. 173, §1º, da Constituição Federal.

Aliás, o art. 1º, *caput*, da citada Lei nº. 13.303/2016 prevê expressamente a sua incidência com relação a toda e qualquer empresa pública e sociedade de economia mista da União, dos Estados, do Distrito Federal e dos Municípios, ainda que a atividade econômica por ela explorada esteja sujeita ao regime de monopólio da União ou que atue na prestação de serviços públicos.

Aplicam-se, assim, às autoridades portuárias constituídas na forma de empresas estatais, as disposições da Lei nº. 13.303/2016, inclusive, naturalmente, no que se refere às regras de governança e de contratação.[30] Incidem assim as hipóteses de exclusão de licitação,[31] por exemplo para as contratações relacionadas ao seu objeto social ou aquelas voltadas à formação de parcerias, societárias ou não, vinculadas a oportunidades de negócio (art. 28, § 3º, I e II, Lei nº 13.303/2016).

Em sua atuação, as entidades que exercem a administração do Porto Organizado são apoiadas pelo Conselho de Autoridade Portuária, que atua como órgão consultivo e é formado por representantes do Poder Público e das classes empresarial e trabalhadora, conforme o art. 20 da Lei de Portos. As competências do referido órgão colegiado englobam, por exemplo, sugerir

29. GROTTI, Dinorá Adelaide Musetti; LIMA, Cristiana Maria Melhado Araujo. Diferenças entre terminais portuários de uso público e de uso privado. In: PEREIRA, Cesar; SCHWIND, Rafael Wallbach (Coord.). *Direito Portuário Brasileiro*. 3. ed. Belo Horizonte: Fórum, p. 169-185, 2020, p. 173.

30. O art. 63 da Lei nº. 12.815/2013 prevê que as "Companhias Docas observarão regulamento simplificado para contratação de serviços e aquisição de bens, observados os princípios constitucionais da publicidade, impessoalidade, moralidade, economicidade e eficiência". Ocorre que, com a superveniência da Lei nº. 13.303/2016 o dispositivo acima referido perdeu em grande medida a sua utilidade, já que o Estatuto das Estatais disciplina a edição de regulamento de licitações e contratos pelas estatais, no art. 40.

31. Sobre o tema, vide: ARAGÃO, Alexandre Santos de. *Exclusão de licitação nas estatais*. Belo Horizonte: Fórum, 2024.

alterações do regulamento de exploração do porto e do plano de desenvolvimento e zoneamento do porto (art. 36, § 1º, Decreto nº. 8.033/2013). Trata-se de atribuições meramente consultivas que em grande medida mitigaram o papel daqueles conselhos comparativamente à revogada Lei nº. 8.630/1993.

Convém registrar, por fim, que a Portaria nº. 574/2018, do Ministério dos Transportes, Portos e Aviação Civil (atual Ministérios dos Portos e Aeroportos) disciplinou a possibilidade de descentralização de competências do Poder Concedente, atribuída à União (art. 1º, Lei de Portos), para a Administração do Porto Organizado, prevista no art. 6, § 5º, da Lei nº. 12.815/2013.[32]

Entre as atribuições passíveis de delegação encontram-se as de (i) elaboração do edital e realização da licitação para arrendamento (público) de instalações portuárias situadas dentro do Porto Organizado; (ii) celebração e gestão de contratos de arrendamento; e (iii) fiscalização da execução de contratos de arrendamento (art. 2º, Portaria nº.574/2018). Aludida delegação de competências, submetida à anuência da ANTAQ, é formalizada por convênio entre a União, por intermédio do respectivo Ministério, e a Administração Portuária, com a interveniência da citada agência (art. 2º, § 3º, Portaria nº. 574/2018).

Dúvida que pode ser eventualmente suscitada diz respeito à incidência do regime jurídico das estatais da Lei nº. 13.303/2016 na hipótese em que venha a empresa estatal a figurar como contratante no contrato de arrendamento.

Conforme aduz a doutrina administrativista,[33] por serem pessoas jurídicas de direito privado, as empresas estatais geralmente celebram contratos também de direito privado, isto é, desprovidos de cláusulas exorbitantes, por exemplo, de alteração ou rescisão unilateral. Tanto é assim que a Lei nº. 13.303/2016 prevê expressamente serem os instrumentos firmados por estatais regidos por ela e pelo direito privado, *in verbis*: "Art. 68. Os contratos de que trata esta Lei regulam-se pelas suas cláusulas, pelo disposto nesta Lei e pelos preceitos de direito privado".

Parece-nos defensável, assim, que, na hipótese em que a competência para celebrar e gerir os arrendamentos seja delegada a empresa estatal que atue como Administração do Porto, os instrumentos passarão a também ser regidos pelo direito privado, inclusive no que se refere aos procedimentos e critérios de alteração. Trata-se de entendimento que se coaduna não só

---

32. Lei nº. 12.815/2013: "Art. 6º (...) § 5º Sem prejuízo das diretrizes previstas no art. 3º, o poder concedente poderá determinar a transferência das competências de elaboração do edital e a realização dos procedimentos licitatórios de que trata este artigo à Administração do Porto, delegado ou não".
33. ARAGÃO, Alexandre Santos de. Empresas estatais: o regime jurídico das empresas públicas e sociedades de economia mista. 2. ed. Rio de Janeiro: Forense, 2018, p. 259-260.

com o art. 173 da CRFB e com a Lei nº. 13.303/2016, como também com as diretrizes da Lei nº. 12.815/2013 voltadas ao incremento da eficiência e da flexibilização do setor, em prol do seu desenvolvimento. Foram essas mesmas finalidades, inclusive, que justificaram a própria edição da Portaria nº. 574/2018, para oportunizar a delegação de competências da União às autoridades portuárias.

Trata-se, ante o exposto, de bem-vinda modelagem de descentralização de competências administrativas da União em relação às autoridades portuárias de cada porto, procurando promover a eficiência e a celeridade na gestão dos contratos de arrendamento em âmbito nacional, eficiência esta que, naturalmente, fica de certa forma obstaculizada pela concentração de todas as atribuições em âmbito federal.

Rememoremos que a descentralização de competências não é novidade no setor portuário, e já era admitida pela Lei nº. 9.277/1996, como abaixo examinaremos.

IV.2.1. Convênios de delegação a Estados e Municípios

A Lei nº. 12.815/2013 define como "delegação" a "transferência, mediante convênio, da administração e da exploração do porto organizado para Municípios ou Estados, ou a consórcio público, nos termos da Lei nº 9.277, de 10 de maio de 1996", que autoriza a União a delegar a entes subnacionais a operação de rodovias e portos federais.

Trata-se de diploma anterior à vigente Lei dos Portos que admite a descentralização federativa na gestão da infraestrutura portuária, com a finalidade de promover a eficiência na administração daquelas instalações em âmbito regional e local, considerando as suas respectivas particularidades.

A Lei nº. 9.277/1997 é regulamentada pelo Decreto nº. 2.184/1997, específico sobre a delegação de portos, que prevê a obrigação de o ente federativo delegatário desempenhar "exclusivamente as atribuições de Autoridade Portuária, devendo constituir entidade de Administração Indireta, estadual ou municipal, específica para essa finalidade".

Dessa forma, assim como o exercício do papel de Autoridade Portuária por entidade pública federal, foi autorizado aos entes subnacionais criarem pessoas jurídicas para essa mesma finalidade. Portanto, "além das estatais federais de portos, outras Companhias Docas foram criadas no âmbito dos Estados e de Municípios, para os Portos Organizados delegados ou concedidos a estes entes subnacionais".[34]

34. GAMELL, Denis Austin. *Arrendamento portuário como atividade econômica em sentido estrito*: evolução do direito positivo e perda da capacidade explicativa da noção de serviço público. (Dissertação de Mestrado). Brasília: IDP, 2021, p. 55.

Conforme informações de 2020 do portal do Governo Federal,[35] dos 36 Portos Organizados do país, 18 são delegados a Estados ou Municípios, como por exemplo é o caso do Porto de Suape, gerido pelo Estado de Pernambuco mediante a empresa estatal SUAPE; e do Porto de Itaqui, administrado pelo Estado do Maranhão, por meio da estatal Empresa Maranhense de Administração Portuária – EMAP.

Como afirma a doutrina, "uma das formas de exploração descentralizada é a 'delegação' nos termos da Lei nº 9.277/1996, correspondendo à transferência da administração e exploração dos portos públicos federais pela União aos outros entes federativos, pelo prazo de até 25 (vinte e cinco) anos, prorrogáveis por até mais 25 (vinte e cinco). A Lei nº 12.815/2013 em seu art. 2º, inc. X, considerou delegação a transferência, mediante convênio, da administração e exploração do porto organizado para municípios e estados ou a consórcio público, nos termos da Lei nº 9.277/1996. Nesse contexto, o estado ou o município serão gestores do serviço público portuário, realizando ou outorgando a outrem a administração e exploração do porto organizado. A titularidade do serviço no porto organizado permanece com a União".[36]

Sobre esse ponto, leciona Eduardo Amaral Gurgel Kiss: "No caso da Lei dos Portos a 'delegação' designa a transferência, mediante acordo, da administração do porto organizado para municípios ou estados, ou consórcio público. A lei determina que a delegação obedeça à Lei n. 9.277, de 10 de maio de 1996. Nenhuma referência se faz à transferência à entidade privada. Portanto, a administração do porto deve ficar em mãos do poder público, admitida a sua transferência para estados e municípios, e mesmo consórcios, desde que públicos. Não se trata de outorga, mas de delegação. A diferença entre elas é que, na primeira, a responsabilidade do serviço público passa, mediante lei, de um ente a outro. O outorgado passa a ser, por assim dizer, o novo responsável e cessa a responsabilidade da pessoa pública anterior. Na delegação permanece a responsabilidade do ente inicial, que deve supervisionar os serviços públicos prestados pelo segundo".[37]

Nesse cenário, afora o fato de a estatal que atua como Autoridade Portuária ser estadual ou municipal, e não federal, aplicam-se adaptadamente todas as considerações que fizemos no Capítulo anterior, ao qual fazemos

---

35. Disponível em: https://www.gov.br/portos-e-aeroportos/pt-br/assuntos/transporte-aquaviario/sistema-portuario. Acesso em: 04 fev. 2024.

36. GROTTI, Dinorá Adelaide Musetti; LIMA, Cristiana Maria Melhado Araujo. Diferenças entre terminais portuários de uso público e de uso privado. In: PEREIRA, Cesar; SCHWIND, Rafael Wallbach (Coord.). *Direito Portuário Brasileiro*. 3. ed. Belo Horizonte: Fórum, p. 169-185, 2020, p. 173.

37. KISS, Eduardo Amaral Gurgel. Comentários ao art. 2º. In: MILLER, Thiago Testini de Mello; SILVA, Aline Bayer da; SILVA, Lucas Rênio da (Orgs.). *Comentários à Lei 12.815/2013*: (incluídas as alterações da Lei n. 14.047/2020. Rio de Janeiro: Telha, 2020, p. 34-35.

remissão, sobre as atribuições e o regime jurídico da exploração direta de Portos organizados por entidade pública. Também na presente hipótese o vínculo entre o ente federativo delegatário da função de administração portuária e a estatal que explorará o serviço não é contratual, mas sim oriundo de outorga legal. A entidade será submetida aos controles administrativos (e societários) aplicáveis, o que caracteriza o regime jurídico de direito público da atividade, ainda que desenvolvida por pessoa jurídica de direito privado (empresa estatal, cf. art. 173, CRFB/1988).

Seguindo a lógica anteriormente exposta, as entidades portuárias estaduais ou municipais constituídas na forma de empresas estatais são regidas pela Lei nº. 13.303/2016.

Tampouco é de se descartar a hipótese de delegação de Porto Organizado a ente subnacional, somada à delegação de competências do Poder Concedente à Autoridade Portuária local, para proceder à licitação de arrendamentos, assim como para celebrar e gerir esses contratos. Tanto é assim que acima referida Portaria Ministerial nº. 574/2018, que disciplina a matéria, prevê dispor sobre a descentralização de competências para as administrações portuárias, "delegadas ou não". As autoridades portuárias estaduais ou municipais constituídas como empresas estatais serão igualmente disciplinadas pela Lei nº. 13.303/2016. Caso lhes sejam delegadas certas competências do Poder Concedente na forma da citada Portaria, por exemplo para firmar contratos de arrendamento, serão esses instrumentos e a forma de seleção dos arrendatários submetidos à Lei nº. 13.303/2016, inclusive às suas regras de governança, contratação e licitação (ou inaplicabilidade dela, na forma do art. 28, § 3º). No mais, fazemos referência às nossas observações formuladas no Capítulo anterior, aqui também aplicáveis.

Passemos adiante à análise da hipótese de concessão do Porto Organizado.

IV.3. CONCESSÃO DO PORTO ORGANIZADO

IV.3.1. Aspectos gerais

Descendo um degrau na escala de *publicatio*, abordaremos a hipótese de concessão portuária, legalmente definida como a "cessão onerosa do porto organizado, com vistas à administração e à exploração de sua infraestrutura por prazo determinado" (art. 2º, IX, Lei nº. 12.815/2013).

Os contratos de concessão podem ter prazo de vigência de até setenta anos, incluídos o prazo de vigência original e todas as prorrogações, a teor do art. 19, I, do Decreto nº. 8.033/2013. Isso significa, por exemplo, que a concessão em tese poderia ter um prazo total de setenta anos, ou ainda um prazo de trinta e cinco anos, prorrogável por igual período. Seriam também cogitáveis prazos diversos, por exemplo de vinte e cinco ou trinta anos, prorrogáveis por períodos idênticos, o que vai depender da modelagem de cada concessão, da complexidade e investimentos envolvidos, do respectivo prazo de amortização etc. Afinal, o prazo, assim como diversos outros fatores, também integra a equação econômico-financeira contratual.[38]

O concessionário deve ser selecionado mediante procedimento de licitação, a ser conduzido pela ANTAQ (art. 3º, parágrafo único, Decreto nº. 8.033/2013), no qual poderão ser considerados os seguintes critérios de julgamento, de forma combinada ou isolada: (i) maior capacidade de movimentação; (ii) menor tarifa; (iii) menor tempo de movimentação de carga; (iv) maior valor de investimento; (v) menor contraprestação do Poder Concedente; (vi) melhor proposta técnica, conforme critérios objetivos estabelecidos pelo Poder Concedente; ou (vii) maior valor de outorga (art. 9º, Decreto nº. 8.033/2013).

A concessão consubstancia a delegação da gestão, por entidade particular, de toda a área compreendida na poligonal do Porto Organizado que examinamos no Capítulo IV.1. A concessão do Porto Organizado, segundo Diogo de Figueiredo Moreira Neto e Rafael Véras de Freitas, "não se trata de uma concessão de serviço público tradicional, uma vez que o concessionário, ao celebrar tal contrato com o Poder Concedente (a União), assumirá as competências de Administração do Porto",[39] por vezes atreladas ao exercício de poder de polícia (cf. Capítulo IV.3.2.2).

O objeto da concessão pode envolver, na forma do art. 20 do Decreto nº. 8.033/2013:

(i) o desempenho das funções da administração do porto e a exploração direta e indireta das instalações portuárias ("concessão cheia vertical")[40];

---

38. Nas palavras de Rafael Véras de Freitas, o Poder Concedente "ao examinar o empreendimento que será delegado à iniciativa privada, estipulará um prazo que integre a equação econômico-financeira nesses ajustes, prazo esse suficiente para que o concessionário obtenha o retorno econômico projetado quando da apresentação de sua proposta na licitação. (...). Daí por que tenho para mim que o prazo das concessões deve ser tratado como uma variável com características econômicas" (FREITAS, Rafael Véras de. As prorrogações e a relicitação previstas na Lei nº 13.448/2017: um novo regime jurídico de negociação para os contratos de longo prazo. In: *R. de Dir. Público da Economia – RDPE*, Belo Horizonte, ano 15, n. 59, p. 175-199, jul./set. 2017, p. 177).

39. MOREIRA NETO, Diogo de Figueiredo; FREITAS, Rafael Véras. *A nova regulação portuária*. Belo Horizonte: Fórum, 2015, p. 81.

40. Vide as considerações de Renato Hugo Borges em trabalho específico sobre o tema: "A concessão cheia vertical é aquela em que a concessionária assume todas as funções da autoridade portuária e tem a prerrogativa de explorar os terminais de forma direta ou indireta. É uma alternativa com boa perspectiva de redução de custos logísticos, mas que favorece a prática de condutas anticompetitivas perante os demais operadores portuários, notadamente se for materializada uma situação

(ii) o desempenho das funções da administração do porto e a exploração indireta das instalações portuárias, vedada a sua exploração direta ("concessão cheia horizontal");[41] ou

(iii) o desempenho, total ou parcial, das funções de administração do porto, vedada a exploração das instalações portuárias ("concessão parcial").[42]

Dito de outro modo, o concessionário poderá ser apenas o gestor do Porto Organizado (a Autoridade Portuária), ou poderá também explorar instalações portuárias inseridas em parcela daquele, diretamente por seus próprios meios, ou indiretamente, contratando com terceiros a exploração dos terminais, mediante os contratos de direito privado (arrendamento privado) previstos no art. 5º-A da Lei dos Portos, que será objeto especificamente do Capítulo IV.5.

Ilustrativamente, na modalidade adotada na concessão do Porto de Vitória e Barra do Riacho - ES, firmada em 2022, o contrato previu o prazo de vigência de trinta e cinco anos, prorrogáveis por até mais cinco anos, para fins de reequilíbrio econômico-financeiro (Cláusula 4 c/c Cláusula 21). Inclusive por motivações concorrenciais (coibir eventuais práticas anticompetitivas pelo delegatário com relação aos operadores de demais terminais), o seu objeto se limita à administração do Porto Organizado e à exploração indireta de instalações portuárias, vedada a sua exploração diretamente pelo concessionário.[43]

---

de integração vertical. Nesse sentido, é considerada uma boa opção para portos de menor porte" (BORGES, Renato Hugo Reis. *Concessão de Portos Organizados no Brasil:* Considerações sobre os modelos de desestatização de portos públicos previstos pela legislação brasileira. (Monografia de especialização). Brasília: ISC/TCU, 2023, p. 42).

41. "A concessão cheia horizontal é aquela em que a concessionária assume todas as funções de autoridade portuária, incluindo sua gestão dominial, e pode explorar os terminais portuários apenas de forma indireta. Nesse caso, a concessionária não pode realizar uma integração vertical de seus serviços e concorrer com os demais terminais portuários situados dentro do porto organizado. Em tese, é uma modalidade mais adequada para portos grandes, com muitos *players* atuando com operação portuária" (BORGES, Renato Hugo Reis. *Concessão de Portos Organizados no Brasil:* Considerações sobre os modelos de desestatização de portos públicos previstos pela legislação brasileira. (Monografia de especialização). Brasília: ISC/TCU, 2023, p. 42).

42. "A concessão parcial configura-se nas hipóteses em que a autoridade portuária não pode explorar diretamente os terminais e nem negociar com terceiros a sua exploração indireta. O foco está no desenvolvimento da infraestrutura comum e na remuneração por sua utilização. As decisões atinentes à exploração de áreas dentro do porto continuam centralizadas na União. Pode ser uma boa alternativa se for bem refletida, sem retirar prerrogativas e ativos com potencial de atrair parceiros privados" (BORGES, Renato Hugo Reis. *Concessão de Portos Organizados no Brasil:* Considerações sobre os modelos de desestatização de portos públicos previstos pela legislação brasileira. (Monografia de especialização). Brasília: ISC/TCU, 2023, p. 42).

43. Contrato de Concessão Porto de Vitória: "2. Objeto 2.1. Este Contrato de Concessão tem por objeto a cessão onerosa do Porto Organizado para o desempenho das funções de Autoridade Portuária, a exploração, direta ou indireta, das Áreas Não Afetas às Operações Portuárias e a exploração indireta das Instalações Portuárias pela Concessionária, conforme as obrigações e os encargos previstos

A Lei nº. 12.815/2013 elenca, ainda, as cláusulas essenciais dos contratos de concessão portuária, que em muito reproduzem as previstas no art. 23 da Lei nº. 8.987/1995, que positiva as cláusulas essenciais dos instrumentos de concessão de serviços públicos em geral. Confira-se, portanto, as cláusulas essenciais dos contratos de concessão portuária, que comentaremos a seguir:

> "Art. 5º São essenciais aos contratos de concessão as cláusulas relativas: (Redação dada pela Lei nº 14.047, de 2020)
>
> I – ao objeto, à área e ao prazo;
>
> II – ao modo, forma e condições da exploração do porto organizado ou instalação portuária;
>
> III – aos critérios, indicadores, fórmulas e parâmetros definidores da qualidade da atividade prestada, assim como às metas e prazos para o alcance de determinados níveis de serviço;
>
> IV – ao valor do contrato, às tarifas praticadas e aos critérios e procedimentos de revisão e reajuste;
>
> V – aos investimentos de responsabilidade do contratado;
>
> VI – aos direitos e deveres dos usuários, com as obrigações correlatas do contratado e as sanções respectivas;
>
> VII – às responsabilidades das partes;
>
> VIII – à reversão de bens;
>
> IX – aos direitos, garantias e obrigações do contratante e do contratado, inclusive os relacionados a necessidades futuras de suplementação, alteração e expansão da atividade e consequente modernização, aperfeiçoamento e ampliação das instalações;
>
> X – à forma de fiscalização das instalações, dos equipamentos e dos métodos e práticas de execução das atividades, bem como à indicação dos órgãos ou entidades competentes para exercê-las;
>
> XI – às garantias para adequada execução do contrato;
>
> XII – à responsabilidade do titular da instalação portuária pela inexecução ou deficiente execução das atividades;
>
> XIII – às hipóteses de extinção do contrato;

neste Contrato de Concessão. 2.1.1. **É vedada a exploração direta das Instalações Portuárias pela Concessionária**. 2.1.1.1. A vedação estabelecida na Cláusula 2.1.1. estende-se a todas as pessoas jurídicas integrantes do Grupo Econômico da Concessionária" (grifamos).

XIV - à obrigatoriedade da prestação de informações de interesse do poder concedente, da Agência Nacional de Transportes Aquaviários - ANTAQ e das demais autoridades que atuam no setor portuário, inclusive as de interesse específico da Defesa Nacional, para efeitos de mobilização;

XV - à adoção e ao cumprimento das medidas de fiscalização aduaneira de mercadorias, veículos e pessoas;

XVI - ao acesso ao porto organizado ou à instalação portuária pelo poder concedente, pela Antaq e pelas demais autoridades que atuam no setor portuário;

XVII - às penalidades e sua forma de aplicação; e

XVIII - ao foro.

§ 1º (VETADO).

§ 2º Findo o prazo dos contratos, os bens vinculados à concessão ou ao arrendamento reverterão ao patrimônio da União, na forma prevista no contrato.

Adiante formulamos algumas considerações com relação a algumas das cláusulas necessárias dos contratos de concessão portuária.

Verifica-se que, em linha com as modernas técnicas concessórias, deve o contrato estipular indicadores de qualidade dos serviços prestados, bem como metas a serem atingidas em prazos determinados (inciso III, acima), inclusive como forma de promover a eficiência da atuação do contratado, podendo por exemplo ser de alguma forma premiado em caso de alcance ou superação das metas (ex.: prorrogação premial).[44]

Em linha com as concessões de serviços públicos tradicionais, as tarifas praticadas pelo delegatário são controladas pelo Poder Público, na forma do contrato, que estipula os respectivos critérios de revisão e de reajuste (inciso IV), com o objetivo de garantir a modicidade tarifária, até porque, na medida em que grande parte do comércio nacional passa pelos portos

44. Abordando especificamente a questão, Flávio Amaral Garcia explica que, quando estipulada contratualmente a modalidade de prorrogação premial, "a própria entidade adjudicante voluntariamente impõe limites à sua discricionariedade e se autovincula para assegurar eventual extensão do prazo do contrato quando atendidos requisitos objetivos que atestem desempenho excepcional do contratado. A extensão do prazo é, nessa hipótese, utilizada para a finalidade específica de funcionar como mecanismo de incrementar a performance do contratado na busca por atingimento de metas e resultados previamente determinados". Para o autor, "fato é que, se o contratado comprovar o atendimento de todas as condições contratuais para receber o prêmio (no caso, a extensão do prazo), não pode o ente público simplesmente deixar de prorrogar o contrato. Caso o faça sem justo motivo, o contratado deverá ser indenizado" (GARCIA, Flávio Amaral. *Concessões, parceiras e regulação*. São Paulo: Malheiros, 2019, p. 232).

brasileiros, naturalmente que as tarifas portuárias podem impactar no valor final dos produtos.

Diversamente de grande parte dos serviços públicos tradicionais, no setor portuário os usuários da atividade nem sempre são pessoas físicas (passageiros) em alguma medida até hipossuficientes em relação aos prestadores da atividade, mas geralmente grandes empresas atuantes no setor de transporte aquaviário (ex.: importadores e exportadores), cujo papel é de grande relevância para a garantia do abastecimento e das exportações nacionais, o que importa não só para suprir as necessidades básicas da população, como também para promover a economia do país.[45]

Os incisos V e VIII do art. 5º preveem, respectivamente, a essencialidade das cláusulas que determinem os investimentos do contratado, assim como o regime de reversão de bens. Da mesma forma, fixa o § 2º, do art. 5º[46] que, findo o contrato, os bens atrelados à prestação do serviço reverterão ao Poder Concedente, na forma de cada instrumento firmado.

Os bens considerados reversíveis, nos termos de cada contrato, em regra englobam não apenas aqueles que foram transferidos pela União ao concessionário no início da avença, como também os decorrentes de investimentos por ele efetuados ao longo da concessão. Na hipótese em que, ao fim da relação jurídica, subsistam investimentos em bens reversíveis que não tenham sido amortizados ou depreciados, deve o Poder Concedente indenizar o delegatário pelo correspondente montante, inclusive para que seja realizado o derradeiro equilíbrio econômico-financeiro,[47] até como estipula o art. 36 da Lei nº. 8.987/1995,[48] de aplicação subsidiária às licitações de concessão e de arrendamento no setor portuário (art. 66).

---

45. Denis Austin Gamell observa que "os terminais de cargas arrendados representam a maioria preponderante dos arrendamentos portuários – são ao todo 144 (cento e quarenta e quatro) arrendamentos, que estão espalhados pelos 36 (trinta e seis) Portos Organizados brasileiros contra 5 (cinco) arrendamentos de terminais de passageiros. Entretanto, os usuários dos terminais de carga não são, em regra, pessoas físicas, mas empresas, isto é, os proprietários de cargas exportadores, importadores ou para cabotagem, transportadores marítimos e armadores" (Gamell, Denis Austin. *Arrendamento portuário como atividade econômica em sentido estrito evolução do direito positivo e perda da capacidade explicativa da noção de serviço público*. 2021. 154 f. Orientadora: Prof.ª Dra. Marilda de Paula Silveira. Dissertação (Mestrado em Direito Constitucional), Instituto Brasileiro de Ensino, Desenvolvimento e Pesquisa – IDP, Brasília, 2022, p. 106).

46. Lei nº. 12.815/2013: *"Art. 5º, § 2º Findo o prazo dos contratos, os bens vinculados à concessão ou ao arrendamento reverterão ao patrimônio da União, na forma prevista no contrato".*

47. Conforme a doutrina, "o racional da amortização de investimentos integra o equilíbrio econômico--financeiro da concessão; e ele deve ser aferido pelo critério funcional, e não patrimonial, de sorte que todos os investimentos que não forem amortizados, utilizando-se da variável 'prazo', (...) terão de ser indenizados, sob pena se uma expropriação ao patrimônio do concessionário" (FREITAS, Rafael Véras de. A reversão nos contratos de concessão e seu regime jurídico-econômico. *Revista de Direito Público da Economia – RDPE*, Belo Horizonte, ano 18, n. 70, p. 149-176, abr./jun. 2020).

48. Lei nº. 8.987/1995: "Art. 36. A reversão no advento do termo contratual far-se-á com a indenização das parcelas dos investimentos vinculados a bens reversíveis, ainda não amortizados ou deprecia-

A propósito, a concessão portuária firmada entre o Poder Concedente e o contratado, como em princípio qualquer contrato administrativo, possui a garantia de preservação do seu equilíbrio econômico-financeiro, até por imposição do art. 37, XXI, da Constituição Federal.[49] No exemplo da concessão do Porto de Vitória, o instrumento contratual[50] possui cláusula específica sobre o seu equilíbrio, fixando os mecanismos de recomposição (Cláusula 17).[51] Ademais, em linha com as técnicas concessórias contemporâneas, é prevista uma matriz de riscos, alocando a respectiva álea à parte que em geral tenha melhor condições de a gerir[52] (Cláusula 16).

---

dos, que tenham sido realizados com o objetivo de garantir a continuidade e atualidade do serviço concedido".

49. Flávio Amaral Garcia observa haver "certo consenso da doutrina e jurisprudência brasileiras de que o equilíbrio econômico-financeiro tem sede constitucional quando o artigo 37, XXI, determina que devem ser mantidas as condições da proposta, não obstante a expressão não tenha sido referida explicitamente na Constituição Federal. Por força dessa previsão, o licitante vencedor, ao passar à qualidade de cocontratante, tem assegurada uma espécie de vinculação da proposta às condições em que ela foi elaborada. Isso significa que, modificadas tais condições, as contrapartidas devem, em princípio, ser adaptadas à nova realidade" (GARCIA, Flávio Amaral. *A mutabilidade nos contratos de concessão*. São Paulo: Malheiros, 2021, p. 205). Nesse sentido, por todos, o tradicional magistério de Celso Antonio Bandeira de Mello: "a garantia do contratado ao equilíbrio econômico-financeiro do contrato administrativo não poderia ser afetada *nem mesmo por lei*. É que resulta de *dispositivo constitucional*, o art. 37, XXI, pois, de acordo com seus termos, obras, serviços, compras e alienações serão contratados *com cláusulas que estabeleçam obrigações de pagamento, mantidas as condições efetivas da proposta*" (BANDEIRA DE MELLO, Celso Antonio. *Curso de direito administrativo*. 32. ed. São Paulo: Malheiros, 2015, p. 643). Em sentido contrário, merece destaque a posição de Letícia Lins de Alencar, que entende descabido invocar o art. 37, XXI, da CF/88 como fundamento explícito da garantia do equilíbrio econômico-financeiro. Com base numa análise dos trabalhos da Assembleia Nacional Constituinte, a autora conclui que o dispositivo "não tem, na sua essência, o objetivo de tutelar, única e exclusivamente, a preservação ou a recomposição do sinalagma patrimonial das contratações públicas, mas sim o de frear o exercício descabido da prerrogativa de alteração unilateral dos contratos pela Administração Pública, sendo, sob esta perspectiva, uma manifestação do princípio do *pacta sunt servanda*" (ALENCAR, Letícia Lins de. *Equilíbrio na concessão*. Belo Horizonte: Fórum, 2019, p. 71).

50. Disponível em: https://vports.com.br/wp-content/uploads/2023/08/Contrato-de-Concessao-01-2022.pdf. Acesso em: 15 mar. 2024.

51. Contrato de Concessão Porto de Vitória: "17. Equilíbrio Econômico-Financeiro 17.1. Sempre que atendidas as condições do Contrato de Concessão e respeitada a alocação de riscos nele estabelecida, considera-se mantido seu equilíbrio econômico-financeiro. 17.2. O equilíbrio econômico-financeiro do contrato será preservado por meio de mecanismos de Reajuste, Revisão dos Parâmetros da Concessão, Proposta Apoiada, Revisão Extraordinária e pela Prorrogação do Contrato de Concessão".

52. Discorrendo sobre o tema, Flávio Amaral Garcia aduz que que "a alocação eficiente dos riscos é um dos maiores avanços na dogmática contemporânea dos contratos concessionais; afinal, é por meio de uma partilha adequada de riscos que se estabelece uma estrutura racional de incentivos para as partes, induzindo a adoção de comportamentos que levem em consideração a assunção de responsabilidades e, principalmente, as consequências financeiras no caso da ocorrência do evento descrito no contrato. A matriz de risco tem direta e íntima conexão com todo o sistema de equilíbrio econômico-financeiro, outrora correlacionado e restrito, na visão tradicional, apenas a uma equivalência cartesiana entre o conjunto de obrigações e as formas de remuneração contratualmente previstas. O equilíbrio econômico-financeiro assume uma dimensão dinâmica e conectada a essa matriz de risco" (GARCIA, Flávio Amaral. A imprevisão na previsão e os contratos concessionais. In: *Tratado do equilíbrio econômico-financeiro*: contratos administrativos, concessões, parcerias público-privadas,

O inciso IX, por sua vez, alude aos direitos e obrigações das partes, inclusive no que se refere às "necessidades futuras de suplementação, alteração e expansão da atividade e consequente modernização, aperfeiçoamento e ampliação das instalações". Depreende-se do dispositivo previsão relacionada à natural mutabilidade da concessão, diante de futuras exigências de alteração e expansão dos serviços, até em razão das inevitáveis atualizações dos cenários técnicos, econômicos, sociais e até ambientais.

Os contratos de concessão em geral, aliás, são dotados de elevada complexidade, constituindo ajustes de longa duração naturalmente incompletos[53] e, portanto, necessariamente mutáveis.[54] Tatiana Esteves Natal aduz podermos "observar uma inevitável incompletude do contrato de concessão visto que, durante seu termo, alteram-se os elementos do mercado, o padrão tecnológico evolui e, da mesma forma, deverá mudar a política tarifária eleita inicialmente, com reflexos necessários ao equilíbrio econômico-financeiro original. Nesse passo, ao longo de um período de 30 anos, as mudanças tecnológicas tendem a ser gigantescas o que, obviamente, traz impactos econômicos de toda ordem e, por vezes, extremamente intensos, sobre determinado setor de serviços públicos"[55].

Taxa Interna de Retorno, prorrogação antecipada e relicitação. MOREIRA, Egon Bockmann (Coord.). 2ª ed. Belo Horizonte, Fórum, 2019, p. 125).

53. Consoante as lições de Paula Greco Bandeira, "o contrato incompleto na análise econômica do direito, como se viu, constitui instrumento destinado a reduzir os custos de transação e a contornar a racionalidade limitada dos contratantes, permitindo que se alcance solução eficiente, mediante contratos lacunosos, que não disciplinam todas as possíveis contingências" (BANDEIRA, Paula Greco. *Contrato Incompleto*. São Paulo: Atlas, 2015, p. 49).

54. Sobre a mutabilidade dos contratos de concessão à luz de uma realidade cambiante e mutável, confiram-se as lições de Marçal Justen Filho: "Lembre-se, outra vez, que uma das peculiaridades da concessão reside na impossibilidade de cristalização do conteúdo da posição jurídica das partes na disciplina contemplada no ato convocatório e no contrato de concessão. A delegação promovida por meio da concessão apresenta natureza dinâmica em virtude de inúmeros fatores. Há de observar o princípio da adequação do serviço público, a exigir a constante atualização, e a permanente transformação das utilidades ofertadas, acompanhando o ritmo das alterações da realidade circundante. Existe a natureza empresarial da atividade desempenhada pelo concessionário, o que impõe a necessidade de correção de rotas inicialmente traçadas, revisão de projeções e ampliação da racionalidade econômica. Há a dinâmica das mutações sociais, introduzindo novos interesses e modificando necessidades coletivas, o que envolve inclusive alterações legislativas frequentes e imprevisíveis. Daí se pode afirmar uma característica essencial dessa nova concessão: tão ou mais importante do que a configuração original da concessão é a sua gestão ao longo do tempo. Isso significa o reconhecimento de competências exercitadas de modo contínuo e permanente, relacionadas com a regulamentação do serviço e com a reformulação contínua das regras pertinentes à sua execução. Tal como se passa com o universo social circundante, torna-se impossível aludir a uma modelagem definitiva para cada concessão em concreto. Todas elas se encontram em processo de adaptação a uma realidade cambiante e mutável" (JUSTEN FILHO, Marçal. *Teoria Geral das Concessões de serviço público*. São Paulo. Dialética, 2003. p. 426).

55. NATAL, Tatiana Esteves. A Teoria dos Contratos Incompletos e a Natural Incompletude do Contrato de Concessão. *Revista do XXXV Congresso Nacional dos Procuradores de Estado*. Out. 2009, grifamos.

A mutabilidade em referência, inerente aos contratos de concessão, pode ser manifestada pela modificação de termos dos instrumentos ou até por meio de alterações de normas regulatórias de observância obrigatória pelo contratado, sem prejuízo da correspondente recomposição caso venham as novas obrigações a impactar o equilíbrio econômico-financeiro da concessão.

No caso concreto da concessão do Porto de Vitória, por exemplo, o contrato prevê a viabilidade de imposição ao contratado de investimentos adicionais unilateralmente por parte Poder Concedente (Cláusula 1.1.1, xxxi),[56] sendo obrigação da concessionária os executar (Cláusula 11.4.1).[57] Por outro lado, a matriz de riscos da avença estipula ser um risco alocado ao Poder Concedente a determinação superveniente para a concessionária realizar investimento adicional, o que pode então ensejar reequilíbrio em benefício da contratada (Cláusula 16.2.9).[58]

Prevê o contrato de concessão do Porto de Vitória, ainda, outras prerrogativas (típicas do regime de direito público) em prol do Poder Concedente. Entre elas, destacamos, a possibilidade de intervenção daquele na concessão (Cláusula 27),[59] assim como de encampação do serviço por razões de interesse público (Cláusula 29.1).[60]

Digna de nota é também, com relação às concessões portuárias, a incidência de obrigações típicas de serviços públicos ao concessionário, em especial para o atendimento dos direitos dos usuários. Conforme o art. 3º da Lei de Portos, uma das diretrizes do setor se refere à "garantia da modicidade e da publicidade das tarifas e preços praticados no setor, da qualidade da atividade prestada e da efetividade dos direitos dos usuários", tema previsto como cláusula essencial do contrato (art. 5º, VI, Lei nº. 12.815/2013)

56. Contrato de Concessão Porto de Vitória: "1.1.1 (...) (xxxi) Investimento Adicional: investimentos determinados pelo Poder Concedente de forma superveniente à Data de Eficácia, que não se confundem com os Investimentos Obrigatórios, ouvidos os Usuários conforme regulamento da ANTAQ".

57. Contrato de Concessão Porto de Vitória: "11.4. São deveres da Concessionária, com relação aos investimentos: 11.4.1. Executar, direta ou indiretamente, os Investimentos Obrigatórios previstos no Anexo 1, bem como eventual Investimento Adicional determinado pelo Poder Concedente".

58. Contrato de Concessão Porto de Vitória: "16.2.9. Determinação superveniente do Poder Concedente para a Concessionária de realizar Investimento Adicional."

59. Contrato de Concessão Porto de Vitória: "27. Intervenção 27.1. O Poder Concedente poderá, sem prejuízo das penalidades cabíveis e das responsabilidades incidentes, em caráter excepcional, intervir na Concessão para assegurar a adequação na prestação dos serviços, bem como o fiel cumprimento pela Concessionária das disposições contratuais, legais e decorrentes de normas pertinentes, quando considerar que tais descumprimentos afetem substancialmente a capacidade da Concessionária na execução dos serviços previstos neste Contrato de Concessão".

60. Contrato de Concessão Porto de Vitória: "29.1. A Concessão considerar-se-á extinta, observadas as normas legais específicas, quando ocorrer: 29.1.1. Término do prazo do contrato; 29.1.2. Encampação; 29.1.3. Caducidade; 29.1.4. Rescisão; 54 29.1.5. Anulação; ou 29.1.6. Falência ou extinção da concessionária".

O contrato de concessão do porto de Vitória, por exemplo, prevê o direito de o usuário receber "serviço adequado", porém sem o especificar, remetendo aos parâmetros fixados pela ANTAQ e pela Concessionária (Cláusula 14.1.1).[61]

Ilustrativamente, a matéria é disciplinada pela Resolução ANTAQ nº. 75/2022, que tem por objeto "estabelecer obrigações para a prestação de serviço adequado, bem como definir as respectivas infrações administrativas, para as administrações dos portos organizados, os arrendatários de áreas e instalações portuárias, os operadores portuários e os autorizatários de instalações portuárias" (art. 1º). Observemos que a norma ainda se aplica não só aos arrendatários como também aos autorizatários, questão que exploraremos no Capítulo IV.6.2.5.

Note-se que, com relação ao conceito de serviço adequado, a Resolução citada em muito se espelha no art. 6º, § 1º, da Lei nº. 8.987/1995,[62] ao incluir entre os seus parâmetros a "observância dos padrões de regularidade, continuidade, eficiência, segurança, atualidade, generalidade, cortesia, modicidade, respeito ao meio ambiente e outros requisitos definidos pela ANTAQ" (art. 2º, I, a).

É interessante, ainda, como a própria norma da ANTAQ especifica de que maneira os tradicionais "princípios dos serviços" públicos incidem de forma adaptada sobre o setor portuário, até considerando as suas conaturais particularidades. O dever de regularidade, por exemplo, nos termos do art. 4º, I, significa a manutenção da "oferta de janelas de atracação, as condições operacionais e utilidades portuárias compatíveis com as necessidades das embarcações-tipo contratualmente estabelecidas". Já a obrigação de continuidade se dá "não interrompendo injustificadamente as atividades portuárias por período superior a seis meses contínuos ou doze meses intercaladamente no período de dois anos" (art. 4º II). A modicidade, por sua vez, representa a adoção de "tarifas ou preços em bases justas, transparentes e não discriminatórias aos usuários e que reflitam a complexidade e os custos das atividades, observando as tarifas ou preços-teto, desde que estabelecidos pela ANTAQ" (art. 4º, VII).

Por fim, prevê também o contrato as penalidades aplicáveis ao contratado pelo Poder Público, pelo descumprimento não só de normas especificamente fixadas no instrumento, mas também que sejam estipuladas em

61. Contrato de Concessão Porto de Vitória: "14.1. São direitos e deveres do Usuário: 14.1.1. Receber serviço adequado dentro dos parâmetros fixados pela ANTAQ e pela Concessionária".

62. Lei nº. 8.987/1995: "Art. 6º (...) § 1º Serviço adequado é o que satisfaz as condições de regularidade, continuidade, eficiência, segurança, atualidade, generalidade, cortesia na sua prestação e modicidade das tarifas".

normas administrativas editadas pela ANTAQ (Cláusula 23).[63] Admite-se a aplicação de penas de advertência e multa, além das penalidades de caducidade, suspensão do direito de participar de licitação e de contratar com a Administração Pública federal e declaração de inidoneidade.

Em conclusão, é possível observar que, no âmbito da escala de *publicatio*, a concessão portuária possui muitas das características típicas dos serviços públicos (que examinamos no Capítulo III.1.1).

Trata-se de atividade a cargo da União (elemento subjetivo ou orgânico) por determinação constitucional (art. 21, XII, "f"), voltada (elemento finalístico), em última análise, à satisfação de necessidades coletivas[64] (o transporte de pessoas e mercadorias), passível de concessão a particular após licitação, por prazo determinado, em regime preponderantemente de direito público (elemento formal), marcado: (i) por prerrogativas estatais (ex.: mutabilidade, intervenção, encampação); (ii) pela imposição de obrigações típicas de serviços públicos (ex.: modicidade, continuidade, atualidade, regularidade etc.), naturalmente adaptadas à luz das próprias especificidades do setor, como nem poderia deixar de ser; (iii) pelo regime de reversão de bens; assim como (iv) pela garantia do equilíbrio econômico-financeiro da avença.

IV.3.2. Peculiaridades das concessões de serviço público portuário

O presente Capítulo é dedicado ao exame de certas especificidades das concessões de Portos Organizados, cujos contornos gerais foram acima examinados.

Em primeiro lugar (Capítulo IV.3.2.1), na medida em que para parte da doutrina a própria qualificação de uma atividade como serviço público pressupõe ser ela um instrumento de promoção de finalidades coletivas, geralmente atreladas a direitos fundamentais (cf. vimos no Capítulo III.1.1), verificaremos de que maneira a exploração de portos, dadas as suas particularidades face à maioria dos serviços públicos, atenderia ou não àquele parâmetro.

Em segundo lugar (Capítulo IV.3.2.2), examinaremos se, a partir de suas características gerais, as concessões portuárias confrontariam ou não o dogma convencional da indelegabilidade do exercício de poder de polícia a particulares.

---

63. Contrato de Concessão Porto de Vitória: "23.1. O não cumprimento das Cláusulas deste Contrato de Concessão, de seus Anexos, do Edital e das normas e regulamentos vigentes ensejará a aplicação das penalidades previstas neste Contrato, sem prejuízo de outras penalidades previstas nos demais dispositivos legais e regulamentares da ANTAQ".

64. Se serviria ou não à satisfação de direitos fundamentais examinaremos especificamente no Capítulo IV.3.2.1.

Aos dois pontos acima destinaremos, sucessivamente, os Itens abaixo.

IV.3.2.1. Atividades portuárias como instrumento de promoção de direitos fundamentais?

Como já exposto (Capítulo III.1.1), a própria identificação de uma atividade econômica como serviço público significa retirá-la da liberdade de iniciativa privada e alçá-la à esfera do Poder Público, que poderá executá-la diretamente ou delegá-la a terceiros.

Naturalmente que o Estado não é um fim em si mesmo, devendo sempre atuar em prol de uma finalidade pública que legitime a sua conduta. Aludida finalidade à luz da CRFB/88, a nossa ver, não se identifica com um "interesse público" genérico e abstrato sempre em patamar de supremacia face ao particular, mas sim com a satisfação de direitos fundamentais.[65]

Deve ser também orientada à promoção de direitos fundamentais a qualificação de uma atividade como serviço público, atribuindo a sua gestão ao Estado. Do contrário, talvez seja aquela exclusão da iniciativa privada até ilegítima.

Como aduz Marçal Justen Filho, o "serviço público existe porque os direitos fundamentais não podem deixar de ser satisfeitos. Isso não significa afirmar que o único modo de satisfazer os direitos fundamentais seja o serviço público, nem que este seja a única atividade estatal norteada pela supremacia dos direitos fundamentais. Todas as atividades estatais, mesmo as não administrativas, são um meio de promoção dos direitos fundamentais. Mas o serviço público é o desenvolvimento de atividades de fornecimento de utilidades necessárias, de modo direto e imediato, à satisfação dos direitos fundamentais".[66]

Para alguns autores, os serviços portuários prestados na área do Porto Organizado não configurariam propriamente serviços públicos, por supostamente não estarem ligados à satisfação de direitos fundamentais. Alega-se inexistir esse vínculo seja porque pessoas físicas não utilizariam

65. "A nós, parece-nos, à luz do conteúdo dos textos constitucionais da segunda metade do século XX, que o elemento definidor das finalidades do Estado – e, via de consequência, da administração pública – é o conjunto de direitos fundamentais consagrado no texto constitucional, visto que referidos direitos 'são direitos dos indivíduos e obrigam o Estado'. Assim, segundo entendemos, qualquer discussão acerca do fundamento e da razão de ser da atuação do Estado e da administração pública nos dias atuais deve ser conduzida pelos direitos fundamentais estatuídos pelo texto constitucional, na medida em que de referidos direitos são extraídos os direitos dos indivíduos e as obrigações do Estado" (SCHIRATO, Vitor Rhein. *Livre Iniciativa Nos Serviços Públicos*. Belo Horizonte: Fórum, 2022. p. 98). Para o autor na mesma obra, "todas as obrigações do Estado – aí incluídos os serviços públicos – também têm como base a relação de direitos fundamentais contemplada nos textos constitucionais contemporâneos" (p. 100).

66. JUSTEN FILHO, Marçal. *Curso de direito administrativo*. 15. ed. Rio de Janeiro: Forense, 2024, p. 407.

os portos preponderantemente para locomoção, seja porque a maioria dos usuários da infraestrutura seriam pessoas jurídicas de grande porte que os utilizariam para a movimentação de cargas, de modo que não teriam um direito fundamental, por exemplo à liberdade de locomoção, a ser satisfeito pelos serviços prestados naquelas instalações.

Afirma Denis Gamell que "os usuários dos terminais de carga não são, em regra, pessoas físicas, mas empresas, isto é, os proprietários de cargas exportadores, importadores ou para cabotagem, transportadores marítimos e armadores. Muitas das empresas que demandam os serviços portuários de operadores portuários pertencem a grandes grupos empresariais multinacionais e, portanto, seria incompatível com a noção de prestação de serviço público aqui empregada que houvesse um direito fundamental por parte dessas empresas".[67]

Ocorre que, a nosso ver, as atividades desempenhadas no Porto Organizado, inclusive sob a gestão do concessionário, pressupõem a operacionalização e expansão de infraestrutura de transportes, o que possui intensa relação não só com o desenvolvimento nacional e a redução de desigualdades como também com o atendimento de direitos sociais e econômicos.

É o que passamos a examinar.

Em primeiro lugar, como ressalva Alexandre Aragão, nem sempre os serviços públicos possuem um liame totalmente direto com direitos fundamentais atrelados ao princípio da dignidade da pessoa humana, especialmente com relação a atividades mais ligadas à infraestrutura, cuja conexão com a dignidade humana é apenas indireta, como corolário do desenvolvimento da sociedade como um todo. Por essa razão, para o autor devem os serviços públicos se prestar ao "bem-estar da coletividade", o que pressupõe o atendimento de direitos fundamentais, ainda que não necessariamente vinculados de forma direta e imediata à dignidade humana.[68]

O fato de a relação entre a atividade e a dignidade humana poder se dar de forma indireta não interdita que o legislador a qualifique como serviço público. Como aduzem José Vicente Santos de Mendonça e Cláudio Pereira Neto, como o conceito de serviço público "não é definido no texto constitucional, não se justifica, sob o prisma democrático, limitar a possi-

67. GAMELL, Denis Austin. *Arrendamento portuário como atividade econômica em sentido estrito evolução do direito positivo e perda da capacidade explicativa da noção de serviço público*. 2021. 154 f. Orientadora: Prof.ª Dra. Marilda de Paula Silveira. Dissertação (Mestrado em Direito Constitucional) Instituto Brasileiro de Ensino, Desenvolvimento e Pesquisa, Brasília, 2022, p. 106.

68. ARAGÃO, Alexandre Santos de. *Direito dos serviços públicos*. 4. ed. Belo Horizonte: Fórum, 2017, p. 134-135.

bilidade de o legislador determinar em que áreas o Estado deve atuar como prestador de serviços públicos".[69]

A satisfação de necessidades coletivas mediante serviços relacionados ao uso de infraestrutura é uma condição essencial de existência de uma organização estatal contemporânea, inclusive como meio de efetivação de direitos fundamentais, ainda que de modo indireto.

É o que também se extrai da Constituição de 1988. O atendimento a direitos fundamentais decorrentes, por exemplo, dos fundamentos e dos objetivos da República, como a garantia do desenvolvimento nacional e a redução de desigualdades sociais e regionais, pressupõe a promoção de serviços relacionados à infraestrutura,[70] inclusive portuária. Seguindo a mesma lógica, a satisfação dos direitos fundamentais sociais previstos no art. 6º, *caput*, da CRFB/1988, como o direito ao transporte, depende da prestação dos serviços operacionalizados pela infraestrutura de transportes nacional, incluindo a portuária.

Como aduz a doutrina, "analisando-se a Constituição Federal de 1988, verifica-se que tanto os direitos fundamentais de liberdade (em essência, insculpidos no artigo 5º da Carta Constitucional brasileira), quanto os fundamentos (artigo 1º), os objetivos do Estado (artigo 3º) e os direitos fundamentais econômicos e sociais demandam, para sua plena realização, o acesso amplo e universal aos serviços de infraestrutura. A comprovação dessa afirmação decorre do quanto contido no *caput* do artigo 6º da Constituição Federal e em diversos dos dispositivos das ordens econômica e social da Constituição Federal (Títulos VII e VIII do texto constitucional vigente)".[71]

Dessa forma, direitos fundamentais não só justificam a classificação de determinada atividade econômica como serviço público. A própria prestação desses serviços é um dos instrumentos para a consecução de direitos fundamentais, inclusive com relação aos serviços públicos relacionados à infraestrutura de transportes, como as concessões portuárias.

Referidos serviços, além de viabilizar o próprio transporte de pessoas,[72] também são essenciais à movimentação de mercadorias e bens em geral tanto

---

69. SOUZA NETO, Claudio Pereira de; MENDONÇA, José Vicente Santos de. Fundamentalização e fundamentalismo na intepretação do princípio constitucional da livre iniciativa. In: SOUZA NETO, Cláudio Pereira de; SARMENTO, Daniel. A constitucionalização do direito: fundamentos teóricos e aplicações específicas. Rio de Janeiro: Lumen Juris, 2007, p. 709-741, p. 730-731.

70. SCHIRATO, Vitor Rhein. *Livre Iniciativa Nos Serviços Públicos*. 2ª edição. Belo Horizonte: Fórum, 2022. p. 102.

71. SCHIRATO, Vitor Rhein. *Livre Iniciativa Nos Serviços Públicos*. 2ª edição. Belo Horizonte: Fórum, 2022. p. 102.

72. "A Constituição garante o direito fundamental de livre locomoção (inciso XV do artigo5º). Todos os que se localizem no território brasileiro são titulares desse direito (artigo 5º, *caput*). Tal direito impõe ao Estado (seu destinatário) duas ordens de obrigação: em primeiro lugar, não pode o Estado

interna (cabotagem) quanto externamente. Os serviços portuários prestados nos Portos Organizados, por exemplo, são indispensáveis às exportações e importações efetuadas em âmbito nacional, que, por sua vez, permitem não só o escoamento da produção como também o acesso a bens e serviços por parte da população em geral.

Trata-se de atividades essenciais, por exemplo, à promoção do desenvolvimento nacional, previsto como objetivo fundamental no art. 3º, II, CRFB/88, assim como para a redução de desigualdades sociais e regionais, à medida que muitos direitos sociais e econômicos da população são satisfeitos em algum grau pelo acesso aos meios de locomoção e às mercadorias transportadas através dos portos organizados. São eles verdadeiros indutores de desenvolvimento local e regional, muitas vezes promovendo-o não só em relação às cidades portuárias que os circundam como também à toda a região, até na medida em que o escoamento da respectiva produção industrial e agrícola poderá ser por ele realizado, até reduzindo custos logísticos. Ademais, o porto é um polo de atração de investimentos para áreas próximas, não raro influenciando a instalação de indústrias e o desenvolvimento de cidades em suas adjacências, por exemplo.

Parece sim haver, dessa forma, ligação, ainda que indireta, entre os portos organizados e a efetivação de direitos fundamentais, o que justificou a escolha do legislador de qualificar a concessão portuária como um instrumento de delegação de serviços públicos, escolha esta que é constitucionalmente legítima, como acima examinado. Afinal, "toda e qualquer grande infraestrutura sempre assume inegável papel social, uma vez que, por seus efeitos diretos ou indiretos, condiciona o exercício de direitos fundamentais básicos pelos cidadãos. Em muitas situações, o aparato infraestrutural, na prática, é imprescindível para a concretização de direitos individuais e sociais fundamentalíssimos. Os direitos à saúde, à educação, à locomoção, à reunião, à comunicação, ao consumo de serviços essenciais como telefonia, energia e saneamento básico jamais seriam faticamente viáveis caso o Estado não garantisse ou estimulasse a distribuição equânime de infraestrutura à sua população em quantidade e qualidade compatível com suas necessidades humanas e sociais. De nada adiantaria, portanto, reconhecer juridicamente direitos fundamentais sem que, em realidade, a respectiva infraestrutura não fosse ofertada ao público, tornando possível a concretização desses direitos.

---

impor óbices à livre locomoção dos cidadãos (direito de defesa) e, em segundo lugar, deve o Estado garantir a todos meios para a realização da liberdade de locomoção (direito a algo, em razão da parcela de *status positivus*). O suporte fático do direito fundamental é a proteção e a garantia da livre locomoção em todos os seus meios. Assim sendo, os serviços públicos de transporte destinam-se a permitir a todos os cidadãos brasileiros e aos estrangeiros localizados no território brasileiro que se locomovam livres pelo território" (SCHIRATO, Vitor Rhein. *Livre Iniciativa Nos Serviços Públicos*. Belo Horizonte: Fórum, 2022. p. 104, grifamos).

Daí a razão de se insistir fortemente na universalização de infraestruturas públicas e no controle de distribuição espacial de infraestruturas privadas de interesse público".[73]

Não se ignora que a Lei nº. 12.815/2013, densificando o art. 21, XI, "f", CRFB/88, também admite a exploração de instalações portuárias fora do Porto Organizado em regime de autorização, em princípio privado. Trata-se de política legislativa legítima, que entende ser a exploração concomitante de infraestrutura portuária em regime público e privado medida adequada para a promoção dos direitos fundamentais satisfeitos mediante os serviços instrumentalizados por aquelas estruturas.

Como aduz Marçal Justen Filho, a "qualificação de uma atividade como serviço público pressupõe o vínculo com os direitos fundamentais, mas esse não é um requisito suficiente. É indispensável a inadequação dos mecanismos da livre iniciativa privada para a satisfação das necessidades correspondentes". Para o autor, essa "ressalva conduz à possibilidade de coexistência de atividades com objeto similar desempenhadas sob regime de serviço público e de atividade econômica privada".[74]

Não é apenas a satisfação de direitos fundamentais, portanto, que justifica a classificação de uma atividade como serviço público, mas também a compreensão de que a livre iniciativa não seria suficiente para atender as necessidades da sociedade àquela relacionadas. No caso dos portos, entendeu o legislador que a regulação assimétrica presente no setor, acompanhada da concorrência entre os terminais públicos e privados, seria um meio razoável para o atendimento das exigências sociais pertinentes.

É assim que, sob a ótica social, "as infraestruturas, públicas e eventualmente privadas, revelam-se como aparato físico condicionante de grande parte dos direitos fundamentais, razão pela qual o Estado ora fomentará a construção e ampliação de infraestruturas isoladas ou em rede, ora limitará (via poder de polícia) a liberdade privada de construção, uso e ampliação de infraestruturas".[75]

No caso das concessões portuárias, o debate sobre a sua qualificação ou não como serviço público perde até um pouco a relevância considerando ter o constituinte colocado a cargo da União a competência material para

73. MARRARA, Thiago. Regulação sustentável de infraestruturas. *Revista Brasileira de Infraestrutura – RBINF*, ano 2012, n. 1, jan. 2012. Disponível em: https://www.forumconhecimento.com.br/v2/revista/P141/E10661/20328. Acesso em: 19 fev. 2024.

74. JUSTEN FILHO, Marçal. *Curso de direito administrativo*. 13. ed. São Paulo: Thomson Reuters Brasil, 2018, p. 634.

75. MARRARA, Thiago. Regulação sustentável de infraestruturas. *Revista Brasileira de Infraestrutura – RBINF*, ano 2012, n. 1, jan. 2012. Disponível em: https://www.forumconhecimento.com.br/v2/revista/P141/E10661/20328. Acesso em: 19 fev. 2024.

explorar portos diretamente ou mediante concessão, permissão ou autorização, na forma do art. 21, XI, "f". Na medida em que também a CRFB/88 estipula que a concessão é o instrumento de delegação de serviços públicos (art. 175), tem-se que, até independentemente de eventuais discussões doutrinárias sobre o conceito de serviço público, na hipótese foi a atividade portuária assim qualificada, ao menos quando explorada no regime de concessão.

Ante o exposto, embora à primeira vista possa para alguns não parecer, a nosso ver é sim possível enquadrar a concessão portuária propriamente como uma delegação de serviço público, inclusive por ser voltada à promoção de necessidades coletivas relacionadas a direitos fundamentais, até decorrentes do desenvolvimento nacional e da redução de desigualdades locais e regionais.

Feitas essas considerações, adiante abordaremos a peculiaridade das concessões portuárias atinente à sua relação com a concepção tradicional da indelegabilidade do poder de polícia.

IV.3.2.2. Delegação de poder de polícia ao concessionário do Porto Organizado?

Tradicionalmente, como vimos (Capítulo IV.2), a Administração do Porto é exercida por entidade integrante da Administração Pública, ainda que indireta, geralmente as denominadas "companhias docas", constituídas na forma de empresas estatais que atuam como Autoridade Portuária.

Ocorre que o art. 17 da Lei nº. 12.815/2013 prevê que quando o papel da Administração do Porto for desempenhado por concessionária privada será ela a Autoridade Portuária. Gozará, portanto, de uma série de competências que para alguns podem denotar o exercício de poder de polícia, como por exemplo a edição do regulamento do porto (art. 5º, I, Decreto nº. 8.033/2013), a fiscalização da operação portuária (art. 17, 1º, VI, Lei nº. 12.815/2013) e a organização da guarda portuária (art. 17, 1º, XV, Lei nº. 12.815/2013).

É nesse contexto que, à luz dos paradigmas contemporâneos do Direito Administrativo, investigaremos as transformações que vem recebendo a concepção de poder de polícia, sobretudo no que se refere à juridicidade ou não do seu desempenho por particulares, em especial empresas concessionárias de serviços públicos como é o caso do delegatário do Porto Organizado.

Trata-se de discussão sobretudo relevante na medida em que, para alguns, a indelegabilidade de funções de polícia a particulares seria um óbice às concessões de portos organizados, o que para essa visão justificaria que o papel da Administração do Porto e Autoridade de Portuária fossem confiados apenas a entidades públicas, como as companhias docas (empresas estatais). Essa celeuma é inclusive um dos fatores que tradicionalmente tem entravado a concessão de portos organizados à luz da Lei nº. 12.815/2013, modelagem que só foi inaugurada quase dez anos após a edição daquela norma, com a delegação do Porto de Vitória e Barra do Riacho.[76]

A pergunta que se pretende responder é a seguinte: é juridicamente viável a delegação do exercício de poder de polícia a concessionários de serviços públicos e, sendo a resposta afirmativa, as atribuições da Administração do Porto a serem desempenhadas pelo concessionário teriam de fato aquela natureza?

Para a análise que ora se pretende realizar, iniciaremos o nosso percurso perquirindo a viabilidade ou não da delegação do exercício de poder de polícia a particulares e, se for o caso, sob quais parâmetros (Capítulo IV.3.2.2.1). Examinaremos, ainda, a evolução do entendimento doutrinário e jurisprudencial sobre a matéria (Capítulos IV.3.2.2.2 e IV.3.2.2.3). Por fim, abordaremos especificamente o desempenho de poder de polícia por empresas concessionárias de serviços públicos, em especial no setor portuário, averiguando se as atribuições da Administração do Porto seriam efetivamente enquadrável como poder de polícia.

IV.3.2.2.1. Exercício de poder de polícia por particulares?

Tema objeto de controvérsia entre os juristas é a viabilidade ou não da delegação do poder de polícia a particulares, a exemplo do que ocorre com outras atribuições estatais, como por exemplo a prestação de serviços públicos.

Embora, historicamente, a doutrina e a jurisprudência brasileiras tenham resistido à possibilidade, mais recentemente, diante das transformações pelas quais o Estado brasileiro vem passando desde a promulgação da Constituição de 1988, o "dogma da indelegabilidade" tem sido relativizado. Passou-se a se admitir que, em certos casos e sob determinadas circunstâncias, aspectos típicos do poder de polícia possam em alguma medida vir a ser desempenhados por entes privados.

É o que será visto a seguir.

IV.3.2.2.2. Evolução do pensamento doutrinário

Tradicionalmente, a doutrina majoritária afirma que o poder de polícia não seria delegável a particulares, por pressupor o manejo do *ius imperium*, o qual só poderia ser exercido por pessoas jurídicas de direito público. Nesse

76. Ilustra essa posição o fato de até 2022 ter estado em curso o projeto de concessão do Porto de Santos, que foi descontinuado pelo atual governo por diversos fatores, entre eles por entender que o papel de Autoridade Portuária deveria ser exercido por entidades públicas.

sentido, nas lições de José Cretella Júnior, "o exercício do poder de polícia é indelegável sob pena de falência virtual do Estado".[77]

Gustavo Binenbojm[78] sintetiza as bases sobre as quais repousa o chamado "dogma da indelegabilidade":

> (i) a delegação de poder de polícia a particulares consistiria numa negação da autoridade estatal, na medida em que "a imposição de restrições e condicionamentos à liberdade e à propriedade dos particulares, com intuito de conformar a atividade privada a interesses coletivos," seria "atividade própria e inerente à soberania";
>
> (ii) numa democracia, o Estado deve deter o monopólio do poder de coerção, sob pena de "legitimar o uso da violência por parte de particular contra particular, o que fere a noção básica do princípio da dignidade humana";[79]
>
> (iii) o princípio constitucional da isonomia veda o estabelecimento de relações jurídicas desiguais entre particulares; logo, somente o Estado, em posição hierarquicamente superior, poderia impor limitações às liberdades dos particulares; e
>
> (iv) somente servidores públicos estáveis podem exercer atividades relacionadas a poder de polícia, pois entes privados objetivariam o lucro e seriam necessariamente parciais, o que seria incompatível com a função sancionatória, por exemplo.

Segundo a corrente majoritária, as únicas exceções à indelegabilidade do poder de polícia seriam os atos materiais ou acessórios, isto é, aqueles que antecedem ou sucedem à prática do ato de polícia administrativa em si, como por exemplo a demolição de construções irregulares (ato material) ou os pardais eletrônicos (ato acessório).

Nesse sentido, Celso Antônio Bandeira de Mello, após afirmar que o poder de polícia é indelegável, pondera que "daí não se segue, entretanto,

---

77. CRETELLA JÚNIOR, José. Polícia e poder de polícia. *Revista de Direito Administrativo*, n. 162, p. 12, out./dez. 1985.

78. BINENBOJM, Gustavo. *Poder de polícia, ordenação, regulação*: transformações político-jurídicas, econômicas e institucionais do direito administrativo ordenador. Belo Horizonte: Fórum, 2016, p. 246-251.

79. FURTADO, Lucas Rocha. *Curso de direito administrativo*. 3. ed. Belo Horizonte: Fórum, 2012, p. 556. Nesse mesmo sentido, Marçal Justen Filho já afirmou ser inviável "a delegação do poder de polícia a particulares não por alguma qualidade essencial ou peculiar à figura, mas porque o Estado Democrático de Direito importa o monopólio estatal da violência. Não se admite que o exercício da violência seja transferido a terceiros, que não os agentes públicos". *In*: JUSTEN FILHO, Marçal. *Curso de direito administrativo*. 11. ed. rev. e atual. São Paulo: Revista dos Tribunais, 2015, p. 585.

que certos atos materiais que os precedem não possam ser praticados por particulares, mediante delegação, propriamente dita, ou em decorrência de um simples contrato de prestação. (...) Existe ainda a possibilidade de particulares serem encarregados de praticar ato material sucessivo a ato jurídico de polícia, isto é, de cumprimento deste, quando se trate de executar materialmente ato jurídico interferente apenas com a propriedade dos administrados; nunca, porém, quando relativo à liberdade dos administrados".[80]

Parte da doutrina, porém, desafia o dogma da indelegabilidade. Dentre eles, Diogo de Figueiredo Moreira Neto sustenta que se deve abandonar a "ideia de que se está diante de um tipo especial de poder do Estado próprio ou exclusivo da Administração Pública, para aceitar a visão mais moderna e mais ampla e que vem tomando fôlego doutrinário de que se trata apenas de um tipo de função estatal a ser exercida por quem receba a necessária competência da Constituição e das leis".[81]

De fato, inexiste fundamento constitucional para a indelegabilidade, mas tampouco a Constituição Federal a permite de forma ampla e irrestrita. De acordo com o autor, "há de se reconhecer um espaço fértil para que decisões e escolhas sejam tomadas pelos Poderes eleitos. A Constituição é dúctil o suficiente para permitir que diferentes arranjos institucionais sejam pensados e implementados para a consecução de interesses e finalidade públicos".[82]

Sob uma visão pragmática, a questão da delegabilidade – ou não – do poder de polícia deve ser analisada em cada caso, inclusive à luz dos princípios da proporcionalidade e da eficiência, que devem nortear a atuação da Administração Pública, bem como sob ótica consequencialista. Por outro lado, numa visão democrático-constitucional, a abertura de algumas funções de polícia a particulares pode se mostrar consentânea com o ideal de uma Administração menos verticalizada e mais consensual, que possa em alguma medida contar com a participação dos administrados no exercício de suas mais diversas funções.

A nosso ver, a possibilidade de delegação de atividades geralmente relacionadas ao poder de polícia não significa que o Estado deixa de ser o seu titular. Assim como ocorre, por exemplo, no âmbito dos serviços públicos, também aqui o Estado continua responsável pela atividade, orientando e

80. MELLO, Celso Antônio Bandeira de. Serviço público e poder de polícia: concessão e delegação. *Revista Eletrônica de Direito do Estado*, n. 7, p. 7, jul./set. 2006.

81. MOREIRA NETO, Diogo de Figueiredo. *Mutações do direito administrativo*. 2. ed. Rio de Janeiro: Renovar, 2006, p. 131.

82. BINENBOJM, Gustavo. *Poder de polícia, ordenação, regulação*: transformações político-jurídicas, econômicas e institucionais do direito administrativo ordenador. Belo Horizonte: Fórum, 2016, p. 287.

fiscalizando a atuação particular de forma a garantir que seja desempenhada de acordo com as finalidades e valores constitucionais pertinentes.

IV.3.2.2.3. Desenvolvimento do atual entendimento jurisprudencial

Assim como ocorreu na seara doutrinária, também a jurisprudência vem modificando seu entendimento acerca da (in)delegabilidade do poder de polícia. A fim de ilustrar a evolução do pensamento jurisprudencial, destacamos neste Item algumas decisões paradigmáticas do Superior Tribunal de Justiça – STJ e do Supremo Tribunal Federal – STF.

Como já adiantado, historicamente a jurisprudência se firmou no sentido de não admitir a delegação do poder de polícia a particulares. Em 2002, no julgamento da ADI 1.717, o STF declarou a inconstitucionalidade de dispositivo de lei federal que admitia a delegação de atividades fiscalizadoras de profissões regulamentadas, mediante autorização legislativa. A ação havia sido proposta em 1997 em face do art. 58, *caput* e parágrafos, da Lei nº 9.649/1998 e, já em sede de medida cautelar, o Plenário daquela Corte suspendeu a eficácia dos dispositivos impugnados, por entender ser inconstitucional a delegação do poder de polícia a particulares, a partir de uma leitura sistemática dos arts. 5º, XIII; 22, XVI; 21, XXIV; 70, parágrafo único; 149 e 175 da Constituição Federal. Merecem destaque as enfáticas palavras proferidas pelo Min. Sepúlveda Pertence quando da confirmação da decisão liminar: "a onda neoliberal (...) ainda não chegou ao ponto de privatizar o poder de polícia".[83] Decisão semelhante foi proferida pela Corte, também em sede de medida cautelar, no julgamento da ADI nº 1.666, em 1999, que impugnava dispositivos de leis estaduais que autorizavam a concessão do serviço de vistoria das condições de segurança dos veículos.[84]

Já no julgamento do Mandado de Segurança nº 21.797, em 2000, o STF entendeu que os conselhos profissionais, por exercerem atividades de fiscalização que englobavam poderes de polícia, deveriam possuir, portanto, natureza autárquica. Por conseguinte, estariam sujeitos ao regime de direito público, inclusive no que tange à contratação de pessoal, que deveria se dar por meio de concurso público e seguir o regime jurídico únicos dos servidores públicos.[85]

---

83. STF, ADI nº 1.717, Tribunal Pleno, Rel. Min. Sydney Sanches, julg. 22.09.1999.

84. STF, ADI nº 1.666 MC, Tribunal Pleno, Rel. Min. Carlos Velloso, julg. 16.06.1999.

85. STF, MS nº 21.797, Tribunal Pleno, Rel. Min. Carlos Velloso, julg. 09.03.2000. Entretanto, em 2006, por ocasião da ADI nº 3.026, o STF teve a oportunidade de distinguir a Ordem dos Advogados do Brasil – OAB dos demais conselhos profissionais. O Tribunal entendeu que "a Ordem do Advogados do Brasil, cujas características são autonomia e independência, não pode ser tida como congénere dos demais órgãos de fiscalização profissional. A OAB não está voltada exclusivamente a finalidades corporativas. Possui finalidade institucional". Nessa perspectiva, a OAB, dada a sua importância

Já no âmbito STJ, é digno de nota o REsp nº 712.312, no qual se reconheceu a legitimidade da utilização dos "pardais" eletrônicos na fiscalização das normas de trânsito, considerando que, nesse caso, os equipamentos eletrônicos, ainda que pertençam a particulares e sejam por eles operados, executariam funções meramente materiais, ancilares, e não atos de polícia propriamente ditos.[86]

Mais interessante ainda é o caso do REsp nº 817.534. Tratava-se de ação civil pública ajuizada pelo Ministério Público de Minas Gerais, que se insurgia contra o exercício das funções de fiscalização e autuação de infrações de trânsito municipal por entidade de direito privado, no caso, uma sociedade de economia mista controlada pelo município, a Empresa de Transporte e Trânsito de Belo Horizonte (BHTRANS). Nas instâncias ordinárias, o pedido havia sido julgado improcedente, ao argumento de que o ordenamento jurídico não impediria a delegação de poder de polícia a sociedades de economia mista. O STJ reformou o acórdão do TJMG, mas, ao analisar o Recurso Especial, traçou parâmetros, inovadores na jurisprudência, para a delegação de atividades de polícia administrativa a pessoas jurídicas de direito privado.

O Tribunal partiu da concepção de "ciclo de polícia", elaborada por Diogo de Figueiredo Moreira Neto, para quem o poder de polícia envolve quatro etapas: (i) ordem de polícia ou legislação; (ii) consentimento; (iii) fiscalização; e (iv) sanção. O STJ assentou que "somente os atos relativos ao consentimento e à fiscalização são delegáveis, pois aqueles referentes à legislação e à sanção derivam do poder de coerção do Poder Público". Além disso, consideraram os Ministros que "no que tange aos atos de sanção, o bom desenvolvimento por particulares estaria, inclusive, comprometido pela busca do lucro – aplicação de multas para aumentar a arrecadação".[87]

A BHTRANS recorreu da decisão do STJ, interpondo Recurso Extraordinário. A repercussão geral do RE nº 633.782 foi reconhecida pelo STF (Tema 532 – aplicação de multa de trânsito por sociedade de economia mista) e o caso foi julgado em 26.10.2020. O julgado do STF reformou o acórdão do STJ para reconhecer a constitucionalidade da delegação legal do poder de polícia a sociedade de economia mista prestadora de serviço público em regime de exclusividade, sem discernir o aspecto do ciclo de polícia a

institucional para a administração da Justiça (cf. CF/88, art. 133), possuiria a natureza jurídica de um serviço público independente, não-integrante da Administração Indireta. Logo, diferentemente dos demais conselhos profissionais, não estaria sujeita ao regime jurídico de direito público e não se exigiria a contratação do seu pessoal via concurso público, por exemplo (ADI 3026, Relator(a): Eros Grau, Tribunal Pleno, julgado em 08/06/2006).

86. STJ, REsp nº 713.312, 2ª Turma, Rel. Min. Castro Meira, julg. 18.08.2005.

87. STJ, REsp nº 817.534, rel. Min. Mauro Campbell Marques, 2ª Turma, j. 10.11.2009.

ser delegado, inclusive atividades como a aplicação de sanções. A tese de repercussão geral fixada foi, *in verbis*: "*É constitucional a delegação do poder de polícia, por meio de lei, a pessoas jurídicas de direito privado integrantes da Administração Pública indireta de capital social majoritariamente público que prestem exclusivamente serviço público de atuação própria do Estado e em regime não concorrencial*".[88]

Percebe-se, portanto, uma abertura gradual dos Tribunais brasileiros à delegação de funções de polícia administrativa a pessoas jurídicas de direito privado, ainda que não de forma generalizada, uma vez que, segundo a tese fixada pelo STF, a medida dependeria dos seguintes requisitos: (i) previsão legal; (ii) pessoa jurídica integrante da Administração Pública, ainda que de direito privado; e (iii) prestação de serviço público em regime não concorrencial. Fora dessas situações, conforme a posição do STJ acima exposta no REsp nº 712.312, apenas seria admitida a execução de atos materiais ou acessórios relacionados aos atos coercitivos de polícia, por exemplo concernentes à fiscalização.

Impõe-se registrar, ainda, que recentemente o STJ se posicionou contrariamente ao exercício de atividades tipicamente relacionadas ao poder de polícia por parte da Câmara de Comercialização de Energia Elétrica - CCEE, na qualidade de associação de direito privado, no que se refere à imposição de multa a agentes que integrem os seus quadros de associados por descumprimento contratual (RESP 1.950.332). Segundo o STJ, fazendo referência à posição do STF no supracitado RE nº. 633.782, além de a CCEE não integrar a Administração Pública, não haveria lei formal que a autorizasse direta e expressamente a exercer função sancionatória de aplicação direta de multas.[89]

Nesse contexto, examinaremos especificamente adiante o exercício de atividades geralmente relacionadas ao poder de polícia por empresas privadas delegatárias de serviços públicos, como é o caso do concessionário de Portos.

IV.3.2.2.4. Desempenho de poder de polícia por concessionárias de serviços públicos

No que diz respeito ao exercício de funções tipicamente relacionadas ao poder de polícia por empresas privadas concessionárias de serviços públicos (não estatais), parte da doutrina entende que a respectiva delegação pode ocorrer de maneira acessória e acidental à do serviço público (objeto

88. STF, RE nº 633.782, Tribunal Pleno, Rel. Min. Luiz Fux, julg. 26. 10. 2020. O precedente já vem sendo aplicado pelos tribunais estaduais. Cite-se como exemplo os seguintes precedentes: TJPR, AC nº 0035358-65.2020.8.16.0014, Rel. Des. Stewalt Camargo Filho, 2ª Câmara Cível, julg. 12.07.2021; e TJSP, AC nº 1053297-13.2018.8.26.0053, Rel. Des. Otavio Rocha, 1ª Câmara Reservada ao Meio Ambiente, julg. 24.09.2020.

89. STJ, REsp n. 1.950.332/RJ, Rel. Min. Gurgel de Faria, Primeira Turma, julg. 26/9/2023, DJe 2/10/2023.

principal da concessão), como meio instrumental à prestação daquele, desde que haja previsão legal e contratual.

Como sintetiza Binenbojm, "as concessionárias e permissionárias de serviços públicos podem, dentro do exercício regular das atividades lhe foram cometidas, e desde que previsto na lei e no contrato de concessão ou permissão, exercer: *(i) poderes públicos regulamentares em caráter infralegal*, por meio dos quais os delegatários elaboram regulamentos próprios de instrução aos usuários quanto à prestação de serviços públicos; *(ii) poderes impositivos e de execução coercitiva*, por meio dos quais eles exercem funções específicas de comando sobre terceiros no que concerne à prestação do serviço público delegado; *(iii) poderes públicos administrativos gerais*, que garantem às concessionárias e permissionárias, em alguns casos, o poder de celebrar contratos administrativos na condição de poder público instituindo-se cláusulas exorbitantes".[90]

Sob essa ótica, para a prestação de serviços públicos, às concessionárias podem em princípio[91] ser conferidas certas funções que podem surtir efeitos restritivos na esfera de liberdade dos usuários e terceiros, funções estas tipicamente relacionadas ao exercício de atividades concernentes ao poder de polícia.

A partir dessas premissas, examinemos adiante o caso da concessão portuária.

IV.3.2.2.5. Poder de polícia na concessão do Porto Organizado?

Não raro é a concessão portuária utilizada como exemplo de potencial exercício, por delegatários de serviços públicos, de atribuições tipicamente identificadas com o poder de polícia. Isso se dá em razão da amplitude das funções da Administração do Porto/Autoridade Portuária, aptas a limitar a esfera de atuação não só dos usuários como também dos arrendatários e até de terceiros.

90. BINENBOJM, Gustavo. *Poder de polícia, ordenação, regulação*: transformações político-jurídicas, econômicas e institucionais do direito administrativo ordenador. Belo Horizonte: Fórum, 2016, p. 307-308.

91. Registramos que, especificamente com relação às parcerias público-privadas, a Lei nº. 11.079/2004 prevê expressamente a indelegabilidade do exercício do poder de polícia, no art. 4º, III: "Art. 4º Na contratação de parceria público-privada serão observadas as seguintes diretrizes: (...) III – indelegabilidade das funções de regulação, jurisdicional, do exercício do poder de polícia e de outras atividades exclusivas do Estado". Trata-se, a nosso ver, de previsão especial aplicável estritamente a essa modalidade de contratação, que não significa uma vedação legal geral à delegação de certas funções comumente relacionadas ao poder de polícia no âmbito de concessões, sobretudo no caso dos portos, em que há previsão legal especial, no art. 17 da Lei nº. 12.815/2013, estipulando as competências de Autoridade Portuária a serem desenvolvidas pelo concessionário quando exerce o papel de Administração do Porto.

Alguns doutrinadores chegam mesmo a afirmar que, nesse caso, o poder de polícia não é exercido de maneira apenas acessória à prestação do serviço público, mas sim paralelamente àquela. Nesse sentido, para Flávio Amaral Garcia e Rafael Véras a concessão do Porto Organizado seria uma "concessão de serviço público cumulada com o exercício de uma função de polícia administrativa, por meio da qual o concessionário, de acordo com a autorização prévia legislativa, estabelece limitações e condicionamentos à liberdade individual em prol de um interesse coletivo".[92]

Com efeito, a teor do art. 17 da Lei nº. 12.815/2013, incumbe à concessionária do Porto Organizado não só a prática de atos preparatórios ou materiais ancilares a funções aparentemente típicas de polícia, como também de "atos coativos, fiscalizatórios, de consentimento, arrecadatórios e regulamentares".[93] Confira-se o teor do dispositivo:

> "Art. 17. A administração do porto é exercida diretamente pela União, pela delegatária ou pela entidade concessionária do porto organizado.
>
> § 1º Compete à administração do porto organizado, denominada autoridade portuária:
>
> I - cumprir e fazer cumprir as leis, os regulamentos e os contratos de concessão;
>
> II - assegurar o gozo das vantagens decorrentes do melhoramento e aparelhamento do porto ao comércio e à navegação;
>
> III - pré-qualificar os operadores portuários, de acordo com as normas estabelecidas pelo poder concedente;
>
> IV - arrecadar os valores das tarifas relativas às suas atividades;
>
> V - fiscalizar ou executar as obras de construção, reforma, ampliação, melhoramento e conservação das instalações portuárias;
>
> VI - fiscalizar a operação portuária, zelando pela realização das atividades com regularidade, eficiência, segurança e respeito ao meio ambiente;

---

92. GARCIA, Flávio Amaral; FREITAS, Rafael Véras de. Portos brasileiros e a nova assimetria regulatória: os títulos habilitantes para a exploração da infraestrutura portuária. *In*: MOREIRA, Egon Bockmann (Org.). *Portos e seus regimes jurídicos*: a Lei nº 12.815/2013 e seus desafios. Belo Horizonte: Fórum, 2014, p. 247.

93. BINENBOJM, Gustavo. *Poder de polícia, ordenação, regulação*: transformações político-jurídicas, econômicas e institucionais do direito administrativo ordenador. Belo Horizonte: Fórum, 2016, p. 308.

> VII – promover a remoção de embarcações ou cascos de embarcações que possam prejudicar o acesso ao porto;
>
> VIII – autorizar a entrada e saída, inclusive atracação e desatracação, o fundeio e o tráfego de embarcação na área do porto, ouvidas as demais autoridades do porto;
>
> IX – autorizar a movimentação de carga das embarcações, ressalvada a competência da autoridade marítima em situações de assistência e salvamento de embarcação, ouvidas as demais autoridades do porto;
>
> X – suspender operações portuárias que prejudiquem o funcionamento do porto, ressalvados os aspectos de interesse da autoridade marítima responsável pela segurança do tráfego aquaviário;
>
> XI – reportar infrações e representar perante a Antaq, visando à instauração de processo administrativo e aplicação das penalidades previstas em lei, em regulamento e nos contratos;
>
> XII – adotar as medidas solicitadas pelas demais autoridades no porto;
>
> XIII – prestar apoio técnico e administrativo ao conselho de autoridade portuária e ao órgão de gestão de mão de obra;
>
> XIV – estabelecer o horário de funcionamento do porto, observadas as diretrizes da Secretaria de Portos da Presidência da República, e as jornadas de trabalho no cais de uso público; e
>
> XV – organizar a guarda portuária, em conformidade com a regulamentação expedida pelo poder concedente".

Por sua vez, o Decreto nº. 8.033/2013, que regulamenta a Lei nº. 12.815/2013, estabelece atribuições adicionais da Administração do Porto, como por exemplo a edição do Regulamento do Porto, a partir das diretrizes do Poder Concedente:

> "Art. 4º Sem prejuízo de outras atribuições previstas na legislação específica, compete à administração do porto:
>
> I – estabelecer o regulamento de exploração do porto, observadas as diretrizes do poder concedente; e
>
> II – decidir sobre conflitos que envolvam agentes que atuam no porto organizado, ressalvadas as competências das demais autoridades públicas.

> Parágrafo único. Nas concessões de porto organizado, o contrato disciplinará a extensão e a forma do exercício das competências da administração do porto".

O art. 17 da Lei de Portos já foi mencionado pelo STF no julgamento do Agravo Regimental no Recurso Extraordinário nº. 892.727, especificamente no voto do Min. Luiz Fux, na ocasião em que acompanhou o voto vencedor. Nesse precedente – anterior ao caso da BHTRANS já citado (RE nº. 633.782) –, o art. 17 da Lei de Portos foi referido apenas ancilarmente, para afirmar que, "por escolha regulatória, portanto, o mesmo rol de competências [das autoridades portuárias] pode ser exercido até por empresas da iniciativa privada. (...) No rol foram incluídas algumas atividades que integram o ciclo de poder de polícia, como a fiscalização da operação portuária e a suspensão de operações que prejudiquem o funcionamento do porto".[94] Para o Ministro, portanto, o art. 17 da Lei de Portos constituiria exemplo de previsão legal de delegação do exercício de certas funções tipicamente relacionadas ao poder de polícia no âmbito de concessões.

Traçando um paralelo com o já referido ciclo de polícia, podemos identificar no art. 17 que a autoridade portuária parece atuar, de alguma maneira, em todas as suas etapas, por exemplo: *(i)* institui normas regulamentares (ordem de polícia); *(ii)* pré-qualifica os operadores portuários e autoriza a entrada e saída de embarcações, assim como a movimentação de cargas (consentimento); *(iii)* fiscaliza a operação portuária (fiscalização); e *(iv)* reporta infrações à ANTAQ (sanção). Além disso, tem o concessionário a atribuição de arrecadar tarifas e de organizar a guarda portuária, podendo também praticar atos coativos dotados de autoexecutoriedade, como por exemplo suspender operações portuárias que prejudiquem o funcionamento do Porto. Há previsão ainda, de atribuições em alguma medida até jurisdicionais, para decidir sobre conflitos que envolvam agentes que atuem no porto (art. 4º, II, Decreto nº. 8.033/2013).

Diversamente do entendimento do STJ no REsp nº 817.534, portanto, a atribuição de atividades relacionadas a atos típicos de polícia não se limitou a ações de consentimento ou fiscalização do ciclo de polícia, também abrangendo a ordem de polícia (legislação) e atos de certa forma coercitivos. De toda sorte, como acima exposto, o STF no RE 633.782/MG reformou aquele julgado para fixar a tese segundo a qual seria possível a delegação de poder de polícia (em geral), mediante lei, a pessoas jurídicas de direito privado integrantes da Administração Pública prestadoras de serviços públicos em regime não concorrencial. Note-se que não proibiu o STF a delegação

94. STF, RE nº. 892.727 / DF. Voto do Min. Luiz Fux, julg. em 05.06.2018.

de atividades tipicamente identificadas com o poder de polícia em toda e qualquer outra circunstância, mas apenas atestou que, naquela situação, seria constitucional a delegação, desde que observados os referidos requisitos.

Com base na tese estabelecida pelo STF, entendeu o STJ no RESP nº. 1.950.332/RJ que seria vedado à CCEE aplicar multas a particulares, por ser associação privada não integrante da Administração Pública, bem como por inexistir lei autorizando o exercício de atividade sancionatória do ciclo de polícia.

Pois bem, a partir dos parâmetros jurisprudenciais podemos formular algumas considerações sobre a atuação de concessionária privada enquanto Autoridade Portuária.

No REsp nº. 1.950.332/RJ, entendeu o STJ que a CCEE não poderia exercer função sancionatória por não integrar a Administração Pública e pela ausência de previsão legal. Na hipótese de concessão portuária, porém, embora não integre a concessionária a Administração Pública, há previsão expressa no art. 17 da Lei dos Portos fixando as atribuições do delegatário enquanto Autoridade Portuária. Ademais, apesar de, à primeira vista, envolver todas as fases do ciclo de polícia, na realidade a atuação do delegatário não envolve a aplicação de sanções, abrangendo preponderantemente as fases de consentimento e de fiscalização, as quais o STJ já reconheceu serem passíveis de delegação a pessoas jurídicas de direito privado.

Abaixo explicaremos.

Em primeiro lugar, no que se refere à ordem de polícia, o regulamento do Porto Organizado é estabelecido pela Administração do Porto a partir das diretrizes do Poder Concedente (art. 4º, I, Decreto nº. 8.033/2013). No caso de delegação, prevê o parágrafo único do citado art. 4º, ainda, que nas "concessões de porto organizado, o contrato disciplinará a extensão e a forma do exercício das competências da administração do porto". Além das diretrizes do Concedente que devem ser observados mesmo quando a Autoridade Portuária é pública, no caso de concessão impende à União especificar ainda mais de que maneira o concessionário cumprirá suas funções, inclusive no que se refere a emitir o regulamento do Porto.

A dinâmica denota, ao fim e ao cabo, que a fonte última de direitos e obrigações a serem cumpridos pelos agentes sujeitos àquela norma é a própria Administração Pública, cuja diretrizes sempre limitarão o regulamento portuário. Assim, a ordem de polícia emitida pelo Poder Concedente é meramente densificada pela Administração do Porto, na forma do citado regulamento, considerando as especificidades, inclusive de ordem técnica, de cada Porto Organizado.

Em segundo lugar, com relação à função sancionatória, não cabe ao concessionário, enquanto Autoridade Portuária, impor sanções. A Lei dos Portos, na realidade, se limita a prever o dever de a Administração do Porto "reportar infrações e representar perante a Antaq, visando à instauração de processo administrativo e aplicação das penalidades previstas em lei, em regulamento e nos contratos" (art. 17, § 1º, XI).

Uma visão mais atenta revela, assim, que a atuação do concessionário privado, na condição de Autoridade Portuária, situa-se especialmente nos campos de consentimento e fiscalização do ciclo de polícia, até em linha com a posição do STJ acima citada no REsp nº 817.534.

Já no que se refere às atribuições da concessionária que englobam atos de caráter coativo, como "suspender operações portuárias que prejudiquem o funcionamento do porto" (art. 17, § 1º, X, Lei nº. 12.815/2013), trata-se de competência realmente instrumental à própria viabilidade da prestação do serviço operacionalizado pelo Porto Organizado. Sem ela de nada valeria a delegação da Administração do Porto.

Merece comentário específico a organização da guarda portuária pelo concessionário. Está em curso no STF ação sobre o tema no setor dos portos. Trata-se da ADPF nº 870, que questiona a Portaria Normativa nº. 84/2021, do então Ministério da Infraestrutura, que possibilita a terceirização das atividades de guarda portuária pela Administração do Porto, o que, segundo os requerentes, configuraria indevida delegação do poder de polícia a empresas privadas.

Nas palavras dos postulantes: "ao autorizar a terceirização da segurança e da vigilância dos portos nacionais, a Portaria autoriza a delegação do poder de polícia portuária a empresas privadas, atividade estratégica umbilicalmente atrelada à soberania estatal, que, por sua própria natureza, deve ser confiada apenas e tão somente aos órgãos de segurança pública do Estado brasileiro, e não a particulares".

O caso segue pendente de decisão pelo Tribunal, mas já conta com parecer da Procuradoria Geral da República – PGR no sentido da parcial procedência dos pedidos, com fundamento em grande parte no já mencionado "dogma da indelegabilidade do poder de polícia", admitindo-se apenas a prática por particulares de atividades materiais e preparatórias, instrumentais àquele.[95]

---

95. O Parecer em questão foi assim ementado:

"ARGUIÇÃO DE DESCUMPRIMENTO DE PRECEITO FUNDAMENTAL. PORTARIA 84, DE 1º.7.2021, DO MINISTÉRIO DA INFRAESTRUTURA. GUARDAS PORTUÁRIAS. TERCEIRIZAÇÃO. DELEGAÇÃO A PARTICULARES. ATIVIDADES QUE PRESSUPÕEM EXERCÍCIO DE PODER DE POLÍCIA PORTUÁRIA. IMPOSSIBILIDADE. OFENSA AOS PRINCÍPIOS DA SOBERANIA E DA SEGURANÇA PÚBLICA. INTERPRETAÇÃO CONFORME À CONSTITUIÇÃO. PARCIAL PROCEDÊNCIA DO PEDIDO.

Na ADPF nº 870, porém, não se discute se o concessionário do Porto pode ou não exercer a função de Autoridade Portuária, mas apenas se pode esta, seja ela pública ou privada, terceirizar as atividades de segurança e vigilância do Porto Organizado desenvolvidas pela guarda portuária. Naturalmente que se o STF vier a entender ser inconstitucional o desempenho da guarda portuária por empresa privada o concessionário não poderá fazê-lo por seus próprios meios, devendo valer-se da guarda portuária estatal. De toda sorte, a atribuição legal do concessionário, na forma do art. 17, XV, é organizar a guarda portuária, conforme as normas editadas pelo Poder Concedente, e não ele executar especificamente por pessoal próprio essa função, geralmente desempenhada por agentes estatais.

Verificamos, dessa forma, ser sim em tese admissível a delegação legal, ao concessionário de portos, de atribuições tipicamente relacionadas ao exercício de poder de polícia, paralela e instrumentalmente ao serviço concedido, em especial no que se refere aos atos de consentimento e de fiscalização, que são aqueles, como visto, de fato expressamente colocados a cargo do delegatário pelo art. 17 da Lei de Portos.

Saliente-se, porém, que todas as atribuições acima referidas são desenvolvidas pela Autoridade Portuária, ainda quando concessionária, com relação a agentes que atuam no âmbito do Porto Organizado, sejam eles, por exemplo, usuários (ex.: passageiros, armadores, empresas de navegação), arrendatários ou operadores portuários. Entre todos esses players há uma relação contratual perante a Administração do Porto, que pressupõe a observância do regulamento do Porto e demais normas aplicáveis, bem como das determinações inseridas no campo de atribuição da Autoridade Portuária.

O ponto pode até nos levar a questionar se, de fato, estamos diante de exercício de funções típicas de polícia ou se, por outro lado, a atuação do concessionário face àqueles agentes não decorre naturalmente do cumprimento da relação contratual entre eles existente. Afinal, o poder de polícia, "como o poder estatal mais típico, independe de qualquer consenso do particular para poder ser exercido. Exemplificando, não se exige o consenso do particular para que o Estado possa fiscalizar uma construção irregular;

1. Atividades realizadas pelas guardas portuárias que pressupõem exercício de determinados aspectos do poder de polícia do Estado não podem ser delegadas a particulares.

2. Poder de polícia, atividade estatal típica – fora os atos meramente preparatórios e os de simples execução material –, não pode ser delegado a agentes não estatais. – Parecer pela parcial procedência do pedido para declarar inconstitucional o termo "no todo", constante do art. 7º, parágrafo único, da Portaria 84/2021 do Ministério da Infraestrutura, bem como para conferir interpretação conforme à Constituição aos demais termos do referido ato normativo, de maneira que a autorização para contratação terceirizada de serviços de segurança pelas autoridades portuárias restrinja-se às atividades de apoio ao exercício do poder de polícia" (BRASIL. Procuradoria Geral da República. Parecer AJCONST/PGR Nº 388073/2021. 25 de outubro de 2021).

mas, sem o contrato, nem se cogita do sancionamento pelo descumprimento de uma obrigação dele constante".[96]

Há situações que parecem, à primeira vista, hipóteses de delegação de poder de polícia a particular, porém, na realidade, poderiam consubstanciar legítima autotutela privada anteriormente acordada via contrato entre as partes, isto é, a viabilidade de um agente impor ou exigir direitos e obrigações face a outro, e eventualmente até os executar, independentemente de ordem judicial, em decorrência do vínculo contratual entre eles existente. Afinal, "em certos casos, o que alguns poderiam entender por imprópria autoexecutoriedade de ato privado e/ou exercício irregular de poder de polícia talvez possa configurar uma admissível autotutela privada previamente convencionada".[97]

Talvez seja este o caso de muitas das atribuições da concessionária no setor portuário, desempenhadas em face de agentes atuantes no Porto com quem mantenha relações contratuais que pressupõem a observância das normas e regulamentos aplicáveis.

Tanto é assim que, no caso dos terminais de uso privado situados fora da área do Porto Organizado, por exemplo, o art. 30[98] da Lei nº. 12.815/2013 prevê caber ao titular da respectiva autorização disciplinar as operações portuárias, observadas as normas aplicáveis. Compete ao autorizatário, assim, editar as normas a serem cumpridas no âmbito da instalação portuária, em observância da regulação estatal incidente, assim como fiscalizar e assegurar o seu cumprimento, inclusive de modo a impedir que operações irregulares venham a obstaculizar a prestação de serviço adequado no âmbito do terminal, o que é inclusive uma obrigação do autorizatário (cf. Capítulo IV.6.2.5). Embora algumas dessas atividades possam ser identificadas com funções típicas de polícia, não se discute se o seu exercício pelo privado titular da autorização se confundiria com o exercício de poder de polícia, reconhecendo-se que apenas reflete a observância da relação contratual existente entre aquele e os agentes que utilizam o terminal privado.

Se fosse para concluir, diríamos que as concessões portuárias desafiam não só o tradicional dogma da indelegabilidade em geral do poder de polícia, mas também as concepções doutrinárias e jurisprudenciais segundo as quais nas concessões de serviços públicos seria admissível o exercício de funções de polícia de modo apenas instrumental à execução da atividade delegada.

96. ARAGÃO, Alexandre Santos de. A arbitragem no direito administrativo. *Revista da AGU*, Brasília-DF, v. 16, n. 3, p. 19-58, jul./set. 2017, p. 34.

97. MENDONÇA, José Vicente Santos de. DUARTE, Daniel Bento. Autoexecutoriedade pública ou autotutela privada? O lícito e o ilícito na autorregulação (no prelo).

98. Lei dos Portos: "Art. 30. A operação portuária em instalações localizadas fora da área do porto organizado será disciplinada pelo titular da respectiva autorização, observadas as normas estabelecidas pelas autoridades marítima, aduaneira, sanitária, de saúde e de polícia marítima".

Como também exposto, porém, um olhar mais atento revela que a atuação do concessionário do Porto se restringe especialmente aos atos de fato instrumentais à prestação dos serviços portuários (ex.: suspensão das operações) ou, ainda, funções relacionadas a atos de consentimento e de fiscalização, cujo exercício por particulares já foi admitido inclusive pelo STJ (ex.: REsp nº 817.534), sem abranger a aplicação de sanções. No que se refere à guarda portuária, a Lei de Portos atribui ao concessionário a função de a organizar, inclusive quando exercida por agentes estatais, e não a de a executar por pessoal próprio, restando ao STF decidir, na ADPF nº. 870, se seria legítimo o seu desempenho por empresas privadas ou se a medida configuraria indevida delegação de poder de polícia. De toda sorte, a nosso ver, como exposto, grande parte das atribuições do concessionário enquanto Administração do Porto, perante os agentes que nele atuam, mais decorrem da relação contratual entre eles existente do que de aparente exercício de poder de polícia por delegatário privado.

Adiante examinemos os aspectos gerais do arrendamento portuário de direito público, em seguida investigando as suas peculiaridades face a certas posições convencionadas pela doutrina.

IV.4. ARRENDAMENTO DE PARCELA DO PORTO ORGANIZADO EM REGIME PÚBLICO

IV.4.1. Aspectos gerais

Configura o arrendamento portuário recente exemplo de instrumento cujo regime jurídico foi flexibilizado, afastando-o da disciplina das concessões portuárias para aproximá-lo do modelo de autorização portuária para a exploração de terminais. Se antes se encontrava no mesmo degrau de publicização da concessão portuária na escala de *publicatio,* passou a estar situado em um vão intermediário entre aquela e a autorização, esta preponderantemente submetida a um regime menos rígido, de direito privado.

Explicaremos essa dinâmica contextualizando a visão doutrinária tradicional sobre o arrendamento portuário, na sequência detalhando de que forma o seu regime jurídico parece ter sido em alguma medida liberalizado pela Lei nº. 14.047/2020, ainda que se mantenha sujeito a intensos influxos de direito público.

Por meio do contrato de arrendamento portuário, a União[99] outorga a particular o direito de exploração de instalação portuária localizada em

99. Ou Autoridade Portuária pública que tenha recebido delegação da União via convênio para celebrar e gerir contrato de arrendamento, como examinamos no Capítulo IV.2.1.

área correspondente a uma parcela do Porto Organizado. Nela são prestados serviços de armazenagem de mercadorias e de movimentação de cargas e passageiros, atividades que são operacionalizadas pelo próprio arrendatário ou por pessoa jurídica por ele contratada, pré-qualificada perante a Administração do Porto como operador portuário (cf. Capítulo IV.2.1). Vide, a título ilustrativo, imagem que demonstra a divisão de áreas de terminais localizados em parte da área do Porto Organizado do Rio de Janeiro:

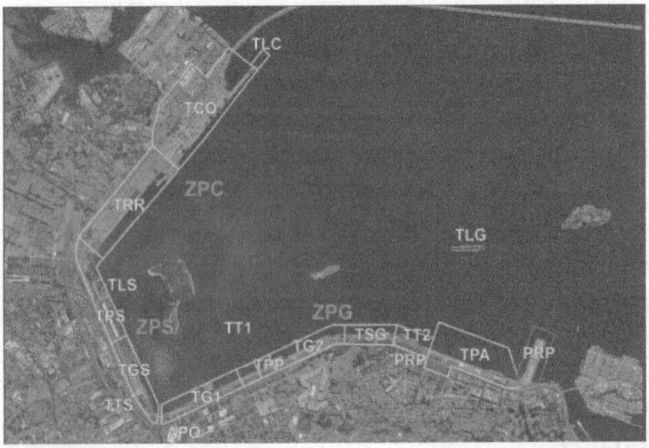

Acesse a imagem colorida neste QR Code.

Figura 2 – Zoneamento do Porto do Rio de Janeiro. (Fonte: Disponível em: https://www.gov.br/transportes/pt-br/centrais-de-conteudo/se35-pdf. Acesso em: 07 fev. 2024)

É o arrendamento atualmente definido pela Lei nº. 12.815/2013 como a "cessão onerosa de área e infraestrutura públicas localizadas dentro do porto organizado, para exploração por prazo determinado" (art. 2º, XI).

Na origem, o arrendamento se aproximava de uma locação de direito público, mais se relacionando com a utilização de certo bem público do que precisamente versando sobre a sua exploração para fins de prestação de algum serviço ao público.

A partir da edição da revogada Lei do Portos (Lei nº. 8.630/1993), os arrendamentos portuários começaram a ser então encarados como instrumentos de delegação de serviços públicos, análogos aos contratos de concessão.[100]

---

100. Para Dinorá Grotti, a "natureza jurídica do arrendamento é semelhante à da subconcessão de serviço público, restando este reforçado pelos novos dispositivos que traçam um mesmo regime jurídico aos arrendamentos de bem público e concessões do porto organizado, sem vislumbrarmos grandes reflexos na introdução do termo 'bem público' à denominação do instituto" (GROTTI, Dinorá Adelaide Musetti; LIMA, Cristiana Maria Melhado Araujo. Diferenças entre terminais portuários de uso público e de uso privado. In: PEREIRA, Cesar; SCHWIND, Rafael Wallbach (Coord.). *Direito Portuário Brasileiro*. 3. ed. Belo Horizonte: Fórum, p. 169-185, 2020, p. 178).

Confira-se sobre o tema a posição de Carlos Augusto da Silveira Lobo, em artigo que já se tornou um clássico na matéria: "o conceito de serviço público delegado tem como elementos fundamentais: a) o objetivo primordial de satisfazer necessidades essenciais ou secundárias da coletividade, que o Poder Público julga de sua obrigação prover, seja diretamente, seja delegando a execução do serviço a particulares; b) a submissão das relações jurídicas pertinentes ao serviço a regras exorbitantes do Direito Privado e peculiares ao Direito Público; c) o direito de qualquer interessado de utilizar-se do serviço, em igualdade de condições com os demais usuários; d) a obrigação de o prestador de um serviço público colocar o serviço à disposição dos interessados de forma regular e sem solução de continuidade; e) a remuneração pelo serviço mediante tarifas públicas, estabelecidas pelo Poder Público; f) a fiscalização da qualidade e da regularidade do serviço pelo Poder Público delegante, havendo delegação. (...) Os terminais de uso público prestam serviços públicos tal como acima definidos, ou seja: a) o seu objetivo primordial é suplementar os portos organizados na satisfação das necessidades da coletividade, quanto a serviços portuários; b) qualquer interessado tem o direito de utilizar-se do serviço, em igualdade de condições com os demais usuários; c)o titular de terminal de uso público tem a obrigação de colocar o serviço à disposição dos interessados de forma regular e contínua, sem discriminar entre os usuários; d) seus serviços devem ser remunerados mediante uma tarifa estabelecida pelo poder público, de aplicação geral; e) seus serviços estão sujeitos à fiscalização pelo poder concedente".[101]

No mesmo sentido, segundo Floriano de Azevedo Marques Neto e Fábio Barbalho Leite, escrevendo ainda sob a égide da Lei nº 8.630/1993, o arrendamento "caminha-se a caracterizar, a partir do novo regime estabelecido pela Lei dos Portos, uma subconcessão *sui generis* de serviço público, guardando traços da concessão de uso de bem público que está em sua origem".[102] Chegam os autores a essa conclusão não só porque a exploração do porto é atividade inscrita no art. 21, XII, f, da Constituição Federal, mas também porque as cláusulas essenciais do contrato de arrendamento possuiriam dimensões típicas da concessão de serviço público, como é o caso da reversão dos bens e das metas de qualidade e padrões de serviço. Ressaltam que as exigências ao desempenho de serviço vão "muito além do mero zelo pelo uso eficiente do bem"; consubstanciariam, na verdade, efetiva preocupação e regulação, pela via contratual, da atividade a ser exercida pelo particular. Concluem, enfim, que "longe de ser simples escolha do particular, o exer-

101. LOBO, Carlos Augusto da Silveira. Os Terminais Portuários Privativos na Lei nº 8.630/93. *Revista de Direito Administrativo – RDA*, vol. 220, 2000, p. 27-29.

102. MARQUES NETO, Floriano de Azevedo; LEITE, Fábio Barbalho. "Peculiaridades do contrato de arrendamento portuário". *Revista de Direito Administrativo – RDA*, vol. 231, 2003, p. 279.

cício da atividade portuária é uma exigência contratual imposta pelo Poder Concedente, sendo, assim, impossível cingir o âmbito do arrendamento à mera concessão de uso ou ao arrendamento ditado pelo Código Civil (que se assemelha à locação)".[103]

O arrendamento portuário, portanto, nas palavras de Diogo de Figueiredo Moreira Neto e Rafael Véras de Freitas, trata-se, "na verdade, de um contrato que veicula um serviço público, por meio do qual a Administração pública transfere não só o uso de determinado bem público, mas, também, a prestação de um serviço de sua titularidade (art. 21, XII, "f", da CRFB)".[104]

Também para Odete Medauar, o arrendamento constitui, para além do contrato de concessão, figura alternativa que vem sendo utilizada pelo Poder Público para transferir a privados a prestação de serviços públicos. Por meio dele, o Estado transfere a gestão operacional de um serviço público a particular arrendatário, para que a explore por sua conta e risco, "colocando à sua disposição um imóvel público ou um complexo de bens públicos, vinculados ao serviço".[105]

Também à luz da vigente Lei nº. 12.815/2013 subsiste o enquadramento do arrendamento portuário como um meio de delegação de serviço público correlato à concessão. Tanto é assim que, até recentemente, previa aquela Lei as mesmas cláusulas necessárias tanto ao contrato de arrendamento quanto ao de concessão (art. 5º, em sua redação original). O arrendatário é selecionado em regra mediante licitação,[106] a partir dos mesmos critérios do certame para a concessão portuária (art. 6º), para a exploração da área por até 35 anos (prorrogáveis até 70), em modelagem jurídica que se aproximava bastante da concessão.

Ocorre que, com a edição da Lei nº. 14.047/2020 foram promovidas mudanças relevantes na Lei de Portos, dentre elas a inclusão do art. 5º-C, que passou a elencar cláusulas essenciais relativas especificamente ao contrato de arrendamento.

Parece ter o legislador procurado simplificar o regime jurídico dos contratos de arrendamento, tornando-o mais flexível, deixando de prever como necessárias algumas disposições ainda presentes no rol de cláusulas

103. MARQUES NETO, Floriano Peixoto de Azevedo; LEITE, Fábio Barbalho. Peculiaridades do contrato de arrendamento portuário. *Revista de Direito Administrativo – RDA, [S. l.]*, v. 231, p. 269–296, 2003, p. 278-280.

104. MOREIRA NETO, Diogo de Figueiredo; FREITAS, Rafael Véras. *A nova regulação portuária*. Belo Horizonte: Fórum, 2015, p. 83.

105. MEDAUAR, Odete. *Direito Administrativo Moderno*, Ed. RT, São Paulo, 5ª edição, 2001, p. 384.

106. Ressalvada a hipótese de dispensa introduzida no art. 5º-B, parágrafo único da Lei de Portos, que aprofundaremos no Capítulo IV.4.2.1.

dos contratos de concessão do art. 5º, cláusulas estas que examinamos no Capítulo anterior.

Para sistematizarmos as principais mudanças, confira-se, abaixo, quadro comparativo das cláusulas essenciais do contrato de concessão portuária face às imprescindíveis ao arrendamento:

Tabela 1 – Comparação entre as cláusulas necessárias do contrato de concessão e as do de arrendamento.

Art. 5º – concessão	Art. 5º-C – arrendamento (Incluído pela Lei nº 14.047, de 2020)
I – ao objeto, à área e ao prazo;	I – ao objeto, à área e ao prazo;
II – ao modo, forma e condições da exploração do ~~porto organizado ou~~ instalação portuária;	II – ao modo, à forma e às condições da exploração da instalação portuária;
III – aos critérios, indicadores, fórmulas e parâmetros definidores da qualidade da atividade prestada, assim como às metas e prazos para o alcance de determinados níveis de serviço;	Sem correspondência
IV – ao valor do contrato, ~~às tarifas praticadas~~ e aos critérios e procedimentos de revisão e reajuste;	III – ao valor do contrato e aos critérios e procedimentos de revisão e reajuste;
V – aos investimentos de responsabilidade do contratado;	IV – aos investimentos de responsabilidade do contratado;
VI – aos direitos e deveres dos usuários, com as obrigações correlatas do contratado e as sanções respectivas;	Sem correspondência
VII – às responsabilidades das partes;	V – às responsabilidades das partes;
VIII – à reversão de bens;	Sem correspondência
IX – aos direitos, garantias e obrigações do contratante e do contratado, ~~inclusive os relacionados a necessidades futuras de suplementação, alteração e expansão da atividade e consequente modernização, aperfeiçoamento e ampliação das instalações;~~	VI – aos direitos, às garantias e às obrigações do contratante e do contratado;

Art. 5º – concessão	Art. 5º-C – arrendamento (Incluído pela Lei nº 14.047, de 2020)
X – à forma de fiscalização das instalações, dos equipamentos e dos métodos e práticas de execução das atividades, bem como à indicação dos órgãos ou entidades competentes para exercê-las;	Sem correspondência
XI – às garantias para adequada execução do contrato;	Sem correspondência
XII – à responsabilidade do titular da instalação portuária pela inexecução ou deficiente execução das atividades;	VII – à responsabilidade do titular da instalação portuária pela inexecução ou deficiente execução das atividades;
XIII – às hipóteses de extinção do contrato;	VIII – às hipóteses de extinção do contrato;
XIV – à obrigatoriedade da prestação de informações de interesse do poder concedente, da Agência Nacional de Transportes Aquaviários – ANTAQ e das demais autoridades que atuam no setor portuário, inclusive as de interesse específico da Defesa Nacional, para efeitos de mobilização;	IX – à obrigatoriedade da prestação de informações de interesse do poder concedente, da Antaq e das demais autoridades que atuam no setor portuário, inclusive as de interesse específico da defesa nacional, para efeitos de mobilização;
XV – à adoção e ao cumprimento das medidas de fiscalização aduaneira de mercadorias, veículos e pessoas;	Sem correspondência
XVI – ao acesso ~~ao porto organizado ou~~ à instalação portuária pelo poder concedente, pela Antaq e pelas demais autoridades que atuam no setor portuário;	X – ao acesso à instalação portuária pelo poder concedente, pela Antaq e pelas demais autoridades que atuam no setor portuário;
XVII – às penalidades e sua forma de aplicação; e	XI – às penalidades e sua forma de aplicação; e
XVIII – ao foro.	XII – ao foro.

Fonte: elaboração própria.

A alteração legislativa parece ter sido inclusive motivada em relatório de auditoria produzido pelo TCU, no qual se diagnosticou que, em seis anos, o setor atraiu muito mais capital privado em relação a terminais privados do que aos arrendamentos em regime público dentro do Porto Organizado. Os investimentos em terminais arrendados corresponderam a apenas 10% daqueles efetuados em terminais de uso privado. A razão identificada pela

Corte de Contas foi justamente a intensidade da regulação estatal sobre os primeiros face aos segundos.[107]

Note-se, como adiantado no Capítulo I.2, atualmente os terminais arrendados competem frontalmente com os terminais privados, eis que ambos prestam em geral e sem restrição o mesmo tipo de serviços a terceiros. Natural, assim, que se o legislador deu os fins (concorrência) deve também conferir os meios para que os agentes possam de fato competir em igualdade de condições, ainda que submetidos a regulações assimétricas.

Isso porque, naturalmente, a "possibilidade de competição com assimetria de regimes (serviço público e atividade econômica em sentido estrito) predica a necessidade de o arcabouço regulatório ser concebido de forma a evitar distinções ilimitadas entre atores e atividades equivalentes, sob pena de se afrontar a isonomia e causar distorções à concorrência. Afinal, as atividades reconhecidas como serviços públicos se submetem a regime mais restrito (e regulação mais intensa) do que atividades econômicas em sentido estrito (ou de interesse social relevante)".[108]

Entre as mudanças promovidas pela Lei nº. 14.047/2020, podemos mencionar a exclusão da cláusula essencial relativa ao controle de tarifas cobradas pelo arrendatário, acompanhada da previsão expressa, no art. 3º, VI, da diretriz setorial de "liberdade de preços nas operações portuárias, reprimidos qualquer prática prejudicial à competição e o abuso do poder econômico". Dessa forma, os preços cobrados tanto pelos terminais públicos quanto privados são, por *ipis litteris*, livres.

Também deixaram de ser essenciais, por exemplo, as disposições concernentes aos parâmetros e fórmulas para metas de qualidade dos serviços, deixando a modelagem mais aberta para a definição dos incentivos de produtividade a serem acordados com o arrendatário.

Os direitos e deveres dos usuários também deixaram de estar enumerados como cláusulas essenciais da avença. De toda sorte, como exposto no Capítulo anterior, a Resolução ANTAQ nº. 75/2022, que disciplina a matéria, se aplica não só à Administração do Porto (pública ou privada), mas também aos arrendatários e autorizatários. Fixa a norma, inclusive para o contratado em arrendamento, o dever de prestar "serviço adequado", o que compreende o cumprimento de certas obrigações típicas de serviços públicos, ainda que customizadas às peculiaridades do setor portuário, como por exemplo no que se refere à continuidade, regularidade, atualidade, modicidade etc.

---

107. TCU, Acórdão nº. 2711/2020 – Plenário, Processo TC 022.534/2019-9, Rel. Min. Bruno Dantas, 07.10.2020.

108. JUCÁ, Paulo Renato. *Regulação do setor portuário*. São Paulo: Almedina, 2021, p. 62-63.

Note-se que também é excluída a cláusula essencial relativa à reversão de bens. Isso denota ter sido aberta a oportunidade para a instalação de novos terminais arrendados, por exemplo em terrenos *greenfield*, nos quais todos os investimentos seriam feitos pelo concessionário, que poderia levantar os respectivos bens ao fim da avença, desvirtuando o regime de reversibilidade de bens. Por outro lado, porém, parece-nos complexo imaginar futuras licitações para o arrendamento de terminais já equipados com bens públicos da União, por exemplo deixados pelo antigo delegatário, desprovidas da reversão de bens. Tanto é assim que, em arrendamentos recentes podemos vislumbrar previsão expressa de reversão de bens, como podemos extrair da Cláusula 24.1.1 do Contrato de Arrendamento nº 05/2022.[109] O tema aprofundaremos no Capítulo IV.4.2.3.

Verifica-se, ainda, que foi excluída a parte da cláusula do inciso VI que, na concessão, prevê obrigações do contratado relacionadas "a necessidades futuras de suplementação, alteração e expansão da atividade e consequente modernização, aperfeiçoamento e ampliação das instalações". Trata-se do dispositivo que, a nosso ver, como mencionado no Capítulo anterior, denota a mutabilidade do contrato, inclusive por parte do Poder Público, para o adaptar às necessidades que venham a surgir para atendimento dos interesses coletivos a ele inerentes, até de ordem técnica, econômica, social e ambiental.

Porém, veja-se que contratos de arrendamento recentes, firmados após a Lei nº. 14.047/2020, de toda sorte preveem a prerrogativa de o Poder Concedente vir a modificar unilateralmente o contrato e as condições de prestação da atividade. Em contrapartida, é assegurado o direito do arrendatário ao equilíbrio econômico-financeiro nessa hipótese, ainda que, com relação a outros eventos, exista uma detalhada alocação das áleas a cada parte na matriz de riscos contratual. É o que se extrai, por exemplo, da Cláusula 7.2.1[110] do Contrato de Arrendamento nº. 05/2022.

No instrumento acima referido, vislumbram-se, ainda a previsão de outras prerrogativas em favor do Poder Público, como por exemplo para (i) a aplicação de penalidades (Cláusula 18); (ii) a intervenção no arrendamento (Cláusula 23); e (iii) a retomada da área por razões de interesse público (previsão análoga à encampação), na forma da Cláusula 24.3.

---

109. Disponível em: http://web.antaq.gov.br/Portalv3/ArrendamentoV2/Arquivos/3470/Contrato%20de%20Arrendamento%20n%C2%BA%2005_2022%20Intermaritima%20Salvador.pdf. Acesso em: 15 mar. 2024.

110. Contrato de Arrendamento nº. 05/2022: "O Poder Concedente poderá alterar unilateralmente e modificar as condições de prestação das Atividades, para melhor adequá-las às finalidades de interesse público que justificaram o Arrendamento, respeitados os direitos da Arrendatária quanto à manutenção do equilíbrio econômico-financeiro do Contrato, apuradas mediante procedimento de Revisão Extraordinária, bem como decidir sobre a transferência de titularidade do Arrendamento, nos termos deste Contrato e da regulamentação".

Estipula o instrumento, ainda, ser expressamente regido por "preceitos de direito público, aplicando-se-lhe, supletivamente, os princípios da Teoria Geral dos Contratos e as disposições de direito privado" (Cláusula 1.4.1). Também menciona ser regido, além da Lei dos Portos, pela Lei nº. 8.666/93 e pela Lei nº. 8.987/1995 (Cláusula 1.4.2).

Diante do que foi até aqui exposto, percebe-se que, apesar do esforço legislativo para flexibilizar as cláusulas do arrendamento, não perdeu ele alguns traços principais do regime jurídico de direito público que caracteriza os instrumentos de delegação de serviços públicos, em especial no que se refere ao uso de bens públicos, à seleção por licitação, à presença de prerrogativas estatais, bem como a imposição de obrigações tradicionalmente consideradas como típicas de serviços públicos.

Curioso é notar que quase todas as cláusulas essenciais do arrendamento também são de observância nos contratos de adesão que operacionalizam as autorizações de terminais privados (art. 8º, § 1º), ainda que sujeito a regime jurídico expressamente diverso, preponderantemente de direito privado, como veremos no Capítulo IV.6.

Delineados os seus contornos gerais, as particularidades dos arrendamentos públicos serão objeto do Capítulo a seguir.

IV.4.2. Peculiaridades do arrendamento portuário de direito público

O arrendamento de direito público, firmado entre o arrendatário e o Poder Concedente, como vimos acima, foi alvo de reforma legislativa mediante a Lei nº.14.047/2020, que em alguma medida flexibilizou o seu regime jurídico, aproximando-o daquele aplicável ao contrato de adesão que instrumentaliza a autorização para exploração de terminais privados.

No presente Capítulo pretendemos investigar alguns desses novos contornos do arrendamento portuário, a fim de avaliar se teriam eles o condão de modificar a natureza jurídica das atividades por aquele operacionalizadas, tradicionalmente consideradas serviços públicos, ou se teria a figura descido um degrau na escala de *publicatio*.

IV.4.2.1. Exclusão de licitação na hipótese do art. 5º-B da Lei dos Portos

Após a reforma implementada pela Lei nº. 14.047/2020, passou a Lei dos Portos a prever específica hipótese de dispensa de licitação para o arrendamento de área dentro do Porto Organizado, no art. 5º-B, cujo teor abaixo transcrevemos:

> Art. 5º-B. O arrendamento de bem público destinado à atividade portuária será realizado mediante a celebração de contrato, precedida de licitação, em conformidade com o disposto nesta Lei e no seu regulamento.
>
> Parágrafo único. Poderá ser dispensada a realização da licitação de área no porto organizado, nos termos do regulamento, quando for comprovada a existência de um único interessado em sua exploração e estiverem presentes os seguintes requisitos:
>
> I – realização de chamamento público pela autoridade portuária com vistas a identificar interessados na exploração econômica da área;
>
> II – conformidade com o plano de desenvolvimento e zoneamento do porto.

Segundo o entendimento convencional do direito administrativo, tem lugar a dispensa de licitação em hipóteses nas quais, ainda que seja em tese viável a realização de certame para a escolha do contratado, optou o legislador por admitir a contratação direta em razão dos interesses coletivos relacionados à contratação.[111]

A dispensa do art. 5º-B, acima, exige a presença dos seguintes requisitos: existência de apenas um interessado, após chamamento público, para a exploração econômica da área em consonância com o plano de desenvolvimento e zoneamento do Porto Organizado. A modalidade foi "criada para facilitar e tornar mais eficiente a administração do porto, quando se identifica a existência de um único interessado em determinado ativo, tornando menos burocrático e moroso o procedimento para escolha do futuro arrendatário".[112]

---

111. Nas palavras de Flávio Amaral Garcia, em algumas situações a licitação pode ser objeto de dispensa "quando há possibilidade de competição, mas o administrador, na sua competência de integrar a norma, entende que o interesse público será mais bem atendido com a contratação direta". Ainda segundo o autor, "são hipóteses nas quais a competição é plenamente viável e que, em tese, comportariam a realização de prévio procedimento licitatório mas em que, diante das especificidades do caso concreto, se confere ao administrador público a possibilidade de dispensar a licitação formal, sempre com vistas a atingir uma finalidade pública ou outros valores que norteiam a atividade administrativa" (GARCIA, Flávio Amaral. *Licitações e contratos administrativos*: casos e polêmicas. 5. ed. São Paulo: Malheiros, 2018, p. 289 e 304-305).

112. FREITAS, José Carlos Higa de. Comentários aos arts. 5º B e C. In: MILLER, Thiago Testini de Mello; SILVA, Aline Bayer da; SILVA, Lucas Rênio da (orgs.). *Comentários à Lei n. 12.815/2013*: (incluídas as alterações da Lei n. 14.047/2020). Rio de Janeiro Telha, 2020, p. 53-59, p. 59. Ilustra o autor que um "exemplo de aplicação prática desse dispositivo pode ser encontrado no Leilão n. 03/2019, que teve como objeto a área PAR-01. Muito se especulou que essa área teria uma única empresa interessada, mesmo assim foi necessária a realização do certame, atrasando potenciais investimentos. Não há dúvida que, havendo situações semelhantes no futuro, a solução poderá ser muito mais célere e eficaz" (p. 59).

Trata-se de situação, assim, em que não só o interesse coletivo recomenda um rito mais célere para a contratação como também seria a licitação despicienda, na medida em que já constatada a presença de exclusivamente um interessado. Seria até de se cogitar se, de fato, estaríamos diante de caso de dispensa ou se, na realidade, tratar-se-ia, materialmente, de hipótese de inexigibilidade de licitação, ante a constatada ausência de agentes que atenderiam ao certame.

Sabe-se que a licitação é inexigível quando (i) há apenas um potencial contratado (ex.: apenas uma empresa fornece o produto na região); (ii) não há limite da quantidade de pessoas que podem ser escolhidas (ex.: credenciamento); e (iii) inexiste critérios objetivos para o processo de seleção do contratado (ex.: parceria com empresa estatal prevista no art. 28, § 3º, II da Lei nº. 13.303/2016).[113]

A primeira situação acima mencionada pressupõe que apenas um agente atenderia aos pressupostos do respectivo contrato, sendo talvez o mais relevante deles haver interessados na própria contratação. Uma vez que no caso do art. 5º-B já atestou a Autoridade Portuária, via chamamento público, haver exclusivamente um interessado, a licitação seria, na hipótese, meio inadequado à seleção do arrendatário e, portanto, inexigível. A inexigibilidade decorreria não da existência de um particular apto a executar o contrato, mas sim por haver apenas um de fato interessado naquele, o que torna inviável a licitação na medida em que já se sabe não haver outros agentes dispostos – e, portanto, aptos – a contratar.

Independentemente da nomenclatura utilizada – e em direito o nome é geralmente o que menos importa,[114] e sim o regime jurídico efetivo –, tanto a dispensa quanto a inexigibilidade configuram modelos consagrados de contratação direta no âmbito do Direito Administrativo, não caracterizando a previsão do setor portuário uma inovação propriamente nesse ponto. Suas consequências para a subsunção ou não do arrendamento portuário à categoria de serviço público abordaremos no Capítulo IV.4.2.4.

---

113. Egon Bockmann Moreira e Fernando Vernalha Guimarães reconhecem ser difícil sistematizar todas as hipóteses que possam caracterizar a inexigibilidade de licitação, porém propõe uma tentativa de sistematização dividida em três classes de situações: "a *competição inviável* configura-se quando verificar-se (i) a *unicidade de fornecedor* ou *singularidade do sujeito* para contratar com a Administração; (ii) a *inexistência de condições objetivas* para comparação entre propostas; (iii) a *intenção administrativa de contratar um universo indeterminado de ofertantes* (a inexistência de relação de excludência entre os ofertantes)" (MOREIRA, Egon Bockmann; GUIMARÃES, Fernando Vernalha. *Licitação pública*: a Lei Geral de Licitação – LGL e o Regime Diferenciado de Contratação – RDC. 2. ed. São Paulo: Malheiros, 2015, p. 491).

114. ARAGÃO, Alexandre Santos de. *Curso de Direito Administrativo*. Rio de Janeiro: Forense, 2013, p. 547.

IV.4.2.2. Liberdade de Preços

Com o advento da Lei nº. 14.047/2020, passou a liberdade de preços a estar positivada como uma das diretrizes gerais da Lei dos Portos, aplicável à operação portuária em terminais de quaisquer espécies, sejam eles arrendados ou autorizados, na forma do seu art. 3º, VI, *in verbis*: "liberdade de preços nas operações portuárias, reprimidos qualquer prática prejudicial à competição e o abuso do poder econômico". Paralelamente, é também prevista como diretriz setorial a "garantia da modicidade e da publicidade das tarifas e preços praticados no setor, da qualidade da atividade prestada e da efetividade dos direitos dos usuários" (art. 3º, II).

Os preços cobrados pelas instalações portuárias, portanto, são livres, porém, devem ser módicos. Dito de outro modo, a liberdade de preços não afasta e nem conflita com a obrigação de modicidade.

No setor portuário contemporâneo, como exposto (Capítulo IV), os terminais arrendados e autorizados concorrem frontalmente, ainda que sujeitos a regimes jurídicos distintos. Na medida em que o regime privado dos terminais autorizados pressupõe a liberdade de preços, entendeu o legislador que o meio adequado para promover a modicidade seria também assegurar preços livres ao arrendatário, para que tenha condições de competir adequadamente com os terminais privados. A concorrência, nesse cenário, somada à liberdade de preços, seria a fórmula eleita pelo legislador em prol da modicidade daqueles. Do contrário, correr-se-ia até risco de inviabilizar as atividades econômicas exercidas pelo arrendatário, que estariam sempre sujeitas ao controle tarifário enquanto o autorizatário, seu concorrente direto, atuaria em liberdade de preços.

Como concluiu o Min. Gilmar Mendes no voto da ADI 5.549, na qual apreciado o regime jurídico do transporte coletivo passageiros, em certos casos, pode o legislador entender que a abertura à concorrência e à liberdade de preços geraria disputa tendente a baixar os valores cobrados dos usuários/consumidores e aumentar a qualidade do serviço prestado.[115]

Não há, assim, verdadeiro espanto com relação à liberdade de preços no setor portuário, uma vez que até na teoria geral das concessões de serviços públicos inexiste uma diretriz autônoma de controle por si só dos valores cobrados dos usuários/consumidores. O que há, isso sim, é o primado da modicidade, que é um dos princípios dos serviços públicos oriundos das "Leis de Rolland" (Capítulo II.1.1), inclusive positivado no § 1º, do art. 6º,

115. STF, ADI nº. 5.549/DF, Tribunal Pleno, Rel. Min. Luiz Fux, julg. 29 mar. 2023 (voto do Min. Gilmar Mendes).

da Lei nº. 8.987/95.[116] No exemplo portuário, legitimamente compreendeu o legislador ser a concorrência e a liberdade instrumentos mais eficientes e adequados à modicidade do que o controle de preços.

Registre-se, ainda, que os valores cobrados dos usuários/consumidores que subsistem sob controle estatal no setor portuário são aqueles auferidos pelo concessionário, por meio das tarifas cobradas pelo uso da estrutura do Porto Organizado, conforme a cláusula essencial do contrato de concessão prevista no art. 5º, IV da Lei nº. 12.815/2013.

IV.4.2.3. Ausência de cláusula essencial sobre bens reversíveis

Desde a edição da Lei nº. 14.047/2020, deixou de fazer parte do rol de cláusulas obrigatórias dos contratos de arrendamento portuário aquela concernente à reversão de bens, o que é tradicionalmente um elemento presente nos instrumentos de delegação de serviços públicos, que ainda subiste, por exemplo, nas concessões portuárias (art. 5º, VIII, Lei nº. 12.815/2013).

Isso não significa, contudo, que os contratos vigentes com previsão de reversibilidade de bens deixaram de possuir esse regime jurídico. Tampouco quer dizer que os novos contratos em qualquer hipótese serão desprovidos de bens reversíveis. Tanto é assim que o Contrato de Arrendamento nº. 05/2022, que examinamos ilustrativamente no Capítulo IV.4, mesmo sendo recente e posterior à Lei nº.14.047/2020, prevê o regime de bens reversíveis.[117] A alteração do rol de cláusulas necessárias, assim, apenas flexibiliza as cláusulas essenciais dos contratos de arrendamento que, sob certas circunstâncias, não necessariamente estarão sujeitos à dinâmica de reversibilidade de bens típica dos contratos de concessão de serviços públicos.

É o que se depreende do item 270 do Relatório de Auditoria Operacional do TCU que impulsionou a reforma do marco legal portuário, ao mencionar que a retirada das cláusulas de reversibilidade de bens seria efetuada quando "técnica e economicamente justificável", estabelecendo a "obrigatoriedade de o arrendatário devolver a área, ao término do contrato, da mesma forma

---

116. Lei nº. 8.987/1995: "Art. 6º Toda concessão ou permissão pressupõe a prestação de serviço adequado ao pleno atendimento dos usuários, conforme estabelecido nesta Lei, nas normas pertinentes e no respectivo contrato. § 1º Serviço adequado é o que satisfaz as condições de regularidade, continuidade, eficiência, segurança, atualidade, generalidade, cortesia na sua prestação e modicidade das tarifas".

117. Contrato nº. 05/2022: "24.1.1 Extinto o **Arrendamento**, serão revertidos, automaticamente, à **União** todos os **Bens do Arrendamento**, livres e desembaraçados de quaisquer ônus ou encargos, e cessarão, para a **Arrendatária**, todos os direitos emergentes do **Contrato**.". E ainda: "24.2.3. A **Arrendatária** não fará jus a qualquer indenização relativa a investimentos vinculados aos **Bens do Arrendamento** em decorrência do término do **Contrato**".

que a recebeu, salvo se for do interesse da autoridade portuária que alguma eventual modificação ou investimento realizado seja mantido".[118]

A exclusão da reversibilidade de bens como cláusula essencial reflete a praxe do cenário internacional e abre a oportunidade para a implantação de terminais nos quais poderá o arrendatário efetuar de forma em tese mais ágil todos os investimentos necessários à exploração da área, devolvendo-a da maneira em que a recebeu do Poder Público. Como aduz a doutrina, "os titulares de contratos de arrendamento poderão realizar investimentos de forma mais célere, adaptando-se, em um curto espaço de tempo, às mudanças técnicas, incluídas as de ordem internacional, podendo devolver, após o término do contrato, a área nas mesmas condições que a recebeu. Relevante mencionar que essa era a principal diferença entre as cláusulas dos contratos de arrendamento e aquelas constantes dos contratos de adesão, dos TUPs, o que impedia a pronta realização de investimentos e adaptações nas instalações públicas".[119]

Reiteramos, contudo, parecer-nos poder ser complexo o encerramento dessas avenças nas quais após décadas tenha o arrendatário efetuado investimentos, inclusive em imóveis, com relação a áreas consideradas bens públicos da União, na medida em que, como mencionado no relatório do TCU supracitado, a Autoridade Portuária poderia impor a manutenção de algum investimento ou modificação que seja do seu interesse. Trata-se de questão que, em tese, pode vir a ensejar controvérsias entre arrendatários, Autoridade Portuária e Poder Concedente, por exemplo no que se refere a quais bens seriam ou não mantidos, bem como quanto a eventuais indenizações devidas de parte a parte.

IV.4.2.4. Subsistência do arrendamento portuário como instrumento de delegação de serviço público?

A flexibilização do regime jurídico do contrato de arrendamento pela Lei nº. 14.047/2020, aproximando-o do contrato de adesão que formaliza a autorização de terminal privado, pode suscitar eventuais dúvidas a respeito da natureza jurídica das atividades por aquele operacionalizadas, tradicionalmente considerado um instrumento de delegação de serviços públicos (Capítulo I.2).

118. TCU, Processo º 022.534/2019-9 (Relatoria de Auditoria), Acórdão nº 2711/2020, Plenário, Rel. Min. Bruno Dantas, julg. 7 out. 2020 (trecho do relatório).

119. TOJAL, Sebastião; ARMELIN, Heloísa. Minirreforma (estrutural) do setor portuário. *Consultor Jurídico*, 21. out. 2020. Disponível em: https://www.conjur.com.br/2020-out-21/tojal-armelin-minirreforma-estrutural-setor-portuario/. Acesso em: 7 fev. 2024.

No presente Item pretendemos perquirir, especialmente à luz das principais características que a doutrina contemporânea confere aos serviços públicos (Capítulo III.1.1), se o arrendamento portuário ainda é assim enquadrável ou se, atualmente, estaria situado em algum outro grau da escala de *publicatio.*

Foi exposto que a doutrina com frequência atribui à noção de serviço público elementos (i) subjetivo ou orgânico; (ii) finalístico; e (iii) formal.

No caso do arrendamento portuário, identificamos o elemento subjetivo, na medida em que a própria Constituição Federal atribui à União a responsabilidade pela exploração de portos, mediante o art. 21, XII, "f". Também se vislumbra o elemento finalístico, dadas as necessidades coletivas atendidas pela exploração portuária, inclusive no que se refere à promoção de direitos fundamentais sociais e econômicos relacionados à infraestrutura de transportes, até ligados ao desenvolvimento nacional e à redução de desigualdades locais e regionais (cf. Capítulo IV.3.2.1).

O elemento formal, por sua vez, geralmente se identifica com a sujeição do serviço a regime jurídico de direito público, caracterizado pela presença de prerrogativas em favor do Estado, em parte compensadas pelo direito do contratado ao equilíbrio econômico-financeiro, assim como pela imposição de obrigações de serviços públicos.

Convém assim investigarmos se, no exemplo do arrendamento portuário, a flexibilização de sua disciplina pela Lei nº. 14.047/2020 descaracterizou o regime jurídico de direito público acima mencionado.

Em primeiro lugar, registramos ter sido mantida como uma das partes contratantes do arrendamento portuário, em regra,[120] a União Federal, o que até pelo aspecto subjetivo da contratação já denota o regime jurídico de direito público, embora não ignoremos ser também admissível a celebração de contratos de direito privado pela Administração Pública, em princípio desprovidos de cláusulas exorbitantes.[121]

120. Falamos "em regra" dada a viabilidade de a parte contratante ser a Autoridade Portuária, em caso de delegação por parte da União, via convênio, na forma da Portaria Ministerial nº. 574/2018, cf. Capítulo IV.2.1, no qual abordamos o regime jurídico peculiar dos arrendamentos nessa hipótese.

121. Celso Antonio Bandeira de Mello leciona que os "contratos de Direito Privado da Administração", dos quais são exemplos "a compra e venda de um imóvel, a locação de uma casa para nela instalar uma repartição pública etc.", são regidos pelo Direito Privado. Aproximam-se dos contratos administrativos na medida em que "uns e outros estão *parificados* pelo menos quanto às condições e formalidades para estipulação e aprovação, disciplinadas *pelo Direito Administrativo*; do que resultam, caso violadas as normas pertinentes, vícios específicos a estas figuras; vale dizer: caracterizados de acordo com os princípios e normas do Direito Administrativo". Por outro lado, "enquanto os contratos de Direito Privado travados pela Administração regulam-se em seu conteúdo pelas normas desta província do Direito – ressalvados os aspectos suprarreferidos –, os 'contratos administrativos' assujeitam-se às regras e princípios hauridos no Direito Público, admitida, tão só, a aplicação supletiva de normas privadas compatíveis com a índole pública do instituto". E arremata que a disciplina do contrato

Nesse cenário, a citada Lei criou hipótese específica de dispensa de licitação, permitindo a contratação direta caso após chamamento público só se identifique um interessado na exploração da área em conformidade com o plano de desenvolvimento e zoneamento do porto (art. 5º-B, parágrafo único, cf. Capítulo IV.4.2.1).

À primeira vista, pode parecer o dispositivo incompatível com o art. 175, *caput*, da Constituição Federal, segundo o qual a concessão de serviço público será "sempre" precedida de licitação. Sob certa ótica, embora o art. 37, XXI, CRFB, estabeleça para os contratos públicos em geral poder a lei prever situações de contratação direta, especialmente para as delegações de serviços públicos ela seria sempre obrigatória.

Essa visão é adotada por Maria Sylvia Di Pietro, para quem, em contratos complexos de longo prazo, como os de concessão de serviços públicos, seria injustificável a dispensa de licitação, ressalvando ser admissível a inexigibilidade de licitação diante da inviabilidade de competição.[122]

Por outro lado, como explica Marcos Juruena, "o emprego do advérbio 'sempre' no artigo 175 da CF, antes da menção à licitação para a concessão ou permissão de serviço público, levou à conclusão equívoca de que não caberia, jamais, a dispensa de licitação". Quanto ao caso de inexigibilidade, por sua vez, para o autor não há sequer o que se questionar, já que "a hipótese é fática, e a lei simplesmente reconhece a realidade".[123]

A nosso ver, realmente, diante da situação fática de constatada inviabilidade de competição, sequer seria cabível o procedimento licitatório, inclusive com relação a delegações de serviços públicos, o que não só justifica como impõe pragmaticamente a contratação direta (cf. Capítulo IV.4.2.1).

No que tange à dispensa de licitação, até independentemente dos debates doutrinários a respeito, fato é que desde a Lei nº. 8.666/1993 já era prevista para certas contratações envolvendo a prestação de serviços públicos, sem que tenha sido declarada a sua inconstitucionalidade. O art. 24, XXVI, Lei nº. 8.666/93, substancialmente reproduzido no art. 75, XI, Lei nº. 14.133/2021,[124] admite a dispensa de licitação para a celebração de contrato de programa

administrativo "marca-se sobretudo (embora não só) pela possibilidade de a Administração *instabilizar* o vínculo", alterando ou extinguindo unilateralmente o contrato, prerrogativas estas que "derivariam ou da sistemática normativa, que protege acentuadamente determinadas atividades públicas, ou de cláusulas 'contratuais' concebidas como 'exorbitantes'" (MELLO, Celso Antonio Bandeira de. *Curso de direito administrativo*. 32. ed. São Paulo: Malheiros, 2015, p. 633-634).

122. DI PIETRO, Maria Sylvia Zanella. *Parcerias na Administração Pública*: concessão, permissão, franquia, terceirização, parceria público-privada e outras formas. 10. ed. São Paulo: Atlas, 2015, p. 125.

123. SOUTO, Marcos Juruena Villela. *Desestatização. Privatização, concessões e terceirizações*. 2. ed. Rio de Janeiro: Lumen Juris, 1999. p. 130.

124. Lei nº. 14.133/2021: "Art. 75. É dispensável a licitação: (...) XI – para celebração de contrato de programa com ente federativo ou com entidade de sua Administração Pública indireta que envolva prestação

com ente da federação ou entidade da sua administração indireta, para a prestação de serviços públicos.

Especificamente com relação ao setor portuário, ademais, também prevê a CRFB/88 competência especial da União para legislar sobre o regime dos portos, na forma do art. 22, X. Sob essa ótica, com relação ao setor seria cogitável ter o constituinte atribuído ao legislador competência para editar norma especial a respeito, na qual prevista modalidade específica de dispensa de licitação para a escolha do arrendatário, ainda que delegatário de serviços públicos.

Ademais, a dispensa do art. 5º-B só é cabível quando, após chamada pública, constata-se haver apenas um interessado na exploração da área. A nosso ver (cf. Capítulo IV.4.2.1), estaríamos materialmente diante de hipótese de inexigibilidade de licitação, por ser inviável o processo competitivo diante da já atestada presença de apenas um interessado. Trata-se, assim, de situação fática que, por tornar despicienda e ineficiente a licitação, até impediria que fosse feita, em observância do princípio da eficiência (art. 37, *caput*, CRFB/1988).

Não nos parece, assim, que a previsão de dispensa de licitação naquela circunstância específica desvirtue *per se* a natureza do arrendamento portuário enquanto instrumento de delegação de serviços públicos.

Tampouco achamos que a diretriz geral de liberdade de preços do art. 3º, VI, da Lei de Portos, teria esse condão. O regime jurídico de direito público ao qual nos referimos acima não pressupõe por si só o controle direto das tarifas cobradas pelos concessionários. Na verdade, como exposto (Capítulo IV.4.2.2), o regime público geralmente é atrelado à observância de obrigações de serviços públicos, entre elas a de modicidade dos valores praticados. No caso dos portos, entendeu o legislador que a concorrência entre terminais arrendados e privados, somada à liberdade de preços, seria medida adequada à promoção da qualidade dos serviços e da redução dos valores cobrados. Trata-se de arranjo assim compatível com o princípio da modicidade tarifária, que não descaracteriza o caráter de delegação de serviço público do arrendamento portuário.

A exclusão da reversão de bens como cláusula essencial do arrendamento portuário também não nos parece por si só transformar a natureza jurídica das atividades nele exercidas. O regime de bens reversíveis das concessões de serviços públicos não representa um fim em si mesmo. A reversão de bens existe, isso sim, para assegurar a continuidade da prestação do serviço

---

de serviços públicos de forma associada nos termos autorizados em contrato de consórcio público ou em convênio de cooperação".

diante do fim da delegação, seja pelo Poder Público ou por novo delegatário. A reversão em si é do serviço, o que enseja a transferência dos bens a ele vinculados, necessários à sua execução.[125]

No caso dos arrendamentos portuários, parece ter o legislador entendido ser dispensável a reversão de bens nos casos em que seja possível que o contratado levante os bens por ele instalados ao fim do contrato, dando lugar aos investimentos do novo prestador, que eventualmente poderia até dar nova destinação mais eficiente à área (cf. Capítulo IV.4.2.3). A interrupção momentânea, aqui, seria um instrumento para a continuidade mais eficiente do serviço. Trata-se de solução em princípio razoável que considera as especificidades do setor portuário e do arrendamento de área no Porto Organizado, que a nosso ver não desvirtua por si só o regime de serviço público, ainda que em alguma medida o flexibilize. De toda sorte, como abordado no Capítulo IV.4.2.3, certos contratos de arrendamento recentes,[126] firmados após a edição da Lei nº. 14.047/2020, preveem a existência de bens reversíveis, sendo a sua ausência apenas cabível sob certas circunstâncias (ex.: área *greenfield*).

Aludido regime jurídico de direito público, em essência, possui como núcleo duro a existência de prerrogativas estatais em face do particular contratado, que se manifestam, por exemplo, mediante a viabilidade de alteração unilateral do contrato pelo Poder Público e o dever de continuidade, acompanhados da proteção do equilíbrio econômico-financeiro.[127] Em alguns casos essa mutabilidade é extraível da cláusula essencial dos contratos de concessão, inclusive portuária, segundo a qual devem ser previstas as obrigações de cada parte, inclusive relacionadas a necessidades futuras de alteração da atividade (art. 5º, IX, Lei nº. 12.815/2013). Como visto, referida previsão foi excluída do rol de cláusulas essenciais do contrato de arrendamento, pela Lei nº. 14.047/2020.

De toda sorte, a citada previsão não faz alusão expressa à possibilidade de alteração unilateral da avença pelo Poder Público, que sequer é mencionada

---

125. É a lição de Alexandre Aragão: "tecnicamente, a reversão é do serviço público. A reversão dos bens a ele afetados é conseqüência. Para onde for o serviço, irão os bens usados na sua prestação. Se, por exemplo, no fim do prazo de uma concessão, já tiver sido celebrada uma nova concessão, os bens seguirão diretamente para o novo concessionário" (ARAGÃO, Alexandre Santos de. *Direito dos serviços públicos*. 4. ed. 1. reimpr. Belo Horizonte: Fórum, 2017, p. 494).

126. Ex.: Contrato de Arrendamento nº.05/2022.

127. "Trata-se de uma contrapartida à necessidade de observância de alguns princípios inerentes ao regime de direito público, tal como o da continuidade da prestação do serviço. Ou seja: em contrapartida à obrigatoriedade de manter a prestação do serviço (de forma universal e isonômica) sem interrupções, o arrendatário possui preservado o seu direito à intangibilidade da equação econômico-financeira do contrato" (RIBEIRO, Diogo Albaneze Gomes. As poligonais dos portos organizados e o regime jurídico de exploração dos terminais portuários. In: PEREIRA, Cesar; SCHWIND, Rafael Wallbach (Coord.). *Direito Portuário Brasileiro*. 3. ed. Belo Horizonte: Fórum, p. 423-434, 2020, p. 428).

na Lei dos Portos. Trata-se de prerrogativa que decorre do regime jurídico de direito público previsto na Lei nº. 8.666/93 e na Lei nº. 8.987/95.

A Lei de Portos, a propósito, prevê aplicar-se "subsidiariamente às licitações de concessão de porto organizado e de arrendamento de instalação portuária o disposto nas Leis nºs 12.462, de 4 de agosto de 2011, 8.987, de 13 de fevereiro de 1995, e 8.666, de 21 de junho de 1993" (art. 66). O fato de a Lei de Portos prever a aplicação subsidiária dessas normas de contratações públicas às concessões e aos arrendamentos, mas não em relação aos terminais privados também denota terem aqueles regimes jurídicos de direito público, enquanto estes receberiam maior influência do direito privado (cf. Capítulo III.3).

Registre-se que no exemplo do Contrato de Arrendamento nº. 05/2022 há previsão expressa de ser ele "espécie do gênero contrato administrativo e se rege pelos preceitos de direito público e, supletivamente, pelo direito privado, em especial as disposições relativas às regras gerais dos contratos" (Cláusula 1.4.1). Ainda estipula ser regido não só pela Lei nº. 12.815/2013 e pela Lei nº. 10.233/2001, como também pela Lei nº. 8.666/1993 e pela Lei nº. 8.987/1995.

A Lei de Concessões, a propósito, prevê a prerrogativa de alteração unilateral pelo Poder Público não no rol dc cláusulas essenciais dos contratos de concessão (art. 23), mas sim em disposição apartada, no art. 9º, § 4º.[128] Dessa forma, o fato de o contrato de arrendamento não ter em suas cláusulas essenciais a previsão de mutação unilateral não significa necessariamente que não poderia o Poder Concedente incluir disposição dessa natureza no instrumento, na qualidade de contratante, disciplinando o seu regime de direito público. Rememoremos que, além da potencialidade de o Estado intervir na atividade, a partir dos limites do ordenamento jurídico, a forma como ele se manifesta efetivamente com relação àquela pode impactar na sua posição na escala de *publicatio* (cf. Capítulo III.1).

O citado Contrato de Arrendamento nº. 05/2022, por exemplo, dispõe expressamente sobre a faculdade de alteração unilateral pelo Poder Concedente, em razão de "finalidades de interesse público", resguardando o respeito ao direito da arrendatária ao equilíbrio econômico-financeiro (Cláusula 7.2.1).[129]

---

128. Lei nº. 8.987/1995: "Art. 9º (...) Em havendo alteração unilateral do contrato que afete o seu inicial equilíbrio econômico-financeiro, o poder concedente deverá restabelecê-lo, concomitantemente à alteração".

129. Contrato de Arrendamento nº. 05/2022: "7.2. Atribuições e Prerrogativas do Poder Concedente. 7.2.1. O Poder Concedente poderá alterar unilateralmente e modificar as condições de prestação das Atividades, para melhor adequá-las às finalidades de interesse público que justificaram o Arrendamento, respeitados os direitos da Arrendatária quanto à manutenção do equilíbrio econômico-financeiro

Para além da mutabilidade unilateral, as prerrogativas estatais características do regime público dos serviços públicos também se materializam, por exemplo, pela possibilidade de aplicação de penalidades administrativas (ex.: declaração de inidoneidade), de intervenção estatal e de extinção antecipada do contrato pela Administração, por razões de interesse público (encampação).

Diversamente da disciplina das sanções, prevista como cláusula essencial do arrendamento,[130] a intervenção e a extinção antecipada não constam dessa lista. De toda sorte, tampouco integram o rol de cláusulas necessárias das concessões em geral, inclusive as portuárias. Enquanto a intervenção é regida pelo art. 32 da Lei nº. 8.987/95, a encampação é prevista em seu art. 37. Ainda assim, são essas prerrogativas em regra inseridas nos contratos de concessão de serviços públicos. Da mesma forma, a ausência de previsão no rol de disposições essenciais não impede que os contratos de arrendamento, regidos subsidiariamente pela Lei nº. 8.987/95, contenham disposições daquela natureza. O citado Contrato de Arrendamento nº. 05/2022, por exemplo, tem previsões específicas sobre penalidades administrativas,[131] intervenção[132] e extinção antecipada (encampação),[133] previsões estas típicas do regime jurídico de direito público.

Por fim, embora tenha sido excluída a cláusula essencial relativa aos direitos e deveres dos usuários, fato é que o arrendatário se obriga à prestação de serviço adequado, em observância das normas da ANTAQ vigentes, atualmente a Resolução nº. 75/2022. Ela impõe àquele o cumprimento de determinadas obrigações típicas dos serviços públicos, customizadas às peculiaridades dos arrendamentos, como por exemplo de continuidade, regularidade, generalidade (universalidade), atualidade e modicidade.

Delineamos até aqui que, além do elemento orgânico e finalístico, o arrendamento portuário possui traços marcantes do regime jurídico de direito público, compreendendo, por exemplo, a mutabilidade unilateral pelo Poder Público, a proteção do equilíbrio econômico-financeiro,[134] a aplicabilidade de

---

do Contrato, apuradas mediante procedimento de Revisão Extraordinária, bem como decidir sobre a transferência de titularidade do Arrendamento, nos termos deste Contrato e da regulamentação".

130. Art. 5º-C, XI, da Lei dos Portos.

131. Cláusula 18.

132. Cláusula 23: "INTERVENÇÃO DO PODER CONCEDENTE. 23.1. O Poder Concedente poderá intervir no Arrendamento com o fim de assegurar a adequação na prestação das Atividades, bem como o fiel cumprimento das normas contratuais, regulamentares e legais pertinentes".

133. Cláusula 24.3: "Extinção antecipada do Contrato por interesse público 24.3.1. O Poder Concedente poderá, a qualquer tempo, nos termos da legislação vigente, extinguir o Contrato por interesse público devidamente justificado, mediante prévio pagamento de indenização, a ser calculada nos termos da Subcláusula 24.3.2".

134. Como explica Egon Bockmann Moreira: "Já nos arrendamentos portuários, tem-se cessão onerosa de área e de infraestrutura públicas dentro do porto organizado, por prazo de até 25 anos prorrogável

sanções administrativas e a viabilidade de intervenção e encampação. Parece-nos, assim, subsistirem no arrendamento portuário elementos suficientes para, na quadra atual, ainda o qualificar como instrumento de delegação de serviços públicos,[135] ao menos a partir das suas principais características destacadas pela doutrina.

Fato é, porém, que a reforma da Lei nº. 14.047/2020 flexibilizou o regime jurídico daqueles contratos, admitindo, por exemplo, a dispensa de licitação em certos casos, a liberdade de preços e a ausência de reversão de bens quando cabível. À luz da escala de *publicatio* (cf. Capítulo III.1), poderíamos assim dizer que o arrendamento portuário em regime público, embora enquadrável na figura do serviço público, estaria submetido a um grau de publicização em alguma medida mais brando do que aquele geralmente atribuído aos serviços públicos, em razão do menos intenso controle estatal sobre a atividade, inclusive com relação aos preços cobrados, que são livres. Talvez se situe o arrendamento portuário, portanto, em um degrau mais baixo ainda dentro da esfera dos serviços públicos.

Antes disso, contudo, convém abaixo examinarmos o regime jurídico do contrato de arrendamento de direito privado.

---

por igual período, e que se destinam à prestação de serviço de utilidade pública, de titularidade estatal (competência material definida no art. 21, XII, f, da Constituição). Por esta razão, vem acompanhadas de uma série de exigências, quantitativas e qualitativas (modicidade das tarifas portuárias, serviço adequado, etc.). E como não poderia deixar de ser, do direito do arrendatário ao equilíbrio econômico-financeiro, em face da complexidade da estrutura contratual, do alto valor dos investimentos demandados e do longo prazo de execução" (MOREIRA, Egon Bockmann; CAGGIANO, Heloísa Conrado. Comentários ao art. 4º. In: MILLER, Thiago Testini de Mello; SILVA, Aline Bayer da; SILVA, Lucas Rênio da (Orgs.). *Comentários à Lei 12.815/2013*: (incluídas as alterações da Lei n. 14.047/2020). Rio de Janeiro: Telha, 2020, p. 46).

135. Equiparando o arrendamento a um instrumento de delegação de serviços públicos, a doutrina aduz, já à luz da Lei dos Portos em sua redação atual: "Observando detalhadamente, o contrato de arrendamento não possui foco no bem público, mas sim na exploração de um serviço, a realização da operação portuária, de forma que considerá-lo simplesmente como uma concessão de bem público não parece ser o mais correto. É preciso considerar, nesse aspecto, que o arrendamento pode ser realizado com objetos distintos. O chamado sítio padrão pode variar de uma área *brownfield* para *greenfield*, não sendo precisa, também a definição de concessão de obra pública. Constata-se, portanto, a concessão de um serviço público com o detalhe que há a transferência apenas de uma parcela do porto organizado ao parceiro privado que irá realizar a sua exploração por conta e risco" (FREITAS, José Carlos Higa de. Comentários aos arts. 5º B e C. In: MILLER, Thiago Testini de Mello; SILVA, Aline Bayer da; SILVA, Lucas Rênio da (Orgs.). *Comentários à Lei 12.815/2013*: (incluídas as alterações da Lei n. 14.047/2020). Rio de Janeiro: Telha, 2020, p. 55).

IV.5. ARRENDAMENTO DE PARTE DO PORTO ORGANIZADO EM REGIME PRIVADO

IV.5.1. Aspectos gerais

Dedicaremos o presente Capítulo à análise de uma figura até recentemente inédita na gestão portuária brasileira: o contrato em regime privado firmado entre o concessionário do Porto Organizado e terceiros para a exploração de instalações portuárias situadas dentro da área da poligonal daquele. Trata-se do instrumento hoje previsto no art. 5º-A da Lei nº. 12.815/2013, o qual denominaremos arrendamento privado[136] (cf. Capítulo I.2), em razão de desempenhar ele o idêntico papel tradicionalmente atribuído ao arrendamento portuário de direito público.

Mencionamos ser a figura inédita não só porque agora positivada no art. 5º-A da Lei dos Portos, mas também porque até a desestatização do Porto de Vitória (2022) não havia ocorrido no Brasil a concessão de porto organizado à luz da Lei nº. 12.815/2013, inexistindo até então, portanto, oportunidade para se colocar em prática o arrendamento privado a ser celebrado entre o concessionário e terceiros. Embora houvesse menção genérica no art. 20 do Decreto nº. 8.033/2013 a respeito dos contratos a serem celebrados entre o concessionário e terceiros em regime privado, não era a norma expressa quanto à sua aplicação aos instrumentos para operação de instalações portuárias dentro do Porto Organizado, tradicionalmente objeto de arrendamento portuário em regime público, firmado com o Poder Concedente.

Aparentemente procurando trazer maior segurança jurídica ao arrendamento em direito privado, o art. 5º-A foi inserido na Lei de Portos, dentro da sistemática da reforma da Lei nº. 12.815/2013 pela Lei nº. 14.047/2020. A fórmula legal, pretensamente dirigida à atração de investimentos, oportunizou:[137]

(i) a desestatização de empresas estatais que tradicionalmente desempenham o papel de autoridades portuárias nos portos organizados (usualmente as companhias docas, cf. Capítulo IV.2);

---

136. Destacamos não estarmos nos referindo aos arrendamentos tradicionais de direito privado, como o mercantil, mas sim ao arrendamento específico previsto no art. 5º-A para o setor portuário. A expressão já foi utilizada em: ARMELIN, Heloísa. O papel da ANTAQ ante o novo regime de exploração nos portos organizados. In: TOJAL, Sebastião Botto de Barros; SOUZA, Jorge Henrique de Oliveira (Coord.). *Direito e infraestrutura:* portos e transporte aquaviário – 20 anos da Lei nº. 10.233/2001. Belo Horizonte: Fórum, 2021, v. 1, p. 184.

137. Embora seja esta a aparente *ratio* da lei, compete à Administração Federal definir empiricamente em cada momento e contexto a forma de exploração direta ou indireta de portos no país, o que logicamente se sujeita às naturais flutuações políticas e econômicas de cada governo.

(ii) as concessões de portos organizados, inclusive modelando-as de modo a autorizar o concessionário a "explorar indiretamente" instalações portuárias que até então estariam sujeitas ao regime de arrendamento público, para esse fim celebrando com terceiros contratos de direito privado,[138] terceiros estes que não terão qualquer vínculo com a administração pública (art. 5º-A);

(iii) a potencial transferência da titularidade dos contratos de arrendamento vigentes, celebrados entre o poder concedente e o arrendatário, para o novo concessionário, ensejando a migração do regime contratual público para o regime contratual privado; e

(iv) a flexibilização de algumas cláusulas essenciais dos contratos de arrendamento (art. 5º-C), aproximando-as dos contratos de adesão para a exploração de terminais privados autorizados fora da área do porto organizado, como exposto no Capítulo anterior.

Realmente inovadora, portanto, a exploração de instalações dentro do porto organizado na forma do art. 5º-A, mediante contratos privados entre o concessionário e terceiros (arrendamentos privados). Apesar de em princípio não possuírem relação com o poder concedente, os terceiros contratados executarão o que parece ser o núcleo do serviço público então delegado por arrendamento público, tradicionalmente considerado pela doutrina instrumento de delegação de serviço público análogo ao contrato de concessão (cf. Capítulo anterior). Confira-se o teor do art. 5º-A da Lei nº. 12.815/2013, incluído pela Lei nº. 14.047/2020:

> "Art. 5º-A. Os contratos celebrados entre a concessionária e terceiros, inclusive os que tenham por objeto a exploração das instalações portuárias, serão regidos pelas normas de direito privado, não se estabelecendo qualquer relação jurídica entre os terceiros e o poder concedente, sem prejuízo das atividades regulatória e fiscalizatória da Antaq (Incluído pela Lei nº 14.047, de 2020)".

---

138. O art. 5º-A buscou trazer segurança jurídica e conferiu (*a posteriori*) fundamento legal aos arts. 20 a 22 do Decreto nº. 8.033/2013, que já previam a exploração indireta de instalações portuárias pelos concessionários por meio de contratos privados com terceiros e a migração de regimes, mas que nunca tinham sido colocados em prática. Na forma do art. 22: "Art. 22. Os contratos de arrendamento e demais instrumentos voltados à exploração de áreas nos portos organizados vigentes no momento da celebração do contrato de concessão poderão ter sua titularidade transferida à concessionária, conforme previsto no edital de licitação. § 1º A concessionária deverá respeitar os termos contratuais originalmente pactuados. § 2º A transferência da titularidade afasta a aplicação das normas de direito público sobre os contratos".

Por envolver o próprio núcleo do serviço público delegado, trata-se de categoria contratual que não se enquadra perfeitamente nos típicos contratos derivados no âmbito de concessões de serviços públicos, nomeadamente a subconcessão e a subcontratação, previstos no art. 25, § 1º, e art. 26 da Lei nº. 8.987/1995, respectivamente.

Como explica Heloísa Armelin, a "redação do art. 5º-A, ao tratar do regime privado dos contratos celebrados pela concessionária do porto organizado, repete, em parte, a previsão da Lei de Concessões (Lei nº 8.987/1995). Há uma diferença relevante, contudo: no âmbito portuário, as atividades a serem contratadas em regime privado pela concessionária não se limitam a atividades inerentes, acessórias ou complementares ao concedido, ou à implementação de projetos associados, como prevê o §1º do art. 25. Elas dizem respeito justamente às atividades atualmente exercidas dentro da poligonal do porto organizado sob o regime público, formalizadas por meio dos contratos de arrendamento".[139] Ao tema retornaremos no Capítulo IV.5.2.2.

Uma vez que a Lei de Portos não detalha o que no setor significa a incidência do regime jurídico de direito privado com relação àquelas avenças, impõe-se averiguar de que maneira o art. 5º-A foi concretamente colocado em prática no exemplo da modelagem da Concessão do Porto de Vitória e Barra do Riacho.

Entre as modalidades de concessão de portos organizados admitidas pelo art. 20 do Decreto nº. 8.033/2013 (cf. Capítulo IV.3), foi delimitado como o objeto da delegação do Porto de Vitória (i) o desempenho das funções de Autoridade Portuária; (ii) a exploração direta ou indireta de áreas não afetas às operações portuárias; e (iii) a exploração indireta das instalações portuárias pela concessionária (Cláusula 2 do Contrato de Concessão). Em outras palavras, o delegatário não está autorizado a, por seus próprios meios, explorar instalações portuárias inseridas no Porto Organizado, mas pode contratar o exercício dessa atividade por terceiros.

O Item 10 do Contrato de Concessão em referência denota que o terceiro contratado pode ser selecionado mediante negociação direta por parte do concessionário, para a celebração de instrumento cujos termos "serão livremente pactuados entre as partes contratantes" (Cláusula 10.1.2).[140] A

---

139. ARMELIN, Heloísa. O papel da Antaq ante o novo regime de exploração nos portos organizados. In: TOJAL, Sebastião Botto de Barros; SOUZA, Jorge Henrique de Oliveira (Coord.). *Direito e infraestrutura:* portos e transporte aquaviário - 20 anos da Lei nº 10.233/2001. Belo Horizonte: Fórum, v. 1, p. 177-213, 2021, p. 184-185.

140. Contrato de Concessão porto de Vitória: "10.1. A Concessionária poderá explorar, sempre mediante contrato, as Áreas Afetas e Não Afetas às Operações Portuárias do Porto Organizado, observadas as disposições do presente Contrato de Concessão e do PDZ. 10.1.1. A Concessionária deverá observar as regras do Código de Conduta, estabelecido de acordo com o Anexo 9, quando da negociação com os interessados em explorar diretamente as áreas do Porto Organizado. 10.1.2. Os termos

contratação, portanto, não é precedida de prévia licitação. Como menciona a doutrina, de modo diverso do arrendamento público, "a reforma da Lei dos Portos previu que a celebração dos contratos de arrendamento privados será resultado de uma negociação bilateral, em regime privado, entre interessado e concessionária do porto organizado."[141]

O prazo do contrato entre a concessionária e terceiros, em regra, deve se limitar à vigência da concessão, salvo na hipótese de a ultratividade ser necessária para assegurar a viabilidade econômica do empreendimento, medida que deve ser aprovada pela ANTAQ (Cláusula 10.1.4).[142] Trata-se de solução que procura permitir a pactuação de projetos cujo respectivo investimento não seria amortizado no prazo remanescente da concessão. A alternativa é prevista no atual § 2º do art. 21 do Decreto nº. 8.033/2013,[143] assim como em outros diplomas relativos a setores como o ferroviário, aeroportuário e rodoviário, a exemplo do art. 34 da Lei nº. 13.448/2017.[144]

No que se refere aos preços praticados pelo contratado privado em razão dos serviços prestados a terceiros mediante a instalação portuária, também são eles livres, assim como aqueles cobrados pelos arrendatários de direito público, inclusive por ser esta uma diretriz geral do setor, na forma do art. 3º, VI, da Lei dos Portos.

Também é estipulado na modelagem concessória que os contratos de direito privado com terceiros (arrendamentos privados) serão desprovidos de cláusulas exorbitantes e da correspondente garantia do equilíbrio econômico-financeiro. É o que também se extrai do anexo 6 do citado contrato

---

do contrato entre a Concessionária e os interessados em explorar diretamente as áreas do Porto Organizado serão livremente pactuados entre as partes contratantes".

141. ARMELIN, Heloísa. O papel da Antaq ante o novo regime de exploração nos portos organizados. In: TOJAL, Sebastião Botto de Barros; SOUZA, Jorge Henrique de Oliveira (Coord.). *Direito e infraestrutura*: portos e transporte aquaviário – 20 anos da Lei nº 10.233/2001. Belo Horizonte: Fórum, v. 1, p. 177-21.3, 2021, p. 189.

142. Contrato de Concessão porto de Vitória: "O prazo de vigência dos contratos celebrados pela Concessionária para exploração de Áreas Afetas e Não Afetas às Operações Portuárias não poderá ultrapassar o do Contrato de Concessão, salvo nos casos em que o prazo remanescente da Concessão não for suficiente para garantir viabilidade econômica ao empreendimento, mediante prévia autorização do Poder Concedente, ouvida a ANTAQ".

143. Decreto nº. 8.033/2013: "§ 2º Os contratos celebrados entre concessionária e terceiros terão sua vigência máxima limitada ao prazo previsto para a concessão, ressalvados os casos em que houver expressa autorização do poder concedente para a celebração de contrato cujo prazo de vigência ultrapasse o período de concessão. (Redação dada pelo Decreto nº 10.672, de 2021)".

144. Lei nº. 13.448/2017: "Art. 34. Quando se mostrar necessário à viabilidade dos projetos associados ou dos empreendimentos acessórios, admitir-se-á que a exploração de tais projetos ou empreendimentos ocorra por prazo superior à vigência dos respectivos contratos de parceria. Parágrafo único. O órgão ou a entidade competente avaliará a pertinência da adoção da medida de que trata o *caput* deste artigo, sendo vedada, em qualquer caso, a antecipação das receitas oriundas dos projetos associados ou dos empreendimentos acessórios relativamente ao período que extrapolar o prazo do contrato de parceria".

de concessão, ao tratar da mutação do regime público dos arrendamentos vigentes para o privado, *in verbis*: "1.4.3. São incompatíveis com o regime jurídico privado as cláusulas exorbitantes, incluindo mas não se limitando às cláusulas que versam sobre extinção unilateral do contrato, alteração unilateral do contrato e consequente manutenção do equilíbrio econômico-financeiro, e as penalidades de proibição de contratar com a administração pública e de declaração de inidoneidade, que deixarão de ser válidas e eficazes".[145]

Registre-se que a atual concessionária Autoridade Portuária do Porto de Vitória (VPort) divulga em seu *site a* minuta de contrato privado a ser firmado com terceiros para a exploração de instalações portuárias.[146] No documento, são previstos investimentos por parte do contratado, assim como a reversibilidade dos bens vinculados à instalação portuária, mas não ao Poder Concedente, e sim à concessionária, *verbis:* "Revertem à VPORTS, gratuita e automaticamente, quando da extinção deste Contrato de Exploração todas as instalações portuárias e demais itens construídos ou aplicados pela Exploradora na Instalação Portuária, incluindo obras civis, equipamentos de grande porte, sistemas de comunicação e de informática, instalações elétricas e de comunicação de dados, sistema de controle e de segurança" (Cláusula 11.7). Referidos bens, transferidos à concessionária, revertem, enfim, ao Poder Concedente.

Há também na minuta disposição expressa no sentido de as operações portuárias na área contratada só poderem ser efetuadas por operador portuário pré-qualificado pela Autoridade Portuária (no caso a própria concessionária), também admitindo-se que o contratado se qualifique como tal (Cláusula 3.1).

Extrai-se da citada minuta, ainda, a pactuação de certas obrigações tipicamente impostas à prestação de serviços públicos, como o investimento em bens reversíveis e o dever de o terceiro contratado manter a continuidade das operações, *verbis:* "Assegurar a continuidade de suas operações e exploração da Instalação Portuária, adotando todas as medidas necessárias e suficientes para essa finalidade, incluindo, mas sem limitação, a resolução imediata de greves e distúrbios trabalhistas e sindicais de qualquer natureza" (Cláusula 12, xxiii). Registre-se ainda que, na medida em que o concessionário, como Administração do Porto, é obrigado a prestar serviço adequado, que pressupõe obrigações típicas de serviços públicos, nos termos da Resolução ANTAQ nº. 75/2022 (cf. Capítulo IV.3), é natural que deva impor ao seu contratado

145. Disponível em: https://www.bndes.gov.br/wps/portal/site/home/transparencia/desestatizacao/processos-em-andamento/desestatizacao-da-companhia-docas-do-espirito-santo-codesa. Acesso em: 10 ago. 2023.

146. Disponível em: https://vports.com.br/wp-c.ontent/uploads/2023/07/20230712-Vports-Contrato-de-Exploracao-Referencial-VF-1.pdf. Acesso em: 08 fev. 2024.

o atendimento desses parâmetros. Do contrário, há o risco de o próprio concessionário vir a ser penalizado pelo Poder Público.

Até por essa razão, prevê também a minuta que o terceiro contratado deve manter a concessionária indene com relação a danos causados em decorrência da exploração da instalação portuária, inclusive no que tange a eventuais penalidades impostas pelas autoridades públicas (Cláusula 19.3).[147]

Digna de nota é também a previsão do art. 22 do Decreto nº. 8.033/2013,[148] segundo a qual é admitida a transferência da titularidade dos arrendamentos públicos firmados entre o Poder Concedente e o arrendatário para o concessionário, que passaria a figurar como contratante, hipótese em que ocorreria a migração do regime de direito público para o de direito privado, mediante a exclusão das prerrogativas estatais e do direito do contratado ao equilíbrio econômico-financeiro.

Sobre o tema, pondera a doutrina que "poderão ser submetidos ao regime privado os contratos de arrendamento atualmente vigentes, celebrados com o Poder Público, se tiverem sua titularidade transferida à concessionária do porto organizado, nos termos do art. 22 do decreto. Tendo em vista o grande número de contratos de arrendamento vigentes e o longo prazo de duração dessas avenças, era fundamental, de fato, que o marco permitisse a modificação do regime, especialmente para o fim de se garantir isonomia entre os titulares de contratos dentro de um mesmo porto organizado".[149]

Por um lado, seria de se cogitar que a mudança do regime jurídico poderia aproveitar ao original arrendatário, que passaria a estar submetido a disciplina mais flexível, inclusive para que possa em condições paritárias competir com os terminais privados. Por outro lado, pode ser debatido se o arrendatário estaria ou não obrigado a aceitar a mudança de regimes, renunciando ao seu direito de equilíbrio e assumindo mais riscos, conside-

---

147. Minuta contrato com terceiros Porto de Vitória: "19.3. A Exploradora responderá por todos os danos e prejuízos causados à Instalação Portuária, à VPORTS e a terceiros, bem como isentará e manterá a VPORTS indene por quaisquer danos decorrentes de notificações, decisões, embargos, multas, penalidades ou ressarcimentos impostos por Autoridades Públicas ou terceiros, em razão de ações ou omissões da Exploradora, inclusive, mas sem a elas se limitar, por obras e benfeitorias na Instalação Portuária".

148. Decreto nº. 8.033/2013: "Art. 22. Os contratos de arrendamento e demais instrumentos voltados à exploração de áreas nos portos organizados vigentes no momento da celebração do contrato de concessão poderão ter sua titularidade transferida à concessionária, conforme previsto no edital de licitação. § 1º A concessionária deverá respeitar os termos contratuais originalmente pactuados. § 2º A transferência da titularidade afasta a aplicação das normas de direito público sobre os contratos".

149. ARMELIN, Heloísa. O papel da Antaq ante o novo regime de exploração nos portos organizados. In: TOJAL, Sebastião Botto de Barros; SOUZA, Jorge Henrique de Oliveira (Coord.). *Direito e infraestrutura*: portos e transporte aquaviário – 20 anos da Lei nº 10.233/2001. Belo Horizonte: Fórum, v. 1, p. 177-213, 2021, p. 185.

rando por exemplo a proteção do ato jurídico perfeito consubstanciado no instrumento celebrado.

Poderíamos concluir o presente Capítulo reconhecendo que, apesar da imposição de certas obrigações tradicionais de serviços públicos, até reflexamente em razão das obrigações assumidas pelo concessionário, no geral o arrendamento privado também é hibridamente dotado de traços gerais do regime jurídico de direito privado, o que o situa em nítida zona de fronteira na escala de *publicatio*. No Capítulo adiante aprofundaremos algumas das peculiaridades deste instrumento.

IV.5.2. Peculiaridades do arrendamento portuário de direito privado

Tem o presente Item o propósito de avaliar as particularidades do novo arrendamento de direito privado positivado no art. 5º-A da Lei nº. 12.815/2013 ("Lei dos Portos"), a ser celebrado entre o concessionário e terceiros, para a exploração de área dentro do Porto Organizado mediante contrato regido pelo direito privado, embora submetido à regulação da ANTAQ. Confira-se o teor do art. 5º-A da Lei nº. 12.815/2013, incluído pela Lei nº. 14.047/2020:

> "Art. 5º-A. Os contratos celebrados entre a concessionária e terceiros, inclusive os que tenham por objeto a exploração das instalações portuárias, serão regidos pelas normas de direito privado, não se estabelecendo qualquer relação jurídica entre os terceiros e o poder concedente, sem prejuízo das atividades regulatória e fiscalizatória da Antaq (Incluído pela Lei nº 14.047, de 2020)".

Apesar de não estabelecerem qualquer relação com o Poder Concedente, os terceiros contratados executarão o núcleo do serviço público então delegado por arrendamento público, tradicionalmente considerado pela doutrina instrumento de delegação de serviço público análogo ao contrato de concessão (cf. Capítulo IV.4).

Nosso objetivo é perquirir se seria ou não o arrendamento privado de fato uma novidade com relação aos típicos contratos derivados firmados no âmbito das concessões de serviços públicos, em especial as figuras da subconcessão e da subcontratação, em um cenário geral de relativização dos instrumentos de delegação de serviços públicos e de regulação de atividades privadas de relevante interesse coletivo. A investigação pode ser pertinente inclusive à análise da natureza jurídica da atividade desenvolvida mediante o arrendamento de direito privado, que parece consubstanciar uma figura híbrida no âmbito da escala de *publicatio*.

Uma vez que, como exposto no Tópico I.1, em regra é a partir das compreensões e figuras tradicionais que as novas concepções encontram as bases para o desenvolvimento de categoriais inéditas ou atualizadas, examinaremos adiante as peculiaridades do arrendamento privado face aos instrumentos típicos de subcontratação e de subconcessão previstos na Lei nº. 8.987/1995.

IV.5.2.1. Desafio às noções convencionais de subconcessão e de subcontratação nas concessões de serviços públicos

O arrendamento de direito privado tipificado no art. 5º-A da Lei nº. 12.815/2013 configura novo título habilitante para exploração de instalação dentro do porto organizado, que não se confunde nem com os instrumentos clássicos de delegação (concessão/arrendamento) de serviços públicos no setor, firmados com o poder concedente, e nem com a autorização para o exercício de atividade privada regulamentada fora do porto organizado, formalizada por contrato de adesão.

No que se refere à natureza jurídica do arrendamento privado, em princípio, parece não ser possível enquadrá-lo precisamente em alguma das duas figuras típicas, previstas na Lei nº. 8.987/95, para contratações derivadas no âmbito de concessões de serviços públicos, quais sejam: a subcontratação e a subconcessão. Tampouco parece viável subsumir o arrendamento privado às concepções tradicionais que a doutrina brasileira desenvolveu para classificar aqueles dois instrumentos. Vejamos.

A subcontratação é prevista no art. 25, § 1º, da Lei nº. 8.987/95, que faculta ao concessionário celebrar contratos com terceiros para o desempenho de atividades inerentes,[150-151] acessórias ou complementares ao serviço

---

150. Em 2019, o Supremo Tribunal Federal – STF declarou a constitucionalidade do referido art. 25, § 1º, num contexto em que afirmou a viabilidade de terceirização de mão de obra por concessionárias de serviços públicos para a execução de atividades-fim. No julgamento, o Min. Luís Roberto Barroso pontuou, o que foi reconhecido pelo Min. Relator Edson Fachin, que o entendimento majoritário da Corte seria no sentido de que o termo "atividade inerente" ao serviço concedido seria sinônimo de "atividade-fim". Poderíamos em tese conceber que o STF teria chancelado a possibilidade de subcontratação de atividades finalísticas no âmbito de concessões, o que poderia compreender parte do núcleo do serviço público delegado. Ocorre que, no voto vencedor do Min. Relator Edson Fachin, foi consignado que a distinção entre atividades-meio e atividades-fim seria despicienda "ao menos para fins trabalhistas", restando dúvidas se sob a ótica do direito administrativo seria admissível a subcontratação de parte do objeto da concessão, pelo menos à luz do art. 25, § 1º (ADC 57, Relator(a): Edson Fachin, Tribunal Pleno, julgado em 03/10/2019, processo eletrônico DJe-265, divulg 04-12-2019, public 05-12-2019).

151. A respeito de exemplos das "atividades inerentes ao serviço concedido", que não se confundiriam com o núcleo do próprio serviço público, vide o entendimento de Maria Sylvia Di Pietro: "A distinção entre subconcessão e subcontratação é relevante para entender-se porque nesta última se admite a subcontratação de 'atividade inerente' ao serviço concedido, ou seja, de atividade que está por sua própria natureza ligada ao objeto da concessão. É que o fato de ser objeto de subcontratação não

concedido, ou para a implementação de projetos associados. Confira-se o inteiro teor do citado art. 25:

> "Art. 25. Incumbe à concessionária a execução do serviço concedido, cabendo-lhe responder por todos os prejuízos causados ao poder concedente, aos usuários ou a terceiros, sem que a fiscalização exercida pelo órgão competente exclua ou atenue essa responsabilidade.
>
> § 1º Sem prejuízo da responsabilidade a que se refere este artigo, a concessionária poderá contratar com terceiros o desenvolvimento de atividades inerentes, acessórias ou complementares ao serviço concedido, bem como a implementação de projetos associados.
>
> § 2º Os contratos celebrados entre a concessionária e os terceiros a que se refere o parágrafo anterior reger-se-ão pelo direito privado, não se estabelecendo qualquer relação jurídica entre os terceiros e o poder concedente.
>
> § 3º A execução das atividades contratadas com terceiros pressupõe o cumprimento das normas regulamentares da modalidade do serviço concedido".

Não se ignora que, de fato, o art. 5º-A, da Lei nº. 12.815/2013, reproduz em parte a dicção do § 2º do referido art. 25 da Lei nº. 8.987/1995, conforme visualmente ilustrado na tabela abaixo:

---

significa que o subcontratado vai gerir o serviço com as prerrogativas próprias de uma concessionária ou de uma subconcessionária. (...) Em um contrato de rodovia, por exemplo, podem estar previstas atividades complementares ou a execução de projetos associados que propiciem outra fonte de receita para a concessionária (conforme permitido pelo art. 11 da Lei de Concessões), como a exploração de publicidade ou de serviços de exploração comercial nas faixas de domínio da rodovia. São atividades inerentes ao objeto do contrato (já que dizem respeito ao equilíbrio econômico-financeiro da concessão), mas podem não estar inseridas entre as atividades-fim da empresa concessionária. Exatamente por isso, ela contrata com terceiros a execução de tais atividades. Seria um exemplo típico de atividade inerente ao objeto do contrato de concessão, mas que não se confunde com a atividade-fim da empresa concessionária" (DI PIETRO, Maria Sylvia. Terceirização e subcontratação de atividades inerentes à concessão: distinções necessárias. *Interesse Público – IP*, n. 107, jan-fev/2018, p. 26 e 32).

Tabela 2 – Comparação entre o art. 5º-A da Lei de Portos e o § 2º do art. 25 da Lei de Concessões.

Art. 5º-A, Lei nº. 12.815/2013 (incluído pela Lei nº 14.047, de 2020)	Art. 25, § 2º, Lei nº. 8.987/1995
"Art. 5º-A. Os contratos celebrados entre a concessionária e terceiros, inclusive os que tenham por objeto a exploração das instalações portuárias, serão regidos pelas normas de direito privado, não se estabelecendo qualquer relação jurídica entre os terceiros e o poder concedente, sem prejuízo das atividades regulatória e fiscalizatória da Antaq" (grifamos).	"Art. 25 (...) § 2º Os contratos celebrados entre a concessionária e os terceiros a que se refere o parágrafo anterior reger-se-ão pelo direito privado, não se estabelecendo qualquer relação jurídica entre os terceiros e o poder concedente" (grifamos).

Fonte: elaboração própria.

Ocorre que o instrumento previsto no citado art. 25, classicamente, envolve negócios jurídicos por exemplo ancilares,[152] que não englobam propriamente o núcleo do serviço público delegado. Para a visão tradicional, na subcontratação, em princípio, o concessionário permanece "executando as tarefas essenciais e nucleares atinentes ao fornecimento das unidades que compõem o serviço público concedido".[153]

Dito de outro modo, a subcontratação, em sua concepção convencional, configura "o negócio jurídico por meio do qual o concessionário contrata outro agente privado para o exercício de determinadas atividades não atreladas ao núcleo do serviço público que lhe foi delegado (*v.g.* limpeza, vigilância)".[154] Dessa forma, "por não veicular parcela do serviço público, não se submete à mesma intensidade regulatória do contrato de concessão", sendo assim "despiciendas a prévia autorização do poder concedente e a realização de procedimento licitatório previamente à sua celebração".[155] Por essa razão a subcontratação é regida pelo direito privado.[156]

152. FREITAS, Rafael Véras. Os contratos privados celebrados por concessionários de serviços públicos e a sua regulação. *Int. Públ. – IP*, Belo Horizonte, ano 19, n. 101, jan./fev. 2017, p. 219-240.

153. JUSTEN FILHO, Marçal. *Teoria Geral das Concessões de Serviço Público*. São Paulo: Dialética, 2003, p. 519. Para o autor, aquelas "atividades essenciais e inerentes à prestação das utilidades aos usuários deverão ser executadas direta e pessoalmente pelo concessionário, sem transferência a terceiros. Isso significa que a terceirização ou subcontratação poderá referir-se a atividades indiretamente relevantes para a prestação do serviço público ou a aspectos relativamente secundários" (p. 520).

154. FREITAS, Rafael Véras de. A subconcessão de serviço público. *Revista Brasileira de Infraestrutura – RDINF*, n. 10, jul/dez-2016, p. 84.

155. FREITAS, Rafael Véras de. A subconcessão de serviço público. In: *Revista Brasileira de Infraestrutura – RDINF*, n. 10, jul/dez-2016, p. 84.

156. Nas palavras de Marçal Justen Filho, no "âmbito das atividades englobadas no conceito de serviço público, aplica-se o regime de direito público". Por outro lado, a "contratação promovida pelo con-

Já o arrendamento privado terá por objeto, necessariamente, nos termos do art. 5º-A da Lei nº. 12.815/2013, a "*exploração de instalações portuárias*", o que se identifica mesmo com parte do que se insere no próprio objeto legal da concessão do porto organizado, especialmente no que se refere à exploração de parte da infraestrutura do porto organizado. Confira-se a definição legal de "concessão", nos termos do art. 2º, IX, Lei nº. 12.815/2013: "*concessão: cessão onerosa do porto organizado, com vistas à administração e à exploração de sua infraestrutura por prazo determinado*".

A incidência das normas de direito privado e a ausência de vínculo com o poder concedente sugere que a o arrendamento de direito privado, em princípio, não terá cláusulas exorbitantes ou garantia do equilíbrio econômico-financeiro, tampouco será precedido de licitação pública, conforme se extrai do recente exemplo da modelagem da concessão do Porto de Vitória e Barra do Riacho.[157]

Dessa forma, instrumento do art. 5º-A tampouco subsome-se perfeitamente à figura da subconcessão prevista no art. 26 da Lei nº. 8.987/1995, na medida em que o subconcessionário não terá relação com o poder concedente e será selecionado pelo próprio concessionário, *in verbis*:

> "Art. 26. É admitida a subconcessão, nos termos previstos no contrato de concessão, desde que expressamente autorizada pelo poder concedente.
>
> § 1º A outorga de subconcessão será sempre precedida de concorrência.
>
> § 2º O subconcessionário se sub-rogará todos os direitos e obrigações da subconcedente dentro dos limites da subconcessão".

---

cessionário, cujo objeto não envolver o fornecimento direto do serviço público, não configurará contrato administrativo, mas negócio sujeito ao direito privado. Em última análise, tratar-se-á de relação jurídica alheia ao Estado" (JUSTEN FILHO, Marçal. *Teoria Geral das Concessões de Serviço Público*. São Paulo: Dialética, 2003, p. 521). Dessa forma, as subcontratações "não se contaminam pelo regime de direito público próprio à concessão, permanecendo-se regidas pelo direito privado" (MARQUES NETO, Floriano de Azevedo. Concessão de serviços públicos e prestação de serviços de interesse coletivo: diferenças de regimes jurídicos. Revista Tributária e de Finanças Públicas, V. 33, pp. 207-220, jul-ago/2000).

157. O Item 10 do contrato de concessão do Porto de Vitória, prevê que os terceiros contratados poderão ser selecionados pelo concessionário sem prévia licitação, bem como que os arrendamentos de direito privado a serem firmados serão desprovidos de cláusulas exorbitantes e da correspondente garantia do equilíbrio econômico-financeiro. É o que também se extrai do anexo 6 do citado contrato de concessão, *in verbis*: "*1.4.3. São incompatíveis com o regime jurídico privado as cláusulas exorbitantes, incluindo mas não se limitando às cláusulas que versam sobre extinção unilateral do contrato, alteração unilateral do contrato e consequente manutenção do equilíbrio econômico-financeiro, e as penalidades de proibição de contratar com a administração pública e de declaração de inidoneidade, que deixarão de ser válidas e eficazes*". Disponível em: https://www.bndes.gov.br/wps/portal/site/home/transparencia/desestatizacao/processos-em-andamento/desestatizacao-da-companhia-docas-do-espirito-santo--codesa. Acesso em: 10 ago. 2022.

Para a doutrina majoritária,[158-159] a subconcessão engloba o próprio objeto do serviço concedido e pressupõe a adoção do regime de direito público, com a presença de cláusulas exorbitantes e a precedência de licitação (art. 26, § 1º), constituindo relação jurídica entre o subconcessionário e o poder concedente (§ 2º). Sendo assim, tradicionalmente, entende-se que "a subconcessão tem a mesma natureza do contrato de concessão, vinculando-se diretamente a ela".[160]

A propósito, na medida em que o arrendamento portuário de direito público é, para alguns autores, considerado espécie de subconcessão,[161] *a contrario sensu*, o contrato privado do art. 5º-A teria natureza diversa.

Para Marçal Justen Filho,[162] na realidade, o negócio jurídico de direito púbico previsto no art. 26 da Lei nº. 8.987/95 seria uma "subconcessão imprópria", na medida que ensejaria vínculo direto entre o subconcessionário e o poder concedente, assemelhando-se mais a uma cessão parcial da concessão. Para o autor, a subconcessão propriamente dita seria de direito privado, não criaria relação entre o subconcessionário e concedente e sequer teria previsão na Lei nº. 8.987/1999.

---

158. DI PIETRO, Maria Sylvia Zanella. Parcerias na Administração Pública: concessão, permissão, franquia, terceirização, parceria público-privada e outras formas. 13ª Edição. São Paulo: Atlas, 2015, p. 112; WALD, Arnold; MORAES, Luiza Rangel de; WALD, Alexandre Wald. *O direito de parceira e a Lei de Concessões: análise das Leis nº 8.987/95 e 9.074/95 e legislação subsequente*. São Paulo: Saraiva, 2004, p. 389.

159. Para Rafael Véras, porém, a subconcessão prevista no art. 26 da Lei nº. 8.987/95 teria natureza de contrato privado regulamentado, porém, sujeitar-se-ia a um regime híbrido, na medida em que o subconcessionário se sub-rogaria em todos os direitos e obrigações do subconcedente no limite da subconcessão, além de, para o autor, incidirem sobre esse contrato algumas potestades estatais, como a viabilidade de encampação e intervenção: FREITAS, Rafael Véras. A subconcessão de serviço público. *R. bras. de Infraestrutura – RBINF*, Belo Horizonte, ano 5, n. 10, p. 75-101, jul./dez. 2016.

160. MARQUES NETO, Floriano de Azevedo. Concessão de serviços públicos e prestação de serviços de interesse coletivo: diferenças de regimes jurídicos. *Revista Tributária e de Finanças Públicas*, V. 33, pp. 207-220, jul-ago/2000. Para o autor, na mesma obra. "a subconcessão não pode ser confundida com a contratação, pelo concessionário, da realização de atividades acessórias ou ancilares junto a terceiros".

161. LOBO, Carlos Augusto da Silveira. Os Terminais Portuários Privativos na Lei n° 8.630/93", in *Revista de Direito Administrativo*. Rio de Janeiro: Renovar, abril a junho/2000, n° 220, p. 28-29. Segundo o autor, o arrendamento portuário "é muito mais uma subconcessão de serviço público do que um arrendamento" (p. 30). Para Floriano de Azevedo Marque Neto, o arrendamento "caminha-se a caracterizar, a partir do novo regime estabelecido pela Lei dos Portos, uma subconcessão *sui generis* de serviço público, guardando traços da concessão de uso de bem público que está em sua origem". O autor baseia sua conclusão inclusive no fato de estarem atreladas ao contrato de arrendamento obrigações concernentes a quantidades, padrões e metas mínimas, e no fato de a exploração e percepção de frutos decorrentes desse serviço pelo arrendatário constituírem um dever, e não apenas uma faculdade oferecida a ele oferecida (MARQUES NETO, Floriano de Azevedo. Peculiaridades do contrato de arrendamento portuário. *Revista de Direito Administrativo – RDA*, vol. 231, 2003).

162. FILHO, Marçal Justen. *Teoria geral das concessões de serviço público*. São Paulo: Dialética, 2003, p. 522-526.

Talvez a previsão inexistente na Lei nº. 8.987/95 tenha sido expressamente prevista no art. 5º-A, da Lei nº. 12.815/2013, em especial no setor portuário, positivando uma nova modalidade de contratação derivada no âmbito das concessões de portos, que não se subsome às figuras da subcontratação e da subconcessão da Lei nº. 8.987/1995, tampouco às concepções tradicionais cunhadas pela doutrina majoritária sobre aqueles instrumentos. Daí decorrem, preliminarmente, duas possíveis conclusões: o arrendamento privado será incluído nos conceitos gerais de subcontratação ou de subconcessão, assim ampliando um dos dois;[163] ou o instrumento será considerado uma nova espécie de contrato derivado da concessão, especial para o setor portuário.

Examinadas as peculiaridades do arrendamento de direito privado em referência, passaremos a adiante, sem a pretensão de exaurir a matéria, enumerar brevemente as potenciais repercussões das suas especificidades para a compreensão do seu regime jurídico e da natureza da atividade por ele operacionalizada. Em outras palavras, a constatação da possível novidade nos convida a perquirir as eventuais consequências dela provenientes, não só para a regulação dos portos como também para a teoria geral das concessões.

IV.5.2.2. Exploração de serviço público via subcontrato privado?

Pelas linhas que antecedem procurou-se demonstrar poder estar sendo colocada em prática uma nova modalidade de contrato derivado no âmago de concessões de serviços públicos, em especial no setor portuário, a saber: o arrendamento de direito privado incluído pela Lei nº. 14.047/2020 no art. 5º-A da Lei nº. 12.815/2013.

O arrendamento de direito privado para a exploração de instalações portuárias (núcleo do serviço delegado), a ser celebrado entre o concessionário e terceiro – que não terá qualquer relação jurídica com o poder concedente –, não se identifica propriamente com a subcontratação, que em regra envolve atividades ancilares ao objeto do contrato. Tampouco se enquadra na moldura da subconcessão, que em princípio é norteada pelo regime de direito público, envolvendo vínculo com o poder concedente.

A novidade, oriunda de alteração legislativa do ordenamento setorial especial dos portos, pode ter o condão de mudar, atualizar ou ampliar as concepções tradicionais da doutrina brasileira a respeito das figuras típicas da subcontratação e da subconcessão no âmbito das delegações de serviços públicos.

---

163. Da hipótese adviriam conclusões como, por exemplo: a subcontratação em regra não envolve o núcleo do serviço concedido, *exceto* em certos casos previstos na lei, como no setor portuário; ou a subconcessão em princípio é regida pelo direito público, salvo em algumas hipóteses admitidas pela lei, como no setor dos portos.

A pertinência de se perquirir as consequências jurídicas das peculiaridades do instrumento ganha relevo na medida em que acabou de ser realizada concessões de porto organizado (Porto de Vitória e Barra do Riacho) já à luz do marco regulatório atual, cuja modelagem têm como eixo principal a celebração de arrendamentos de direito privado entre o delegatário e terceiros para a exploração de instalações portuárias.

Muitas são as questões provenientes da constatação das peculiaridades do arrendamento de direito privado em referência, questões estas que não serão – e sequer poderiam ser – exauridas no presente trabalho, mas que de toda sorte listaremos exemplificativamente adiante, inclusive para fins de inspiração de eventuais futuros estudos.

Nesse contexto, a constatação da novidade faz exsurgir a seguinte questão: qual a natureza e o regime jurídico do contrato previsto no art. 5º-A da Lei nº. 12.815/2013 e quais os seus potenciais efeitos para a qualificação da atividade por ele instrumentalizada como serviço público ou atividade privada regulamentada?

Talvez seja possível caracterizar o referido instrumento não como subcontratação ou subconcessão típicas, mas como um especial *contrato privado derivado, coligado*[164] *ao contrato de concessão e fortemente regulado*,[165] como prevê expressamente o art. 5º-A ("*sem prejuízo das atividades regulatória e fiscalizatória da Antaq*"). Muito provavelmente a figura se aproximaria do que Pedro Gonçalves[166] denomina "contato privado como objeto de regulação administrativa", no qual a autonomia da vontade seria em parte mitigada pela regulação incidente. Estaria inserida, nessa hipótese, no âmbito do já abordado direito privado administrativo (cf. Capítulo III.3).[167]

Para além do rótulo do instrumento em referência,[168] ainda mais relevante é investigarmos o seu regime jurídico.

Por se tratar de contrato privado, seria em princípio desprovido de disposições típicas de instrumentos de delegação de serviços públicos, como as cláusulas exorbitantes[169] e o direito do contratado ao equilíbrio económi-

164. TEUBNER, Gunther. *Network as connected contracts*. Trad. Michelle Everson. Oxford: Hart Publishing, 2011.

165. COLLINS, Hugh. *Regulating Contracts*. Oxford: Oxford University Press, 1999.

166. GONÇALVES, Pedro António P. Costa. Regulação administrativa e contrato. *Revista de Direito Público da Economia – RDPE*, Belo Horizonte, ano 9, n. 35, p. 105-141.

167. GONÇALVES, Pedro *Manual de direito administrativo*. Coimbra: Almedina, 2020, p. 143-145.

168. Para autores como Maria João Estorninho, estariam até ultrapassadas as diferenças entre contratos de direito público e de direito privado, sendo mais relevante avaliar-se o regime jurídico de cada instrumento, independentemente de rótulos. ESTORNINHO, Maria João. *Requiem pelo contrato administrativo*. Coimbra: Almedina, 1990, p. 14.

169. Para Diogo de Figueiredo Moreira Neto, até mesmo nos contratos tipicamente administrativos poder ser em alguma medida relativizada a imposição de cláusulas exorbitantes: O Futuro das Cláusulas

co-financeiro (cf. Capítulo IV.5). Por outro lado, por englobar a atividade nuclear do serviço delegado ao concessionário, o contrato com terceiros sujeitar-se-á aos influxos regulatórios normativos da ANTAQ, já incidentes sobre os terminais atualmente arrendados e autorizados.

Além disso, por estar coligado ao contrato de concessão, é inevitável que simultaneamente esteja jungido à disciplina dos editais de delegação, que delimitará os possíveis contornos do instrumento coligado,[170] inclusive eventualmente no que se refere à imposição de obrigações típicas de serviços públicos.

Cabe perquirir, a partir do regime jurídico que vier a ser efetivamente incidente, qual a natureza da atividade a ser desempenhada mediante o arrendamento privado.

Para a análise, remetemos mais uma vez às principais características dos serviços públicos elencadas pela doutrina (cf. Capítulo III.1.1), quais sejam: (i) elemento subjetivo ou orgânico; (ii) elemento finalístico; e (iii) elemento formal.

O elemento subjetivo, a nosso ver, estaria presente, na medida em que as atividades portuárias a serem desenvolvidas no arrendamento privado também se inserem naquelas colocadas a cargo da União pelo art. 21, XII, "f", CRFB/88. O elemento finalístico, por sua vez, tem lugar pelas mesmas razões expostas no Capítulo IV.4.2.4 para fundamentar aquele elemento com relação aos arrendamentos públicos, que desenvolvem materialmente a mesma atividade do privado, em prol do bem-estar coletivo, inclusive atrelados à promoção de direitos fundamentais. Já o elemento formal, atinente ao regime jurídico típico de direito público aparentemente não estará presente, na medida em que o contrato firmado com terceiros não terá como parte entidade da Administração Pública - mas sim o concessionário privado - e será regido pelo direito expressamente privado, na forma do art. 5º-A da Lei dos Portos.

A nosso ver, portanto, a qualificação da atividade dependerá da intensidade da regulação estatal a qual empiricamente o arrendamento de direito privado vier a ser submetido, por parte do poder concedente e da ANTAQ, inclusive contratualmente na modelagem das concessões.

Exorbitantes. In: ARAGÃO, Alexandre Santos de; MARQUES NETO, Floriano de Azevedo (Coord.). *Op. Cit.*, p. 545 e seguintes.

170. Sugere Jody Freeman que, ao contrário do que muitas vezes se intui, as desestatizações e privatizações em geral podem ser meios de publicização, mediante a extensão de normas de direito público a particulares que não estariam a elas submetidos. Em troca de oportunidades lucrativas, comprometem-se com regras e objetivos públicos, veiculados contratualmente e/ou pela regulação FREEMAN, Jody. *Extending Public Law Norms Through Privatization*. Cambridge: Harvard Law Review, Vol. 116, No. 5 (Mar., 2003), p. 1285.

Não se nega o fato de o arrendamento privado pressupor a preexistência de um contrato de concessão de serviço público, o que denota a titularidade estatal sobre a atividade. Porém, também o terminal privado autorizado, fora do porto organizado, é condicionado à celebração de contrato de adesão com o poder público, apesar de a atividade nele exercida ser, em princípio (cf. Capítulo IV.6.2.6), considerada privada, ainda que de grande interesse coletivo e regulamentada.

Onde então estaria o arrendamento privado situado na escala de *publicatio?*

Seria um "serviço público" (eis que derivado da concessão) de abrandada densidade regulatória (na medida em que, diferentemente dos instrumentos tradicionais de delegação, seria instrumentalizado por contrato privado entre o delegatário e terceiro, desprovido de cláusulas exorbitantes e garantia de equilíbrio)?

A liberdade de preços, por exemplo, pode denotar menor ingerência estatal na atividade, ainda que não seja suficiente para afastar totalmente a condição de serviço público, tanto que se aplica à exploração de todas as instalações portuárias, inclusive as arrendadas em regime público. A presença ou não de bens reversíveis tampouco é capaz de precisar a natureza jurídica da atividade (cf. Capítulo IV.4.2.3). A eventual imposição de obrigações típicas de serviços públicos (ex.: continuidade, generalidade, regularidade, modicidade etc.) pode ser um indício, porém, como exposto no Capítulo III.2, ao menos no caso das atividades do art. 21, XI e XII, CRFB/88, também pode não ser determinante para a qualificação da atividade como serviço público.

Por outro lado, será que a exploração de instalação portuária dentro do Porto Organizado deixou de ser o núcleo do serviço público concedido no setor, passando a caracterizar atividade privada de interesse coletivo regulamentada? Seria agora então o núcleo do objeto da concessão a administração da infraestrutura do porto, mas não propriamente a exploração em si das instalações portuárias?

Ou estaria, por outro lado, nascendo uma nova modalidade de exploração de serviços públicos, mediante contratos privados, não submetidos ao regime jurídico de direito público?

Em nossa visão, e, naturalmente, sem pretensão de exaurir o tema, parece que, para além do elemento subjetivo e finalístico, a caracterização de uma atividade econômica como serviço público pressupõe a presença do regime jurídico de direito público, envolvendo a existência de prerrogativas estatais em face do contratado, até como ainda hoje entende a doutrina francesa sobre a matéria (cf. Capítulo III.1.1). No caso do arrendamento privado, a ausência de prerrogativas em prol do Poder Público, como cláusulas exorbitantes de alteração unilateral, bem como do direito ao equilíbrio econômico-financeiro, parece afastar o seu regime jurídico daquele tipicamente atribuído aos serviços públicos, razão pela qual parece estar inserido em um degrau mais baixo da escala de *publicatio*, ainda que submetido à regulação geral da ANTAQ, aplicável uniformemente a todos os terminais dessa natureza.

Talvez a natureza jurídica da atividade dos arrendamentos privados se situe em algum outro ponto intermediário na escala de *publicatio*, entre a prestação de serviço público por contrato público e a exploração de atividade privada regulada por autorização.

Naturalmente que, se da regulação da agência que vier a ser editada advir disciplina que equipare os arrendamentos privados ao regime de direito público, por exemplo impondo cláusulas exorbitantes de alteração unilateral por razões de "interesse público", talvez reste caracterizada a disciplina típica dos serviços públicos. Não se ignora, ainda, que ao menos reflexamente o terceiro contratado pode ser impactado pela execução de cláusulas exorbitantes no âmbito do contrato de concessão, por exemplo de alteração unilateral ou encampação, assim como qualquer subcontratado por delegatários de serviços públicos.

Paralelamente, outras questões atinentes ao instrumento privado positivado pela Lei nº. 14.047/2020 são dignas de nota, inclusive no que toca à potencial transferência dos arrendamentos públicos vigentes à época da concessão para o concessionário, passando a ser regidos pelo direito privado. A faculdade[171] de transmissão do arrendamento pode ser discricionariamente considerada obrigatória pela Administração Pública, na modelagem da concessão?[172] A migração ao regime privado retirará dos arrendatários o direito ao equilíbrio econômico-financeiro? Eventual convolação coativa, ainda que voltada à flexibilização de atividade econômica, poderia ser considerada espécie de desregulação[173] apta a ferir direitos dos atuais arrendatários, inclusive em razão dos atos jurídicos perfeitos preexistentes (*deregulatory taking*)?[174]

---

171. Os arts. 21 e 22 do Decreto nº. 8.033/2013 – aos quais o art. 5º-A da Lei nº. 12.815/2013 veio conferir fundamento legal – estipulam que os arrendamentos vigentes "*poderão ter sua titularidade transferida à concessionária*".

172. Foi a opção administrativa aventada na modelagem da concessão do Porto de Vitória, recentemente submetida ao TCU (Processo ANTAQ nº. 50000.037971/2020-35).

173. Em artigo disponível online, em vias de publicação na "Harvard Law Review", Jody Freeman e Sharon Jacobs analisam a desregulação num contexto estrutural de enfraquecimento proposital de agências independentes pelo chefe do poder executivo: *Structural Deregulation*. Disponível em: https://papers.ssrn.com/sol3/papers.cfm?abstract_id=3835246. Acesso em: 28 set. 2021.

174. SIDAK, J. Gregory; SPULBER, Daniel F. *Deregulatory takings and the regulatory contract: the competitive transformation of network industries in the United States*. Cambridge: Cambridge University Press, 1997.

Quais as possíveis garantias do terceiro contratado no arrendamento privado, com relação à eventual execução de cláusulas exorbitantes do contrato de concessão pelo Poder Concedente, por exemplo para alteração unilateral[175] ou encampação?

Configuram, todos eles, temas intrigantes e dignos de atenção, ainda pendentes de detida análise e necessário aprofundamento, que merecem ser examinados à medida que colocados em prática os arrendamentos de direito privado.

Por fim, examinaremos abaixo finalmente o regime jurídico dos terminais privados explorados via autorização do Poder Concedente.

IV.6. AUTORIZAÇÃO PARA EXPLORAÇÃO DE TERMINAL DE USO PRIVADO

IV.6.1. Aspectos gerais

Chegamos agora ao mais baixo degrau da escala de *publicatio* no âmbito dos principais[176] modelos de exploração de instalações portuárias, qual seja: a autorização para operar terminal de uso privado. Isso não significa, porém, que seja branda a intensidade da regulação a qual essa atividade é submetida, cujos contornos gerais serão apresentados neste Capítulo.

Como exposto, o principal critério distintivo entre a incidência do regime público ou privado, tradicionalmente, é a localização do terminal dentro ou fora da área da poligonal do Porto Organizado (ponto até relativizado diante dos arrendamentos de direito privado, cf. Capítulo IV.5). Dessa forma, ainda que o terminal arrendado e o autorizado possam hoje exercer a mesma atividade (exploração de infraestrutura portuária para prestação de serviços), o primeiro submete-se ao regime público e o segundo ao privado, conforme o art. 1º, §§ 1º e 2º da Lei nº. 12.815/2013. De forma assim bastante objetiva, o terminal de uso privado é definido pela Lei dos Portos como a "instalação portuária explorada mediante autorização e localizada fora da área do porto organizado" (art. 2º, IV).

É por isso que o "elemento diferenciador entre instalações portuárias de uso público e terminais de uso privado deixa de estar centrado na essência da atividade desenvolvida, para se voltar somente à localização geográfica

175. GARCIA, Flávio Amaral. *A mutabilidade nos contratos de concessão no Brasil*. Tese de Doutorado. Faculdade de Direito da Universidade de Coimbra, 2019, p. 97.

176. Não aprofundaremos neste Capítulo o regime jurídico de terminais de menor porte menos frequentes, também submetidos à autorização, como por exemplo a estação de transbordo de cargas e o terminal de turismo.

de cada qual - dentro (instalação portuária de uso público) ou fora do porto organizado (terminal de uso privado). O regime jurídico estará atrelado, portanto, ao mero posicionamento do terminal no espaço, sendo crucial a determinação do poligonal da área do porto organizado para determinação do regime que disciplinará a atividade do terminal".[177]

As instalações portuárias localizadas fora da área do Porto Organizado, em especial os terminais de uso privado,[178] que são o foco deste Capítulo, são exploradas mediante autorização, instrumentalizada por contrato de adesão, precedido "de chamada ou anúncio públicos e, quando for o caso, processo seletivo público" (art. 8º, Lei nº. 12.815/2013).

A chamada e o anúncio públicos são feitos, respectivamente, quando a iniciativa da autorização parte de particular ou do Poder Público. Só será realizado processo seletivo público quando inviável conceder autorização a todos os interessados, em razão de inviabilidade locacional, inclusive tendo em vista o planejamento do setor. Trata-se de mecanismo bastante frequente na lógica do Direito Administrativo, segundo a qual deve ser feita seleção pública quando o Estado for escolher um particular para atividade (econômica ou não) em que há limitação do número de agentes que podem ser selecionados para tanto (*numerus clausus*).

Como critério de julgamento do eventual processo seletivo, deve a ANTAQ observar, na forma do art. 12, § 3º, "de forma isolada ou combinada, a maior capacidade de movimentação, a menor tarifa ou o menor tempo de movimentação de carga, e outros estabelecidos no edital". Trata-se precisamente, como exposto no Capítulo IV.3, dos mesmos parâmetros do art. 6º que devem ser adotados na licitação para concessão do Porto Organizado ou arrendamento de parcela dele em regime público.

Diferentemente dos arrendamentos de direito público ou privado, que pressupõem o uso de área pública localizada no Porto Organizado, o terreno no qual será instalado o terminal privado não é necessariamente público. Deve, assim, o interessado na autorização "apresentar título de propriedade, inscrição de ocupação, certidão de aforamento, cessão de direito real ou outro instrumento jurídico que assegure o direito de uso e fruição do respectivo

177. GROTTI, Dinorá Adelaide Musetti; LIMA, Cristiana Maria Melhado Araujo. Diferenças entre terminais portuários de uso público e de uso privado. In: PEREIRA, Cesar; SCHWIND, Rafael Wallbach (Coord.). *Direito Portuário Brasileiro*. 3. ed. Belo Horizonte: Fórum, p. 169-185, 2020, p. 179.

178. A Lei dos Portos prevê outras modalidades de instalações portuárias exploradas por autorização fora da área do Porto Organizado que, como já exposto, serão tratadas apenas ancilarmente neste trabalho. Confira-se: "Art. 8º Serão exploradas mediante autorização, precedida de chamada ou anúncio públicos e, quando for o caso, processo seletivo público, as instalações portuárias localizadas fora da área do porto organizado, compreendendo as seguintes modalidades: I – terminal de uso privado; II – estação de transbordo de carga; III – instalação portuária pública de pequeno porte; IV – instalação portuária de turismo".

terreno, além de outros documentos previstos no instrumento de abertura" (art. 11, parágrafo único, Lei dos Portos).

Não só com relação à área, mas todos os investimentos para a implantação do terminal privado devem ser arcados pelo autorizatário, diferentemente do arrendatário, cuja atuação pressupõe o uso de bens públicos, assim como o aproveitamento da infraestrutura comum do Porto Organizado.[179] Não há, assim, com relação aos terminais privados, o regime de reversibilidade de bens que examinamos quanto aos terminais públicos. Nas palavras de Marçal Justen Filho, "o terminal privado deve ser constituído necessariamente sem investimento público. Toda a infraestrutura específica deve correr à conta da iniciativa privada. Isso implica custos que serão transferidos para os preços praticados pelo particular e que permitirão a competição justa com os terminais públicos – que não necessitam realizar investimentos equivalentes".[180]

Até em razão de o terreno e os investimentos serem em geral privados, o prazo da autorização portuária é em princípio indeterminado, na medida em que o período de vinte e cinco anos previsto no art. 8, § 2º, Lei nº. 12.815/2013 é prorrogável por períodos sucessivos, sem limitação, caso tenha o autorizatário interesse em sua continuidade. Dizemos "em princípio", porém, porque a prorrogação é condicionada às seguintes exigências: (i) manutenção da atividade portuária; e (ii) promoção de investimentos em expansão e modernização.

A autorização portuária, como já mencionado, é consubstanciada em contrato de adesão, cujas cláusulas essenciais são idênticas às do contrato de arrendamento público, com exceção daquela prevista no inciso III do art. 5º,[181] que prevê o valor do contrato e da conseguinte contraprestação pelo uso da área pública, contraprestação esta que é inaplicável ao caso do terminal privado construído em terreno de titularidade particular (ainda que apenas em relação ao domínio útil).

A exploração do terminal privado, assim como a das instalações portuárias dentro do Porto Organizado (arrendamento público e privado), é realizada em regime concorrencial de liberdade de preços,[182] conforme a

179. Não se ignora, porém, que muitos terminais privados se localizam nas adjacências de Portos Organizados, valendo-se em maior ou menor grau da infraestrutura deste.

180. JUSTEN FILHO, Marçal. O regime jurídico das atividades portuárias e seus reflexos sobre a delimitação do porto organizado. In: PEREIRA, Cesar; SCHWIND, Rafael Wallbach (Coord.). *Direito Portuário Brasileiro*. 3. ed. Belo Horizonte: Fórum, p. 291-310, 2020, p. 305.

181. Lei dos Portos: "Art. 8º (...) § 1º A autorização será formalizada por meio de contrato de adesão, que conterá as cláusulas essenciais previstas no *caput* do art. 5º-C desta Lei, com exceção da cláusula prevista em seu inciso III. (Redação dada pela Lei nº 14.047, de 2020)".

182. "A autorização será exercida em regime de liberdade de preços dos serviços, tarifas e fretes, e em ambiente de livre e aberta competição. Tal liberdade, porém, não exime o autorizatário do dever de garantir tratamento igualitário aos usuários dos serviços portuários" (GROTTI, Dinorá Adelaide

diretriz geral do setor que abordamos no Capítulo IV.4.2.2, prevista no art. 3º, VI da Lei de Portos.

A autorização se sujeita à inerente mutabilidade da regulação setorial a qual deve observância, nos termos do art. 47 da Lei nº. 10.233/2001.[183] É o que também se extrai, por exemplo, da Subcláusula Sétima da Cláusula Segunda do Contrato de Adesão nº 6, de 23 de junho de 2022,[184-185] que utilizaremos ilustrativamente para análise do regime jurídico de instrumentos dessa espécie no setor portuário, a partir da regulação contratual da ANTAQ sobre ele exercida.

Cabe notar que a Cláusula Segunda, *caput*, do referido instrumento prevê expressamente se tratar de contrato administrativo, regido pelos preceitos de direito público e, apenas supletivamente, pelo direito privado, *in verbis:* "O presente contrato constitui espécie do gênero contrato administrativo e se regula pelas suas cláusulas e pelos preceitos de direito público, aplicando-se, supletivamente, os princípios da teoria geral dos contratos e as disposições do direito privado".

Apesar da menção expressa ao direito público, porém, não há no citado instrumento previsão de certos elementos típicos daquele regime jurídico, como prerrogativas estatais de alteração unilateral do contrato de adesão, tampouco proteção ao equilíbrio econômico-financeiro. Também prevê expressamente o contrato a "irreversibilidade de bens" (Cláusula Décima Sexta).

Uma vez que inexiste viabilidade de o Poder Público modificar unilateral e especificamente o contrato de adesão de determinado particular, qualquer mudança geral e abstrata da regulação setorial impactará os *players* do setor uniformemente, que assumiram todos os riscos do negócio. Na medida em que os preços são livres e atuam aqueles em concorrência, é provável que eventuais normas supervenientes que onerem o exercício da atividade im-

---

Musetti; LIMA, Cristiana Maria Melhado Araujo. Diferenças entre terminais portuários de uso público e de uso privado. In: PEREIRA, Cesar; SCHWIND, Rafael Wallbach (Coord.). *Direito Portuário Brasileiro.* 3. ed. Belo Horizonte: Fórum, p. 169-185, 2020, p. 181).

183. Lei nº. 10.233/2001: "Art. 47. A empresa autorizada não terá direito adquirido à permanência das condições vigentes quando da outorga da autorização ou do início das atividades, devendo observar as novas condições impostas por lei e pela regulamentação, que lhe fixará prazo suficiente para adaptação".

184. Disponível em: https://sei.antaq.gov.br/sei/modulos/pesquisa/md_pesq_documento_consulta_externa.php?9LibXMqGnN7gSpLFOOgUQFziRouBJ5VnVL5b7-UrE5SEm7FRIznDCp8LZEmZQ73_hDx2RdzFISKpRFQUhD9EAbbkZ7PBr7fuaoj0-O6dSgGdSbhsDDeqj17n2PGIDWb4. Acesso em: 15 mar. 2024.

185. Contrato de Adesão nº. 06/2022: "A AUTORIZATÁRIA não terá direito adquirido à permanência das condições vigentes na data desta autorização ou do início de suas atividades, devendo observar as novas condições impostas por lei e pela regulamentação, que lhe fixará prazo sufi ciente para adaptação, nos termos do art. 47 da Lei n.º 10.233, de 2001".

pactem os preços cobrados, ao invés de ensejar o direito de recomposição do equilíbrio econômico-financeiro (cf. Capítulo IV.6.2.7).

São, contudo, previstas no contrato de adesão certas prerrogativas da ANTAQ, no que se refere à fiscalização da atividade e à aplicação de sanções em caso de descumprimento de cláusulas contratuais ou de disposições legais e regulamentares (Cláusula Terceira). Diferentemente do contrato de arrendamento de direito público (cf. Capítulo IV.4), não são previstas hipóteses de intervenção e, tampouco, de encampação dos serviços por razões de interesse público, elementos típicos dos instrumentos de delegação de serviços públicos.

Registre-se, ainda, que, da mesma forma que no arrendamento, há previsão de prestação de serviço adequado, o que engloba o cumprimento de determinadas obrigações típicas de serviços públicos, como por exemplo de continuidade, regularidade e atualidade (Cláusula Sexta).[186] Embora não seja prevista obrigação de generalidade (prestação ao maior número possível de agentes), a Cláusula Primeira, Subcláusula Terceira, por sua vez, dispõe sobre o acesso excepcional de terceiros à instalação autorizada, na forma do art. 13 da Lei de Portos,[187] questão que é polêmica nos setor, como veremos no Capítulo IV.6.2.5.

Destaque-se, por fim, que, diferentemente dos terminais públicos, as instalações privadas não estão obrigadas a contratar com operadores portuários ou a se pré-qualificar como tal,[188] tampouco a apenas empregar mão de obra portuária na forma da Lei de Portos, o que flexibiliza de certa forma a sua atuação.

Ante o exposto, verifica-se ser bastante peculiar o regime jurídico das autorizações portuárias, à primeiro vista com traços bem marcantes tanto de direito público quanto de direito privado, na medida em que, apesar da maior liberdade de atuação do autorizatário (possibilidade de contratação direta, ausência de cláusulas exorbitantes, preços livres, prazo indeterminado, irreversibilidade de bens etc.), este está sujeito a rígidos controles por parte da ANTAQ, tanto de entrada (caso inviável autorizar todos os interessados)

---

186. Contrato de Adesão 6/2022: "CLÁUSULA SEXTA – DA PRESTAÇÃO DOS SERVIÇOS. A autorização pressupõe a prestação de serviço adequado, obedecendo os parâmetros de regularidade, atualidade, cortesia e continuidade por parte da AUTORIZATÁRIA, relativos às operações descritas no objeto deste contrato".

187. Lei de Portos: "Art. 13. A Antaq poderá disciplinar as condições de acesso, por qualquer interessado, em caráter excepcional, às instalações portuárias autorizadas, assegurada remuneração adequada ao titular da autorização".

188. Sobre o tema, confere o art. 30 da Lei de Portos certa margem de liberdade para que o autorizatário discipline a operação portuária: "A operação portuária em instalações localizadas fora da área do porto organizado será disciplinada pelo titular da respectiva autorização, observadas as normas estabelecidas pelas autoridades marítima, aduaneira, sanitária, de saúde e de polícia marítima.

quanto para se manter no mercado, com a imposição de obrigações típicas de serviços públicos e a aplicação de penalidades em caso de descumprimento. À especificidade do regime jurídico das autorizações portuárias dedicaremos o Capítulo abaixo.

IV.6.2. Peculiaridades da autorização portuária

Passemos, por fim, à análise de algumas especificidades do modelo de exploração de instalações portuárias objeto deste trabalho que, em tese,[189] entendemos mais abaixo nos graus de publicização da escala de *publicatio*, a saber: autorização para a exploração de terminal de uso privado fora da área do Porto Organizado, em princípio considerada uma atividade privada de interesse coletivo e, por isso, fortemente regulada, qualificação esta que pretendemos testar (e eventualmente confirmar) no presente Capítulo.

Como nem poderia deixar de ser, até em razão da variedade e da complexidade das questões selecionadas, teceremos considerações acerca de cada uma, sem pretensões de exaurimento das particularidades adiante sucessivamente enumeradas.

IV.6.2.1. Seleção pública para a escolha do autorizatário

Adiantamos no Capítulo IV.6 que os autorizatários são selecionados via "chamada ou anúncio públicos e, quando for o caso, processo seletivo público", na forma do art. 8º, Lei nº. 12.815/2013.

Há chamada pública quando, por iniciativa pública, o Poder Concedente determina à ANTAQ a procura de interessados na obtenção de autorização para a instalação de terminais privados (art. 10, Lei dos Portos).[190] O anúncio público, por sua vez, é realizado na hipótese em que o requerimento de autorização seja efetuado por iniciativa espontânea do interessado, para identificar a existência de outros agentes que pretendam também obter autorização de instalação portuária na mesma região e com características semelhantes (art. 9º, II, Lei dos Portos).[191]

189. A posição do arrendamento privado na escala de *publicatio* vai depender da regulação a qual venha a ser efetivamente submetido.

190. Lei dos Portos: "Art. 10. O poder concedente poderá determinar à Antaq, a qualquer momento e em consonância com as diretrizes do planejamento e das políticas do setor portuário, a abertura de processo de chamada pública para identificar a existência de interessados na obtenção de autorização de instalação portuária, na forma do regulamento e observado o prazo previsto no inciso II do § 1º do art. 9º.

191. Lei de Portos: "Art. 9º Os interessados em obter a autorização de instalação portuária poderão requerê-la à Antaq a qualquer tempo, na forma do regulamento. § 1º Recebido o requerimento de autorização de instalação portuária, a Antaq deverá: I – publicar o extrato do requerimento, inclusive na internet; e II – promover a abertura de processo de anúncio público, com prazo de 30 (trinta)

Se, como resultado da chamada e anúncio públicos, for identificado apenas um interessado, este receberá a autorização. Caso se verifique mais de um interessado, porém sem impedimento locacional de implantação simultânea dos respectivos terminais, todos os agentes envolvidos receberão autorização do Poder Público (art. 12).[192] Por outro lado, diante de plúrimos interessados, e na ausência de viabilidade locacional de operação paralela dos terminais, inclusive à luz do planejamento setorial, será realizado um processo seletivo público para a escolha do autorizatário.

Como aduz a doutrina, "independentemente de a iniciativa para obtenção da autorização de instalação portuária partir do autorizatário (caso em que será aberto processo de anúncio público) ou da Antaq (processo de chamada pública), a Lei nº 12.815/2013 cercou o procedimento de ampla publicidade". O rito, "embora com o objetivo de privilegiar a isonomia, não se confunde com o processo licitatório, tendo em conta que, ao realizar a chamada ou anúncio público, mesmo que exista mais de um interessado, se não houver inviabilidade locacional, todos os empreendimentos dos interessados poderão ser contemplados".[193]

Embora não se confunda com uma licitação, deve o Estado no processo seletivo observar os princípios da Administração Pública, naturalmente, já que deve fazê-lo em toda a sua atuação. É o que prevê o art. 12, § 2º da Lei de Portos: "Havendo mais de uma proposta e impedimento locacional que inviabilize sua implantação de maneira concomitante, a Antaq deverá promover processo seletivo público, observados os princípios da legalidade, impessoalidade, moralidade, publicidade e eficiência".

Assim como a ausência de licitação para escolha do arrendatário a nossa ver não desvirtua o regime público do serviço por ele explorado (cf. Capítulo IV.4.2.1), a necessidade de processo de seleção do autorizatário não impacta por si só o regime privado da atividade desenvolvida. Em outras palavras, a precedência de procedimento seletivo não torna automaticamente a atividade autorizada um serviço público disciplinado pelo art. 175 da Constituição Federal de 1988.

---

dias, para identificar a existência de outros interessados na obtenção de autorização de instalação portuária na mesma região e com características semelhantes".

192. Lei de Portos: "Art. 12. Encerrado o processo de chamada ou anúncio público, o poder concedente deverá analisar a viabilidade locacional das propostas e sua adequação às diretrizes do planejamento e das políticas do setor portuário. § 1º Observado o disposto no regulamento, poderão ser expedidas diretamente as autorizações de instalação portuária quando: I – o processo de chamada ou anúncio público seja concluído com a participação de um único interessado; ou II – havendo mais de uma proposta, não haja impedimento locacional à implantação de todas elas de maneira concomitante".

193. GROTTI, Dinorá Adelaide Musetti; LIMA, Cristiana Maria Melhado Araujo. Diferenças entre terminais portuários de uso público e de uso privado. In: PEREIRA, Cesar; SCHWIND, Rafael Wallbach (Coord.). *Direito Portuário Brasileiro*. 3. ed. Belo Horizonte: Fórum, p. 169-185, 2020, p. 180.

Trata-se na verdade de medida bastante frequente na lógica do Direito Administrativo, segundo a qual deve ser feita seleção pública quando o Estado for escolher um particular para alguma atividade (econômica ou não), e há limitação do número de agentes que podem ser selecionados para tanto.

Lívia Amorim, em raciocínio plenamente transponível à espécie, bem observa que "a necessidade eventual de um procedimento competitivo para a seleção do prestador da atividade pode ser derivada de outros princípios constitucionais que não necessariamente o art. 175 da Constituição. Isso porque a Constituição assegura a todos os privados (empresas e pessoas físicas) tratamento isonômico em face do poder público. Além disso, demanda transparência nas ações e negócios jurídicos realizados pelo poder público e exige que suas escolhas e decisões realizem, da melhor forma possível, o interesse público específico de que se trata em cada circunstância. Entende-se que a necessidade de realização de um procedimento competitivo de atribuição do título habilitante pode ser justificável sempre que esse título confira ao privado uma exploração excludente de um bem ou de uma atividade pública".[194]

No caso da autorização portuária, como visto, em caso de viabilidade locacional, inclusive à luz do planejamento setorial, será admitida a implantação de todos os terminais almejados, e parece ter sido essa praxe administrativa nacional. Só na hipótese de impossibilidade locacional, portanto, em que o particular desempenhará a atividade de forma excludente dos demais, deverá o Poder Concedente promover seleção pública para a sua escolha, de forma isonômica e transparente, à luz dos princípios da Administração Pública.

Também no cenário europeu, explica Pedro Gonçalves que o "legislador tem usado o conceito de 'autorização' (em sentido amplo) para representar actos que atribuem direitos de acesso ao exercício de actividades econômicas sujeitas a *numerus clausus* – o facto de o acesso a uma dada actividade estar limitado a um número restrito de operadores deixou de exigir a *publicatio* (com o fim de excluir a invocação da liberdade de empresa); são, por isso, hoje várias as *actividades privadas de acesso limitado*, sujeitas a um regime de *licenciamento*".[195]

Idêntica lógica se aplica à autorização portuária na hipótese em que há inviabilidade locacional para a implantação de terminais privados em dada região por todos os interessados. A sujeição da atividade econômica de interesse coletivo a *numerus clausus* não exige necessariamente a *publicatio*, no sentido de sua qualificação como serviço público, mas impõe que

---

194. AMORIM, Lívia. *Transporte dutoviário de gás natural.* Rio de Janeiro: Lumen Juris, 2023, p. 246-247.

195. GONÇALVES, Pedro. *A concessão de serviços públicos*: (uma aplicação da técnica concessória). Coimbra: Almedina, 1999, p. 60 (em nota de rodapé).

o Estado, ao escolher o prestador, promova processo seletivo público de caráter isonômico, dada a impossibilidade de autorizar todos os pleiteantes, inclusive à luz do planejamento setorial.

À peculiaridade da imposição do planejamento para uma atividade em princípio não inserida na esfera pública dedicaremos o próximo Item.

IV.6.2.2. Sujeição ao planejamento setorial

Segundo o art. 174 da Constituição Federal, o planejamento estatal é determinante para o setor público e apenas indicativo para o setor privado. O fato de o planejamento setorial condicionar de forma vinculante[196] a conferência de autorizações portuárias, a teor do art. 12 da Lei nº. 12.815/2013, pode ser entendido como um indício de que a atividade por aquela instrumentalizada seria qualificada como um serviço público.

Da sujeição das autorizações portuárias ao planejamento público a doutrina aduz ser possível extrair uma das seguintes conclusões: "ou a atividade é uma atividade privada, por envolver preponderantemente interesses privados, sendo inconstitucionais as novas exigências impostas pela Lei nº 12.815/2013 e sua regulamentação, sobretudo no que tange à submissão ao planejamento estatal, o qual, nos termos do art. 174 da Constituição Federal só pode ser meramente indicativo para o setor privado da economia. Ou que a Constituição atribui ao legislador federal a competência para decidir qual o grau de ingerência estatal será imposta sobre essas atividades, em cada contexto histórico e social".[197]

Concordamos com o segundo entendimento.

Não se está a tratar de qualquer atividade econômica autorizada. A exploração dos portos é colocada sob a competência material da União pelo art. 21, XII, "f", da Constituição Federal de 1988. Isso significa, como exposto no Capítulo III.2, ter o constituinte atribuído à União a titularidade da atividade, no sentido de a ter colocado sob a sua responsabilidade de execução ou de ordenação.

---

196. "Em que pese a maior eficiência do setor privado em identificar as oportunidades de mercado, em qualquer um dos casos, Anúncio Público ou Chamada Pública, os investidores só poderão ter seus projetos (privados) autorizados se estiverem compatíveis com as diretrizes do planejamento e das políticas do setor portuário, conforme determinação legal" (GUERISE, Luciana Cardoso. Comentários aos arts. 9º ao 12. In: MILLER, Thiago Testini de Mello; SILVA, Aline Bayer da; SILVA, Lucas Rênio da (Orgs.). *Comentários à Lei 12.815/2013*: (incluídas as alterações da Lei n. 14.047/2020). Rio de Janeiro: Telha, 2020, p. 95)

197. ARAGÃO, Alexandre Santos de; FIDALGO, Carolina Barros. Regime jurídico da autorização portuária no Brasil: serviços públicos ou atividades privadas regulamentadas?. *In*: RIBEIRO, Leonardo Coelho; FEIGELSON, Bruno, FREITAS, Rafael Véras de (Coord.). *A nova regulação da infraestrutura e da mineração*: portos: aeroportos: ferrovias: rodovias. Belo Horizonte: Fórum, 2015. p. 175.

O art. 21, XII, portanto, para as atividades nele previstas, tem incidência especial, excepcionando o art. 174 no que se refere ao caráter indicativo do planejamento público mesmo quando aquelas atividades são exploradas em regime privado de autorização. Para elas o planejamento pode ser, portanto, obrigatório, na forma da respectiva lei setorial. É o que densifica a Lei nº. 12.815/2016, ao sujeitar as atividades operacionalizadas pela autorização portuária ao planejamento público setorial.

IV.6.2.3. Autorização por contrato de adesão de caráter privado ou administrativo?

Já foi dito que a autorização foi uma das noções do direito administrativo que sofreu mutação nas últimas décadas, inclusive a partir de inovações introduzidas em ordenamentos de setores de infraestrutura (parte especial), que repercutiram na parte geral daquela disciplina (cf. Capítulo I.1.1). Não mais se identificam as autorizações apenas com os atos unilaterais da Administração Pública, de caráter discricionário e precário, que removem um obstáculo para o exercício de uma atividade privada. Atualmente, o conceito foi ampliado para também englobar autorizações operacionais, constitutivas de direitos e obrigações, que consubstanciam instrumentos de regulação de atividades econômicas de relevante interesse coletivo, exploradas em regime privado.

É a autorização portuária exemplo dessa modalidade de consentimento administrativo operacional, que por estabelecer complexo feixe de direitos e obrigações para ambas as partes, para a exploração da atividade durante décadas, é formalizada mediante um contrato de adesão, pelo qual são acordados os termos que regerão aquela relação jurídica.

Para Juliane Carvalho, o "contrato de adesão não se constitui em um contrato administrativo porque as atividades a que se relaciona são atividades econômicas, as quais exigem outra modulação jurídica, que seja mais compatível com o regime de direito privado a que se sujeita".[198]

Ocorre que, em geral, os contratos de adesão firmados pela União contêm previsão expressa o qualificando, por *ipsis litteris*, como um contrato administrativo, como se extrai por exemplo da Cláusula Segunda, *caput*, do Contrato de Adesão nº 6/2022, por nós examinado no Capítulo IV.6, *in verbis*: "O presente contrato constitui espécie do gênero contrato administrativo e se regula pelas suas cláusulas e pelos preceitos de direito público,

198. CARVALHO, Juliane Erthal de. A natureza jurídica da autorização para exploração da infraestrutura portuária. In: PEREIRA, Cesar; SCHWIND, Rafael Wallbach (Coord.). *Direito Portuário Brasileiro*. 3. ed. Belo Horizonte: Fórum, p. 539-551, 2020, p. 548.

aplicando-se, supletivamente, os princípios da teoria geral dos contratos e as disposições do direito privado".

Em direito, porém, reiteramos, o nome geralmente é o que menos importa, sendo antes relevante perquirir o regime jurídico das avenças, a fim de investigar a sua natureza.

Em primeiro lugar, o terminal autorizado opera em liberdade de preços e na ausência de bens reversíveis, dado que não só o terreno é titularizado pelo autorizatário, como também todos os investimentos devem ser por ele efetuados. Esses elementos por si só, no entanto, não são determinantes para atestar o regime jurídico do contrato de adesão, até porque, como vimos (Capítulo IV.4.2.3), certos[199] arrendamentos públicos podem possuir as mesmas características e são indubitavelmente contratos administrativos.

Ocorre que nem todos os instrumentos celebrados pelo Poder Público – como é o caso do contrato de adesão – são considerados contratos administrativos, sendo também admitidos os contratos privados da Administração Pública. A principal diferença daqueles para estes é que os contratos administrativos são dotados de cláusulas exorbitantes em favor do Poder Público, que o confere, por exemplo, prerrogativas alteração e rescisão unilateral do acordo, ou, no caso dos instrumentos de delegação de serviços públicos, atribui também poderes de intervenção e de encampação da atividade.

Apesar da sua sujeição à regulação geral da ANTAQ, inexiste na Lei nº. 12.815/2013 previsão de cláusulas exorbitantes para os contratos de adesão, em especial para fins de alteração ou rescisão unilateral dessas avenças. Embora as cláusulas essenciais dos contratos de arrendamento e de adesão sejam quase idênticas (à exceção do valor do contrato), na praxe administrativa verificamos nos Capítulos IV.4.1 e IV.6.2 serem submetidos a regimes jurídicos muito distintos. Diversamente do arrendamento, o contrato de adesão em regra não possui previsão de prerrogativas de alteração unilateral (e respectivo equilíbrio), de intervenção ou de encampação dos serviços pelo Poder Concedente. As prerrogativas da ANTAQ nele previstas se limitam àquelas necessárias à fiscalização das atividades desenvolvidas no terminal privado, uma vez que, dado o relevante interesse coletivo a elas inerentes, são intensamente reguladas. É o que extraímos do exemplo do citado Contrato de Arrendamento nº. 06/2022.

A ANTAQ até pode editar normas gerais e abstratas que afetem e onerem de modo homogêneo a operação de todos os terminais privados, mas não modificar unilateralmente o contrato de adesão para alterar em es-

199. Como analisado no Capítulo IV.4.2.3, nem todos os arrendamentos são desprovidos de bens reversíveis, embora tenha sido a reversão excluída do rol de cláusulas essenciais dos contratos de arrendamento público.

pecífico o núcleo do regime jurídico de um terminal determinado, onerando a atividade econômica nele desenvolvida em prol de "interesses coletivos" (cf. detalharemos no Capítulo IV.6.2.7).

Entendemos, portanto, que pela ausência dos principais traços distintivos dos contratos administrativos, em especial a presença de cláusulas exorbitantes, os contratos de adesão configuram, substancialmente, contratos privados da Administração Pública, independentemente da nomenclatura a eles conferida em certos instrumentos.

IV.6.2.4. Prazo em princípio determinado

As autorizações para a exploração de terminais de uso privado têm prazo "em princípio" determinado de 25 anos. Dizemos "em princípio" uma vez que, cumpridos os requisitos do art. 8º, § 2º, da Lei de Portos (manutenção da atividade portuária e investimentos),[200] a autorização pode ser renovada por períodos sucessivos de 25 anos, indefinidamente.

Aludida previsão *prima facie* confronta a visão tradicional segundo a qual o exercício de atividades em regime privado não tem prazo limite, por se tratar de atividade da iniciativa privada, diferentemente das delegações de serviços públicos, sempre por prazo certo, ainda que prorrogável, na forma do art. 2º, II, da Lei nº. 8.987/95.[201]

Ocorre que, como já reiteradamente exposto neste Capítulo, a exploração de portos, ainda que no regime privado de autorização, não se equipara a qualquer atividade ordinária da iniciativa privada. Configura, ao revés, serviço de relevante interesse coletivo colocado pelo constituinte sob a responsabilidade de execução direta ou indireta e/ou ordenação pela União. Por esse motivo, no âmbito da regulação da atividade, é natural que deva o Estado aferir razoavelmente se a sua execução está sendo mantida conforme autorizado, até para que seja permitido o atendimento dos interesses coletivos a ela inerentes.

Isso não muda a percepção de ter a Lei dos Portos reconhecido que "o terminal privado é um empreendimento perene. Em outras palavras, desde o projeto com pesados investimentos iniciais, o TUP é projetado para se

---

200. Lei dos Portos: "Art. 8º (...) § 2º A autorização de instalação portuária terá prazo de até 25 (vinte e cinco) anos, prorrogável por períodos sucessivos, desde que: I – a atividade portuária seja mantida; e II – o autorizatário promova os investimentos necessários para a expansão e modernização das instalações portuárias, na forma do regulamento".

201. Lei nº. 8.987/95: "Art. 2º Para os fins do disposto nesta Lei, considera-se: (...) II – concessão de serviço público: a delegação de sua prestação, feita pelo poder concedente, mediante licitação, na modalidade concorrência ou diálogo competitivo, a pessoa jurídica ou consórcio de empresas que demonstre capacidade para seu desempenho, por sua conta e risco e por prazo determinado; (Redação dada pela Lei nº 14.133, de 2021)".

prolongar indefinidamente no tempo, enquanto for viável a prestação do serviço portuário naquela instalação".[202] Dados os interesses da sociedade àquela associados, não causa espanto que tenha o legislador previsto no citado art. 8º, § 2º, da Lei nº. 12.815/2013, que, após 25 anos de exercício da atividade, a sua prorrogação por igual período seja condicionada à manutenção da atividade portuária.

Por outro lado, entendemos que a exigência de novos investimentos do art. 8º, § 2º, II, deve ser interpretada temperadamente tendo em vista o regime privado da atividade e os riscos assumidos pelo autorizatário. Uma vez que não possui ele direito ao equilíbrio econômico-financeiro, a imposição de novos investimentos pelo Poder Público oneraria a atividade em prol de interesses coletivos sem qualquer tipo de compensação para o particular, que no máximo poderia elevar os preços cobrados, atitude que poderia também o prejudicar concorrencialmente face aos demais terminais públicos e privados com os quais compete, todos em liberdades de preços, conforme a diretriz do art. 3º, VI, Lei nº. 12.815/2013.

O inciso II do § 2º parece assim "criar uma análise subjetiva pela Agência e Poder Concedente onde, salvo melhor juízo, não caberia. O nível de investimento e a necessidade de expansão, ou não, da atividade (exercida por conta e risco do empreendedor) são definidos por critérios de análise de risco, retorno sobre o investimento e viabilidade de mercado".[203]

A nosso ver, interpretando o art. 8, § 2º, II, o que deve ser aferido para fins de prorrogação da autorização é se o autorizatário cumpriu no período inicial as obrigações assumidas no que se refere aos investimentos para a expansão e modernização da instalação ao longo do tempo. Novos investimentos até podem ser avençados com o autorizatário consensualmente, caso entenda necessários para a expansão e modernização da instalação, mas não impostos unilateralmente pelo Poder Público sem qualquer compensação.

De toda sorte, o requisito de manutenção das atividades portuárias pressupõe que sejam elas operadas em padrões adequados. O "serviço adequado", aliás, é um tema frequentemente atrelado à imposição de obrigações típicas de serviços públicos, matéria que abordaremos no Capítulo abaixo.

---

202. PAULA, Diego de. Comentários ao art. 8º. In: MILLER, Thiago Testini de Mello; SILVA, Aline Bayer da; SILVA, Lucas Rênio da (Orgs.). *Comentários à Lei 12.815/2013*: (incluídas as alterações da Lei n. 14.047/2020). Rio de Janeiro: Telha, 2020, p. 82.

203. PAULA, Diego de. Comentários ao art. 8º. In: MILLER, Thiago Testini de Mello; SILVA, Aline Bayer da; SILVA, Lucas Rênio da (Orgs.). *Comentários à Lei 12.815/2013*: (incluídas as alterações da Lei n. 14.047/2020). Rio de Janeiro: Telha, 2020, p. 82.

IV.6.2.5. Imposição de obrigações de serviços públicos

Como vimos no Capítulo III.2, as atividades listadas no art. 21, XI e XII, da CRFB, mesmo quando prestadas pelo regime privado de autorização, se situam num grau mais elevado da escala de *publicatio* do que a maioria das demais atividades econômicas, ainda que o seu exercício também esteja sujeito ao consentimento estatal.

Por serem atividades atreladas a competências da União - a qual deve, se não as prestar direta ou indiretamente por concessão, ao menos ordenar e garantir a sua execução por autorização -, estão sujeitas a uma intervenção mais enfática do Poder Público mesmo quando operadas por autorização, o que pode se manifestar pela imposição, a seus prestadores, de certas obrigações típicas de serviços públicos (ex.: continuidade, atualidade, eficiência etc.).

É comum que em setores liberalizados - em que o regime jurídico de serviço público foi, no todo ou em parte, substituído pelo de direito privado - subsistam certas obrigações típicas dos serviços públicos, geralmente estranhas às atividades econômicas puramente privadas. Nesses casos, é o interesse coletivo subjacente à atividade que justifica uma atuação mais intensiva dos entes reguladores, desde que, naturalmente, seja ela proporcional e razoável, não invadindo o núcleo da livre iniciativa e do regime privado previsto legalmente (cf. Capítulo adiante).[204]

Ilustrando o ponto no setor portuário, convém trazer à baila a Resolução ANTAQ nº 75/2022. A norma se volta a "estabelecer obrigações para a prestação de serviço adequado, bem como definir as respectivas infrações administrativas, para as administrações dos portos organizados, os arrendatários de áreas e instalações portuárias, os operadores portuários e os *autorizatários* de instalações portuárias" (art. 1º).

O autorizatário também é citado no art. 4º, quando enuncia as condições mínimas a serem atendidas pelos prestadores de serviço portuário: "A

204. "Muito embora as atividades econômicas sejam realizadas sob o regime de direito privado, impõe-se a observância de algumas metas ou requisitos por parte do particular, assim alguns dos riscos envolvidos no desenvolvimento das atividades podem ser mitigados. Isso em razão da relevância dos interesses coletivos envolvidos na prestação das atividades. Em contrapartida, o Poder Público garante que o termo de autorização não seja revogado a qualquer tempo, não, ao menos, sem indenização. O Estado pode exercer maior regulação e fiscalização em relação a atividades que se vinculem de modo mais intenso com interesses coletivos. Assim, a figura clássica da autorização, concebida como ato precário e discricionário, torna-se inaplicável, porque passam a existir algumas garantias ao prestador da atividade, como direito à indenização nos casos de revogação antecipada - isso para os casos em que o autorizatário tiver sido onerado em função do exercício da atividade que desenvolve. A autorização vinculada (ou autorização operativa, como definem alguns autores e instrumentos normativos) é a declaração de que o autorizatário pode executar atividades de interesses coletivos em regime de direito privado". (CARVALHO, Juliane Erthal de. A natureza jurídica da autorização para exploração da infraestrutura portuária. In: PEREIRA, Cesar; SCHWIND, Rafael Wallbach (Coord.). *Direito Portuário Brasileiro*. Belo Horizonte: Fórum, 2019. p. 539-551, p. 544-545).

autoridade portuária, o arrendatário, o autorizatário e o operador portuário devem observar permanentemente, sem prejuízo de outras obrigações constantes da regulamentação aplicável e dos respectivos contratos, as seguintes condições mínimas (...)".

Dentre as obrigações estabelecidas pelo art. 4º encontram-se algumas típicas de serviços públicos: regularidade (inciso I), continuidade (inciso II), eficiência (inciso III), segurança (inciso IV), atualidade (inciso V), generalidade (inciso VI) e modicidade (inciso VII). Não são outras se não as mesmas condições que caracterizam o "serviço adequado" do art. 6º da Lei nº 8.987/1995, com exceção da cortesia, que já é referida no art. 2º, I, "a", da resolução em comento.

Embora a Resolução ANTAQ nº 75/2022 não excepcione o autorizatário da observância de todas aquelas obrigações, o art. 25 remete a disciplina específica das obrigações do titular de autorização ao contrato de adesão, ao dispor: "o autorizatário explorará a área ou instalação portuária em consonância com os termos e destinação estabelecidos no respectivo contrato de adesão".

O Contrato de Adesão nº. 6/2022, por exemplo, prevê a obrigação do autorizatário de prestar serviço adequado, nos seguintes termos: "a autorização pressupõe a prestação de serviço adequado, obedecendo os parâmetros de regularidade, atualidade, cortesia e continuidade por parte da AUTORIZATÁRIA, relativos às operações descritas no objeto deste contrato" (Cláusula Sexta). Conforme a Subcláusula única da Cláusula Sexta: "Entende-se como serviço adequado aquele que satisfaz as condições de eficiência, segurança, conforto, pontualidade, atualidade e cortesia na sua execução".[205]

Trata-se de obrigações que, naturalmente, devem ser interpretadas com razoabilidade, como aprofundaremos no Capítulo adiante. A sua observância não deve ensejar obstáculo desproporcional ao exercício da atividade no regime de direito privado disciplinado pelo legislador, que pressupõe, coerentemente, a assunção de todos os riscos do negócio pelo autorizatário, em troca de maior liberdade de atuação do que se fosse aquela regulada segundo o regime jurídico dos serviços públicos, no qual lhe seria assegurado o equilíbrio econômico-financeiro em troca das prerrogativas estatais às quais estaria sujeito.

No exemplo acima citado do Contrato de Adesão nº. 6/2022, verifica-se que a única das obrigações de serviço adequado do art. 6º, Lei nº. 8.987/95, nele não prevista é a de generalidade, que significa a ampla oferta dos serviços a todos os virtuais interessados. Realmente, uma vez que, em muitos casos, os terminais privados são de fato utilizados no interesse do próprio autori-

205. Contrato de Adesão 6/2022 ("CLÁUSULA SEXTA – DA PRESTAÇÃO DOS SERVIÇOS").

zatário, por exemplo para o autosserviço (ex.: escoamento de mercadorias próprias), a obrigação de prestar serviços a terceiros indiscriminadamente em certos casos representaria obstáculo desproporcional à exploração da instalação em regime privado pelo particular.

Uma solução aparentemente intermediária foi adotada pelo legislador, ao prever, no art. 13,[206] que a "Antaq poderá disciplinar as condições de acesso, por qualquer interessado, em caráter excepcional, às instalações portuárias autorizadas, assegurada remuneração adequada ao titular da autorização".[207] Disposição semelhante é prevista na Cláusula Segunda, Subcláusula Terceira do citado Contrato de Adesão nº. 06/2022.[208]

Márcia Lopes Gomes Herren adverte que "esta possibilidade de exigir que o autorizatário disponha de suas instalações a qualquer interessado e ainda se submeta a subjetividade contida na expressão remuneração 'adequada' pode trazer insegurança jurídica ao empreendimento que já possui altos riscos inerentes à própria atividade". Na visão da autora, "este seria um

---

206. Diego de Paula afirma que o art. 13 enfrentou resistência por parte do setor regulado, que viu nele uma brecha para o intervencionismo estatal incompatível com o regime jurídico privado da autorização: "Dentre os dispositivos que geraram polêmica entre os titulares de TUP e possíveis investidores, está o art. 13 que determina que a Antaq poderá disciplinar as condições de acesso, por qualquer interessado, em caráter excepcional, às instalações portuárias autorizadas, assegurada remuneração adequada ao titular da autorização. Isto porque, o setor empresarial entendeu que o dispositivo cria uma possibilidade de intervenção exagerada na operação privada do TUP – entendida como atividade econômica em sentido estrito realizada por conta e risco exclusivo do titular da autorização e por ele disciplinada conforme art. 30 da mesma Lei" (PAULA, Diego de. Comentários ao art. 13. *In*: MILLER, Thiago Testini de Mello; SILVA, Aline Bayer da; SILVA, Lucas Rênio da (Org.). *Comentários à Lei n. 12.815/2013*: (incluídas as alterações da Lei n. 14.047/2020). Rio de Janeiro: Telha, 2020, p. 96-98, p. 96).

207. Eduardo da Costa Lima Caldas Machado aponta que esse dispositivo estabeleceu "a faculdade de o ente regulador determinar a aplicação de uso compartilhado de infraestruturas dos terminais autorizados (*essential facilities doctrine*) (...) Criou-se, assim, um mecanismo que permite uma significativa intervenção regulatória nas instalações portuárias" (MACHADO, Eduardo da Costa Lima Caldas. Terminais de uso privado: a insígnia do novo regime jurídico portuário. *Revista Brasileira de Infraestrutura – RBINF*, Belo Horizonte, ano 5, n. 9, p. 1-27, jan./jun. 2016, p. 11). Sobre a incidência da *essential facilities doctrine* no setor portuário, afirmam Rafael Véras de Freitas e Leonardo Coelho Ribeiro: "forçoso é concluir que as *facilities* portuárias que apresentem características de bem não disputável, impassíveis de duplicação, como a dragagem do porto organizado, a modernização de suas vias terrestres e marítimas, o fundeadouro, o canal de acesso, e as demais infraestruturas de que dependam os outros agentes para além do porto público – utentes necessários dessa rede comum para o bom exercício de suas atividades – haverão de ser geridas e analisadas debaixo da disciplina dos monopólios naturais e da teoria das *essential facilities*" (FREITAS, Rafael Véras de; RIBEIRO, Leonardo Coelho. Regime jurídico do convênio de delegação da infraestrutura portuária: monopólio natural e compartilhamento de infraestrutura. *Revista Brasileira de Direito Público – RBDP*, Belo Horizonte, ano 14, n. 54, p. 9-34, jul./set. 2016, p. 25. Disponível em: https://www.forumconhecimento.com.br/v2/revista/P129/E10526/17900. Acesso em: 8 mar. 2024).

208. Contrato de Adesão nº. 06/2022: "Cláusula Segunda (...) Subcláusula Terceira. A ANTAQ poderá disciplinar, após consulta pública, as condições de acesso por qualquer interessado, em caráter excepcional, à presente instalação, assegurada a remuneração adequada a seu titular, nos termos do art. 44 do Decreto n.º 8.033, de 2013".

ônus que certamente extrapolaria o poder de regulação econômica exercido pelo poder público".[209]

Por essa razão, impõe-se interpretar o dispositivo sistematicamente no contexto da Lei dos Portos, que disciplina o regime privado de autorização à luz da Constituição Federal de 1988. A lei é clara ao prever no art. 13 ser o referido acesso "excepcional", sob pena de ingerência indevida na atividade autorizada. Isso significa que, ao menos que haja interesse e concordância do autorizatário, o acesso de terceiros só poder ser algo extraordinário, admissível apenas na medida em que não estorve a regular operação do terminal na forma como pretendida pelo seu titular.

A atuação da Antaq deve, é claro, ter como baliza o princípio da proporcionalidade, à luz das particularidades de cada caso concreto, de forma a evitar onerar ilegítima e excessivamente o particular autorizatário – o que seria juridicamente vedado –, que assumiu todos os riscos pelo seu empreendimento.

Essa premissa, aliás, se aplica às limitações à atividade regulatória em geral relativa aos terminais privados autorizados, inclusive considerando a natureza jurídica da atividade tema sobre o qual nos debruçaremos no Item adiante.

IV.6.2.6. Subsistência da autorização portuária como instrumento de regulação de atividades privadas?

Diante das peculiaridades acima estudadas das autorizações portuárias, não surpreende que se indague se, no âmbito da escala de *publicatio*, remanesceriam[210] classificáveis como ferramenta de regulação de atividades privadas de interesse coletivo ou se, ao revés, consubstanciariam instrumento de delegação de serviços públicos.[211]

Para expressar nossas considerações sobre o tema, traçaremos idêntico percurso já delineado para a análise do regime jurídico do contrato de arren-

209. HERREN, Márcia Lopes Gomes. Mudança de competências e novas formas de exploração portuária. *In*: RIBEIRO, Leonardo Coelho; FEIGELSON, Bruno; FREITAS, Rafael Véras de (Coord.). *A nova regulação da infraestrutura e da mineração*: portos: aeroportos: ferrovias: rodovias. Belo Horizonte: Fórum, 2015, p. 137-156, p. 154.

210. Os terminais portuários denominados "privados" tradicionalmente são considerados meios de exercício de atividade privada, como exposto no Capítulo I.2.

211. Para Carolina Barros Fidalgo e Alexandre Aragão, no setor portuário, a Lei nº. 12.815/2013 não deixou clara a natureza da atividade submetida à autorização, se atividade privada regulamentada ou serviço público, pois apesar de fazer uso da "autorização", a lei a submeteu a vários elementos típicos dos serviços públicos, como a formalização por contrato, a prévia seleção pública e a sujeição ao planejamento setorial (ARAGÃO, Alexandre Santos de; FIDALGO, Carolina Barros. Regime jurídico da autorização portuária no brasil: serviços públicos ou atividades privadas regulamentadas? Revista dos Tribunais, v. 946, ago./2014, p. 14-25).

damento de direito público (cf. Capítulo IV.4.2.4): confrontaremos algumas das principais características e perplexidades das autorizações portuárias com os elementos mais usualmente destacados pela doutrina contemporânea para qualificar uma atividade como serviço público ou não (cf. Capítulo III.1.1).

A doutrina com frequência atribui à noção de serviço público os seguintes elementos (i) subjetivo ou orgânico; (ii) finalístico; e (iii) formal, identificado com a presença de um regime jurídico de direito público.

O elemento subjetivo parece estar em algum grau presente nas autorizações portuárias, ao passo que a exploração de portos é inserida nas competências da União do art. 21, XII, "f", da CRFB/88, independentemente de ser ela efetivada de modo direto ou por concessão, permissão ou autorização. A nosso ver (cf. Capítulo III.2), porém, isso não quer dizer que a atividade é necessariamente qualificada como serviço público, o que vai depender do modo como o legislador a disciplina, sendo que, quando é operacionalizada por autorização em princípio se trata de atividade privada. As competências do citado art. 21, portanto, confere à União a titularidade daquelas atividades, mas não no sentido de as enquadrar como serviços públicos, e sim sob a perspectiva de ser aquela responsável pela sua execução ou ordenação, ainda que sob o regime privado de autorização.

Já o elemento finalístico, por sua vez, se manifesta da mesma forma que o faz em relação aos terminais arrendados, eis que executam todos eles materialmente a mesma atividade portuária, atrelada ao bem-estar e à satisfação de necessidades coletivas, inclusive relacionadas à promoção de direitos fundamentais (cf. Capítulo IV.4.2.4).

Por outro lado, a despeito de suas especificidades setoriais, não parece a autorização portuária ser marcada por todos os traços principais do regime jurídico de direito público que caracteriza os serviços públicos. Isso não apenas pela liberdade de preços e pela ausência do regime de bens reversíveis, mas também em decorrência da disciplina própria dos contratos de adesão.

Como visto (Capítulo IV.6.2.2), a limitação da existência de viabilidade locacional, à luz do planejamento setorial, para a implantação de terminais de uso privado, procura apenas compatibilizar o exercício da atividade com a relevância dos interesses coletivos a ela inerentes. Havendo viabilidade, são autorizados todos os potenciais interessados na instalação dos citados terminais, fazendo uso de bens via de regra privados – e não públicos – para a sua exploração, assumindo todos os riscos àquela vinculados, por prazo em princípio indeterminado, desde que mantidos os serviços portuários e efetuados os investimentos acordados ao longo da autorização (cf. Capítulo IV.6.2.4).

É verdade que ao prestador são impostas certas obrigações típicas de serviços públicos. Porém, como exposto (Capítulo III.1.2), encargos dessa natureza não são totalmente alheios a atividades privadas, em especial quando envolvem importantes interesses da coletividade como os serviços portuários. Em qualquer caso, a imposição de obrigações dessa espécie deve respeito ao princípio da proporcionalidade.

Naturalmente que, como em qualquer atividade regulada – pública ou privada – os prestadores estão sujeitos à observância das normas regulatórias gerais e abstratas supervenientes que venham a ser editadas pelo Poder Público, afetando a todos os autorizatários uniformemente.

Porém, como exposto, os contratos de adesão não possuem cláusulas exorbitantes por exemplo de intervenção ou encampação, tampouco que confiram à Administração Pública a prerrogativa de alterar unilateralmente a avença. Em paralelo, não é assegurado ao autorizatário a contrapartida do direito ao equilíbrio econômico-financeiro, assumindo de fato todos os riscos do negócio.[212] Uma vez que os preços são livres e os agentes atuam em concorrência, eventuais determinações regulatórias supervenientes que onerem a todos os autorizatários igualmente podem influenciar nos valores cobrados por todos. Não é admissível, contudo, que o Estado instrumentalize determinado prestadora para a consecução de interesses públicos mediante a alteração unilateral de contrato de adesão, sem o direito de reequilíbrio ou qualquer compensação.

É assim que a autorização, consubstanciada no contrato de adesão, não é dotada de alguns dos principais atributos dos instrumentos de delegação de serviços públicos, em especial o regime jurídico de direito público marcado pelas prerrogativas de intervenção e encampação, bem como pela mutabilidade unilateral da avença, o que desqualifica até o seu enquadramento como contrato administrativo propriamente dito (cf. Capítulo IV.6.2.3). Na ausência desse regime jurídico específico, entendemos não ser possível qualificar a autorização portuária como um meio de delegação de serviço público. Não se pode ignorar, ainda, que a própria Lei de Portos denomina as instalações autorizadas expressamente como terminais de uso privado. Ainda que em direito nem sempre o nome seja o mais determinante para a

212. A Lei nº. 12.815/2013 conferiu disciplina específica "aos terminais privados, agora livres das discussões sobre carga própria e a predominância sobre a carga de terceiros, recebeu um tratamento diferente, a começar pelo reconhecimento de sua natureza de autorização. Possuem maior liberdade e maiores riscos do negócio, exploram o negócio por sua conta e risco. Servem para complementar a rede de portos nacional em prol do usuário. Acrescem oferta e competitividade" (LEVY, Ezequiel Baulfour. Comentários ao art. 30. In: MILLER, Thiago Testini de Mello; SILVA, Aline Bayer da; SILVA, Lucas Rênio da (Orgs.). *Comentários à Lei 12.815/2013*: (incluídas as alterações da Lei n. 14.047/2020). Rio de Janeiro: Telha, 2020, p. 188).

definição do regime jurídico, seria no mínimo contraditório qualificar como serviço público algo que o legislador denominou ser por *ipsis litteris* privado.

Claro que não se trata de um serviço puramente privado. Situa-se ao revés em grau mais elevado da escala de *publicatio*, por consubstanciar atividade privada de relevante interesse coletivo e, por isso mesmo, intensamente regulada, com a especialidade de estar inserida nas competências da União do art. 21, XII, da CRFB/88. Submete-se não ao direito privado puro, até pela forte regulação estatal a qual é submetida, mas sim ao já mencionado regime de direito privado administrativo. Afinal, "regimes jurídicos estabelecidos pela Lei nº 12.815/2013 para o serviço portuário não são puros, sofrem influxos daquele ao qual se contrapõe. Há fortes traços do regime jurídico de direito privado nas instalações portuárias de uso público e ao revés, várias características próprias do regime jurídico de direito público a disciplinar os terminais de uso privado".[213]

O que se verifica é que a intensidade da regulação estatal que recai sobre a atividade econômica tende a ser proporcional aos interesses coletivos a ela atrelados, ainda que explorada em regime privado. Ainda assim, a viabilidade de ingerência do Poder Público sobre aquela atividade submetida ao regime de autorização não é ilimitada, devendo observar certos parâmetros, como abaixo analisaremos.

IV.6.2.7. Limites à regulação estatal dos terminais privados

Procuraremos neste Capítulo esboçar alguns importantes limites à ordenação estatal sobre a exploração de atividades privadas de interesse coletivo submetidas à autorização, em especial os terminais de uso privado.

Em linhas gerais, pode-se sintetizar que o principal balizamento que deve limitar a regulação de atividades privadas de interesse coletivo é impedir que o Poder Público pondere de forma inadequada e desproporcional a livre iniciativa privada com os valores de interesse público envolvidos, a ponto de trespassar o núcleo essencial do direito fundamental de iniciativa privada.[214]

---

213. GROTTI, Dinorá Adelaide Musetti; LIMA, Cristiana Maria Melhado Araujo. Diferenças entre terminais portuários de uso público e de uso privado. In: PEREIRA, Cesar; SCHWIND, Rafael Wallbach (Coord.). *Direito Portuário Brasileiro*. 3. ed. Belo Horizonte: Fórum, p. 169-185, 2020, p. 184.

214. Nas lições de Floriano de Azevedo Marques Neto, "embora entendendo que a regulação envolve as modalidades de intervenção não direta do Estado no domínio econômico, não se pode descurar que via regulação se pode restringir drasticamente o campo da atuação do particular no domínio econômico. Muita vez os instrumentos de regulação estatal exercem uma restrição à liberdade empresarial igual ou superior mesmo àquela perpetrada pela assunção direta pelo Estado da exploração de uma atividade econômica. A incidência de mecanismos de regulação estatal não é neutra em face do setor regulado. Ao manejar competências reguladoras, o Estado arbitra interesses, interfere no jogo econômico, contribui para reordenar a competição. Age interferindo muita vez não só no setor diretamente visado pela regulação, mas nas demais etapas da cadeia produtiva. Isso é inerente ao

Isso porque, "em se tratando de atividade privada, há um direito subjetivo à entrada e permanência no mercado, que, naturalmente, pode ser limitado por normas de Direito Público, ainda mais quando a atividade for fortemente regulamentada em razão do seu liame com os interesses da coletividade, mas, mesmo nesses casos, há um mínimo daquele direito subjetivo de iniciativa privada que deverá ser sempre resguardado contra qualquer interesse coletivo, por mais relevante que seja".[215]

Em se tratando de atividades do art. 21, XI e XII, da Constituição Federal, mesmo quando prestadas no regime privado de autorização, sabe-se que o direito subjetivo à entrada e permanência no mercado é relativizado por normas de direito público que conformam a atuação particular. Ainda assim, havendo viabilidade locacional, todos os interessados em autorização devem ter seus pleitos atendidos (art. 12, Lei dos Portos). Diversamente do que ocorre com as instalações arrendadas em regime público, o autorizatário deve explorar o terminal com bens privados, por seu risco exclusivo e em concorrência no mercado, sem qualquer direito ao equilíbrio econômico-financeiro diante de eventuais medidas públicas, de caráter geral ou específico, que venham a onerar os seus negócios.

Assim, mesmo com relação às atividades do art. 21 da CRFB, cuja competência estatal a elas atrelada permite uma maior ingerência pública no seu controle, há que se preservar, naturalmente, o núcleo do direito à livre iniciativa do autorizatário.

Por essa razão, ilustrativamente, defende a doutrina parecer incoerente à imposição de obrigações típicas de serviços públicos aos terminais de uso privado. Para Diego de Paula, "parece contrário a esta disciplina legal a regulamentação que atrela e visa aplicar sem a necessária adequação princípios típicos da prestação de serviços públicos à prestação de serviços em regime de direito privado no exercício de atividade econômica, tais como: regularidade, continuidade, generalidade e modicidade. Tais aparentes contradições normativas acabam por gerar muitos desencontros de interpretação

---

seu papel de regulador da economia. Porém, este fato obriga a que a regulação estatal esteja adstrita a limites, sem os quais poder-se-ia paulatinamente erradicar o princípio da liberdade de iniciativa que, para além de ser basilar à ordem econômica (artigo 170, *caput*, da Constituição), foi eleito pelo constituinte como princípio fundamental da República (cf. artigo 1º, IV, da CF)" (MARQUES NETO, Floriano de Azevedo. Limites à Abrangência e à Intensidade da Regulação Estatal. Revista Eletrônica de Direito Administrativo Econômico – Redae, Salvador, n. 4, nov./jan. 2006, p. 8. Disponível em: https://direitoepoliticaeconomica.files.wordpress.com/2012/03/redae-4-novembro-2005-floriano_azevedo.pdf. Acesso em: 6 mar. 2024).

215. ARAGÃO, Alexandre Santos de. *Direito dos serviços públicos*. 4. ed. Belo Horizonte: Fórum, 2017, p. 161.

quanto aos reais limites da regulação e da prestação dos serviços portuários pelos TUPs".[216]

Daí decorre ser necessário modular a incidência daquelas obrigações no que se refere aos terminais de uso privado, interpretando-as à luz do direito à livre iniciativa que também permeia a exploração daquelas instalações por conta e risco exclusivo do autorizatário, mediante o empenho de investimentos e bens em geral privados sem direito ao equilíbrio econômico-financeiro.

Um instrumento apropriado para aferir se a ingerência estatal está compatível com a preservação do núcleo da livre iniciativa privada é o princípio da proporcionalidade, em sua tripla dimensão de adequação, necessidade e proporcionalidade em sentido estrito:

> "Através dele se pode aferir se uma determinada manifestação regulatória se deu com a intensidade adequada. Isso porque, mesmo num setor onde se verifiquem as condições justificadora da abrangência regulatória, poderá o regulador atuar regulando desmedidamente o setor ou praticando atos inconciliáveis com a proporcionalidade (impondo uma restrição incompatível com o benefício coletivo, atribuindo um ônus desproporcional ao bônus granjeado ou ainda sancionando uma conduta de forma exacerbada)".[217]

Na recente doutrina espanhola, comentando os limites à imposição regulatória de obrigações de serviços públicos sobre atividades econômicas, no âmbito da União Europeia, valiosas são as lições de Juan José Montero Pascual, ao sistematizar os elementos a serem considerados para a realização do juízo de proporcionalidade nesse contexto:

> "A aplicação do juízo de proporcionalidade introduz uma nova exigência de objetividade e transparência na intervenção pública na atividade económica. As autoridades comunitárias detalharam inclusive o conteúdo do juízo de proporcionalidade. Assim, as Administrações são obrigadas a 1) identificar o fim de interesse público que pretendem proteger; 2) especificar as obrigações de serviço público destinadas a garantir a finalidade de interesse público protegida; 3) identificar o operador (públi-

216. PAULA, Diego de. Comentários ao art. 8º. In: MILLER, Thiago Testini de Mello; SILVA, Aline Bayer da; SILVA, Lucas Rênio da (Orgs.). *Comentários à Lei 12.815/2013*: (incluídas as alterações da Lei n. 14.047/2020). Rio de Janeiro: Telha, 2020, p. 84.

217. MARQUES NETO, Floriano de Azevedo. Limites à Abrangência e à Intensidade da Regulação Estatal. *Revista Eletrônica de Direito Administrativo Econômico – Redae*, Salvador, n. 4, nov./jan. 2006, p. 20-21. Disponível em: https://direitoepoliticaeconomica.files.wordpress.com/2012/03/redae-4-novembro-2005-floriano_azevedo.pdf. Acesso em: 6 mar. 2024.

> co ou privado) ao qual são impostas as obrigações de serviço público; e 4) calcular os custos envolvidos nas obrigações de serviço público que se pretende impor. Só assim se poderá julgar se a intervenção pública é necessária, adequada e limitada ao que é essencial para atingir os objetivos de interesse geral, conteúdo do juízo de proporcionalidade".[218]

No exemplo portuário, o citado juízo de proporcionalidade faz sentido sobretudo quanto à imposição geral e abstrata de obrigações de serviços públicos a todas as empresas detentoras de autorização de terminais de uso privado, já que a criação de ônus exclusivo a certo autorizatário ou grupo deles sem qualquer compensação nos parece vedada, inclusive em razão de seus potenciais efeitos anticompetitivos.

Expliquemos.

Diversamente dos concessionários e arrendatários, os autorizatários não têm direito ao reequilíbrio econômico-financeiro, então a imposição de ônus sobre um deles sem qualquer compensação o deixaria em posição desfavorável em relação aos demais.

Partindo dessas premissas, não é dado ao Poder Público modificar concreta e unilateralmente as regras incidentes sobre determinado terminal autorizado, por exemplo impondo obrigações de serviços públicos que impactem onerosa e exclusivamente a operação específica daquela instalação, sem afetar outros autorizatários, inclusive concorrentes daquele. Embora sejam os preços livres, como aquele atua em concorrência, compensar o encargo adicional por meio de acréscimo nos valores cobrados pode ser inviável economicamente em razão da desvantagem competitiva que ensejaria. Na ausência de direito de reequilíbrio, terá o particular de suportar sozinho ônus excessivo imposto pelo Estado, ainda que em prol de interesses coletivos, o que viola não só o seu direito à livre iniciativa como também o princípio da proporcionalidade, a partir de juízo pautado pelos elementos acima elencados por Juan Pascual.

Por outro lado, desde que observados os princípios da juridicidade e da proporcionalidade, via de regra podem ser impostas de forma uniforme normas gerais e abstratas que venham a influenciar a exploração de todos os terminais autorizados. Mesmo não tendo direito ao reequilíbrio, na medida em que os encargos adicionais seriam percebidos por todos os agentes e,[219] como a concorrência e o preço são livres, poderiam eles compensar a

218. PASCUAL, Juan José Montero. Regulación económica: la actividad administrativa de regulación de los mercados. 5. ed. Valencia: Tirant lo Blanch, 2023, p. 167 (tradução livre).

219. Ainda que também concorram com os terminais arrendados, pressupomos que as regras estatais incidentes sobre estes sejam ainda mais rígidas. Afinal, seria de notória desproporcionalidade que fosse editada regulação mais restritiva aos terminais privados do que aos públicos.

medida nos valores cobrados, ou absorver os custos adicionais dentro de sua estratégia de negócio da atividade empresarial.

As considerações acima nos trazem relevantes reflexões, sobretudo no que se refere, pragmaticamente, à efetiva diferença entre a disciplina de atividades do art. 21, XI e XII, CRFB/88, em regime de concessão ou de autorização. Da investigação dos regimes jurídicos de exploração portuária neste Capítulo IV foi possível extrair que há atualmente muitas semelhanças entre os modelos de arrendamento público, análogo à concessão, e o de autorização.

Tanto o terminal arrendado quanto o autorizado, por exemplo: (i) não necessariamente são precedidos de licitação, ainda que sujeitos a uma forma de seleção pública; (ii) se sujeitam à liberdade de preços; (iii) podem não ter bens reversíveis; (iv) são formalizados por contratos em princípio administrativos; (v) se sujeitam ao planejamento setorial; (vi) são submetidos a obrigações típicas de serviços públicos.

Por outro lado, vimos que, diversamente dos arrendamentos, os contratos de adesão que formalizam as autorizações portuárias não preveem a intervenção nem a encampação dos serviços por razões de interesse público, de modo que, caso queira o Estado se tornar titular de um terminal de uso privado, deve desapropriá-lo, seguindo o devido processo legal aplicável à medida.

Convém destacar, ainda, o que para nós é uma das principais diferenças entre os regimes jurídicos de arrendamento em regime público e de autorização em regime privado. A nosso ver, uma das mais proeminentes distinções reside justamente na viabilidade de instrumentalização dos terminais arrendados em regime público, pelo Poder Concedente, para a consecução de finalidades coletivas, desde que observados o princípio da proporcionalidade, as normas aplicáveis e o contrato de arrendamento, inclusive no que se refere ao direito do arrendatário ao equilíbrio econômico-financeiro. É assim possível que o Estado edite normas gerais que afetem todos os terminais arrendados ou, ainda, que altere unilateralmente determinado contrato de arrendamento (ou grupo deles) para impor obrigações adicionais, em contrapartida do reequilíbrio econômico-financeiro daquela(s) avença(s).

Os terminais privados em regime de autorização, ao seu turno, também poderiam ser operacionalizados em prol de fins coletivos, mas apenas de modo conjunto, a partir da regulação setorial que impacte uniformemente todos os terminais autorizados. Já que os preços são livres, os ônus supervenientes serão absorvidos por todos os players e poderiam ser repassados aos clientes/usuários.

Porém, entendemos ser vedado ao Poder Público impor concretamente novas obrigações a certo terminal autorizado (ou grupo deles), por exemplo mediante a alteração unilateral do contrato de adesão, sem que o autorizatário tenha em troca qualquer compensação. Uma vez que não possui direito ao equilíbrio econômico-financeiro, o ônus superveniente teria de ser suportado pelo agente autorizado, que mesmo sujeito à liberdade de preços ficaria em posição competitiva desfavorável aos seus concorrentes. A determinação estatal concreta de novas obrigações a específico autorizatário, nesse contexto, configuraria medida desproporcional potencialmente expropriatória da propriedade privada, devendo ser objeto de indenização pelo Poder Público.

Além disso, como alerta André Cyrino, mesmo a regulação geral a abstrata, quando desproporcional, pode também vir a mascarar uma inconstitucional expropriação da propriedade privada, fenômeno que se pode denominar de regulação expropriatória (*regulatory taking)*, passível de indenização: "Regulações que sacrificam direitos, afetando-os a finalidades públicas sem indenização, são potencialmente confiscatórias, devendo ser examinadas diante do art. 5º, XXIV e LIV, CRFB".[220]

Segundo o conceito de Rafael Véras de Freitas, em trabalho específico sobre o tema, a "expropriação regulatória é a falha do processo de elaboração da norma, provocada pela não realização de um procedimento avaliador de seus efeitos sistêmicos, que impõe um sacrifício de direitos a particulares, por meio do estabelecimento de gravames anormais e especiais, sem a observância do devido processo legal expropriatório (previsto no art. 5º, inc. XXXIV, da CRFB), resultando na responsabilização do Estado por ato lícito, em razão da violação da equânime repartição de encargos sociais".[221]

Seria o caso, por exemplo, de uma regulação que pretenda transformar os terminais privados exclusivamente em executores de políticas públicas,[222] inclusive controlando os preços praticados sem qualquer compensação (ex.: direito ao reequilíbrio), inviabilizando o exercício da atividade econômica. Com relação aos serviços públicos a dinâmica já é outra, uma vez que determinações públicas supervenientes que onerem a atividade, sejam elas

220. CYRINO, André Rodrigues. Regulações expropriatórias: apontamentos para uma teoria. *Revista de Direito Administrativo – RDA*, Rio de Janeiro, v. 267, p. 199-235, set./dez. 2014, p. 206-207. Disponível em: https://periodicos.fgv.br/rda/article/view/46463. Acesso em: 6 mar. 2024.

221. FREITAS, Rafael Véras de. *Expropriações regulatórias*. Belo Horizonte: Fórum, 2016, p. 143.

222. Carolina Barros Fidalgo e Alexandre Aragão observam que as "competências autorizatórias e regulatórias da Administração Pública não podem, contudo, ser legislativa ou administrativamente impostas como se essas atividades fossem do próprio Estado (como se fossem serviços públicos), e não da iniciativa privada. As empresas que exercem essas atividades podem ser funcionalizadas e instrumentalizadas pelo Estado para a realização de políticas públicas, mas não elas próprias serem forçadas a executá-las" (ARAGÃO, Alexandre Santos de; FIDALGO, Carolina Barros. Regime jurídico da autorização portuária no Brasil: serviços públicos ou atividades privadas regulamentadas? *In*: RIBEIRO, Leonardo Coelho; FEIGELSON, Bruno, FREITAS, Rafael Véras de (Coord.). *A nova regulação da infraestrutura e da mineração*: portos: aeroportos: ferrovias: rodovias. Belo Horizonte: Fórum, 2015. p. 157-178, p. 159).

gerais ou específicas, podem ser objeto de pleito de reequilíbrio econômico-financeiro.[223]

Naturalmente que, se a Lei de Portos disciplinou a exploração de terminais arrendados em regime público, admitindo a sua operacionalização direta para a perseguição de fins coletivos, tendo como contrapartida o direito de reequilíbrio, parece despropositado que seja o terminal privado instrumentalizado de forma idêntica sem qualquer compensação, e ainda tendo de concorrer com aqueles. Sob outra perspectiva, tampouco é justo que o terminal arrendado tenha de competir com os autorizados, porém estando sujeito a regime jurídico rígido que o impeça de valer-se de meios adequados para tanto. Trata-se da sempre constante busca pelo equilíbrio que a regulação assimétrica deve perseguir.

Como enuncia Carlos Ari Sundfeld, "qualquer condicionamento do direito de propriedade tem como limite a *viabilidade prática e econômica do emprego* da coisa: proibido este, o direito estará totalmente sacrificado".[224] No caso dos terminais portuários privados, caso impostos condicionamentos regulatórios que venham a obstaculizar sobremaneira a viabilidade prática e econômica do empreendimento, que pressupõe o lucro, diante estaremos de uma medida desproporcional e possivelmente ilegítima. Seria o exemplo do terminal construído para movimentação de carga própria do seu titular que fosse obrigado a permitir o acesso de terceiros e ponto de prejudicar o propósito para o qual o próprio terminal foi criado (cf. Capítulo IV.5.2.5).

Além de casuisticamente ilegítima, posturas dessa natureza por parte do Poder Concedente poderiam ter ainda o condão inclusive de afastar investimentos privados que as políticas públicas do setor procuram atrair.

É nesse contexto que abaixo sistematizaremos as principais semelhanças e diferenças entre os títulos habilitantes para a exploração de infraestrutura portuária no Brasil, delineando a atual assimetria regulatória do setor.

---

223. Como destaca André Cyrino, ao contrário do que sustenta parte da doutrina e jurisprudência brasileiras, normas gerais também podem ter natureza expropriatória e, consequentemente, ensejar danos passíveis de serem indenizados. Todavia, saber se a regulação é ou não expropriatória é tarefa tormentosa. Cyrino entende que o critério da proporcionalidade não é, por si só, suficiente, pois, se é certo que toda regulação expropriatória é desproporcional, o contrário pode não ser verdade. Ele propõe como critério a ser considerado "avaliar se as imposições regulatórias (...) podem ou não ser absorvidas pela atividade empresarial. Se for possível repassar o custo gerado ao preço cobrado do usuário ou consumidor, não haveria, em princípio, confisco. No caso de serviços públicos, por exemplo, o incremento de custos causados pelo poder concedente pode ensejar, justamente, um pleito de aumento de tarifas, de modo que a demanda por recomposição da equação econômico-financeira é uma maneira de evitar expropriações" (CYRINO, André Rodrigues. Regulações expropriatórias: apontamentos para uma teoria. *Revista de Direito Administrativo – RDA*, Rio de Janeiro, v. 267, p. 199-235, set./dez. 2014, p. 229-230. Disponível em: https://periodicos.fgv.br/rda/article/view/46463. Acesso em: 6 mar. 2024).

224. SUNDFELD, Carlos Ari. *Direito administrativo ordenador*. São Paulo: Malheiros, 1993, p. 93.

IV.7. CONCLUSÕES PARCIAIS: ATUAL ASSIMETRIA REGULATÓRIA NO SETOR PORTUÁRIO

Tivemos, nos itens anteriores, a oportunidade de delinear os contornos gerais dos regimes jurídicos dos principais modelos de exploração de infraestrutura portuária no Brasil, assim como algumas de suas principais particularidades. Observou-se que, a partir da moldura constitucional e legal, atividades semelhantes são disciplinadas mediante distintas intensidades de controle estatal, o que manifesta a assimetria regulatória no setor dos portos.

Isso significa, para Paulo Jucá, permitir-se que, "em uma mesma atividade, um agente atue por meio da delegação de serviço público, observando regime jurídico de direito público, e outro exerça atividade econômica, de titularidade privada, sendo habilitado por meio de autorização, submetendo-se, por sua vez, ao regime privado. A intervenção direta do estado na economia – leia-se regulação estatal – terá gradações distintas".[225]

Somando-se aos dois modelos acima (terminais arrendados e privados), as concessões portuárias hoje desenhadas prevendo o exercício do papel da Autoridade Portuária pelo delegatário, bem como a celebração de contratos privados entre aquele e terceiros (arrendamento privado), refletem nova assimetria regulatória no setor.

Isso porque, mesmo dentro da área do Porto Organizado, terminais serão explorados mediante instrumentos de direito privado firmados com a Administração do Porto, também privada, e não uma entidade estatal (companhias docas). Como assinala a doutrina, "dado que a exploração dos terminais localizados dentro da poligonal se dará em regime privado e que a gestão da Autoridade Portuária também será privada, surgirá uma nova assimetria regulatória dessa vez não só entre terminais (em virtude da convivência competitiva de terminais arrendados, terminais autorizados e terminais explorados em regime privado nos portos concedidos), mas também entre as Autoridades Portuárias públicas subordinadas ao regime jurídico das empresas estatais (Lei nº 13.303/2016) e as Autoridades Portuárias privadas".[226]

É nesse cenário que, no quadro abaixo, procuramos sistematizar as principais características dos formatos de exploração de infraestrutura portuária que examinamos acima:

225. JUCÁ, Paulo Renato. *Regulação do setor portuário*. São Paulo: Almedina, 2021, p. 47.

226. GAMELL, Denis Austin. *Arrendamento portuário como atividade econômica em sentido estrito: evolução do direito positivo e perda da capacidade explicativa da noção de serviço público*. (Dissertação de Mestrado). Brasília: IDP, 2021, p. 89-90.

Tabela 3 – Comparação entre as diferentes formas de exploração de infraestrutura portuária.

	Exploração direta do Porto Organizado (docas)/convênio de delegação	Concessão do Porto Organizado	Arrendamento público de parcela do Porto Organizado	Arrendamento privado de parcela do Porto Organizado	Autorização de Terminal de Uso Privado
Critério determinante do regime jurídico	Localização geográfica (área do Porto Organizado)	Localização geográfica (área do Porto Organizado)	Localização geográfica (dentro da área da poligonal do Porto Organizado)	Localização geográfica (dentro da área da poligonal do Porto Organizado)	Localização geográfica (fora da área da poligonal do Porto Organizado)
Modo de escolha do prestador	Decisão do Poder Público	Licitação	Licitação, com possibilidade de dispensa	Negociação direta entre o interessado e a concessionária	Chamada ou anúncio públicos e, havendo interessados e inviabilidade de autorizar todos, processo seletivo público
Instrumento de formalização	Outorga legal/convênio de delegação	Contrato de concessão	Contrato de arrendamento entre a União e o arrendatário, regido pelo direito público	Contrato de direito privado entre o concessionário e terceiro	Contrato de adesão entre a União e o autorizatário, regido pelo direito (em princípio) público, porém sem cláusulas exorbitantes expressas
Prazo máximo	Indeterminado	Até 70 anos, incluindo prorrogações	Até 35 anos, prorrogáveis até 70 anos	Em regra, limitado ao da concessão, salvo se a amortização de investimentos demandar prazo superior	Em princípio indeterminado (sucessivas prorrogações a cada 25 anos)

	Exploração direta do Porto Organizado (docas)/convênio de delegação	Concessão do Porto Organizado	Arrendamento público de parcela do Porto Organizado	Arrendamento privado de parcela do Porto Organizado	Autorização de Terminal de Uso Privado
Política de preços	Controle tarifário	Controle tarifário	Liberdade de preços	Liberdade de preços	Liberdade de preços
Prerrogativas contratuais do Estado (salvo regulação da ANTAQ a qual todos se submetem)	Entidade integrante da própria Administração Pública	Cláusulas exorbitantes de alteração unilateral, intervenção, encampação e aplicação de penalidades administrativas	Cláusulas exorbitantes de alteração unilateral, intervenção, encampação e aplicação de penalidades administrativas	Ausência de cláusulas exorbitantes, ainda que possa ser reflexamente afetado pela execução delas em relação à concessão	Ausência de cláusulas exorbitantes de alteração unilateral, intervenção e encampação, mas há previsão de penalidades administrativas
Direito ao equilíbrio econômico-financeiro	Inaplicável	Sim	Sim	Não	Não
Regime de bens	Bens em princípio públicos	Reversibilidade de bens	Regime de reversibilidade de bens facultativo (quando técnica e economicamente viável)	Regime de reversibilidade de bens facultativo (quando técnica e economicamente viável)	Irreversibilidade de bens
Obrigações de serviço público	Sim	Sim	Sim	Sim, nem que seja reflexamente	Sim

Fonte: elaboração própria.

O quadro acima, portanto, ilustra a assimetria regulatória atualmente presente no setor portuário brasileiro, assimetria esta que, como exposto ao longo deste Capítulo, vem sendo atenuada mediante certas medidas legislativas e regulatórias voltadas a aproximar os regimes jurídicos de exploração portuária. Os degraus da escala de *publicatio,* rememoremos, não são estanques, podendo o Poder Público percorrê-los em sentido ascendente ou descendente, enrijecendo ou abrandando o controle estatal sobre certas atividades (cf. Capítulo III).

São exemplos, como visto, a imposição de determinadas obrigações de serviços públicos sobre terminais privados objeto de autorização, bem como a flexibilização das cláusulas essenciais dos contratos de arrendamento público, aproximando-os dos contratos de adesão que instrumentalizam as autorizações de terminais privados. Outro exemplo é, ainda, a estruturação de concessões portuárias para permitir que terminais inseridos na área do Porto Organizado sejam explorados por terceiros mediante contratos regidos pelo direito privado, ainda que submetidos à regulação da ANTAQ.

Gaspar Ariño Ortiz explica que, no exemplo europeu, a técnica de regulação assimétrica foi utilizada no contexto das liberalizações ocorridas no fim do século XX, inclusive para facilitar a entrada de novos players privados nos mercados, que ficariam sujeitos a menos obrigações do que os agentes já estabelecidos nos setores então por eles dominados. Para o autor, porém, na medida em que a concorrência se desenvolve, a regulação assimétrica perde a sua razão de ser, o que pode justificar a equiparação ou ao menos a aproximação de regimes jurídicos, como parece estar ocorrendo no setor portuário brasileiro. Confira-se a respeito as lições do citado autor:

> "*Regulações assimétricas* são aquelas que impõem obrigações muito maiores a alguns concorrentes do que a outros. Foram muito comuns nos estágios iniciais da regulação para facilitar a entrada de novos concorrentes e, assim, criar – segundo se diz – condições equitativas para todos (*level playing field*). Era a chamada 'discriminação positiva' em favor das operadoras supostamente mais fracas, em oposição àquelas que já estavam estabelecidas há muitos anos e que monopolizavam o mercado. Se faziam algum sentido no início, fazem cada vez menos e, à medida que o processo de liberalização avança, são seriamente prejudiciais, pois também desestimulam o investimento, enviam sinais errados ao mercado, protegem e resguardam a ineficiência e atrasam consideravelmente o desenvolvimento de novos serviços (a operadora estabelecida não investe porque o órgão regulador pode impedi-la de tornar seu investimento

> lucrativo; e o novo entrante também não, pois é mais fácil e mais lucrativo para ela se aproveitar da atividade alheia)".[227]

Delineadas as características gerais dos principais modelos de exploração de infraestrutura portuária, distribuindo-os na escala de *publicatio* à luz de suas próprias especificidades, convém então caminharmos para as conclusões gerais do presente trabalho.

227. ORTIZ, Gaspar Ariño. Logros y fracasos de la regulación. Themis Revista De Derecho, (52), 43-53.

V

CONCLUSÕES

Nosso propósito final foi tentar verificar de que maneira, sob certas circunstâncias, transformações no direito administrativo geral manifestam-se originariamente na parte especial da disciplina, como por exemplo em ordenamentos setoriais regulados, como é o caso do de portos.

Muitas dessas mutações não são percebidas de imediato, inclusive porque, com frequência, os novos ou atualizados institutos são apresentados com a roupagem de figuras tradicionais, o que é até não só natural como também mais confortável ao espectador. As (r)evoluções científicas, repise-se, não raro resultam da constante interação entre a tradição e a inovação.

Nesse contexto, a presente obra procurou responder à seguinte questão principal: *a tradicional dicotomia entre serviços públicos e atividades econômicas privadas é suficiente para explicar os variados degradês dos modelos de ordenação de setores de infraestrutura como o dos portos*?

A resposta foi negativa.

Sendo pertinente à investigação analisar os regimes jurídicos de exploração de setores de infraestrutura como o de portos no Brasil, inauguramos o estudo apreciando, nas origens do direito comparado, distintos modelos de ordenação de atividades econômicas *lato sensu* de relevante interesse coletivo, em especial as noções de (i) serviço público francesa; (ii) *public utility* norte-americana; (iii) *Daseinsvorsorge* alemã; e (iv) serviços de interesse econômico geral da União Europeia. Nosso objetivo foi avaliar em que medida, em diferentes momentos históricos, tais modelos influenciaram o direito administrativo brasileiro, em especial no que se refere à disciplina jurídica dos portos, na qual hoje identifica-se, em simultâneo, títulos habilitantes assimetricamente regulados dotados de certas características típicas de algumas das acima referidas categorias comparadas.

Na sequência, examinamos a ordenação contemporânea do setor portuário brasileiro à luz da figura da "escala de *publicatio*", desenvolvida por José Maria Souvirón Morenilla, segundo a qual admitem-se diversos graus de controle estatal sobre atividades econômicas, admitindo-se inclusive zonas híbridas entre as concepções de serviço público, atividade privada de interesse coletivo e atividade "puramente" privada. Verificaremos também de que maneira a escala em referência dialoga com alguns dos modelos comparados

Há, assim, serviços inseridos na esfera pública cuja exploração é submetida a influxos de direito privado, como a liberdade de preços e o regime concorrencial; bem como atividades privadas sujeitas a determinações de direito público, dado o relevante interesse coletivo a elas relacionado, como, por exemplo, mediante a sujeição ao planejamento setorial, à regulação e fiscalização dos seus resultados e à imposição de certas obrigações típicas de serviços públicos.

O propósito foi apresentar a escala de *publicatio* como ferramenta útil ao estudo do regime jurídico dos variados títulos habilitantes para a exploração de instalações portuárias no Brasil, que diferem em intensidade de ingerência estatal sobre eles. Procurou-se demonstrar que, ao invés de serem amoldados a fórceps em figuras dicotômicas como serviços públicos ou privado, os regimes jurídicos portuários revelam em que medida o legislador, à luz do princípio da proporcionalidade, buscou fixar modelos distintos de exploração de infraestrutura, tendo em vista as peculiaridades e as e as exigências setoriais.

Nesse cenário, analisamos a margem de apreciação conferida pelo constituinte ao legislador para, dentro dos contornos constitucionais, disciplinar o regime jurídico das atividades previstas no art. 21, XI, e XII da CRFB/88, dentre elas a exploração de portos, em cada caso definindo a forma e o nível de interferência pública com relação a elas.

Em analogia com a figura europeia, o art. 21, XI e XII da Constituição da República teria previsto "serviços de interesse econômico geral" a cargo da União. No caso europeu, cabe a cada Estado membro disciplinar o controle estatal sobre serviços daquela natureza conforme o modelo de cada país (serviço público, *public utilities* etc.) No paralelo brasileiro, à União compete, a partir das singularidades de cada setor, estabelecer o regime jurídico de exploração das atividades do art. 21, XI e XII, por exemplo enquadrando-as como serviços públicos passíveis de concessão ou atividades privadas de interesse coletivo objeto de autorização.[1]

O fato de entendermos não serem as atividades do art. 21, XI e XII da CRFB/88 necessariamente serviços públicos não significa, contudo, que não tenham elas um *status* diferenciado com relação às atividades "puramente"

1. VALE, Murilo Melo. *Obrigações de serviços públicos no setor privado*: fundamentos jurídicos para a imposição regulatória de encargos do regime jurídico "típico" da prestação do serviço público à iniciativa privada no Direito brasileiro. Belo Horizonte: Fórum, 2022, p. 172.

privadas, e até face às atividades de interesse coletivo em geral não previstas naqueles dispositivos, tanto que são aquelas elencadas como de competência material da União pela Constituição da República.

Concluímos também ser possível compreender que *publicatio* no direito brasileiro, com relação às atividades do art. 21, XI e XI da CRFB/88, pode ser sinônimo de titularidade estatal sobre a atividade, o que não significa necessariamente que seja ela classificada como serviço público. Titularidade nesse cenário para nós se identifica com a competência da União com relação a essas atividades, o que compreende o dever de executá-la direta ou indiretamente, por concessão ou permissão, ou de garantir a sua exploração por particulares em regime privado mediante autorização, hipótese em que deve criar arranjos e incentivos para que a iniciativa privada o desempenhe de forma adequada e suficiente.

Sob uma ótica pragmática, qual seria então a consequência prática das considerações acima? Também aqui a escala de *publicatio* nos é útil.

Na medida em que as atividades do art. 21 são de titularidade/competência estatal, quando são operacionalizadas por autorização, em regime privado, em princípio se inserem em um grau mais elevado da escala de *publicatio* comparativamente às atividades privadas de interesse coletivo em geral, especialmente as não previstas naquele dispositivo (exceto se objeto de outra previsão especial da CRFB). Isso significa que, embora não sejam serviços públicos, podem ser submetidas a um controle estatal mais intenso do que as demais atividades privadas.

A partir dessas premissas foi analisada a escala de *publicatio* do setor portuário, no que se refere aos principais títulos habilitantes para a exploração de instalações portuárias, a saber: (i) exploração direta do porto organizado por empresa estatal (companhias docas), inclusive na hipótese de convênio de delegação entre a União e Estados ou Municípios, na forma da Lei nº. 9.277/1996; (ii) concessão do porto organizado; (iii) arrendamento de parcela do porto organizado em regime público; (iv) arrendamento de parte do porto organizado em regime privado; e (v) autorização para a exploração de terminal privado.

A partir de cada regime jurídico de exploração de portos, procuramos analisar de que maneira as suas peculiaridades em alguns casos apenas aparentemente divergem de concepções tradicionais do direito administrativo, assim como, em outras situações, podem a vir a ilustrar e influenciar transformações da disciplina, ao apresentar novas soluções haja vista as particularidades do desenvolvimento técnico e econômico do setor.

Examinamos, nesse cenário, por exemplo: (i) de que forma as concessões portuárias configuram instrumentos de promoção de interesses coletivos, inclusive expressos em direitos fundamentais, característica típica dos serviços públicos, bem como de que forma o desempenho do papel de autoridade portuária pelo concessionário não confronta o dogma tradicional da indelegabilidade do poder de polícia a particulares; (ii) como as atuais características do arrendamento portuário de direito público não chegam a desnaturar a natureza jurídica de serviço público das atividades por ele operacionalizadas, inclusive considerando a exclusão de licitação em certas hipóteses, a liberdade de preços, ausência de cláusulas essenciais sobre bens reversíveis etc.; (iii) como o arrendamento de direito privado desafia as noções convencionais de subconcessão e de subcontratação da teoria geral das concessões, na medida em que operacionaliza a exploração de parte do núcleo do serviço público delegado mediante subcontrato privado regulado coligado à concessão, firmado entre o delegatário e terceiro, que não terá vínculo com o poder concedente; (iv) em que medida a autorização portuária configura instrumento de regulação de atividade privada de interesse coletivo, mesmo considerando suas particularidades, como por exemplo a precedência de convocação/seleção pública, seu caráter contratualizado, a sujeição ao planejamento setorial e a imposição de obrigações típicas de serviços públicos. Investigamos, ainda, os limites à regulação dos terminais privados.

O percurso até aqui percorrido nos trouxe, ainda, algumas relevantes reflexões.

Em primeiro lugar, a própria pertinência da concepção da escala de *publicatio* diante da realidade atual do direito administrativo econômico evidencia como está cada vez mais difícil classificar as atividades econômicas *lato sensu* como serviços públicos ou atividades privadas. O "exemplo" do setor portuário é, de fato, um excelente exemplo, mas não é o único e, realmente, manifesta uma tendência nos setores de infraestrutura regulados, como os de ferrovias, telecomunicações e energia elétrica, qual seja: a criação de figuras híbridas para a exploração de certas atividades, situadas no meio do caminho entre o regime de direito público e o de direito privado, ora operacionalizadas por concessão ora por autorização, mas sempre intercaladas entre o que se espera de um serviço público e de uma atividade privada regulada.

Não parece ser o caso de abandonarmos a noção de serviço público, não só pela sua previsão constitucional, como também em decorrência da sua importância para limitar o grau de intervenção estatal admissível sobre as atividades não classificadas naquela fórmula, isto é, que não estejam inseridas na titularidade estatal. Porém, há que se reconhecer que hoje em dia é cada vez mais árduo antever a diferença entre o regime jurídico de um serviço público objeto de concessão e o de uma atividade privada de interesse coletivo submetida à autorização estatal.

A tarefa é ainda mais complexa especialmente quanto às atividades do art. 21, XI e XII, CRFB/88, já que, por serem de titularidade/responsabilidade da União, como visto é possível que, mesmo quando sujeitas à autorização, em princípio em regime privado, a sua regulação seja mais intensa do que a em princípio cabível às demais atividades privadas de interesse coletivo. Essa constatação nos leva a pensar, até independentemente da classificação das atividades do art. 21 como serviços públicos ou privados, qual seria afinal a diferença prática entre a sujeição daquelas ao regime público de concessão ou regime privado de autorização.

Da investigação dos regimes jurídicos de exploração portuária nesta obra foi possível extrair, por exemplo, que há atualmente muitas semelhanças entre os modelos de arrendamento em regime público, análogo à concessão, e o de autorização em regime privado.

Tanto o terminal arrendado quanto o autorizado, por exemplo: (i) não necessariamente são precedidos de licitação, ainda que sujeitos a uma forma de seleção pública; (ii) se sujeitam à liberdade de preços; (iii) podem não ter bens reversíveis; (iv) são formalizados por contratos em princípio administrativos; (v) se sujeitam ao planejamento setorial; (vi) são submetidos a obrigações típicas de serviços públicos.

Por outro lado, vimos que, diversamente dos arrendamentos, os contratos de adesão que formalizam as autorizações portuárias não preveem a intervenção nem a encampação dos serviços por razões de interesse público, de modo que, caso queira o Estado se tornar titular de um terminal de uso privado, deve desapropriá-lo, seguindo o devido processo legal aplicável à medida.

Convém destacar o que para nós é uma das principais diferenças entre os regimes jurídicos de concessão e de autorização de atividades do art. 21 da CRFB/88, manifestada em relevante distinção entre o arrendamento portuário em regime público e a autorização de terminais em regime privado.

A nosso ver, uma das mais proeminentes diferenciações reside justamente na viabilidade de instrumentalização concreta dos terminais arrendados em regime público, pelo Poder Concedente, para a consecução de finalidades coletivas, desde que observados os princípios da proporcionalidade e da juridicidade, as normas aplicáveis e o contrato de arrendamento, inclusive no que se refere ao direito do arrendatário ao equilíbrio econômico-financeiro. É assim possível que o Estado edite normas gerais que afetem todos os terminais arrendados ou, ainda, que altere unilateralmente determinado contrato de arrendamento para impor obrigações adicionais, em contrapartida do reequilíbrio econômico-financeiro daquelas avenças.

Os terminais privados em regime de autorização, ao seu turno, também poderiam ser operacionalizados em prol de fins coletivos, mas apenas de modo geral e abstrato, a partir da regulação setorial que impacte uniformemente todos os terminais autorizados. Já que os preços são livres, os ônus supervenientes serão absorvidos por todos os *players* e poderiam ser repassados aos clientes/usuários.

Porém, entendemos ser vedado ao Poder Público impor concretamente novas obrigações a certo terminal autorizado, por exemplo mediante a alteração unilateral do contrato de adesão, sem que o autorizatário tenha em troca qualquer compensação. Uma vez que não possui direito ao equilíbrio econômico-financeiro, o ônus superveniente teria de ser suportado pelo agente autorizado, que mesmo sujeito à liberdade de preços ficaria em posição competitiva desfavorável aos seus concorrentes. A determinação estatal concreta de novas obrigações a específico autorizatário, nesse contexto, configuraria medida desproporcional potencialmente expropriatória da propriedade privada, devendo ser objeto de indenização pelo Poder Público.

Traçado todo a rota acima relatada, verificou-se que os regimes jurídicos dos portos não estão adstritos a dicotomias inflexíveis como aquela entre serviços públicos ou atividades privadas, sendo antes manifestação do direito privado administrativo, permeável a elementos tanto do direito público quanto do direito privado, que devem ser, à luz do princípio da proporcionalidade, finalisticamente dirigidos ao objetivo constitucional de promoção do desenvolvimento do setor.

BIBLIOGRAFIA

ALMEIDA, Mário Aroso. *Teoria geral do direito administrativo*. Coimbra: Almedina, 2018.

AMIRANTE, Carlo. I Servizi pubblici fra ordinamento comunitario e ordinamento interno: regole di mercato e funzione sociale. In: AMIRANTE, Carlo. *Unioni sovranazionali e riorganizzazione costituzionale dello Stato*. Torino: G. Giappichelli, 2001.

AMORIM, Lívia. *Transporte dutoviário de gás natural*. Rio de Janeiro: Lumen Juris, 2023.

ANDRADE, Leticia Queiroz de. Regulação e poder de polícia: distinções conceituais juridicamente relevantes. In: PIRES, Luis Manuel Fonseca; ZOCKUN, Maurício (coord.). *Intervenções do Estado*. São Paulo: Quartier Latin, 2008, p. 56-66.

ARAGÃO, Alexandre dos Santos de. *Curso de Direito Administrativo*. 2. ed. Rio de Janeiro, Forense, 2013.

ARAGÃO, Alexandre Santos de. Direito dos serviços públicos, 4ª ed. Belo Horizonte: Fórum, 2017.

ARAGÃO, Alexandre Santos de. *Empresas Estatais*: O Regime Jurídico das Empresas Públicas e Sociedades de Economia Mista. 2. ed. Rio de Janeiro, Forense, 2018.

ARAGÃO, Alexandre Santos de. *Exclusão de licitação nas estatais*. Belo Horizonte: Fórum, 2024.

ARAGÃO, Alexandre Santos de; FIDALGO, Carolina Barros. Regime jurídico da autorização portuária no Brasil: serviços públicos ou atividades privadas regulamentadas?. *In*: RIBEIRO, Leonardo Coelho; FEIGELSON, Bruno, FREITAS, Rafael Véras de (Coord.). *A nova regulação da infraestrutura e da mineração*: portos: aeroportos: ferrovias: rodovias. Belo Horizonte: Fórum, 2015.

ARAGÃO, Alexandre Santos de; MARQUES NETO, Floriano de Azevedo (Coord.). *Direito administrativo e seus novos paradigmas.* 2. ed. Belo Horizonte: Fórum, 2017.

ARMELIN, Heloísa. O papel da ANTAQ ante o novo regime de exploração nos portos organizados. In: TOJAL, Sebastião Botto de Barros; SOUZA, Jorge Henrique de Oliveira (Coord.). *Direito e infraestrutura:* portos e transporte aquaviário - 20 anos da Lei nº. 10.233/2001. Belo Horizonte: Fórum, 2021, p. 117-213, v. 1.

BANDEIRA DE MELLO, Celso Antônio. *Curso de direito administrativo.* 13ª Edição, São Paulo: Malheiros, 2001.

BANDEIRA DE MELLO, Celso Antônio. *Curso de direito administrativo.* 14ª Edição, São Paulo: Malheiros, 2002.

BANDEIRA DE MELLO, Celso Antônio. Privatização e serviços públicos. *Revista Trimestral de Direito Privado*, v. 22, p. 172-180, 1998.

BANDEIRA, Paula Greco. *Contrato Incompleto.* São Paulo: Atlas, 2015.

BARCELLOS, Ana Paula. *Direitos fundamentais e direito à justificativa: devido procedimento na elaboração normativa.* 2ª ed. Belo Horizonte: Fórum, 2017.

BARROSO, Luís Roberto. A constitucionalização do direito e suas repercussões no âmbito administrativo. *In*: ARAGÃO, Alexandre Santos de; MARQUES NETO, Floriano de Azevedo (Coord.). *Direito administrativo e seus novos paradigmas.* 2. ed. Belo Horizonte: Fórum, 2017, p. 31-56.

BARROSO, Luís Roberto. *Curso de Direito Constitucional Contemporâneo*: os conceitos fundamentais e a construção do novo modelo, 9ª ed. São Paulo: Saraiva Educação, 2020.

BARROSO, Luis Roberto. *Intervenção do Estado no Domínio Econômico.* Doutrina, Pareceres e Atualidades. São Paulo: Nova Dimensão Jurídica, ano XII, nº. 4, abr./1996.

BARROSO, Luís Roberto. Os descaminhos do Estado brasileiro, o sucesso acadêmico e a impermanência. Prefácio. In: BINENBOJM, Gustavo. *Poder de polícia, ordenação, regulação*: transformações político-jurídicas, econômicas e institucionais do direito administrativo ordenador. Belo Horizonte: Fórum, 2016, p. 11-14.

BORGES, Renato Hugo Reis. *Concessão de Portos Organizados no Brasil:* Considerações sobre os modelos de desestatização de portos públicos previstos pela legislação brasileira. (Monografia de especialização). Brasília: ISC/TCU, 2023.

BRASIL. Procuradoria Geral da República. Parecer AJCONST/PGR Nº 388073/2021. 25 de outubro de 2021.

BRASIL. Superior Tribunal de Justiça. REsp nº 713.312, 2ª Turma, Rel. Min. Castro Meira, julg. 18.08.2005.

BRASIL. Superior Tribunal de Justiça. REsp nº 817.534, rel. Min. Mauro Campbell Marques, 2ª Turma, j. 10.11.2009.

BRASIL. Superior Tribunal de Justiça. REsp n. 1.950.332/RJ, Rel. Min. Gurgel de Faria, Primeira Turma, julg. 26/9/2023, DJe 2/10/2023.

BRASIL. Supremo Tribunal Federal. ADC 57, Relator(a): Edson Fachin, Tribunal Pleno, julgado em 03/10/2019.

BRASIL. Supremo Tribunal Federal. ADI nº 1.666 MC, Tribunal Pleno, Rel. Min. Carlos Velloso, julg. 16. 06. 1999.

BRASIL. Supremo Tribunal Federal. ADI 1668, Relator(a): Edson Fachin, Tribunal Pleno, julgado em 01/03/2021, processo eletrônico dje-055, divulg 22-03-2021, public 23-03-2021.

BRASIL. Supremo Tribunal Federal. ADI nº 1.717, Tribunal Pleno, Rel. Min. Sydney Sanches, julg. 22.09.1999.

BRASIL. Supremo Tribunal Federal. ADI 3026, Relator(a): Eros Grau, Tribunal Pleno, julgado em 08/06/2006.

BRASIL. Supremo Tribunal Federal. ADI 4923, Relator(a): Luiz Fux, Tribunal Pleno, julgado em 08/11/2017, processo eletrônico dje-064 divulg 04-04-2018 public 05-04-2018.

BRASIL. Supremo Tribunal Federal. ADI 5.549/DF, Tribunal Pleno, Rel. Min. Luiz Fux, julg. 29 mar. 2023

BRASIL. Supremo Tribunal Federal. ADI 6482, Relator(a): Gilmar Mendes, Tribunal Pleno, julgado em 18.02.2021, publicado em 21.05.2021.

BRASIL. Supremo Tribunal Federal. MS nº 21.797, Tribunal Pleno, Rel. Min. Carlos Velloso, julg. 09.03.2000.

BRASIL. Supremo Tribunal Federal. RE nº 633.782, Tribunal Pleno, Rel. Min. Luiz Fux, julg. 26. 10. 2020.

BRASIL. Supremo Tribunal Federal. RE nº. 892.727 / DF. Voto do Min. Luiz Fux, julg. em 05.06.2018.

BRASIL. Tribunal de Contas da União. Acórdão nº. 2711/2020, Plenário, Rel. Min. Bruno Dantas, julg. 07.10.2020.

BRASIL. Tribunal de Justiça do Paraná. AC nº 0035358-65.2020.8.16.0014, Rel. Des. Stewalt Camargo Filho, 2ª Câmara Cível, julg. 12.07.2021

BRASIL. Tribunal de Justiça do São Paulo. AC nº 1053297-13.2018.8.26.0053, Rel. Des. Otavio Rocha, 1ª Câmara Reservada ao Meio Ambiente, julg. 24.09.2020.

BINENBOJM, Gustavo. Assimetria regulatória no setor de transporte coletivo de passageiros: a constitucionalidade do art. 3º da Lei nº 12.996/2014. *Revista de Direito da Cidade*, v. 9, n. 2, 2017.

BINENBOJN, Gustavo. *Poder de polícia, ordenação e regulação*: transformações político-jurídicas, econômicas e institucionais do direito administrativo ordenador. 3. ed. Belo Horizonte: Fórum, 2020.

BINENBOJM, Gustavo. Um novo Direito Administrativo para o século XXI. *In*: *Revista de Direito da Câmara Municipal do Rio de Janeiro*, v. 1, n. 1, 1997.

BRAGA, Odilon. Serviços públicos concedidos. *Revista de Direito Administrativo - Seleção Histórica*. Rio de Janeiro, p. 93, 1995.

BULLINGER, Martin. El service public francés y la daseinsvorsorge en Alemania. *Revista de Administración Pública*, núm. 166, Madrid, 2005, p. 42-43.

CÂMARA, Jacintho Arruda. Autorizações administrativas vinculadas: o exemplo do setor de telecomunicações. *In:* ARAGÃO, Alexandre Santos de; MARQUES NETO, Floriano de Azevedo (Coord.). *Direito administrativo e seus novos paradigmas*. 2. ed. Belo Horizonte: Fórum, 2017, p. 587-597.

CARVALHO, Juliane Erthal de. A natureza jurídica da autorização para exploração da infraestrutura portuária. In: PEREIRA, Cesar; SCHWIND, Rafael Wallbach (Coord.). *Direito Portuário Brasileiro*. 3. ed. Belo Horizonte: Fórum, p. 539-551, 2020.

CASSAGNE, Juan Carlos. *Derecho Administrativo*. t. 2. 7. ed. Buenos Aires: Abeledo Perrot, 2002.

CASSAGNE, Juan Carlos. El resurgimiento del servicio público y su adaptación en los sistemas de economía de mercado (hacia una nueva concepción). *Revista de Administración Pública*, Madrid, n. 140, p. 95-110, maio/ago. 1996.

CASSAGNE, Juan Carlos. Estudio Preliminar. *In*: ORTIZ, Gaspar Ariño. *La regulación Económica*: teoría y práctica de la regulación para la competencia, Buenos Aires: Editorial Ábaco de Rodolfo Depalma, 1996.

CASSAGNE, Juan Carlos. Prólogo. *In*: AGUIRRE, Marta González de (Org.). *Los Servicios Públicos*. Buenos Aires: Depalma, 1994.

CASSESE, Sabino. De la vieja a la nueva disciplina em los servicios públicos. *Actualidad em el Derecho Público*, Buenos Aires, n. 8, p. 19-24, set./dez. 1998.

CASTRO, Rodrigo Pironti Aguirre de; LOVATO, Rafael Porto. Terminais portuários de uso privado: uma análise a partir do novo marco regulatório. In: PEREIRA, Cesar; SCHWIND, Rafael Wallbach (Coord.*). Direito Portuário Brasileiro*. 3. ed. Belo Horizonte: Fórum, p. 235-244, 2020.

CAVALCANTI, Themístocles Brandão. *Instituições de Direito Administrativo Brasileiro*, 1ª Ed. Rio de Janeiro: Freitas Bastos, 1936.

CYRINO, André Rodrigues. Regulações expropriatórias: apontamentos para uma teoria. *Revista de Direito Administrativo - RDA*, Rio de Janeiro, v. 267, p. 199-235, set./dez. 2014, p. 206-207.

COLLINS, Hugh. *Regulating Contracts*. Oxford: Oxford University Press, 1999.

COXO, Ana Raquel. *O Direito Administrativo Privado - contributos para a compreensão do direito suis generis*. 2013. Orientador: Prof. Dr. João Salvador Velez Pacheco de Amorim. Dissertação (Mestrado em Direito) - Faculdade de Direito, Universidade do Porto, Porto, 201

CRETELLA JÚNIOR, José. Polícia e poder de polícia. *Revista de Direito Administrativo*, n. 162, out./dez. 1985.

DALLARI, Adilson Abreu. Empresa estatal prestadora de serviços públicos - Natureza jurídica - Repercussões tributárias. *Boletim de Direito Administrativo,* São Paulo, v. 10, n. 8, p. 453-468.

DAYCHOUM, Mariam Tchepurnaya. A concorrência intermodal no transporte terrestre de cargas no brasil: uma análise histórica sob a perspectiva da oferta ferroviária. *In:* ARAGÃO, Alexandre Santos de; PEREIRA, Anna Carolina Migueis; LISBOA, Letícia Lobato Anicet. *Regulação e Infraestrutura*. Belo Horizonte: Fórum, 2018.

DIAS, Natália Pereira. Comentários ao art. 64. *In*: MILLER, Thiago Testini de Mello; SILVA, Aline Bayer da; SILVA, Lucas Rênio (orgs.). Comentários à Lei nº. 12.815/2013. Rio de Janeiro: Telha, 2020.

DICEY, Albert Venn. *Introduction to the study of the law of the Constitution*. Indianapolis: Liberty Fund, 1982. p. 214. Reimpressão da 8. ed., de 1915. Disponível em: https://files.libertyfund.org/files/1714/0125_Bk.pdf. Acesso em: 20 ago. 2023.

DI PIETRO, Maria Sylvia Zanella. Alteração da poligonal do porto organizado: requisitos materiais segundo a Lei nº 12.815/2013. In: PEREIRA, Cesar; SCHWIND, Rafael Wallbach (Coord.). *Direito Portuário Brasileiro*. 3. ed. Belo Horizonte: Fórum, 2020, p. 261-275.

DI PIETRO, Maria Sylvia Zanella. *Parcerias na Administração Pública.* 8ª edição. São Paulo: Atlas, 2011.

DI PIETRO, Maria Sylvia Zanella. *Parcerias na Administração Pública. Concessão, permissão, franquia, terceirização, parceria público-privada e outras formas.* 10ª Edição, São Paulo: Atlas, 2015.

DI PIETRO, Maria Sylvia. Terceirização e subcontratação de atividades inerentes à concessão: distinções necessárias. *Interesse Público - IP*, n. 107, jan-fev/2018.

DUGUIT, Léon. *Las transformaciones generales del derecho.* Tradução Adolfo G. Posada e Ramón Jaén. Buenos Aires: Heliasta, 2001.

DUGUIT, Léon. *Traité de droit constitutionnel.* Paris: Ancienne Librairie Fontemoing & Cie., 1923. t. II, 1923.

ESTEFAM, Felipe Faiwichow. O constitucionalismo social brasileiro e a dimensão jurídica dos serviços públicos e das atividades econômicas. *Fórum Administrativo - FA*, Belo Horizonte, ano 11, n. 120, p. 9-18, fev. 2011.

ESTORNINHO, Maria João. *Requiem pelo contrato administrativo.* Coimbra: Almedina, 1990.

FAVACHO, Frederico. A dicotomia terminal público e terminal privado na Nova Lei dos Portos: uma revisão de como chegamos ao modelo atual e quais os seus desafios. In: PEREIRA, Cesar; SCHWIND, Rafael Wallbach (Coord.). *Direito Portuário Brasileiro.* 3. ed. Belo Horizonte: Fórum, 2020. p. 187-198.

FIDALGO, Carolina Barros. *O Estado empresário*: das sociedades estatais às sociedades privadas com participação minoritária do Estado. São Paulo: Almedina, 2017.

FORSTHOFF, Ernest. The Administration as provider of services. *In:* JACOBSON, Arthur; SCHLINK, Bernhard (Ed.). *Weimar: A Jurisprudence of Crisis.* Berkeley: University of California Press, 2001.

FRAGA, Gabino. *Derecho administrativo. apud.* TÁCITO, Caio. O poder de polícia e seus limites. *Revista de Direito Administrativo*, Rio de Janeiro, v. 27, jan. 1952.

FREEMAN, Jody. *Extending Public Law Norms Through Privatization.* Cambridge: Harvard Law Review, Vol. 116, No. 5 (Mar. 2003).

FREEMAN, Jody; JACOBS, Sharon. *Structural Deregulation.* Harvard Law Review. Disponível em: https://papers.ssrn.com/sol3/papers.cfm?abstract_id=3835246. Acesso em: 28 set. 2021.

FREITAS, José Carlos Higa de. Comentários aos arts. 5º B e C. In: MILLER, Thiago Testini de Mello; SILVA, Aline Bayer da; SILVA, Lucas Rênio da (orgs.). *Comentários à Lei n. 12.815/2013*: (incluídas as alterações da Lei n. 14.047/2020). Rio de Janeiro Telha, 2020, p. 53-59.

FREITAS, Juarez. Direito fundamental à boa administração e o reexame dos institutos da autorização de serviço público, da convalidação e do poder de polícia administrativo. *In*: ARAGÃO, Alexandre Santos de; MARQUES NETO, Floriano de Azevedo (Coord.). *Direito administrativo e seus novos paradigmas*. 2. ed. Belo Horizonte: Fórum, 2017.

FREITAS, Lourenço Vilhena de. Direito administrativo das privatizações. *In:* OTERO, Paulo; GONÇALVES, Pedro (Coord.). *Tratado de direito administrativo especial*. Coimbra: Almedina, 2017, v. 7, p. 269-399.

FREITAS, Rafael Véras de. As prorrogações e a relicitação previstas na Lei nº 13.448/2017: um novo regime jurídico de negociação para os contratos de longo prazo. In: *R. de Dir. Público da Economia – RDPE*, Belo Horizonte, ano 15, n. 59, p. 175-199, jul./set. 2017.

FREITAS, Rafael Véras de. A subconcessão de serviço público. *Revista Brasileira de Infraestrutura – RDINF*, n. 10, jul/dez-2016.

FREITAS, Rafael Véras de. *Expropriações regulatórias*. Belo Horizonte: Fórum, 2016.

FREITAS, Rafael Véras. Os contratos privados celebrados por concessionários de serviços públicos e a sua regulação. *Interesse Púbico – IP*, Belo Horizonte, ano 19, n. 101, p. 219-240, jan./fev. 2017.

FREITAS, Rafael Véras de; RIBEIRO, Leonardo Coelho. Regime jurídico do convênio de delegação da infraestrutura portuária: monopólio natural e compartilhamento de infraestrutura. *Revista Brasileira de Direito Público – RBDP*, Belo Horizonte, ano 14, n. 54, p. 9-34, jul./set. 2016, p. 25. Disponível em: https://www.forumconhecimento.com.br/v2/revista/P129/E10526/17900. Acesso em: 8 mar. 2024.

FURTADO, Lucas Rocha. *Curso de direito administrativo*. 3. ed. Belo Horizonte: Fórum, 2012.

GALVÃO, Cassia Bömer. *Os portos marítimos na mundialização do capital*. Orientadora: Prof.ª Dra. Rosa Maria Marques. 2009. 129 f. Dissertação (Mestrado em Economia Política) – Pontifícia Universidade Católica de São Paulo, São Paulo, 2009.

GAMBOA, Jaime Orlando Santofimio. *Compendio de derecho administrativo*. Bogotá: Universidad Externado de Colombia. 2017, versão *e-book*.

GAMELL, Denis Austin. *Arrendamento portuário como atividade econômica em sentido estrito*: evolução do direito positivo e perda da capacidade explicativa da noção de serviço público. Dissertação (Mestrado em Direito Constitucional). Instituto Brasileiro de Ensino, Desenvolvimento e Pesquisa, Escola de Direito e Administração Pública, 2021.

GARCIA, Flávio Amaral. A imprevisão na previsão e os contratos concessionais. In: *Tratado do equilíbrio econômico-financeiro*: contratos administrativos, concessões, parcerias público-privadas, Taxa Interna de Retorno, prorrogação antecipada e relicitação. MOREIRA, Egon Bockmann (Coord.). 2ª ed. Belo Horizonte, Fórum, 2019.

GARCIA, Flávio Amaral. *A mutabilidade nos contratos de concessão*. São Paulo: Malheiros, 2021.

GARCIA, Flávio Amaral. *Concessões, parceiras e regulação*. São Paulo: Malheiros, 2019.

GARCIA, Flávio Amaral; FREITAS, Rafael Véras de. Portos brasileiros e a nova assimetria regulatória - Os títulos habilitantes para a exploração da infraestrutura portuária. *R. de Dir. Público da Economia - RDPE*. Belo Horizonte, ano 12, n. 47, jul./set. 2014, p. 85-124.

GARCIA, Flávio Amaral. *Licitações e contratos administrativos*: casos e polêmicas. 5. ed. São Paulo: Malheiros, 2018.

GEGNER, Martin. "Daseinsvorsorge" e "Service Public" no contexto da integração Europeia. *Análise Europeia - Revista da Associação Portuguesa de Estudos Europeus*, Vol. 1, n.º 1, Lisboa, 2016.

GOMES, Carlos Afonso Rodrigues. Portos públicos: descentralização mediante concessão, no regime jurídico estabelecido pela Lei nº 10.233/2001. *Revista de Direito Público da Economia - RDPE*, ano 2011, n. 34, p. 91-132, abr. 2011. Disponível em: https://www.forumconhecimento.com.br/v2/revista/P140/E20824/32917. Acesso em: 28 fev. 2024.

GONÇALVES, Pedro. *A concessão de serviços públicos*: (uma aplicação da técnica concessória). Coimbra: Almedina, 1999.

GONÇALVES, Pedro. *Manual de direito administrativo*. Coimbra: Almedina, 2020.

GONÇALVES, Pedro António P. Costa. Regulação administrativa e contrato. *Revista de Direito Público da Economia - RDPE*, Belo Horizonte, ano 9, n. 35, p. 105-141.

GORDILLO, Agustín. *Tratado de Derecho Administrativo*. 5. ed. Buenos Aires: Fundación de Derecho Administrativo, 1998, t. 1.

GORDILLO, Agustin. *Tratado de derecho administrativo*. 1998. *apud*. MEDAUAR, Odete. Poder de polícia: origem, evolução, crítica à noção, caracterização. *In*: MEDAUAR, Odete; SCHIRATO, Vitor Rhein (Coords.). *Poder de polícia na atualidade*: Anuário do Centro de Estudos de Direito Administrativo, Ambiental e Urbanístico - CEDAU do ano de 2011. Belo Horizonte: Fórum, 2014, p. 13-26.

GRAU, Eros Roberto. *A ordem econômica na Constituição de 1988*: intepretação e crítica. 14. ed. rev. e atual. São Paulo: Malheiros Editores, 2010.

GRAU, Eros Roberto. Constituição e serviço público. In: GUERRA FILHO, Willis Santiago. *Direito constitucional: estudos em homenagem a Paulo Bonavides*. São Paulo: Malheiros, 2003, pp. 264-265. Disponível em: https://edisciplinas.usp.br/pluginfile.php/5549084/mod_resource/content/1/Eros%20Roberto%20Grau%20-%20CONSTITUIC%CC%A7A%CC%83O%20E%20SERVIC%CC%A7O%20PU%CC%81BLICO%20%281%29.pdf. Acesso em: 02 fev. 2023.

GRAU, Eros Roberto. Os conceitos jurídicos e a doutrina real do direito. *Revista da Faculdade de Direito, Universidade de São Paulo, [S.l]*, v. 77, p. 221-234, 1982. Disponível em: https://www.revistas.usp.br/rfdusp/article/view/66953. Acesso em: 1 mar. 2024.

GRAY, Horace M. The passing of the public utility concept. *Journal of Land and Public Utilities Economics*, v. 16, n. 1, p. 8-20, fev. 1940.

GROTTI, Dinorá Adelaide Musetti; LIMA, Cristiana Maria Melhado Araujo. Diferenças entre terminais portuários de uso público e de uso privado. In: PEREIRA, Cesar; SCHWIND, Rafael Wallbach (Coord.). *Direito Portuário Brasileiro*. 3. ed. Belo Horizonte: Fórum, p. 169-185, 2020.

GROTTI, Dinorá Adelaide Musetti. *O Serviço Público e a Constituição Brasileira de 1988*. São Paulo: Ed. Malheiros, 2003.

GUANDALINI JUNIOR, Walter. Espécie Invasora – história da recepção do conceito de direito administrativo pela doutrina jurídica brasileira no século XIX. *Revista de Direito Administrativo - RDA*, Rio de Janeiro, v. 268, p. 213-247, jan./abr. 2015.

GUANDALINI JUNIOR, Walter; TEIXEIRA, Lívia Solana Pfuetzenreiter de Lima. Um direito administrativo de transição: o conceito de direito administrativo na cultura jurídica da primeira república brasileira. *Revista Direito, Estado e Sociedade - DES, Pontifícia Universidade Católica*, Rio de Janeiro, n. 58, 2021.

GUERISE, Luciana Cardoso. Comentários aos arts. 9º ao 12. In: MILLER, Thiago Testini de Mello; SILVA, Aline Bayer da; SILVA, Lucas Rênio da

(Orgs.). *Comentários à Lei 12.815/2013*: (incluídas as alterações da Lei n. 14.047/2020). Rio de Janeiro: Telha, 2020.

GUERRA, Sérgio. *Agências Reguladoras*: da Organização Administrativa Piramidal à Governança em Rede. Belo Horizonte: Fórum, 2023.

HERREN, Márcia Lopes Gomes. Mudança de competências e novas formas de exploração portuária. *In*: RIBEIRO, Leonardo Coelho; FEIGELSON, Bruno; FREITAS, Rafael Véras de (Coord.). *A nova regulação da infraestrutura e da mineração*: portos: aeroportos: ferrovias: rodovias. Belo Horizonte: Fórum, 2015, p. 137-156.

JUCÁ, Paulo Renato. *Regulação do setor portuário*. São Paulo: Almedina, 2021.

JUSTEN FILHO, Marçal. *Curso de direito administrativo*. 13. ed. rev., atual. e ampl. São Paulo: Thomson Reuters Brasil, 2018.

JUSTEN FILHO, Marçal. *Curso de direito administrativo*. 15. ed. Rio de Janeiro: Forense, 2024.

JUSTEN FILHO, Marçal. O Regime Jurídico do Arrendamento Portuário: A Questão da Obrigatoriedade da Licitação. *Revista de Direito Administrativo Contemporâneo*, v. 16, p. 191-213, jan./fev. 2015.

JUSTEN FILHO, Marçal. O regime jurídico das atividades portuárias e seus reflexos sobre a delimitação do porto organizado. In: PEREIRA, Cesar; SCHWIND, Rafael Wallbach (Coord.). *Direito Portuário Brasileiro*.3. ed. Belo Horizonte: Fórum, 2020. p. 291-310.

JUSTEN FILHO, Marçal. *Teoria Geral das Concessões de Serviço Público*. São Paulo: Dialética, 2003.

JUSTEN, Monica Spezia. *A evolução da noção de serviços públicos: da França à União Europeia*. 2002. 336 f. Dissertação (Mestrado) – Curso de Direito, Setor de Ciências Jurídicas, Universidade Federal do Paraná, Curitiba, 2002.

KISS, Eduardo Amaral Gugel. Comentários ao art. 2º. In: MILLER, Thiago Testini de Mello; SILVA, Aline Bayer da; RÊNIO, Lucas (Orgs.). *Comentários à Lei 12.815/2013*: (incluídas as alterações da Lei 14.047/2013). Rio de Janeiro: Telha, 2020.

KLEIN, Aline Lícia. O porto organizado como bem público e a delimitação da sua área. In: PEREIRA, Cesar; SCHWIND, Rafael Wallbach (Coord.). *Direito Portuário Brasileiro*. 3. ed. Belo Horizonte: Fórum,2020. p. 401-412.

KRELL, Andreas J. Discricionariedade administrativa, conceitos jurídicos indeterminados e controle judicial. *In: Revista ESMAFE – Escola de Magistratura Federal da 5ª Região*, v. 8, 2004.

KUHN, Thomas. *A estrutura das revoluções científicas*. Tradução de Beatriz Vianna Boeira e Nelson Boeira. 12. ed. São Paulo: Perspectiva, 2013. Disponível em: https://ppec.ufms.br/files/2020/10/A-estrutura-das-revolu%-C3%A7%C3%B5es-cient%C3%ADficas-Kuhn.pdf. Acesso em: 17 jul. 2023.

LACHAUME, Jean-François; PAULIAT, Hélène; DEFFIGIER, Clotilde; VIROT--LANDAIS, Aurélie. *Droit des services publics*. 4. ed. Paris: LexisNexis, 2021.

LARENZ, Karl. *Metodologia da Ciência do Direito*. 3. ed. Lisboa: Fundação Calouste Gulbenkian, 1997.

LEVY, Ezequiel Baulfour. Comentários ao art. 30. In: MILLER, Thiago Testini de Mello; SILVA, Aline Bayer da; SILVA, Lucas Rênio da (Orgs.). *Comentários à Lei 12.815/2013*: (incluídas as alterações da Lei n. 14.047/2020). Rio de Janeiro: Telha, 2020.

LOBO, Carlos Augusto da Silveira. Os Terminais Portuários Privativos na Lei nº 8.630/93. *Revista de Direito Administrativo - RDA*, vol. 220, 2000.

LOVEJOY, Wallace. The need for a concept of public utility. *South Texas Law Journal*, v. 3, p. 293-315, 1958.

MACHADO, Eduardo da Costa Lima Caldas. Terminais de uso privado: a insígnia do novo regime jurídico portuário. *Revista Brasileira de Infraestrutura - RBINF*, Belo Horizonte, ano 5, n. 9, p. 1-27, jan./jun. 2016.

MAGALDI, Nuria. El concepto de procura existencial (daseinsvorsorge) en Ernst Forsthoff y las transformaciones de la administración pública. *Revista de Derecho Público: Teoría y Método*. Vol. 1, 2020, p. 161 *apud* MAURER, Hartmut. *Allgemeines Verwaltungsrecht*. 17.ª ed. Verlag C. H. Beck: Munich, 2009.

MAMIGONIAN, Armen. *Navegação e Portos no Brasil e no mundo*. Florianópolis: Instituto Ignacio Rangel: GCN, CFH, UFSC, 2017.

MÂNICA, Fernando Borges; MENEGAT, Fernando. *Teoria jurídica da privatização*: fundamentos, limites e técnicas de interação público-privada no direito brasileiro. Rio de Janeiro: Lumen Juris, 2017.

MARRARA, Thiago. Método comparativo e direito administrativo. In: MOURA, Emerson Affonso da Costa; BAPTISTA, Patrícia Ferreira; MATOS, Thiago Marrara de (org.). *Estudos de direito administrativo comparado*.: Lumen Juris, 2020, p. 1-15.

MARQUES NETO, Floriano de Azevedo. A Nova Regulação Estatal e as Agências Independentes. *In*: SUNDFELD, Carlos Ari (coord.). *Direito Administrativo Econômico*. São Paulo: Malheiros Editores, 2000.

MARQUES NETO. Floriano de Azevedo. A superação do ato administrativo autista. *In:* MEDAUAR, Odete; SCHIRATO, Vitor Rhein (Coord.). *Os caminhos do ato administrativo*. São Paulo: Editora Revista dos Tribunais, 2012, p. 89-113.

MARQUES NETO, Floriano de Azevedo. Concessão de serviços públicos e prestação de serviços de interesse coletivo: diferenças de regimes jurídicos. Revista Tributária e de Finanças Públicas, V. 33, pp. 207-220, jul./ago. 2000.

MARQUES NETO, Floriano de Azevedo. *Concessões*. Belo Horizonte: Fórum, 2015, p. 124.

MARQUES NETO, Floriano de Azevedo. Delimitação da poligonal dos portos organizados e o regime jurídico dos bens públicos. *In*: PEREIRA, Cesar; SCHWIND, Rafael Wallbach (Org.). *Direito portuário brasileiro*. 3. ed. Belo Horizonte: Fórum, 2019.

MARQUES NETO, Floriano de Azevedo; GAROFANO, Rafael Roque. Notas sobre o conceito de serviço público e suas configurações na atualidade. *Revista de Direito Público da Economia - RDPE*, Belo Horizonte, ano 12, n. 46, p. 63-77, abr./jun. 2014.

MARQUES NETO, Floriano de Azevedo. Regulação e poder de polícia no setor de gás. *Migalhas*, 14 dez. 2004. Disponível em: https://www.migalhas.com.br/depeso/8868/regulacao-e-poder-de-policia-no-setor-de-gas. Acesso em: 21 mar. 2023.

MARQUES NETO, Floriano de Azevedo. Regulação estatal e autorregulação na economia contemporânea. *Revista de Direito Público da Economia - RDPE*, Belo Horizonte, ano 9, n. 33, p. 73-88, jan./mar. 2011.

MARQUES NETO, Floriano Peixoto de Azevedo; LEITE, Fábio Barbalho. Peculiaridades do contrato de arrendamento portuário. *Revista de Direito Administrativo - RDA, [S. l.]*, v. 231, p. 269–296, 2003.

MARRARA, Thiago. Regulação sustentável de infraestruturas. *Revista Brasileira de Infraestrutura - RBINF*, ano 2012, n. 1, jan. 2012. Disponível em: https://www.forumconhecimento.com.br/v2/revista/P141/E10661/20328. Acesso em: 19 fev. 2024.

MARTÍN, Áurea Roldán. Los Nuevos Contornos del Servicio Público. *In*: *Cuadernos de derecho Judicial*, vol. XII - *Derecho Administrativo Económico*, 2000.

MARTÍNEZ, Juan Miguel de la Cuétara. La regulación subsiguiente a la liberalización y privatización de servicios públicos. In: NUNES, António José Avelães et al. *Os caminhos da privatização da administração pública*. Coimbra: Coimbra Editora, 2001.

MAURER, Harmut. *Direito administrativo alemão*. p. 17. *apud*. MEDAUAR, Odete. Poder de polícia: origem, evolução, crítica à noção, caracterização. *In*: MEDAUAR, Odete; SCHIRATO, Vitor Rhein (Coords.). *Poder de polícia na atualidade*: Anuário do Centro de Estudos de Direito Administrativo, Ambiental e Urbanístico - CEDAU do ano de 2011. Belo Horizonte: Fórum, 2014, p. 13-26.

MEDAUAR, Odete. Administração Pública: do ato ao processo. *In*: ARAGÃO, Alexandre Santos de; MARQUES NETO, Floriano de Azevedo (Coord.). *Direito administrativo e seus novos paradigmas*. 2. ed. Belo Horizonte: Fórum, 2017, p. 381-395.

MEDAUAR, Odete. *Direito Administrativo Moderno*, Ed. RT, São Paulo, 5ª edição, 2001.

MEDAUAR, Odete. *O direito administrativo em evolução*. 3. ed. São Paulo: Gazeta Jurídica, 2016.

MEDAUAR, Odete. *Serviços públicos e serviços de interesse geral*. Uma avaliação das tendências contemporâneas do direito administrativo - anais do seminário de direito administrativo Brasil-Espanha. Rio de Janeiro: Renovar, 2003.

MEDAUAR, Odete. Serviço público. *Revista de Direito Administrativo*, Rio de Janeiro, v. 189, p. 100-113, jul./set. 1992.

MEIRELLES, Hely Lopes. *Direito administrativo brasileiro*. 38. ed. São Paulo: Malheiros, 2012.

MELLO, Celso Antônio Bandeira de. *Curso de Direito Administrativo*. São Paulo: Malheiros, 2010.

MELLO, Celso Antonio Bandeira de. *Curso de direito administrativo*. 32. ed. São Paulo: Malheiros Editores, 2015.

MELLO, Celso Antônio Bandeira de. Serviço público e poder de polícia: concessão e delegação. *Revista Eletrônica de Direito do Estado*, n. 7, jul./set. 2006.

MENDONÇA, José Vicente Santos de. BENTO, Daniel. Autoexecutoriedade pública ou autotutela privada? O lícito e o ilícito na autorregulação (no prelo).

MENDONÇA, José Vicente Santos de. Conceitos inventados de direito administrativo. *Revista Brasileira de Direito Público - RBDP*, v. 14, n. 53, p. 9-18, abr./jun. 2016.

MENDONÇA, José Vicente Santos de. Direito administrativo e inovação: limites e possibilidades. *Revista de Direito Administrativo e Constitucional - A&C*. Belo Horizonte, ano 17, n. 69, p. 169-189, jul./set. 2017.

MENDONÇA, José Vicente Santos de. Esboço de guia jurídico para a revisão das poligonais de portos organizados. In: PEREIRA, Cesar; SCHWIND, Rafael Wallbach (Coord.). *Direito Portuário Brasileiro*. 3. ed. Belo Horizonte: Fórum, 2020. p. 135-144.

MODESTO, Paulo. Reforma administrativa e marco legal das organizações sociais no Brasil: as dúvidas dos juristas sobre o modelo das organizações sociais, *Revista de Informação Legislativa*, Brasília, v. 34, n. 136, p. 315-331, out./dez. 1997. p. 325. Disponível em: http://www2.senado.leg.br/bdsf/handle/id/314. Acesso em: 22 mar. 2023.

MOREIRA, Egon Bockmann; CAGGIANO, Heloísa Conrado. Comentários ao art. 4º. In: MILLER, Thiago Testini de Mello; SILVA, Aline Bayer da; SILVA, Lucas Rênio da (Orgs.). *Comentários à Lei 12.815/2013*: (incluídas as alterações da Lei n. 14.047/2020). Rio de Janeiro: Telha, 2020.

MOREIRA, Egon Bockmann. (Coord.). *Portos e seus regimes jurídicos*: a Lei nº 12.81512013 e seus desafios. Belo Horizonte: Fórum, 2014.

MOREIRA, Egon Bockmann. *Direito das concessões de serviço público*: concessões, parecerias, permissões e autorizações. 2. ed. Belo Horizonte: Fórum, 2022.

MOREIRA, Egon Bockmann; GUIMARÃES, Fernando Vernalha. *Licitação pública*: a Lei Geral de Licitação - LGL e o Regime Diferenciado de Contratação - RDC. 2. ed. São Paulo: Malheiros, 2015.

MOREIRA, Egon Bockmann. O direito administrativo da economia, a ponderação de interesses e o paradigma da intervenção sensata. In: CUÉLLAR, Leila; MOREIRA, Egon Bockmann. *Estudos de Direito Econômico*. Belo Horizonte: Fórum, 2004.

MOREIRA, Egon Bockmann. Os serviços públicos brasileiros e sua lógica jurídico-econômica: reflexões a partir do artigo 175 da Constituição. *Revista de Direito Público da Economia - RDPE,* Belo Horizonte, na 17, n. 98, p. 9-43, out./dez. 2019.

MOREIRA, Egon Bockmann. Passado, presente e futuro da regulação econômica no Brasil. *Revista de Direito Público da Economia - RDPE*, Belo Horizonte, ano 11, n. 44, p. 87-118, out./dez. 2013.

MOREIRA NETO, Diogo de Figueiredo; FREITAS, Rafael Véras de. *A nova regulação portuária*. Belo Horizonte: Fórum, 2015.

MOREIRA NETO, Diogo de Figueiredo. *Mutações do direito administrativo*. 2. ed. Rio de Janeiro: Renovar, 2006.

MOREIRA NETO, Diogo de Figueiredo. O Futuro das Cláusulas Exorbitantes. In: ARAGÃO, Alexandre Santos de; MARQUES NETO, Floriano de

Azevedo (Coord.). *Direito administrativo e seus novos paradigmas*. 2. ed. Belo Horizonte: Fórum, 2017, 545-563.

MOREIRA, Vital. Os serviços públicos tradicionais sob o impacto da União Europeia. *Revista de Direito Público da Economia – RDPE*, Belo Horizonte, ano 1, n. 1, jan./mar. 2003.

MOREIRA, Vital. Regulação econômica, concorrência e serviços de interesse geral. *In*: MOREIRA, Vital (org.). *Estudos de regulação pública*. v. 1. Coimbra: Coimbra Editora, 2004.

MOREIRA, Vital. Serviço público e concorrência: a regulação do sector elétrico. *In*: NUNES, António José Avelães *et al*. *Os caminhos da privatização da administração pública*. Coimbra: Coimbra Editora, 2001. p. 234.

MORENILLA, José María Souvirón. *La actividad de la Administración y el servicio público*. Granada: Colmares, 1998.

MOSHER, William E.; CRAWFORD, Finla G. *Public utility regulation*. New York: Harper & Brothers Publishers, 1933.

NESTER, Alexandre Wagner. A inserção do regime concorrencial nos serviços públicos. *In*: ARAGÃO, Alexandre Santos de; MARQUES NETO, Floriano de Azevedo (Coord.). *Direito administrativo e seus novos paradigmas*. 2. ed. Belo Horizonte: Fórum, 2017.

NESTER, Alexandre Wagner. *Autorizações de Serviços Públicos*; orientador Prof. Dr. Sebastião Botto Barros Tojal, Tese (Doutorado em Direito do Estado) – Programa de Pós-Graduação em Direito do Estado, Faculdade de Direito, Universidade de São Paulo, 2019.

NOVAK, William J. The Public Utility Idea and the Origins of Modern Business Regulation. In: LAMOREUX, Naomi R. L.; NOVAK, William J. *Corporations and American democracy*. Cambridge: Harvard University Press, 2017.

ORTIZ, Gaspar Ariño. Logros y fracasos de la regulación. *Themis Revista De Derecho*, n. 52, p. 43-53, dez. 2006.

ORTIZ, Gaspar Ariño. *Significado actual de la noción del servicio público. El nuevo servicio público*. Madrid: Civitas, 1999.

PASCUAL, Juan José Montero. Regulación económica: la actividad administrativa de regulación de los mercados. 5. ed. Valencia: Tirant lo Blanch, 2023.

PAULA, Diego de. Comentários ao art. 8º. In: MILLER, Thiago Testini de Mello; SILVA, Aline Bayer da; SILVA, Lucas Rênio da (Orgs.). *Comentários à Lei 12.815/2013*: (incluídas as alterações da Lei n. 14.047/2020). Rio de Janeiro: Telha, 2020.

PEREIRA, Cesar Augusto Guimarães. *A posição jurídica dos usuários e os aspectos econômicos dos serviços públicos*. 2005. 389 f. Tese (Doutorado) – Curso de Direito, Faculdade de Direito, Pontifícia Universidade Católica de São Paulo, São Paulo, 2005.

PEREIRA, Cesar; Schwind, RAFAEL Wallbach. O marco regulatório do setor portuário brasileiro. In: PEREIRA, Cesar; SCHWIND, Rafael Wallbach (Coord.). *Direito Portuário Brasileiro*. 3. ed. Belo Horizonte: Fórum, 2020. p. 31-63.

PEREZ, Marcos Augusto; GOULART, João Henrique de Moraes; SAVIOLI, Anna Beatriz. O modelo conhecido como "private landlord port" e a concessão de portos no direito brasileiro. *In*: TOJAL, Sebastião Botto de Barros; SOUZA, Jorge Henrique de Oliveira (Coord.). *Direito e infraestrutura:* portos e transporte aquaviário – 20 anos da Lei nº. 10.233/2001. Belo Horizonte: Fórum, 2021, v. 1.

PIELOW, Johan-Christian. "Servicio Público" en Francia y "Daseinsvorsorge" en Alemania: convergencia de los objetivos, diversidad de los medios. *Revista de Derecho Administrativo Económico*, nº 12, p. 17-31, 2004.

POPPER, Karl. Conjecturas e refutações (tradução de Sérgio Bath). 5ª ed. Brasília: Editora Universidade de Brasília, 2008, p. 243. Disponível em: https://edisciplinas.usp.br/pluginfile.php/5727033/mod_resource/content/1/Karl%20Popper%20-%20Conjecturas%20e%20Refuta%C3%A7%C3%B5es%20%282008%2C%20Editora%20UNB%29%20-%20libgen.lc.pdf. Acesso em: 25 jan. 2024.

REBOLLO, Luis Martín. *Servicios públicos y servicios de interés general*: la nueva concepción y operatividad del servicio público en el Derecho Administrativo Español. Uma avaliação das tendências contemporâneas do direito administrativo: anais do Seminário de Direito Administrativo Brasil-Espanha. Rio de Janeiro: Renovar, 2003.

RÊNIO, Lucas. Comentários ao art. 32. In: MILLER, Thiago Testini de Mello; SILVA, Aline Bayer da; RÊNIO, Lucas (Orgs.). *Comentários à Lei 12.815/2013*: (incluídas as alterações da Lei 14.047/2013). Rio de Janeiro: Telha, 2020.

RIBEIRO, Diogo Albaneze Gomes. As poligonais dos portos organizados e o regime jurídico de exploração dos terminais portuários. In: PEREIRA, Cesar; SCHWIND, Rafael Wallbach (Coord.). *Direito Portuário Brasileiro*. 3. ed. Belo Horizonte: Fórum, p. 423-434, 2020.

ROHR, John A. Dicey's Ghost and administrative law. *Administration & Society*, Vol. 34 No. 1, March 2002.

SCHIRATO, Vitor Rhein. *A noção de serviço público em regime de competição*. 2011. 323 f. Tese (Doutorado) - Curso de Direito, Faculdade de Direito, Universidade de São Paulo, São Paulo, 2011.

SCHIRATO, Vitor Rhein. *Livre Iniciativa nos Serviços Públicos*. Belo Horizonte: Fórum, 2012.

SCHMIDT-ASSMANN, Eberhard. Cuestiones fundamentales sobre la reforma de la teoría general del derecho administrativo: necesidad de la innovación y presupuestos metodológicos. Tradução de Javier Barnes, Silvia Sastre e Luciano Parejo. *In*: BARNES, Javier (Ed.). *Innovación y reforma em el derecho administrativo*. 2. ed. Sevilla: Global Law Press, 2012, p. 27-140.

SIDAK, J. Gregory; SPULBER, Daniel F. *Deregulatory takings and the regulatory contract: the competitive transformation of network industries in the United States*. Cambridge: Cambridge University Press, 1997.

SILVA, Almiro do Couto e. Privatizações no Brasil e o novo exercício de funções públicas por particulares. Serviço público "à brasileira"? *Revista de Direito Administrativo*, Rio de Janeiro, n. 230, out./dez 2002.

SILVA, Virgílio Afonso da. A *constitucionalização do direito: os direitos fundamentais nas relações entre particulares*. São Paulo: Malheiros, 2011.

SOUTO, Marcos Juruena Villela. *Desestatização. Privatização, concessões e terceirizações*. 2. ed. Rio de Janeiro: Lumen Juris, 1999.

SUNDFELD, Carlos Ari; CÂMARA, Jacintho Arruda. O Poder Normativo das Agências em Matéria Tarifária e a Legalidade: o Caso da Assinatura do Serviço Telefônico. *In*: ARAGÃO, Alexandre Santos de (coord.). *O poder normativo das agências reguladoras*. Rio de Janeiro: Forense, 2006, p. 605-636.

SUNDFELD, Carlos Ari. *Direito administrativo ordenador*. 1. ed. 2. tir. São Paulo: Malheiros Editores, 1997.

SUNDFELD, Carlos Ari. *Direito administrativo para céticos*. 2. ed. 2. tir. São Paulo: Malheiros, 2017.

SUNDFELD, Carlos Ari. O compartilhamento de infraestrutura entre prestadoras de serviço público. Fórum Administrativo - FA, ano 1, n. 8, out. 2001.

TÁCITO, Caio. O poder de polícia e seus limites. *Revista de Direito Administrativo*, Rio de Janeiro, v. 27, jan. 1952.

TÁCITO, Caio. O retorno do pêndulo: serviço público e empresa privada. O exemplo brasileiro. *Revista Forense*, v. 92, n. 334, p. 11-18, abr./jun. 1996.

TÁCITO, Caio. Transformações do direito administrativo. *Revista de Direito Administrativo - RDA*, Rio de Janeiro, v. 242, p. 151-158, out./dez. 2005.

TALEB, Nassim Nicholas. *A lógica do cisne negro*: o impacto do altamente improvável. Tradução de Renato Marques de Oliveira. Rio de Janeiro: Objetiva, 2021.

TEUBNER, Gunther. *Network as connected contracts*. Trad. Michelle Everson. Oxford: Hart Publishing, 2011.

TOJAL, Sebastião; ARMELIN, Heloísa. Minirreforma (estrutural) do setor portuário. *Consultor Jurídico*, 21. out. 2020. Disponível em: https://www.conjur.com.br/2020-out-21/tojal-armelin-minirreforma-estrutural-setor-portuario/. Acesso em: 7 fev. 2024.

VALE, Murilo Melo. *Obrigações de serviços públicos no setor privado*: fundamentos jurídicos para a imposição regulatória de encargos do regime jurídico "típico" da prestação do serviço público à iniciativa privada no Direito brasileiro. Belo Horizonte: Fórum, 2022.

VELA, César David Ciriano. *Administración Económica y Discricionalidad (un análisis normativo y jurisprudencial)*. Valladolid: Lex Nova, 2000.

WALD, Arnold; MORAES, Luiza Rangel de; WALD, Alexandre Wald. *O direito de parceira e a Lei de Concessões: análise das Leis nº 8.987/95 e 9.074/95 e legislação subsequente*. São Paulo: Saraiva, 2004.

WEIL. Prosper. *O Direito Administrativo*. Tradução de Maria da Glória Ferreira Pinto. Coimbra: Almedina, 1977.

WOLFF, Hans J.; BACHOF, Otto; STOBER, Rolf. *Direito Administrativo*. Tradução de António F. de Sousa. Lisboa: Fundação Calouste Gulbenkian, v. 1, 1999.

WOLLMANN, Hellmut; KOPRIC, Ivan; MARCOU, Gérard. *Public and social services in Europe: from public and municipal to private sector provision*. London: Palgrave Macmillan, 2016.

EDITORA *Jus*PODIVM
www.editorajuspodivm.com.br
COLOR system
JUS3774